Eberhard Zangger

# Die Luwier und der Trojanische Krieg

Eberhard Zangger

# Die Luwier und der Trojanische Krieg

## Eine Entdeckungsgeschichte

Mit 44 Abbildungen

orell füssli Verlag

Orell Füssli Verlag, www.ofv.ch


Bildredaktion: Laura Bonsignore-Slodownik, Zürich
Textredaktion: Regula Sigg, Zürich
Umschlaggestaltung: Hauptmann & Kompanie Werbeagentur, Zürich
Umschlagmotiv: © Rosemary Robertson
Druck: CPI books GmbH, Leck

ISBN 978-3-280-05647-9

Die Deutsche Nationalbibliothek verzeichnet diese Publikation in der Deutschen Nationalbibliografie; detaillierte bibliografische Daten sind im Internet unter www.dnb.de abrufbar.

FSC® www.fsc.org
MIX
Papier aus verantwortungsvollen Quellen
FSC® C083411

# Inhalt

I

# Vorwort

Als die Bewohner des Dorfes Beyköy mitten im Westen Anatoliens im Jahr 1878 eine Moschee errichteten, verbauten sie für das Fundament dreißig Kalksteinblöcke, die sie zuvor aus den Ruinen einer archäologischen Fundstätte geborgen hatten. Jeder Stein des ursprünglich fast dreißig Meter langen Frieses war gut dreißig Zentimeter hoch und auf einer Seite mit eigenartigen hieroglyphischen Schriftzeichen versehen. Die Inschrift, in zwei, drei, vier oder fünf Zeilen angeordnet, schildert die politischen Ereignisse im östlichen Mittelmeerraum im 14. und 13. Jahrhundert v. Chr. Aus dem Text wird klar, dass der Westen Kleinasiens die Heimat einer bedeutenden Kultur war, die dort über viele Jahrhunderte blühte: die Kultur der Luwier. Die Luwier waren Nachbarn, Zeitgenossen und häufig Gegner der besser bekannten Hethiter in Zentralkleinasien und der Mykener in Südgriechenland. Der Text bezeugt auch, dass sich hinter den Luwiern die sogenannten Seevölker verbergen, die kurz nach 1200 v. Chr. eine Reihe wichtiger Küstenstädte im östlichen Mittelmeergebiet überfielen. Er besagt, dass die Luwier die Häfen von Syrien und Palästina eroberten und in Aschkelon an der Grenze zu Ägypten eine Festung errichteten. Schließlich schildert er, wie sie den Untergang des hethitischen Reichs gewaltsam herbeiführten. Die Inschrift, verfasst im Auftrag des Großkönigs Kupanta-Kurunta von Mira, entstand um 1180 v. Chr., also kurz nach den Ereignissen, die sie beschreibt.

Das Ende der Bronzezeit im östlichen Mittelmeerraum gilt bis heute als eines der größten Rätsel der Archäologie. Dank dieses Textes wird es nun weitgehend verständlich. Bedauerlich ist nur, dass so viel Zeit verstrich – denn die Inschrift ist seit über hundertvierzig Jahren bekannt. Die Zeichen waren sorgfältig kopiert worden, bevor die Steine in den Fundamenten der Moschee verschwanden. Ihre Veröffentlichung scheiterte jedoch wieder und wieder. Die Aufzeichnungen kamen abhanden, tauchten anderswo wieder auf, nur um erneut verloren zu gehen. Seit hundertvierzig Jahren fehlt dieses bedeutende Zeugnis daher in den Erklärungsmodellen der Archäologie. In diesem Buch wird die komplette Inschrift erstmals in Form einer Skizze präsentiert, zusammen mit einem Überblick über die verworrene Geschichte ihrer Abschrift.

In der Archäologie klafft eine Forschungslücke, die einen halben Subkontinent und mindestens ein ganzes Jahrtausend umfasst. Wir wissen nämlich so gut wie nichts über die Bewohner und die Nachbarn von Troja, der sagenhaften Stadt im Nordwesten Kleinasiens, der heutigen Türkei. Diese Forschungslücke entstand durch eine Reihe von Faktoren. In Europa widerstrebte es federführenden Gelehrten, nach dem blutigen Krieg zwischen Griechenland und der Türkei (1919–1922) die Aufmerksamkeit der Archäologie auf anatolische Kulturen zu lenken. Aber auch in der Türkei wurde offenbar die Erforschung der luwischen Kultur unterbunden, und zwar durch den Staatsgründer Mustafa Kemal Atatürk höchstpersönlich. Dank eines weiteren prominenten Schriftfundes, der ebenfalls aus dem Dorf Beyköy stammte, wusste Atatürk bereits um 1930 von der Bedeutung der westkleinasiatischen Kulturen. Da er aber gerade die Hethiter zum Rollenbild für den modernen türkischen Staat erklärt hatte, die überdies von den Luwiern besiegt worden waren, soll Atatürk die weitere Beschäftigung mit dieser Kultur als »nicht im öffentlichen Interesse« untersagt haben.

Archäologen, die sich für die Erforschung der spätbronzezeitlichen Kulturen im Westen der heutigen Türkei einsetzten, fanden danach keine Unterstützung – weder auf europäischer noch auf türkischer Seite. Als an der Universität Tübingen zwischen 1969 und 1993 ein Sonderforschungsbereich die länderkundlichen Eigenschaften und Siedlungsmuster des gesamten Vorderen Orients erfasste, ließen sich für die Mittel- und Spätbronzezeit in Westkleinasien (ca. 2000–1200 v. Chr.) keine geeigneten Experten finden. Man klammerte dieses Gebiet kurzerhand aus, und so wurde aus einer Wissenslücke zunehmend scheinbar ein Fakt.

Heute herrscht der Eindruck vor, dass es im Westen der Türkei rund tausend Jahre lang nichts Bemerkenswertes gab. Seit gut hundert Jahren gilt die Lehrmeinung, dass der kleinasiatische Subkontinent während der

Spätbronzezeit (ca. 1700–1200 v. Chr.) im Wesentlichen von der hethitischen Kultur geprägt war. Genauso lange haben einzelne Forscher jedoch immer wieder argumentiert, dass diese Sichtweise zu stark vereinfachend ist. In Wirklichkeit war die Situation viel komplizierter: Die Hethiter in Zentralkleinasien rivalisierten zu fast allen Zeiten mit den Staaten und Kleinkönigreichen rund um ihr eigenes Herrschaftsgebiet.

Seit langem wissen wir, dass die Völker im Westen Kleinasiens eine eigene Sprache besaßen, nämlich Luwisch. Über einen Zeitraum von mehr als 1400 Jahren pflegten sie sogar eine eigene Hieroglyphenschrift, ein bedeutendes und verbreitetes System, das weitgehend zeitgleich mit den ägyptischen Hieroglyphen und der babylonischen Keilschrift in Gebrauch war, bis schließlich die Alphabetschrift alle drei Systeme ablöste. Es liegt daher nahe, die kleinasiatischen Nachbarn und Zeitgenossen der Hethiter als Luwier zu bezeichnen. Troja, so stellt sich immer deutlicher heraus, war einer von mehreren wichtigen Orten dieses bis heute kaum erforschten indoeuropäischen Kulturkreises zwischen dem mykenischen Griechenland und dem hethitischen Zentralkleinasien.

In diesem Buch geht es in erster Linie um die Entdeckungen und Durchbrüche großer Pioniere der frühgeschichtlichen Archäologie Kleinasiens. Alle porträtierten Forscher (es sind ausschließlich Männer) waren Einzelgänger mit unkonventionellen, nicht selten auch skurrilen Ideen. Keiner richtete sich danach, ob seine Vorstellungen in das politisch gerade opportune Denken passten oder nicht. Fast alle ereilte das gleiche Schicksal: Sie wurden aus der Gemeinschaft der Wissenschaftler ausgeschlossen und gerieten weitgehend in Vergessenheit. Die Beschäftigung mit den altanatolischen Kulturen scheint einer Karriere nicht dienlich zu sein. Während die Pioniere jeder für sich auf die eine oder andere Weise scheiterten, wuchs jedoch das kollektive Wissen über die Luwier stetig an. Heute ist der Zeitpunkt gekommen, unser Verständnis vom Trojanischen Krieg, von den Seevölker-Invasionen und dem Ende der Bronzezeit im östlichen Mittelmeerraum komplett zu revidieren.

Was ist damals überhaupt passiert? Am Ende der Bronzezeit, um 1200 v. Chr., ereignete sich ein Kultureinbruch von heute kaum vorstellbarem Ausmaß. Die griechischen Geschichtsschreiber sprachen später vereinfachend vom »Trojanischen Krieg«. In Wirklichkeit ging es jedoch um viel mehr als um Troja – es ging um die Frage: Wer regiert die Welt?

Warum ist das eine spannende Geschichte? Man stelle sich vor, ein Zoologe besuche als erster Wissenschaftler überhaupt den afrikanischen Kontinent. In der Serengeti begegnet er Zebras, Gazellen, Wasserbüffeln, Elefanten, Löwen, Nilpferden, Krokodilen – manchen in tausendfacher Zahl. Wie soll er all das seinen Forscherkollegen glaubhaft vermitteln? Ähnlich muss es den Pionieren der bronzezeitlichen Archäologie Westkleinasiens ergangen sein, deren Entdeckungsgeschichte hier vorgestellt wird. Der Westen der heutigen Türkei ist zweifellos ein Paradies für Archäologen, und das gilt nicht erst für den Zeitraum, als Griechen dort siedelten, sondern genauso für die Jahrtausende davor. Vor allem aber können wir die Ereignisse am Ende der Bronzezeit, insbesondere den sogenannten Trojanischen Krieg, nicht ohne die Luwier verstehen.

Das Ende der Bronzezeit im östlichen Mittelmeerraum gilt als eines der komplexesten (und faszinierendsten!) Themen der Archäologie. Die Berücksichtigung der Forschungsgeschichte macht es nicht einfacher. Damit das Buch insbesondere auch für Laien unterhaltsam zu lesen ist, wechseln sich die Lebens- und Forschungsgeschichten der porträtierten Pioniere mit erzählerischen Episoden ab. Wie schon in früheren Büchern habe ich außerdem einige autobiografische Elemente eingebaut, die aus eigener Anschauung die wissenschaftliche Auseinandersetzung beleuchten, bei der es oft mehr um das persönliche Fortkommen oder weltanschauliche Prinzipien ging als um sachliche Argumente.

Die Zeiten scheinen sich allerdings gewandelt zu haben. Bei Vorträgen an Archäologischen Instituten erlebe ich, dass eine neue Generation von Lehrenden und Studierenden ein Wiedererwachen des ursprünglichen Geistes der Archäologie, in dem Abenteurertum und sogar Magie ihren Platz hatten, durchaus willkommen heißt. Schließlich ist es dieser Zauber, den alten Kulturen näherzukommen und mehr über unsere Vorfahren zu lernen, der junge Leute dazu bringt, Archäologie zu studieren.

II

# Die Luwier? Nie gehört!

Abgesehen von ein paar Dutzend Spezialisten für altanatolische Sprachen konnte bis vor kurzem kaum jemand etwas mit dem Begriff Luwier anfangen. Wen bezeichnen wir also mit diesem Namen? Beginnen wir mit dem Trojanischen Krieg: Homer und Chronisten der Antike berichten, dass die Griechen mehrere Jahre benötigten, um ihre Kontingente aufzustellen. Achtundzwanzig vereinigte Königreiche entsandten schließlich 1186 Schiffe mit rund hunderttausend Kriegern. Warum aber war eine so große Streitmacht überhaupt nötig? Was erwartete die Griechen am Ostufer der Ägäis? Und weshalb dauerte es volle zehn Jahre, bis dieses riesige Heer die Stadt endgültig eingenommen hatte?

Wir wissen aus den Quellen über den Trojanischen Krieg, allen voran der *Ilias* von Homer, welche Gegner dem vereinten griechischen Heer gegenüberstanden. Homer zählt die vielen Verbündeten der Trojaner namentlich auf und nennt auch die Regionen im Norden und Osten der Ägäis, aus denen sie überwiegend stammten. Allerdings beschäftigte sich die Altertumskunde bisher kaum mit diesen Völkern, denn man betrachtete und bezeichnete sie als »Barbaren«. Und weil sie deshalb nie einen Namen erhalten haben, nennen wir sie nun in Anlehnung an ihre gemeinsame Sprache die Luwier. Die Luwier sind also die Bewohner Westkleinasiens zur Zeit des Trojanischen Kriegs und darüber hinaus während des gesamten 2. Jahrtausends v. Chr.

Die pauschalisierenden Bezeichnungen für *die* Mykener, *die* Minoer und *die* Hethiter entsprangen weitgehend dem Denken des 19. Jahrhunderts und wurden anfänglich häufig mit der Vorstellung einstiger Großreiche verknüpft. Das erste Buch über die hethitische Kultur, das im Jahr 1884 erschien, trug bereits den Titel *The Empire of the Hittites*.[1] Die Denkmuster der viktorianischen Zeit – und die damals auf diesem Gebiet tonangebenden Wissenschaftler britischer Herkunft – nährten die Sehnsucht nach historischen Modellen für funktionierende Großreiche. Auch wenn solche Vorstellungen heute naiv und veraltet wirken, haben sich die obengenannten Begriffe dennoch etabliert und sogar bewährt. Die mykenische Kultur bezeichnet heute die in verstreuten Kleinstaaten in Mittel- und Südgriechenland lebende und überwiegend Griechisch sprechende Bevölkerung der Spätbronzezeit. Die minoische Kultur ist deren Pendant auf Kreta, und die hethitische Kultur beschreibt Zentralkleinasien zur damaligen Zeit, auch wenn dort von vornherein eine Sprachenvielfalt herrschte.[2]

Dessen ungeachtet hat es Mykener, Minoer und Hethiter als solche nie tatsächlich gegeben – niemand wird sich jemals so bezeichnet haben. Schon gar nicht taucht eine dieser scheinbar ethnischen Bezeichnungen bei Homer auf. Es sind abstrakte Überbegriffe, die sich Forscher in der jüngeren Vergangenheit einfallen ließen, um die Kulturen des sogenannten heroischen Zeitalters greifbar zu machen. Wenn wir verstehen wollen, welche politischen Staaten und ethnischen Gruppen sich in Wirklichkeit dahinter verbergen, ist unser Vorstellungsvermögen gefordert.

Manchmal schrieben die Wissenschaftler den spätbronzezeitlichen Kulturen Eigenschaften zu, die eher dem Wunschdenken der Forscher entsprangen als dem archäologischen Befund. So wurden die Minoer auf Kreta »friedliebend«, die Mykener auf dem griechischen Festland hingegen »kriegerisch«, und den Hethitern in Zentralkleinasien verlieh man, wie erwähnt, gleich von vornherein ein Großreich. Unser heutiges Bild der Ägäischen Frühgeschichte ist daher eine Vereinfachung, teilweise auch Verzerrung dessen, was wirklich war.

Auch wenn sich diese drei Kulturkreise in der Praxis durchaus bewährt haben, decken sie eine große Region nicht ab, nämlich den westlichen Teil Kleinasiens, also der heutigen Türkei. Weil die Menschen dort während des ganzen 2. Jahrtausends v. Chr. überwiegend Luwisch sprachen, plädieren seit hundert Jahren einzelne Experten dafür, einen zusätzlichen »luwischen« Kulturkreis einzuführen, der die Völker und Staaten der Mittel- und Spätbronzezeit in Westkleinasien zusammenfasst.[3] Diese Region war ins Hintertreffen geraten, als in den 1920er Jahren die Ägäische Frühgeschichte als Forschungsdisziplin definiert wurde. Der einflussreiche

Ausgräber von Knossos, Arthur Evans, hatte mitten im Griechisch-Türkischen Krieg keine Sympathien für das sich auflösende Osmanische Reich und folglich kein Interesse daran, Kulturen auf dessen Herrschaftsgebiet besonders zu betonen.

Wir verwenden den Begriff »Luwier« hier also als eine abstrakte Bezeichnung für die Menschen, die zwischen dem mykenischen Hoheitsgebiet im Westen und dem hethitischen im Osten lebten, unabhängig davon, ob sie sich einer luwischen Ethnie zugehörig fühlten, Luwisch sprachen oder Luwisch schrieben.

Die luwischen Hieroglyphen, deren Entdeckungs- und Entzifferungsgeschichte uns durch das ganze Buch hindurch beschäftigt, sind ein komplett eigenständiges Schriftsystem. Heute ist klar, dass es mindestens 1400 Jahre lang gebräuchlich war. Die ersten Zeichen sind ab 2000 v. Chr. belegt, und verschiedene Forscher vermuten sogar, dass sie bereits im 3. Jahrtausend verwendet wurden.[4] Die Schöpfer der Hieroglyphenschrift kannten die beiden anderen großen Schriftsysteme der damaligen Zeit: die ägyptischen Hieroglyphen und die babylonische Keilschrift. Sie übernahmen deren Hauptprinzipien, einerseits die Bildhaftigkeit und andererseits die ideografische Schreibung.[5] Heute sind fast nur noch monumentale Steininschriften mit luwischen Hieroglyphen erhalten. Jedoch zeigen luwische Schriftzeichen auf Bleistreifen und einem Silbergefäß, dass auch auf wiederverwendbaren Materialien geschrieben wurde. Die wenigen Experten, die sich mit luwischen Hieroglyphen beschäftigen, gehen daher davon aus, dass der größte Teil der Texte verloren gegangen sein dürfte, weil sie sich auf vergänglichen Materialien befanden.[6] Bei den Ausgrabungen fanden die Forscher zahlreiche Schreibwerkzeuge, die offenbar zur Niederschrift von Texten in Hieroglyphenschrift verwendet wurden.[7] Auch die Bezeichnung »Holz-Schreiber« deutet darauf hin, dass es üblich war, Texte auf Holz festzuhalten.[8] Dessen ungeachtet dürfte die Schriftkenntnis auf einen kleinen Teil der Bevölkerung begrenzt gewesen sein.[9]

Luwisch als Sprache war ohnehin in weiten Teilen Kleinasiens dominant, auch im hethitischen Großreich des 13. Jahrhunderts v. Chr. und selbst in der Hauptstadt Hattuša. Hohe Würdenträger am Königshof, darunter Schreiber und Befehlshaber, hatten luwische Wurzeln.[10] Etwa die Hälfte der hethitischen Großkönige trug luwische Namen. Ihre monumentalen Inschriften verfassten sie in luwischer Hieroglyphenschrift und in luwischer Sprache. Nachdem die hethitische Aristokratie um 1190 v. Chr. verschwunden war, dominierte das Luwische unter den rivalisierenden Sprachen.[11] Noch fünfhundert Jahre lang benutzten die Staatsschreiber die luwische Hieroglyphenschrift, bis diese endlich von der praktikableren Alphabetschrift abgelöst wurde, die wir noch heute verwenden. Der Gebrauch der luwischen Sprache lässt sich bis in römische Zeit verfolgen,[12] also bis fast tausend Jahre nach dem Untergang der hethitischen Kultur. Luwische Begriffe finden sich sogar in noch heute auf Zypern und Rhodos gesprochenen Dialekten wieder.

Rund um das ganze östliche Mittelmeergebiet ist keine Region so reich an natürlichen Ressourcen wie Kleinasien. Über Jahrtausende hinweg wirkte Anatolien daher wie ein Paradies, in dem es viel mehr zu holen gab, als die einheimische Bevölkerung zu nutzen vermochte. Aus heutiger Sicht war die Welt weit davon entfernt, überbevölkert zu sein. Die Menschen rangen mit den Kräften der Natur, insbesondere auch Raubtieren, die in den ausgedehnten Wäldern lebten und vor denen es sich zu schützen galt. Mit ihren Bronzeäxten und Brandrodungen schufen die Leute Lichtungen, zunächst nur in den besonders fruchtbaren Talauen, ab rund 3000 v. Chr. auch an den Hängen. Die fruchtbaren Ebenen nutzten sie für Getreideanbau, die Hänge für Weidewirtschaft. Die geografische und geopolitische Lage einer Siedlung entschied weitgehend über den Erfolg ihrer Bevölkerung. Reichlich Trinkwasser, fruchtbares Ackerland, Holz, Erze, Häfen und die Lage an Binnenhandelswegen bestimmten das Potenzial. An Orten, die diese Qualitäten boten, konnten die Menschen unter geschickter Führung über Jahrhunderte hinweg große Reichtümer anhäufen. Die natürlichen Ressourcen und die Geografie bestimmen seit Jahrtausenden die Wirtschaft von Westkleinasien: Bergbau, Landwirtschaft, Fernhandel und Gastgewerbe. Von den ersten assyrischen Handelskolonien des 18. Jahrhunderts v. Chr. bis heute hat sich das Geschäftsmodell der anatolischen Bevölkerungsgruppen nicht wesentlich verändert.

Aufgrund seiner zentralen Lage am Schnittpunkt der Handelswege aus Europa, Asien und Afrika profitierte Kleinasien auch von Anregungen aus den verschiedensten Regionen sowie von der Nachfrage nach seltenen Werkstoffen und Waren. Die Königreiche von Troja und Sardes verfügten neben Thrakien über die reichsten Goldvorkommen im ganzen östlichen Mittelmeerraum. Entsprechend wohlhabend und einflussreich konnten manche ihrer Herrscher werden. Die Nachbarn in Griechenland und Mesopotamien wussten aber auch um die Nachteile der westkleinasiatischen Herrschaftsgebiete, nämlich ihre scheinbar unendliche Ausdehnung und ihre stark zerklüftete Physiografie. Reisen in diese Region waren beschwerlich und gefährlich.

Während des 3. Jahrtausends lebten die Leute noch in kleinen dörflichen Gemeinschaften oder Einzelgehöften weit verstreut über die Landschaft. An der Wende zum 2. Jahrtausend fand im Rahmen einer umfassenden politischen Aktion eine lokale Umsiedlung statt. Die Landbevölkerung gab vier von fünf der bestehenden Siedlungen auf und zog sich an zentralen Orten zusammen. Diese Maßnahme war wirtschaftlich und energietechnisch überaus sinnvoll. In der Stadtplanung würde man sie heute als Verdichtung bezeichnen. Die Erinnerung an diese Umsiedlung blieb bewahrt, so dass Historiografen noch zweitausend Jahre später darüber berichteten.[13] Die Bevölkerung konzentrierte sich natürlich an den Orten, die besondere Vorteile versprachen, die sich also in der Nähe von Flüssen befanden, über besonders große Flächen mit fruchtbarem Boden verfügten, die oft auch an den Handelswegen lagen und Zugang zu großen Holzbeständen und Metallvorkommen im Hinterland besaßen. Diese Konzentration der Wohnstätten auf engem Raum ist in Anatolien bis heute beibehalten worden.

Auf dem Höhepunkt des heroischen Zeitalters, im 13. Jahrhundert v. Chr., waren die Gesellschaften des Mittelmeerraums in vielerlei Hinsicht bereits hoch entwickelt. Seit rund zehntausend Jahren zählten Ackerbau, Viehzucht und das Leben in dörflichen Gemeinschaften zum Alltag. Die Kenntnisse in der Metallurgie hatten über fünftausend Jahre reifen können. Wasser, abgesehen vom Sauerstoff der wichtigste natürliche Rohstoff, konnten die Menschen ebenfalls schon seit Jahrtausenden stauen, speichern, abführen, kanalisieren und reinigen. Segelschiffe besaßen sie seit zweitausend Jahren, und sie betrieben damit einen intensiven Fernhandel.

Politisch waren die meisten Regionen in Form von Stadtstaaten, Fürstentümern und Kleinkönigreichen organisiert. Die Königsfamilien herrschten daher in aller Regel über ein überschaubares Gebiet. Dabei war es durchaus möglich, dass sich die Grenzen der Reiche nicht einmal berührten. Für den Herrschaftsbereich waren vor allem die wirtschaftlich nutzbaren Flächen relevant, also das fruchtbare Ackerland. Zwischen den Talauen erstreckten sich ausgedehnte Wälder, die zum Teil Niemandsland gewesen sein mögen, zum Teil aber auch gepflegt und von eigens bestellten Wächtern geschützt wurden.[14] Die Bevölkerung ernährte sich von dem, was die Landwirtschaft abwarf. War eine Überproduktion möglich oder gab es Rohstoffe im Überfluss, die anderswo gefragt waren, zum Beispiel aus Erzminen, so konnte die Region dank des Handels prosperieren.

Der allergrößte Teil der Handelsgüter war verderblich oder wiederverwendbar. Dazu zählten Nutztiere, Felle, Leder, Getreide und andere Nahrungsmittel, Holz, Wein und Öl, Gewebe und Kleider, Rohmetalle und Metallprodukte. Nur in den seltensten Fällen sind solche Waren aus archäologischen Ausgrabungen ersichtlich. Dass sie aktiv gehandelt wurden, wissen wir vor allem, weil sie in Dokumenten erwähnt oder in ägyptischen Wandmalereien abgebildet wurden. Die Qualität der Produkte und die Reinheit der Metalle spielten eine große Rolle. Aristokraten monierten in ihren Briefen, wenn einzelne Lieferungen enttäuschten.

Der Fernhandel lief erstaunlich ähnlich ab wie heute. In den Produktionsgebieten gab es Spezialisten für den Abbau der Erze, die Verhüttung oder die Herstellung von bestimmten Waren, wobei Verhüttungs- und Produktionsprinzipien geheim gehalten wurden. Der eigentliche Transport lag ebenfalls in den Händen von Spezialisten, den Transportunternehmern. An den Bestimmungsorten der Handelsschiffe kontrollierten möglicherweise Gesandte der aristokratischen Oberschicht, die verschiedene Sprachen beherrscht haben dürften, den Verkauf oder Tausch der Waren. Die Produzenten waren also in aller Regel nicht gleichzeitig Transporteure oder Verkäufer. Trotzdem gab es ausreichend Berührungspunkte zwischen den

▲ Eine stark schematische Darstellung des heutigen Kenntnisstands zur politischen Geografie des östlichen Mittelmeerraums am Ende der Bronzezeit zeigt, dass praktisch das ganze Gebiet kulturell erschlossen war – mit Ausnahme von Westkleinasien. Ausgerechnet die Region mit den größten zusammenhängenden Flächen an fruchtbarem Ackerland (dunkel) weist – nach heutigem Verständnis – keinen eigenen Kulturkreis auf. Inzwischen konnten in dieser Region jedoch über 400 ausgedehnte Siedlungsplätze erfasst werden. Das 2. Jahrtausend v. Chr. in Westkleinasien ist eindeutig eine Forschungslücke. Diesen »weißen Fleck auf der Landkarte« füllt nun der luwische Kulturkreis (nach Zangger 1995, 23).

Bewohnern fremder Länder und Kenntnis über das Leben in entfernten Regionen: Boten für diplomatische Depeschen oder Seeleute brachten Geschichten von ihren Reisen zurück, und hin und wieder werden Produzenten auch zu den Kunden gereist sein, um neue Absatzmärkte zu erschließen oder Beanstandungen zu klären.

Der Handel mit Gütern, die für die Kriegsführung lebenswichtig waren, gestaltete sich besonders lukrativ. Dazu zählten in erster Linie die für die Herstellung von Bronze erforderlichen Metalle Kupfer und Zinn. Kupfer wurde an vielen Stellen in Kleinasien abgebaut, die notwendigen zehn Prozent Zinn mussten jedoch vermutlich über große Entfernungen importiert werden. Möglicherweise kam es aus Afghanistan über das Kaspische Meer und Georgien, dann über das Schwarze Meer und das Marmarameer nach Troja und damit in den europäischen Raum. Mit dem ersten Auftreten der Zinnbronzen um 3000 v. Chr. begann die Bronzezeit und gleichzeitig auch die Blüte von Troja im Nordosten der Ägäis. Beides, die Bronzezeit und die Drehscheibe Troja, würden rund zweitausend Jahre Bestand haben und gemeinsam im Rahmen des großen Kultureinbruchs um 1200 v. Chr. ihr Ende finden.

Mit Bronze ließen sich Pflüge und Äxte für die Landwirtschaft herstellen, vor allem aber auch Schwerter, Dolche, Speerspitzen, Helme und Schilde fürs Militär. Natürlich waren auch Gold und Silber äußerst gefragt, die Metalle, die vor der Erfindung des Geldes als Währung mit der größten Kaufkraft galten. Das zweite wichtige Element für die Kriegsführung, und damit wohl auch Handelsgut, waren mit Sicherheit Pferde. Sie wurden offenbar noch kaum geritten, zogen jedoch Streitwagen, die ab 1700 v. Chr. zum Einsatz kamen und eines der effektivsten und wohl auch kostspieligsten Hilfsmittel im Kampf darstellten.

Gesellschaften, die lediglich Landwirtschaft betreiben, sind äußerst dauerhaft. Die Menschen siedeln an Orten, wo sie über ausreichend Wasser und fruchtbares Ackerland verfügen, um ihre Familien über Generationen hinweg vom Ertrag des Bodens ernähren zu können. Solche Kulturen können Jahrtausende Bestand haben, ohne Schaden zu leiden. Stabilität und Sicherheit sind jedoch mit fehlenden Entwicklungsmöglichkeiten verbunden. Noch heute verlassen viele junge Leute auf der ganzen Welt ihre Heimatdörfer in ländlichen Regionen, um in eine Stadt oder deren Nähe zu ziehen, weil sie nur dort eine Chance sehen, sich weiterzuentwickeln.

Der Fernhandel förderte die Ausbildung einer gegliederten Gesellschaft und damit die Entstehung von Städten. Mit dem Schiff ließen sich Rohstoffe und Waren, die in einer bestimmten Region im Überfluss vorhanden waren, schnell und relativ einfach exportieren und an fremden Ufern gewinnbringend verkaufen. So bildete sich zusätzlich zu der auf Ackerbau und Viehzucht limitierten Landbevölkerung eine Schicht von Händlern und Aristokraten, die es dank des Fernhandels zu Reichtum brachte. Mit ihrer Kaufkraft zog die Führungskaste Kunsthandwerker und Wissensträger in die Umgebung der Höfe. Schließlich entstanden große Paläste als Zentren von Politik, Handel, Religion, Bildung, Kunst und Handwerk. Sowohl der Reichtum wie auch das Wissen blieben jedoch auf einen kleinen Teil der Bevölkerung, meist in der Umgebung der Paläste, beschränkt.

Der Wille, die Natur zu erschließen und ihre Schätze zu nutzen, konnte Menschen unterschiedlichster Herkunft verbinden. Einmal erworbene Kenntnisse bewahrten sie sorgfältig auf, indem sie sie mit Bedacht an die nächste Generation übertrugen. Dies gilt für Bauern und Bergleute, für Handwerker und Seeleute. Zu den wichtigsten Trägern des Wissens zählten die Schreiber, die nicht nur in Sprachen und Schriften, sondern auch in Mathematik geschult waren. Der Handel erforderte eine gewisse Buchführung und Verwaltung. Einfache Besitzansprüche ließen sich noch mit Siegeln klarstellen. Ab etwa 3000 v. Chr. gab es funktionierende Schriftsysteme in Form der Keilschrift in Babylon und der Hieroglyphen in Ägypten. Die Schreibkenntnis beherrschten jedoch nur wenige Gelehrte. Bei diesen unterschied man zwischen solchen, die einfache Aufzeichnungen machten, und solchen, die Notizen zusammentrugen, analysierten und in mehreren Sprachen und Schriftsystemen weitergaben.

Noch wichtiger dürften die Priester gewesen sein. Sie sorgten für Orientierung in Zeit und Raum, indem sie die Sterne beobachteten. Sie bestimmten den Kalender für die Aussaat, die Ernte und die Festtage. Sie kannten die Tageszeit und entschieden über die korrekte Ausrichtung neuer Gebäude. Sie wussten über die wichtigsten Produktionsprozesse Bescheid und sorgten dafür, dass diese geheim blieben. Astrologie und Leberschau halfen ihnen, die Zeichen der Götter zu deuten. Hatte ein Priester einen Sohn, so begann er schon früh damit, sein Wissen an den Nachkommen zu übertragen.

Kultureller Fortschritt resultiert aus Wissenstransfer. Nicht nur Rohstoffe, sondern auch Kenntnisse und Errungenschaften verbreiteten sich über große Distanzen. Ideen und Konzepte mögen an einem bestimmten Ort entstanden sein, haben sich aber entlang der Handelswege ausgebreitet, sofern sie nicht der Geheimhaltung unterlagen. Wenn man davon ausgeht, dass eine Tagesdistanz auf dem Landweg fünfunddreißig Kilometer betrug, ließ sich in einem Monat eine Strecke von etwa tausend Kilometern bewältigen und in einem Jahr theoretisch über ein Viertel des Erdumfangs. Auf dem Seeweg fand der Austausch noch deutlich schneller statt.

Als Brückenkontinent hatte Kleinasien Kontakt zu ganz unterschiedlichen Regionen und den dort beheimateten Bevölkerungen. Die Fülle an verfügbaren Rohstoffen lockte auch Einwanderer an. So zogen um 2000 v. Chr. assyrische Händler von Mesopotamien aus nach Kleinasien. Entlang der Handelswege etablierten sie geschlossene Gemeinschaften innerhalb der bereits vorhandenen Siedlungen. Von der Landbevölkerung der Umgebung erwarben sie Waren, die sie mit Karawanen Richtung Osten transportierten. Dieser Handel verhalf sowohl der Urbevölkerung wie auch den assyrischen Kaufleuten zu größerem Wohlstand.

Eine weitere Zuwanderungswelle erstreckte sich vermutlich aus dem nördlichen Schwarzmeergebiet auf dem Landweg über Thrakien nach Westkleinasien. Diese Menschen benutzten eine indoeuropäische Sprache, deren Wörter zum Teil dem heutigen Deutsch oder Englisch ähnlich sind. Damit unterschieden sie sich deutlich von der angestammten anatolischen Bevölkerung. Fachleute bezeichnen diese indoeuropäische Sprachfamilie auf Englisch als »Luwidian« (Luwidisch). Aus ihr heraus entwickelten sich später das eigentliche Luwische wie auch das Palaische.

Etwa zur gleichen Zeit ließ sich eine zweite Gruppe von Einwanderern mit einer indoeuropäischen Sprache in Kleinasien nieder, die von der ersten klar zu unterscheiden ist. Die neuen Bewohner folgten möglicherweise dem östlichen Ufer des Schwarzen Meers und siedelten in der Region der assyrischen Handelskolonien in Zentralanatolien, hauptsächlich in Kanisch an der damals wohl wichtigsten Handelsstraße zwischen Osten und Westen. Die Mitglieder dieser Gruppe nannten ihre Sprache Nesisch (möglicherweise im Sinne von Kanisch/Kanesisch). Nach rund zweihundert Jahren verlegte der Stamm sein Zentrum etwas weiter nach Norden, in die Region einer weiteren Ost-West- sowie einer Nord-Süd-Verbindung, deren Schnittpunkt seit langem von der Urbevölkerung kontrolliert wurde. Der zentrale Ort hieß Hattus, und die Bewohner der Region nannten sich Hattier. Von Süden kommend, entrissen die Nesisch sprechenden Indoeuropäer der Urbevölkerung die Vorherrschaft über dieses Gebiet und übernahmen die Kontrolle über Hattus, das sie zum zentralen Königssitz erklärten und fortan Hattuša nannten. Wir bezeichnen dieses indoeuropäische Volk heute als Hethiter und bedienen uns dabei eines Begriffes, den Martin Luther bei seiner Bibelübersetzung einführte. Luther sprach allerdings von einer recht anderen Volksgruppe, nämlich einem Stamm, der rund tausend Jahre später in der Region von Syrien lebte – und Luwisch sprach und schrieb.

Altanatolien war also um 1700 v. Chr. ein Schmelztiegel von mehreren Stämmen mit ganz verschiedenen Sprachen. Wir unterscheiden heute drei Hauptgruppen, die für die weitere Entwicklung wichtig sind. Die altanatolische Urbevölkerung lebte in Tausenden von Siedlungen praktisch über den ganzen Subkontinent verteilt. Große Teile West- und Südkleinasiens deckte eine Gruppe mit einer indoeuropäischen, zur luwidischen Familie gehörenden Sprache ab. In Hattuša konzentrierte sich der Stamm, den wir heute als Hethiter bezeichnen und dessen Sprache, das indoeuropäische Nesisch, wir Hethitisch nennen.

Der Reichtum der Region in Kombination mit funktionierendem Fernhandel und einer geeigneten Verwaltung sorgte dafür, dass sich alle drei Hauptbevölkerungsgruppen zu politisch-zivilisatorischen Erfolgsgeschichten entwickelten. Innerhalb der luwidischen Sprachfamilie setzte sich das eigentliche Luwisch durch, zunächst in Westkleinasien, anschließend in Zentralkleinasien und zuletzt, im 13. Jahrhundert v. Chr., sogar in der Region, die bis dahin jahrhundertelang von den Hethitern beherrscht worden war.

Die Hethiter wandelten das Handelssystem der assyrischen Kaufleute ab. Anstatt Waren und Rohstoffe von der Landbevölkerung zu erwerben, zogen sie es vor, die Kleinkönigreiche und Fürstentümer in ihrer Umgebung mit Vasallenverträgen an den hethitischen Großkönig zu binden. Der Großkönig garantierte Schutz und erhielt im Gegenzug Steuern und Tribute in Form von Waren. Drohte eine Region angegriffen zu werden, stellte der Großkönig ein Heer auf, das aus den Kriegern der Vasallenstaaten und aus Söldnern von weiter entfernten Regionen bestand. Dieses System funktionierte recht erfolgreich und trug den hethitischen Königen während über vierhundert Jahren die Vormachtstellung in Zentralkleinasien und zum Teil weit darüber hinaus ein.

Die anatolischen Provinzherrscher mussten ihren Reichtum von Zeit zu Zeit vor den Ansprüchen anderer verteidigen. Die meisten Rivalitäten werden sich dabei zwischen den einzelnen Stadtstaaten abgespielt haben. Es sind jedoch auch immer wieder föderalistische Tendenzen zu erkennen: Stadtstaaten formten Fürstentümer, diese verbanden sich zu Kleinkönigreichen und diese wiederum zu größeren Konföderationen, fast so, wie auch heute noch viele Staaten föderalistisch organisiert sind. Für die politische und militärische Macht war die Stärke des übergeordneten Zusammenschlusses entscheidend. Wer sich im Kampf durchsetzen wollte, war nahezu gezwungen, sich mit anderen zu verbünden. Allein hatten die Stadtstaaten kaum eine Chance. Allianzen entstanden also vorwiegend mit dem Ziel, militärische Interessen durchzusetzen, und nicht, um konsolidierte Staaten oder Großreiche zu schaffen.

Über die hethitische Kultur wissen wir heute bestens Bescheid. Doch eigentlich ist dieser Kulturkreis schwerer zu erfassen als der luwische. Zum einen beherrschten die hethitischen Großkönige zumindest zeitweise ein ausgedehntes Reich – Großkönig Muršili I. gelang es sogar, Babylon zu erobern –, und oft genug schlugen sich hethitische Streitkräfte mit solchen aus Ägypten. Der derzeitige Ausgräber von Hattuša, der deutsche Hethitologe Andreas Schachner, bezeichnet daher das Zentrum der Hethiter als »Hauptstadt einer Weltmacht«.[15] Dementsprechend zeigen die aktuellen Lehrbücher über die Bronzezeit im östlichen Mittelmeerraum und die Informationsforen im Internet heute praktisch ausschließlich Karten, in denen fast ganz Kleinasien zum Machtbereich der hethitischen Großkönige zählt.

Zum andern sind diese Ansichten und Darstellungen jedoch irreführend, und es bleibt zu hoffen, dass sie demnächst korrigiert werden. Die Forschungslücke in Westkleinasien hat dazu geführt, dass man in letzter Zeit kurzerhand fast den gesamten Subkontinent für »hethitisch« erklärt hat. Dabei dauerte die Herrschaft der hethitischen Großkönige nur gut vierhundert Jahre, während zum Beispiel die luwische Hieroglyphenschrift mindestens 1400 Jahre lang Verwendung fand. Hethitisch als Sprache war ohnehin auf eine relativ kleine Region in Zentralkleinasien beschränkt – und wurde auch dort nur von bestimmten Gesellschaftsschichten genutzt. Der US-amerikanische Archäologe Eric Cline gelangt zu folgender Einsicht:

> *Wir sind heute damit konfrontiert, dass vieles von dem, was wir zu wissen glauben, auf den Prüfstand kommt und dass sich konventionelle historische Paradigmen als falsch herausstellen oder zumindest infrage gestellt werden.*[16]

Der vor wenigen Jahren verstorbene polnische Hethitologe Maciej Popko rückte den Sachverhalt zurecht:

> *Allgemein werden die Hethiter mit der Bevölkerung des hethitischen Reiches (17.–13. Jh. v. Chr.) identifiziert. Im Lichte der neueren Forschungen bedarf diese Ansicht einer Korrektur; […] der Spitzenplatz unter den Völkern Anatoliens [kommt] eher den Luwitern zu.*[17]

Die Bedeutung der Luwier ist in den Sprachwissenschaften seit hundert Jahren bekannt und in den letzten Jahrzehnten prominent kommuniziert worden. Es gilt klar zu unterscheiden zwischen einer Hethitisch sprechenden Führungskaste in Hattuša einerseits und der vielschichtigen bronzezeitlichen Kultur in Westkleinasien andererseits. Diese war von Beginn an multikulturell.[18] Und doch werden bis heute alle kleinasiatischen Völker der Einfachheit halber als »hethitisch« betrachtet. Dies mag auch daran liegen, dass die materielle Hinterlassenschaft der damaligen Kultur weitgehend homogen ist. Stadtplanung, Architektur, Keramik, Waffen und Geräte scheinen recht einheitlich gewesen zu sein, was auf eine funktionierende übergeordnete staatliche Kontrolle hinweist.[19] Die politische Organisation war klar föderal. Im Laufe der Jahrzehnte und Jahrhunderte wechselten die Herrscher der Nachbarstaaten, Kleinkönigreiche und Fürstentümer jedoch immer wieder ihre Loyalität. Je nach Stärke und politischem Geschick des Großkönigs in Hattuša fiel dessen Reich dank Eroberungen und Vasallenverträgen mehr oder weniger umfangreich aus.

Verschiedene Texte belegen, dass die hethitischen Großkönige bei ihren Nachbarn und Vasallen nicht besonders beliebt waren und von diesen immer wieder bedrängt wurden. Unter innerer Zerstrittenheit und äußerem Druck scheint sich das labile hethitische Wirtschafts- und Sozialgefüge Ende des 13. Jahrhunderts mehr und mehr aufgelöst zu haben. Eine schwächelnde Zentralregierung muss auf die auf Expansion und Machtzuwachs erpichten Vasallen wie eine Einladung zum Überfall gewirkt haben. Dass der Untergang des hethitischen Großreichs nicht ohne Zerstörungen ablief, zeigen die Ausgrabungen in verschiedenen Siedlungen. Auch in Hattuša gingen Tempel- und Palastgebäude in Flammen auf.[20]

Selbst der aktuelle Ausgräber von Hattuša hält unser heutiges Bild der hethitischen Kultur offenbar für überbewertet:

> *Die mehrfach hervorgehobene kulturelle Homogenität der hethitischen Epoche erweist sich angesichts des schnellen Zusammenbruchs und völligen Verschwindens der hethitischen Kultur in Zentralanatolien ihrem Wesen nach als lediglich temporär und oberflächlich. Eine wirkliche Durchdringung und strukturelle Veränderung der Gegebenheiten Zentralanatoliens ist angesichts des totalen Verschwindens der hethitischen Kultur nicht erkennbar. […] Als die Elite und das von ihr etablierte Ordnungssystem verschwanden, brach auch die materielle Kultur, die sie hervorgebracht hatte, wie ein Kartenhaus in sich zusammen.*[21]

Mit anderen Worten: Die homogene und dauerhaft mächtige hethitische Kultur, so wie sie heute in den Lehrbüchern dargestellt wird, ist eine Vereinfachung. Vor, während und nach den Hethitern beherrschten Völker, die wir heute unter dem Begriff »Luwier« zusammenfassen würden, weite Teile Kleinasiens.

III

# Am Vorabend des Untergangs

## 1 Ugarit, 20. Januar 1192 v. Chr.

Wir schreiben das Jahr 1192 v. Chr. Der Januar war zwanzig Tage alt, als in einer florierenden Hafenstadt am östlichen Ufer des Mittelmeers, im nordsyrischen Stadtstaat Ugarit, der Großhändler Urtenu spätabends einen assyrischen Kaufmann empfing, der sich auf der Durchreise nach Kanaan über die Gründe von Lieferverzögerungen erkundigte. Urtenu hätte Wichtigeres zu tun gehabt; seine Arbeiter waren beunruhigt, und in der Stadt gab es Tumulte. Aber die Gastfreundschaft war das oberste Gebot, und außerdem drängte es den Großhändler, sich seine Sorgen über die politische Situation von der Seele zu reden.

»Wir sind Unzuverlässigkeit nicht gewohnt«, stellte der junge Besucher fest. Was vielleicht als Kompliment gemeint war, wirkte unbeholfen und herablassend, zumal sein Gastgeber mehr als doppelt so alt war wie er selbst. Urtenu ging jedoch nicht darauf ein, sondern wies seinen Besucher an, sich auf einer Bank niederzulassen. Dann setzte er sich dazu und begann zu erzählen.

»Gestern zur Mittagszeit verdunkelte sich der Himmel. Ugarit war plötzlich von finsterer Nacht umhüllt und totenstill«, sagte Urtenu. »Die Bevölkerung ist beunruhigt, dass die Götter damit den baldigen Untergang verheißen haben könnten. Mag sein, dass es ein Zeichen war, aber ich glaube nicht daran. Unsere Probleme sind hausgemacht. Die Politik hat versagt, und deshalb leidet das Volk Hunger. Von Generation zu Generation … Die Bewohner unserer prächtigen Stadt kannten nur den Überfluss – und jetzt verhungern sie. Ammurapi, unser junger König, hat keine

Führungsqualitäten. Im Angesicht der Bedrohung ist er sogar völlig kopflos.«

Nach einer kurzen Pause fragte Urtenu: »Wann wurde der Friedensvertrag ausgehandelt?«

»Das muss vor sechzig oder siebzig Jahren gewesen sein«, sagte der Händler, »das glaube ich zumindest.«

»So ist es. Seitdem blüht Ugarit – und auch der Handel meines Hauses. Mein Großvater, mein Vater und jetzt ich, wir haben unseren Beitrag geleistet und mitgeholfen, dass diese Stadt zu Ansehen und Reichtum gekommen ist. An vielen Verhandlungen über Handelsabkommen haben wir mitgewirkt. Vom Westen, aus der Ägäis, kommen Blei, Kupfer und Bronze, auch Wolle, Leinen und Öl zu uns. Von hier gehen sie auf dem Landweg zu euch nach Mesopotamien oder per Schiff in den Süden zu den Hafenstädten Beirut, Tyros und Sidon. Mancher Handel findet auch jetzt noch statt, aber es reicht nicht mehr, um das Land zu ernähren. Die dunkle Sonne gestern, ob Zeichen der Götter oder nicht, lässt ahnen, was Ugarit droht.«

»Und wie ist nun das Verhältnis zu Ägypten?«, fragte der Händler.

Urtenu beugte sich vor und stützte sich mit den Händen auf den Knien ab. »Schon vor zehn Jahren mussten wir Ägypten um Getreide bitten, weil die Stadtbevölkerung Hunger litt. Pharao Merenptah schickte uns, was wir brauchten. Er wollte Hatti am Leben erhalten. Auch zu meines Vaters Zeiten gab es solche Dürren, damals half uns der große Ramses aus. Aber jetzt? Im ägyptischen Königshaus herrscht Chaos. Jemand aus unserer Gegend hat sich ins Kanzleramt geschlichen und versucht, die Fäden am Hofe zu ziehen. Die Königin tut noch so, als würde sie auf ihn hören. Sein krankhafter Ehrgeiz wird ihn den Kopf kosten. Aber vorher wird noch viel Blut vergossen werden. Jedenfalls ist aus Ägypten keine Hilfe zu erwarten.«

Urtenu erhob sich, um ans Fenster zu treten. Er blickte nach Norden, in die Nacht hinaus. Unweit seines Hauses lag der Palast. Den Geruch von verkohltem Holz von den unzähligen Feuerstellen in der Stadt nahm er gar nicht mehr wahr.

»Da steht er, unser berühmter Königspalast. Was hat man uns um dessen Pracht beneidet! Ich bin mit den Prinzen groß geworden. Dort in den

Höfen haben wir gespielt. Und jetzt sitzt ein solches Kind auf dem Thron. Wie haben sich die Zeiten geändert! Intrigen und hausgemachte Zwiste haben Hatti geschwächt. Erst Hatti und nun uns. Die Feinde hätten sich keinen besseren Zeitpunkt für ihre Überfälle aussuchen können.«

»Wer sind denn diese Feinde?«, fragte der Händler, ein Mann Anfang dreißig, mit der Hautfarbe heller Oliven, langem geflochtenem Kinnbart und pomadisierten schwarzglänzenden Haaren. Das äußerst feine Gewand aus Seide ließ seinen Ehrgeiz erkennen.

»Leute aus dem Westen, aus der Ägäis – einige von ihnen sind seit Generationen unsere Handelspartner. Sie waren lange Vasallen des Großkönigs von Hatti und haben, wenn es sein musste, Seite an Seite mit ihm gekämpft. Manche, weil sie dazu verpflichtet waren, andere für hohen Sold. Jetzt, wo das Königshaus in Hatti geschwächt ist, weigern sie sich, Tribute abzuführen. Was sollen sie für Schutz zahlen, wenn der Großkönig keinen Schutz mehr bieten kann, sagen sie. Sie sehen ihre Chance gekommen, das Joch der Unterdrückung abzuwerfen. Mehr als das: Sie wollen offenbar Hatti für die langjährige Knechtung strafen.«

Der Händler saß aufrecht da und bewegte sich nicht. Seine Augen verfolgten jede Bewegung Urtenus. Dieser wandte sich wieder seinem Gegenüber zu.

»Alles fing mit Alasiya* an. Für den Fernhandel sind wir auf die Häfen der Insel angewiesen. Früher hatten wir dort unsere eigenen Anlaufstellen. Dann hat der Großkönig Tuthalija die Insel an sich gerissen, weil er das Kupfer brauchte, nachdem ihm Aššur die Minen in Istidina abgerungen hatte.«

»Für unsere Wirtschaft war das wichtig«, sagte der Assyrer.

»Kein Vorwurf!«, rief Urtenu. Dann fuhr er fort: »Unter Hatti arbeiteten die Häfen auf der Insel aber nicht mehr reibungslos. Wir und die Händler in der Ägäis brauchten Alasiya. Und mit jeder Ladung Kupfer, die die Tekker, die Scherden, Sikila und Lukka von Alasiya bekamen, zahlten sie auch den Großkönig in Hatti. Wir sprachen darüber, wie sich die Schiffswege intakt halten ließen. Bei den meisten Gesprächen war ich da-

** Zypern*

bei, damals noch unter König Niqmaddu, meinem langjährigen Freund. Heute streiten wir immer noch über Alasiya. Die Sikila, Scherden, Tekker und eine Reihe weiterer Stämme haben eine große Flotte gebaut, um die Insel zurückzuerobern. Das ist vor wenigen Tagen passiert und sehr schnell gegangen. Offenbar gab es kaum Kämpfe, weil die Küstenstädte bereitwillig die Seite wechselten.«

Urtenu setzte sich wieder neben seinen Gast. Die Tür öffnete sich, ein Diener brachte einen Krug mit Wein und zwei elegante Trinkschalen, die nur zu besonderen Anlässen gereicht wurden.

»Alasiya macht also gemeinsame Sache mit den Luwiern. Das ist jedenfalls mein Verdacht. Wir haben den Leuten von Alasiya gesagt, dass sie uns rechtzeitig informieren sollen, wenn weitere feindliche Schiffe aus dem Westen aufkreuzen. Es ist schließlich schon genug Schaden angerichtet worden. Jetzt schreibt mir Ešuwara, der Statthalter von Alasiya, dass er ja nicht für diese Schäden verantwortlich gemacht werden könne. Auch nicht dafür, dass ugaritische Hoheitsgebiete verletzt wurden. Er behauptet sogar, die Gräueltaten seien nicht von ausländischen, sondern von ugaritischen Schiffen ausgegangen. Kluge Ratschläge erteilt er uns; wir sollen uns besser beschützen und uns verteidigen, wenn es nötig wird. So tönt einer, der Arges im Schilde führt. Er sagt, er hätte wieder zwanzig feindliche Schiffe gesehen. Sie seien aber in unbekannte Richtung davongesegelt. Unbekannte Richtung! Blanker Zynismus! Von Alasiya aus – welche Richtung ist da bitte schön unbekannt?«

»Und wie verhält sich der Großkönig?«, fragte der Händler.

»Der Großkönig hat jetzt einen von den Seevölkern gefangen genommen, einen Sikila. Ob das so eine gute Idee war, bin ich mir nicht sicher. Die Sikila sind gute Seeleute; sie können sogar ganz auf ihren Schiffen leben. Der Gefangene heißt Ibnadufo. Šuppiluliuma hat mir geschrieben, dass er sich mit ihm unterhalten wolle. Stell dir vor! Der Großkönig schreibt mir, weil er vom jungen König von Ugarit nichts hält. Und sagt das auch noch freiheraus. ›Der weiß ja nichts‹, sagt er. Diese Gefangennahme macht die Situation noch gefährlicher. Leicht wird sie zum Anlass für eine Befreiungsaktion im großen Stil.«

Urteno trank aus seiner Kylix.

»Hatti hat sich mit allen seinen Nachbarn überworfen – außer mit uns. Und das übrigens nicht zum ersten Mal. Im Westen hat Mira längst das Sagen. Der König von Mira, lange ein enger Vertrauter des Großkönigs, hat die reichen Fürstentümer um sich herum aufgewiegelt. Aus dem Norden wird Hattuša von den Kaškäern und Muški bedrängt. Schon ewig. Sie warten nur auf eine Gelegenheit, die Hauptstadt zu überrennen. Wie es im Osten aussieht, ist dir bestens bekannt. Aššur ist ein übermächtiger Nachbar; das hethitische Reich stark geschrumpft. Noch nie war die Lage so prekär wie jetzt. Der Großkönig macht, was er immer macht, wenn er in Bedrängnis ist: Er fordert von seinen Vasallen Verstärkung. Viele Vasallen sind es ja nicht mehr. Und Ammurapi gibt dem Großkönig, was er verlangt. Unsere Kriegsschiffe hat er auf Geheiß von Šuppiluliuma nach Lukka entsandt. Vermutlich sind sie längst gesunken. Jetzt gibt es für die Schiffe aus dem Westen kein Halten mehr. Niemand kann sich ihnen mehr in den Weg stellen. Die ugaritischen Fußtruppen und Streitwagen sind ebenfalls vom Großkönig abberufen worden. Ugarit ist ungeschützt und wehrlos. Sieben feindliche Schiffe genügten, um die Ländereien im Süden zu verwüsten. Gibala und die Küstenstädte in seiner Umgebung sind ausgelöscht. Wenn Ugarit fällt, ist die Flanke im Südosten des Hatti-Reichs offen. Dann geht auch das Großreich unter.«

»Könnt ihr keine Unterstützung aus Karkemisch bekommen?«

»In Karkemisch hat man uns gar nicht ernst genommen. Der Vizekönig schrieb Ammurapi: ›Was, du hast feindliche Schiffe auf See gesichtet?‹« Urtenu ahmte den Vizekönig nach. »›Dann musst du hart bleiben! Wo sind denn deine Truppen und Streitwagen stationiert? Sind sie nicht in deiner Nähe? Umgib deine Städte mit Mauern! Halte deine Fußsoldaten und Streitwagen nahe bei dir und Ausschau nach dem Feind!‹ Solche Ratschläge haben wir aus Karkemisch bekommen. Inzwischen hat sich die Haltung geändert. Šuppiluliuma und der Vizekönig in Karkemisch haben erkannt, welche Gefahr ihnen droht, wenn Ugarit fällt. Jetzt endlich schickt Karkemisch Truppen. Der Vizekönig sagt, dass wir durchhalten sollen, bis diese Verstärkung eingetroffen ist. Aber die Menschen beginnen ihre Habseligkeiten zu verstecken. Viele verlassen die Stadt. Achttausend leben innerhalb der Stadtmauern, dreimal so viele auf dem Land. Ich fürchte um sie und uns alle. Ich fürchte, dass es nie wieder so sein wird, wie es einmal war. Und dir rate ich, besteige sogleich wieder dein Schiff und segle noch heute Nacht weiter nach Süden, bis nach Ägypten. Vorher wirst du keine Sicherheit finden.«

## 2 Das Ende des heroischen Zeitalters

In den archäologischen Ausgrabungen markiert ein Zerstörungshorizont, der sich von Nordgriechenland über Kleinasien bis in den Süden Syriens erstreckt, das Ende des heroischen Zeitalters zu Beginn des 12. Jahrhunderts v. Chr. Die meisten betroffenen Siedlungen befinden sich nahe der Küste. Der archäologische Befund ist immer ähnlich und zeigt eine Brandschicht, die an manchen Stellen bis zu zwei Meter mächtig und vielerorts von Pfeilspitzen durchsetzt ist. Damit ist klar, dass die Siedlungen Überfällen zum Opfer fielen – und nicht etwa Erdbeben oder einer Dürrekatastrophe. Wer die Angreifer waren, lässt sich aus dem archäologischen Befund nicht ermitteln. Auch reicht die Auflösung der Datierungen nicht aus, um den exakten Zeitpunkt der Überfälle zu bestimmen. Archäologen können heute den Untergang auf eine Zeitspanne von zehn bis maximal zwanzig Jahren begrenzen. In welcher Reihenfolge die Orte der Brandschatzung anheimfielen, ist daher ebenfalls noch unklar.

Wir sind also auf Texte angewiesen, um eine Vorstellung von der möglichen Abfolge der Ereignisse zu bekommen. Archäologen haben an verschiedenen Orten Dokumente aus der Zeit kurz vor dem Untergang gefunden, vor allem natürlich in Hattuša sowie in der syrischen Hafenstadt Ugarit. Diese Texte liefern einen Eindruck von der Situation unmittelbar vor der Zerstörung. Aus der Zeit danach gab es bisher kaum Hinweise, weil die Schreiber aus den Städten flüchteten oder während der Überfälle ums Leben kamen. Auch die berühmten Seevölkerinschriften aus Oberägypten, in denen die Ereignisse bildhaft geschildert werden, entstanden erst rund zwanzig Jahre nach dem Beginn der Kampfhandlungen. Ohnehin darf keines der bis heute bekannten Dokumente als objektiv bezeichnet werden, die ägyptischen Tempelinschriften am allerwenigsten. Sie stehen nicht im

Ruf, zuverlässige historische Darstellungen zu liefern. Trotzdem vermitteln sie einen ungefähren Eindruck von dem, was geschehen sein mag. Des Weiteren liegen uns eine ganze Reihe von Texten späterer Geschichtsschreiber vor, die sich auf den Kultureinbruch beziehen, allen voran die Berichte der antiken griechischen Historiografen.

Alle diese Quellen deuten auf die gleiche Region als Ursprungsherd und Verursacher der Unruhen hin – nämlich auf Westkleinasien. Dort, in einer Gegend, in der überwiegend Luwisch gesprochen wurde, scheinen sich die Fürstentümer und Königreiche zu einem militärischen Bündnis zusammengeschlossen zu haben. Bereits zweihundert Jahre zuvor hatte ein solches Bündnis, das zweiundzwanzig namentlich genannte Staaten umfasste und offenbar ganz Westkleinasien abdeckte, den hethitischen Großkönig arg in Bedrängnis gebracht. Dieser rühmte sich zwar, die Allianz zerschlagen zu haben – zwei Jahrhunderte später war es jedoch das hethitische Reich, das unterging. Noch später, in der frühen Eisenzeit, brachten es insbesondere die Länder in Westkleinasien zu legendärem Reichtum. Deswegen liegt der Schluss nahe, dass die Ereignisse am Ende der Bronzezeit vereinfacht folgendermaßen zusammengefasst werden können: Die Luwier in Westkleinasien behaupteten sich gegen die Führungskaste der Hethiter in Zentralkleinasien.

Zu Beginn des 12. Jahrhunderts v. Chr., als das hethitische Reich deutliche Schwächen zeigte, war für die Staaten im Westen Kleinasiens der Zeitpunkt für eine Rebellion besonders günstig. Der hethitische Großkönig musste Macht an einen Vasallen in der Region abtreten, indem er diesen zum Koordinator der Kleinkönigreiche im Westen erklärte. Vermutlich hoffte er, die Region besser beherrschen zu können, indem er einen Teil der Kontrolle delegierte. Solange sich dieser Leitvasall dem Großkönig gegenüber loyal verhielt, würde die Sache funktionieren. Wenn er jedoch die Schwäche des Großreichs und seinen eigenen Machtzuwachs ausnutzte, um die Regenten der Nachbarstaaten gemeinsam gegen den Großkönig aufzuwiegeln, war das hethitische Reich in Gefahr. Vieles deutet darauf hin, dass genau diese Situation eintrat. In den ägyptischen Seevölkerinschriften sind die einzelnen Stämme der Angreifer namentlich aufgeführt, und manche von ihnen waren zuvor als Vasallen und Söldner des hethitischen Großkönigs aufgetreten. Sie sind im Wesentlichen in Westkleinasien zu verorten. Auch die Texte aus den letzten Tagen von Ugarit weisen auf diese Region hin. Sie nennen ausdrücklich Lukka in Südwestkleinasien als die Gegend, wohin die Schiffe von Ugarit aus entsandt wurden und aus der kurz darauf die Angreifer erstmals gesichtet wurden.

Obschon sich die Zerstörungswelle Richtung Süden und Osten ausbreitete, litt am Ende der Bronzezeit kaum eine Region so sehr unter den Zusammenbrüchen wie das südliche Griechenland. Innerhalb von etwa zwei Generationen scheint die griechische aristokratische Oberschicht nahezu komplett ausgelöscht worden zu sein. Das Kunsthandwerk, das Ingenieurwesen und die Schriftkenntnis gingen verloren. Neun von zehn Siedlungen wurden verlassen. Der kulturelle Einbruch war so tiefgreifend, dass er die nachfolgenden Generationen jahrhundertelang beschäftigte. Die Menschen lebten in unmittelbarer Nachbarschaft zu den Ruinen der zyklopischen Mauern, die ihre Vorfahren errichtet hatten. An praktisch jedem wichtigen Ort hatten Ingenieure in mykenischer Zeit umfangreiche Wasserbaumaßnahmen realisiert: Sie hatten Staudämme errichtet, Flüsse umgeleitet, Seen trockengelegt und künstliche Häfen gebaut. Diese Anlagen verfielen und konnten nicht wieder in Betrieb genommen werden, weil nachfolgende Generationen die Funktionsweise nicht verstanden. Die Bevölkerung lebte in diesem dunklen Zeitalter erneut von der Landwirtschaft und suchte nach Erklärungen, wie Griechenland einst die Heimat großer Helden gewesen sein konnte. Auf diese Weise entstanden Mythen wie die Geschichte des Halbgottes Herakles und seiner scheinbar übermenschlichen ingenieurtechnischen Leistungen. Er besaß Fähigkeiten, die man von der zeitgenössischen Bevölkerung nicht mehr erwarten durfte. Einäugige Zyklopen, so hieß es, hätten die riesigen Mauern der mykenischen Zitadellen errichtet. So wuchsen die Menschen in Griechenland wie selbstverständlich mit einer Faszination für Dinge auf, die sie nur aus Erzählungen kannten. Ihre Vorfahren hatten eine wahre Apokalypse erlebt – einen Kultureinbruch, an dem die Staaten und Völker im Westen Kleinasiens, die Luwier also, maßgeblich beteiligt waren.

▲ In den Darstellungen der Seevölker-Invasionen in Medinet Habu erscheinen die meisten feindlichen Krieger als sogenannte Federkronenträger. Dabei handelt es sich möglicherweise um eine standardisierte Darstellung der Angreifer schlechthin. Von Statur waren diese Krieger sehnig und knochig, im Auftreten rau und arrogant. Typisches Merkmal ist der Kopfschmuck, der möglicherweise aus Schilf, Lederstreifen, gefaltetem Leinen oder Pferdehaaren bestand. Diese »Federn« wurden von einem enganliegenden verzierten Stirnband gehalten und durch einen Kinnriemen gesichert. Die Angreifer trugen einen Schurz, der vorne zu einer quastenverzierten Spitze zulief. Als Waffen benutzten sie zwei schwere Speere, manchmal auch ein großes Schwert und einen runden Schild. (© Rosemary Robertson)

IV

# Rätselhafte Hieroglyphen in Syrien

## 1 Hama, Syrien, 25. November 1872

Eine recht bemerkenswerte Reisegesellschaft traf am späten Nachmittag des 25. November 1872 in Hama am Orontes in Syrien ein. Der osmanische Gouverneur für die Region Nordsyrien, Subhī Pascha, hatte sich höchstpersönlich aus Damaskus in die Provinz begeben. Subhī stammte aus einer noblen griechischen Familie und galt als einer der größten Gelehrten im Osmanischen Reich. Er verfügte über eine reichhaltige Sammlung an Münzen und Kunstgegenständen, deren sukzessiver Verkauf ihn mit kulturinteressierten Mitteleuropäern in Kontakt brachte. Auf dieser Reise begleiteten ihn der britische Konsul in Damaskus, W. Kirby Green, und der protestantische irische Missionar William Wright. Auf die Einheimischen machte es einen merkwürdigen und unheilvollen Eindruck, dass Ungläubige mit dem erst vor kurzem in Amt und Würden getretenen Gouverneur gemeinsame Sache machten und ihn sogar in Moscheen und Bäder begleiteten.

Der Missionar Wright hatte durch die Zeichnung eines lokalen Künstlers erfahren, dass es in Hama in vier Hauswänden Steine mit rätselhaften Hieroglyphen gab. Er hoffte, diese Schriftzeichen aufspüren und kopieren zu können, als er den Gouverneur zusammen mit dem Konsul bei diesem offiziellen Besuch begleitete. Am Abend ihrer Ankunft erzählte er Subhī Pascha unter vier Augen von seiner Absicht – und dieser sagte Wright seine volle Unterstützung zu.

Gleich am nächsten Vormittag zogen Wright und der Konsul Green durch die Straßen und erkundigten sich, wo diese besonderen Steine zu

◀ Das Porträt zeigt Subhī Pascha, den osmanischen Gouverneur für die Region Nordsyrien in der Zeit von 1871 bis 1873. Auf sein Kommando erfolgte der Transport von vier Steinen mit luwischen Hieroglypheninschriften von Hama nach Konstantinopel.

finden seien. Doch jeder, den sie ansprachen, sah sie kühl an und antwortete ruhig und bestimmt, dass es in ganz Hama keine derartigen Inschriften gebe. Allmählich erkannten die beiden ausländischen Besucher, dass sie es mit einer Art Konspiration zu tun hatten. Sie berieten sich und entschieden, trotz allem nicht aufzugeben und ab sofort wirklich jeden, der ihnen begegnete, nach den Steinen zu fragen. Denn die Stadt war zu groß und die engen gewundenen Gassen zu zahlreich, als dass man auf gut Glück nach den Inschriften hätte suchen können. Und tatsächlich war die nächste Person, die sie ansprachen, der Besitzer eines Hauses, in dessen Außenmauer sich einer der beschrifteten Steine befand – und er gab dies unumwunden zu. Nun dauerte es nicht mehr lange, bis sie alle Steine lokalisieren konnten.

Wright war der festen Überzeugung, dass derart bedeutende Inschriften der Allgemeinheit zugänglich gemacht werden mussten. In Mitteleuropa warteten viele Gelehrte darauf, Abschriften davon zu sehen. Ohne Zweifel eröffneten diese Dokumente ein neues Kapitel der Geschichte: Es würde sich zeigen, dass das Volk der Hethiter – das in der Bibel erwähnt wird, je-

doch nie in klassischen Texten vorkommt – in dieser Region einst ein mächtiges Reich gebildet hatte.

Der Gouverneur hörte sich Wrights Überlegungen an und nahm sich vor, den Missionar nicht nur Kopien der Inschriften anfertigen zu lassen, sondern die Steine komplett herauszubrechen und sie nach Konstantinopel zum Palast des Sultans zu bringen.[22] Sogleich erkundigte er sich per Telegramm beim Sultan, ob dieser an den Inschriften interessiert sei.

Da jedoch in letzter Zeit verschiedentlich Besucher versucht hatten, der Inschriften Herr zu werden, war bei den Bürgern von Hama der Eindruck entstanden, dass es sich dabei um große Kostbarkeiten handle. Zudem standen die Steine im Ruf, Rheumatismus heilen zu können. Als sich nun die Nachricht verbreitete, dass der Gouverneur die Steine aus den Mauern zu entfernen und aus der Stadt zu bringen gedachte, lehnten sich die Bewohner mit Verwünschungen und Gewaltandrohungen gegen die Eindringlinge auf. Lieber würden sie die Inschriften zerstören, als ihren Abtransport zuzulassen. Genau das war zuvor in Aleppo geschehen. Wright notierte, dass ein mächtiges Reich im Begriff war, seinen berechtigten Platz in der Geschichte einzunehmen, dass ein paar Fanatiker jedoch darauf bestanden, dieses Wissen in der Dunkelheit zu belassen – wo es sich während der gesamten klassischen Zeit befunden hatte.

Wright und Green versuchten den Streit zu schlichten und suchten die vier Hausbesitzer auf, in deren Gebäuden die fraglichen Steine verbaut waren. Nur zwei der Häuser waren bewohnt. Die beiden Europäer boten den Besitzern eine finanzielle Entschädigung für die Steine, drohten aber auch, dass der Sultan inzwischen per Telegramm empfindliche Strafen für Personen angekündigt hatte, die sich dem Abtransport in den Weg stellen würden. Letztlich willigten alle Hausbesitzer ein.

◀ Der Stein mit luwischen Hieroglyphen, den William Wright 1872 im syrischen Hama barg, befindet sich heute im Archäologischen Museum in Istanbul. Seine Inschrift datiert aus dem 9. Jahrhundert v. Chr., als die Region ein sogenanntes späthethitisches Kleinkönigreich war. Sie lautet: »Uratamis, der König von Hamath, der Sohn Urhilinas, errichtete die Wälle dieser Stadt. Während des Baus halfen einige Städte Hama, indem sie Steine für den Bau sandten.«

Schon am nächsten Morgen bezahlte ihnen der Gouverneur die in Aussicht gestellten Beträge, um unverzüglich mit dem Herausbrechen der Steine beginnen zu können. Einen Tag lang war die Stadt in Aufruhr, denn die Arbeiten wurden von lauten Beschimpfungen durch große Teile der männlichen Bevölkerung begleitet. Einer der Steine war so groß, dass fünfzig Männer und ein Gespann mit vier Ochsen den ganzen Tag damit beschäftigt waren, ihn nur eine Meile weit zu transportieren. Die anderen Steine zerteilte man in jeweils zwei Stücke, lud diese auf Kamele und brachte sie ins Gästehaus, wo der Gouverneur residierte. Als die Muezzins von den Minaretten mit schrillen Stimmen zum Abendgebet riefen, befanden sich endlich alle Steine in der Obhut der Soldaten, die den Gouverneur begleiteten.

Bald jedoch erfuhren Green und Wright, dass sich in der Stadt eine regelrechte Verschwörung gegen sie bildete. Die aufgebrachten Bewohner planten, die Inschriften zu zerstören, bevor sie die Stadt verlassen konnten. Es war anzunehmen, dass selbst die Polizei auf ihrer Seite stand. Kaum jemand machte in dieser Nacht ein Auge zu. Als wäre die Lage nicht ohnehin angespannt genug, ereignete sich auch noch ein Meteoritenschauer. Die Einheimischen waren überzeugt, dass der Himmel damit seinen Zorn über die Entwendung der Steine zum Ausdruck brachte. Mehr noch; das Zeichen des Himmels sei eine Prophezeiung, beteuerten sie.

Als der Gouverneur und seine Begleiter am nächsten Morgen erwachten, saß bereits eine Delegation von Muslimen mit grünen und weißen Turbanen vor dem Gästehaus, um von den nächtlichen unheilvollen Himmelszeichen zu berichten und die Rückgabe der Steine zu verlangen. Nun war der Gouverneur ein überaus kluger Mann und wusste sich geschickt Respekt zu verschaffen. Zunächst einmal bestellte er Kaffee und Zigaretten für alle Anwesenden. Dann schenkte er ihnen seine volle Aufmerksamkeit und hörte den verschiedenen Rednern geduldig zu. Als sie fertig waren, strich er sich lange und bedeutungsschwer über seinen Bart. In ernstem Tonfall fragte er die Muslime, ob die Sterne irgendjemandem geschadet hätten. Die Mitglieder der Delegation verneinten.

»Aha!«, rief der Gouverneur aus, »dann war es doch ein gutes Zeichen! Dann muss es doch wohl die leuchtende Zustimmung Allahs für eure Loyalität gewesen sein, weil ihr erlaubt habt, dass diese Steine nun zum Kalifen gebracht werden, dem Vater aller Gläubigen.«[23]

Die Delegierten erhoben sich. Jeder von ihnen küsste die Hand des Gouverneurs. Dann gingen sie.

## 2 Johann Ludwig Burckhardt (1784–1817)

Die Entdeckungsgeschichte der luwischen Kultur beginnt mit einer Randbemerkung. Anfang Mai 1812 reiste ein bärtiger Mann im orientalischen Gewand durch das Tal des Orontes in Südsyrien. Er nannte sich Scheich Ibrahim ibn Abdallah, ehrenwerter Ibrahim, Sohn des Abdallah – und gab vor, als Kaufmann in den Diensten der Ostindien-Kompanie zu stehen. Diese Herkunft sollte seinen ungewöhnlichen Akzent im Arabischen erklären. Denn hinter der Tarnung verbarg sich ein Schweizer: der damals achtundzwanzigjährige Johann Ludwig Burckhardt aus Lausanne.[24] Im Auftrag der *African Association for the Discovery of the Interior Parts of Africa*, einer Vereinigung vermögender Engländer, erkundete er den Karawanenweg zwischen Ägypten und dem zentralafrikanischen Goldland bei Timbuktu.[25]

Burckhardt befand sich auf dem Weg von Aleppo nach Damaskus und weiter zum eigentlichen Ausgangspunkt seiner Hauptreise in Kairo. In seinem Gepäck führte er das Buch *Reisen in Syrien und Libanon* des Franzosen Jean de La Roque mit, das bereits 1722 erschienen war. Das Hauptaugenmerk des Autors, wie auch Burckhardts, galt den Menschen der verschiedenen Stämme und ihren Bräuchen. Burckhardt war ein herausragender und feinfühliger Beobachter des Verhaltenskodex, der sozialen Strukturen und politischen Zustände. Seine Analysen des Beduinenalltags flossen sogar noch bis zum Zweiten Weltkrieg ins Handbuch des britischen Geheimdienstes ein. Sowohl La Roque wie auch Burckhardt beschrieben in ihren Notizen natürlich auch bemerkenswerte Monumente, wenn sie solchen begegneten. Als Burckhardt in Hama am Orontes eintraf, suchte er daher nach einer von La Roque beschriebenen Marmorsäule. Statt ihrer stieß er auf einen Stein mit seltsamen Zeichen, der in die Hausecke eines Basars eingebaut war – genau diesen Stein sollte William Wright sechzig Jahre

später suchen und schließlich nach Konstantinopel abtransportieren lassen. In seinem Tagebuch berichtet Burckhardt: »Ein Stein mit einer Anzahl kleiner Figuren und Zeichen, die so aussehen, als seien sie eine Art Hieroglyphenschrift, obwohl sie denen aus Ägypten nicht ähneln.«[26]

Was er entdeckt hatte, war nicht weniger als der Nachweis für ein drittes großes eigenständiges Schriftsystem neben der babylonischen Keilschrift und den ägyptischen Hieroglyphen. Jedoch mussten noch hundertfünfzig Jahre vergehen, bis Sprachforscher diese Schrift weitgehend entziffert hatten. Fast zweihundert Jahre waren nötig, bis sich für diese Schriftform der Name »luwische Hieroglyphen« durchsetzen würde. Heute wissen wir, dass es sich bei dem Stein aus Hama um eine Gebäudeinschrift des Königs Urhilina und seines Sohnes Uratamis aus dem 9. Jahrhundert v. Chr. handelt.

Burckhardt setzte seine Reise fort und erreichte im August 1812 Petra, die Königsstadt der Nabatäer – als erster Europäer seit den Kreuzrittern. Und nachdem Korangelehrte seine Rechtgläubigkeit aufs Genaueste geprüft hatten, durfte er ein Jahr später für vier Monate als mohammedanischer Pilger in die für Nichtmuslime verbotene Stadt Mekka.

Als er schließlich in Kairo eintraf, wartete er auf die Fessan-Karawane, die nur alle paar Jahre an den Nil kam und die er auf ihrem Weg zurück zum Niger begleiten wollte. Er nutzte die Wartezeit und reiste verschiedentlich zum Sinai, zum Roten Meer, nach Assuan und weiter bis Nubien. In Oberägypten ließ er sich an Seilen in eine Spalte hinab und entdeckte so den vom Sand verschütteten Tempel von Abu Simbel. Auf diesen Reisen sammelte er allerdings nicht nur wertvolle Eindrücke und Tagebucheinträge, er litt auch immer häufiger an Infektionen, Fieberanfällen und der Ruhr. Dessen ungeachtet verfolgte er weiterhin den Plan, mit der Fessan-Karawane nach Zentralafrika zu reisen. Endlich, im Dezember 1817, sollte die Karawane aufbrechen. Doch am 17. Oktober 1817 erlag Burck-

◀ Der Ethnologe Johann Ludwig Burckhardt (geb. 1784 in Lausanne) gab vor, als Händler der Ostindien-Kompanie den Nahen Osten und Afrika zu erkunden. Dieses Bild entstand im Februar 1817 in Kairo, neun Monate bevor er dort verstarb (aus Burckhardt 1822).

hardt – mit nur zweiunddreißig Jahren – seinen Krankheiten. Für die nächsten achtundfünfzig Jahre sollte niemand von seiner beiläufigen Erwähnung der beschriebenen Steine in Hama Kenntnis nehmen.

Auch dem nächsten Helden in der Erforschung »barbarischer« Kulturen war kein langes Leben beschieden. Am 4. März 1832 starb der französische Sprachwissenschaftler Jean-François Champollion in Paris mit nur einundvierzig Jahren an einem Schlaganfall. Mit siebzehn hatte man ihn zum Mitglied der Akademie ernannt, mit zwanzig war er Professor für Alte Geschichte, später Kurator der Ägyptischen Sammlung im Louvre und Inhaber eines Lehrstuhls für Ägyptische Archäologie und Geschichte, der auf ausdrückliche Verfügung des Königs eingerichtet worden war. Dennoch stieß der Entzifferer der ägyptischen Hieroglyphen auf phänomenalen Widerstand in so ziemlich allem, was er tat.

Im Jahr 1814 schrieb Champollion an die Royal Society in London und bat um eine bessere Abschrift des Rosettasteins, der sich seit 1802 im Britischen Museum befand. Voller Selbstbewusstsein wies er darauf hin, dass es ihm durchaus möglich wäre, die ägyptischen Hieroglyphen demnächst zu entziffern, wenn er nur bessere Textvorlagen hätte. Er konnte nicht wissen, dass der Sekretär der Royal Society, der Universalgelehrte Thomas Young, selbst an der Entzifferung arbeitete. Prompt erhielt Champollion eine Absage. Young bemerkte, dass die Versuche des jungen französischen Kollegen ja kaum jemals vielversprechender sein könnten als seine eigenen, sehr aufwendigen Studien im Hinblick auf die griechische Übersetzung der dreisprachigen Inschrift. – Wenn Youngs Arbeit der von Champollion fraglos überlegen war, hätte dies allerdings ein Grund mehr sein sollen, ihm die gewünschte Transkription zu schicken.

Champollion gelang der Durchbruch trotzdem. Am 14. September 1822 lief er seine Straße in Paris hinunter zu seinem Bruder und rief: »Ich hab's!« Erschöpft brach er zusammen.

Der Widerstand, auf den seine Leistung stieß, war unbeschreiblich. Er geriet in politische Intrigen, musste Ungerechtigkeiten und den Neid seiner Kollegen ertragen und wurde zeitweise sogar seiner Ämter beraubt. Die Theologen lehnten ihn ab, weil seine Arbeit der ägyptischen Zivilisation ein Alter bescheinigen könnte, das die von der Kirche genehmigte Chronologie überstieg. Die Althistoriker lehnten ihn ab, weil die Kenntnis der ägyptischen Hieroglyphen einer barbarischen Kultur Aufmerksamkeit zukommen ließe. In England, in Deutschland und in Frankreich – überall hatte Champollion Gegner, und das noch drei Jahrzehnte über seinen Tod im Jahr 1832 hinaus. Zwischen 1830 und 1860 fand keine nennenswerte ägyptologische Forschung statt.

Dennoch ereigneten sich auch in dieser Zeit durchaus einige Sensationen. Am 28. Juli 1834 erreichte der französische Architekt und Reisende Charles Félix Marie Texier ein Dorf namens Boğazköy, rund hundertfünfzig Kilometer östlich von Ankara. Mit laufender Berichterstattung in Frankreich und Deutschland hielt er sein Lesepublikum im Bann: »Ich zweifle, ob ein Reisender jemals so viele Aufträge erhalten hat als ich«, schrieb er, »denn ich habe deren beinahe für jeden Buchstaben des Alphabets: Archäologie, Architektur, Bibliographie, Cranologie, Ethnologie, Geologie usw.; wie soll ich damit fertig werden?«[27]

Die Einheimischen wiesen Texier darauf hin, dass es oberhalb der zerfallenen Lehmhütten des Ortes etwas Bemerkenswertes zu sehen gebe. Er stieg hangaufwärts in das Gebiet der schroffen Kalksteinfelsen und sah riesige parallel aufgereihte Steinblöcke – die Fundamente eines gewaltigen Gebäudes. In der Nähe bemerkte er die Reste einer Befestigungsmauer, die sich offenbar über mehrere Kilometer erstreckte. Ihr folgend, stieß er auf ein imposantes Tor, das zwei steinerne Löwen auf seiner Außenseite beschützten. Noch etwas weiter gelangte er an ein weiteres Tor mit dem überlebensgroßen Relief eines fremdartigen Mannes. Diese Figur war mit nichts zu vergleichen, was Texier bis anhin gesehen hatte. Vom höchsten Punkt im Gelände überblickte er das Ruinenfeld und kam zum Schluss, dass diese versunkene Stadt einst so groß gewesen sein musste wie Athen zu seiner Blütezeit.

Texier hatte sich eigentlich auf der Suche nach der römischen Karawanenstadt Tavium befunden. Kurz vor der Publikation seiner Reiseberichte änderte er seine Meinung. Er hielt die bemerkenswerten Ruinen bei Boğazköy nun für Pteria; eine Stadt, die laut Herodot 547 v. Chr. von Krösus erobert wurde. Heute wissen wir, dass Texier Hattuša entdeckt hatte, die Hauptstadt des hethitischen Reichs. Von hier aus kontrollierten Dynastien hethitischer Großkönige ganz Zentralkleinasien und viele angrenzende Gebiete vom 17. Jahrhundert bis etwa 1190 v. Chr.

Die lokale Bevölkerung zeigte Texier auch, dass es in dieser Gegend noch mehr zu sehen gab. Man führte ihn durch das tiefeingeschnittene Flusstal zu einer der in dieser Landschaft häufigen Felseninseln aus Kalkstein. In einem natürlichen Hof zwischen den Steinen sah er als erster Europäer über neunzig in die senkrechten Felswände gehauenen Kalksteinreliefs: eine Prozession von bewaffneten Männern, zum Teil mit Spitzmützen, manche auf den Nacken anderer Figuren stehend, Frauen in festlichen Gewändern, Chimären, Stiermenschen, Löwen, Panthern und Dämonen. Die Darstellungen unterschieden sich komplett von allem, was aus klassischer Zeit bekannt war. Es gab nichts Vergleichbares, auch nicht in Mesopotamien oder Ägypten.

Texier verbrachte zehn Tage an diesem bemerkenswerten Ort. Zunächst begnügte er sich damit, die Reliefs immer und immer wieder zu betrachten. Schließlich fertigte er eine Reihe von Skizzen an, nicht nur von den Reliefs, sondern auch von den architektonischen Ruinen der Stadt. Er führte Messungen durch und zeichnete sogar den ersten Plan der gesamten Fundstätte. Obwohl er offensichtlich von den kunstvollen Reliefs zwischen den Kalksteinfelsen besonders fasziniert war, schenkte er den Schriftzeichen, die neben vielen Figuren angebracht waren, wenig Beachtung. Heute wissen wir, dass es sich bei der Anlage um ein Felsheiligtum handelt und dass die Figuren zum größten Teil Gottheiten der damaligen Zeit zeigen. Wir wissen auch, dass es sich bei den Schriftzeichen um luwische Hieroglyphen handelt, die die jeweilige Figur mit ihrem Namen bezeichnen. Das Felsheiligtum von Yazılıkaya (türkisch für »beschriebener Fels«) war wohl das wichtigste Heiligtum der hethitischen Großreichszeit. Es entstand in seiner letzten, heute noch weitgehend erhaltenen Ausprägung um 1250 v. Chr., zu einer Zeit, als in der Region einschließlich der benachbarten Hauptstadt Hattuša fast nur noch Luwisch gesprochen wurde. – Texiers Publikationen waren jedenfalls eine Sensation, denn niemand hatte eine so ausgeprägte und eigenständige Kunst in der Mitte Kleinasiens erwartet. So ist es wenig erstaunlich, dass die Gegend von Boğazköy schon bald weitere Besucher anzog.

Besonderen Auftrieb erhielt die Erforschung außereuropäischer Kulturen in der Mitte des 19. Jahrhunderts durch die schrittweise Entzifferung der babylonischen Keilschrift. Besucher der Ruinen von Persepolis im heutigen Iran hatten die Schriftzeichen während vieler Jahrhunderte bemerkt und darüber berichtet. Im Sommer 1802 ging Georg Friedrich Grotefend, ein junger Hilfslehrer an der Göttinger Stadtschule, die leichtfertige Wette ein, dass er den Schlüssel zur Entzifferung der Keilschrift innerhalb kurzer Zeit finden würde. Tatsächlich gelang es ihm binnen weniger Wochen, fast ein Drittel des gesamten Zeicheninventars zu entschlüsseln, wobei es sich damals noch um überwiegend einförmige Listen mit Königsnamen handelte. Am 4. September 1802 legte er der Akademie der Wissenschaften in Göttingen eine Abhandlung mit dem Titel »Beiträge zur Erläuterung der persepolitanischen Keilschrift« vor. Die Akademie lehnte die Veröffentlichung jedoch ab. 1805 erschien der Beitrag dann in den Beilagen zu einer neuen Auflage des mehrbändigen Werks *Ideen über Politik, den Verkehr und den Handel der vornehmsten Völker der Alten Welt* des Göttinger Historikers Arnold Heeren.[28] Bis auf Weiteres nahm jedoch niemand groß davon Kenntnis.

Der eigentliche Durchbruch im Hinblick auf die Entzifferung der Keilschrift gelang dem englischen Offizier Henry Creswicke Rawlinson, der sich 1835 in Behistun im Iran mit einem Flaschenzug aus großer Höhe von einem Felsmassiv abseilen ließ, um eine umfangreiche dreisprachige Inschrift zu kopieren. Das Relief stammt aus der Zeit des Königs Dareios I. und zeigt, wie gefesselte Gefangene dem König vorgeführt werden. Der Text in der dazugehörigen Tafel ist in drei Spalten auf Altpersisch, Elamisch

Die Kammer A des Felsheiligtums von Yazılıkaya bei Hattuša enthält 63 in den natürlichen Kalkstein gemeißelte Reliefs von Männern, Frauen, Tieren, Stiermenschen und mythologischen Figuren, die zum großen Teil mit luwischen Hieroglyphen beschriftet sind. Das Foto zeigt einen Teil der Reliefs an der westlichen Wand, von zwölf gleichförmigen männlichen Gottheiten am äußersten linken Bildrand bis zum »Sonnengott des Himmels« (Relief 34) im weiten Gewand und mit beflügelter Sonnenscheibe über dem Kopf auf der rechten Seite. Das Felsheiligtum entstand in seiner letzten, weitgehend noch heute erhaltenen Ausprägung in der Regierungszeit des Großkönigs Tuthalija IV. (1236–1215), von dem die Anlage gleich drei Reliefs enthält. ▶

und Babylonisch wiedergegeben. Ein Jahr nach diesem Husarenstück stieß Rawlinson auf Grotefends Publikation, und mit dem inzwischen verfügbaren Material gelang ihm daraufhin die umfassende Entzifferung der assyrischen Keilschrift. Dadurch erhielt die dreisprachige Behistun-Inschrift die gleiche Bedeutung für die Keilschrift, wie sie der Rosettastein für die ägyptischen Hieroglyphen hat.

Rawlinsons Veröffentlichungen erschienen um 1850. Um der Entzifferung zur Anerkennung zu verhelfen, kam der Sekretär der Royal Asiatic Society in London 1857 auf die kluge Idee, vier Experten für babylonische Keilschrift den gleichen Text zur Übersetzung zu geben, ohne sie wissen zu lassen, dass sie nicht alleine mit der Aufgabe betraut waren. Eine Expertenjury sollte anschließend die Übersetzungen auf ihre Genauigkeit überprüfen. Es stellte sich heraus, dass die Übertragungen der vier Experten in allen wesentlichen Punkten weitgehend übereinstimmten. Die Jury kam daher zum Ergebnis, dass die babylonische Keilschrift nun eindeutig entziffert sei.

In Deutschland hingegen hatte man mit dieser Erkenntnis Mühe. Die überwiegend theologisch ausgebildeten Orientalisten befürchteten, dass viele der zuvor mit großen Anstrengungen erarbeiteten Erkenntnisse über die historischen Hintergründe des Alten Testaments durch die assyrischen Texte über den Haufen geworfen würden. Die bisherigen Darstellungen der israelitischen Geschichte wären damit obsolet. So schrieb der deutsche Althistoriker Eduard Meyer:

> *Man hätte erwarten können, die Erschließung eines neuen Gebiets, die Aussicht auf eine urkundliche Erweiterung des bisherigen ganz unzulänglichen Materials würde von den Historikern und alttestamentlichen Theologen wie von den Sprachforschern mit Freude begrüßt worden sein; aber das Gegenteil war der Fall […] Begreiflich genug, daß man sich sträubte, sie anzunehmen: wie sehr man bisher in die Irre gegangen war, wie wenig vor allem alle diese griechischen Nachrichten von historisch verwertbarer Kunde enthielten, konnte bis dahin kein Mensch ahnen.*[29]

Den Gelehrten fehlte »die geistige Elastizität, das neue vorurteilsfrei zu prüfen und in sich aufzunehmen«, fuhr er fort. Hätten sie nur nicht die Scheu gehabt, näher hinzusehen, so wären sie überzeugt worden, erkannte auch der Alttestamentler und Orientalist Eberhard Schrader, der erste Lehrstuhlinhaber und eigentliche Begründer der Assyriologie in Deutschland.

Um 1860 waren mit den ägyptischen Hieroglyphen und der babylonischen Keilschrift also zwei der drei großen bronzezeitlichen Schriftsysteme entziffert. Die Entschlüsselung des dritten Systems, der luwischen Hieroglyphen, ließ jedoch noch lange auf sich warten – fast ein ganzes Jahrhundert sollte vergehen müssen.

Ab 1862 reiste der französische Archäologe Georges Perrot durch Kleinasien, begleitet vom Architekten Edmond Guillaume und vom Reisearzt Jules Delbet. Das Team machte unter anderem in Boğazköy Halt und fertigte hervorragende Zeichnungen der Steinreliefs sowie die ersten Fotografien von Yazılıkaya an. In den Ruinen oberhalb von Boğazköy bemerkte Perrot einen Felsen, den sogenannten Nişantaş, der auf einer geneigten Fläche von 8,5 Meter Breite mit elf langen Reihen verschiedener Zeichen bedeckt war. Obschon die Erosion den Hieroglyphen stark zugesetzt hatte, erkannte Perrot, dass es sich um die gleichen Symbole wie in Yazılıkaya handelte.

Von solchen Zeichen, diesmal in Syrien, berichteten im Jahr 1870 auch zwei Amerikaner. Sie waren den Aufzeichnungen Burckhardts gefolgt und hatten nach dem beschriebenen Stein in Hama gesucht. Die Amerikaner waren der Missionar Dr. Henry Harris Jessup und der Konsul Augustus Johnson. Sie fanden nicht nur den Stein, den Burckhardt entdeckt hatte, sondern noch zwei weitere, die »mit einer Anzahl kleiner Figuren und Zeichen bedeckt« waren. Leider konnte Johnson bei seinem Bericht vor der *American Palestine Exploration Society* weder Skizzen noch Abdrücke zeigen. Die lokale Bevölkerung in Hama hatte ihn daran gehindert, sich den Steinen zu nähern, denn sie brachte den geheimnisvollen Zeichen seit Urzeiten abergläubische Verehrung entgegen. Auch einem Stein in der gleichen Art, der kurze Zeit später in Aleppo gefunden wurde, schrieben die Einheimischen Heilkraft zu. In diesem Fall waren es besonders Augenkranke, die von weit her kamen, um ihre Stirn an dem Stein zu reiben und Heilung zu erbitten.

Inzwischen tauchten immer mehr Belege für die rätselhafte Schrift auf. Man entdeckte sie bei einem gewaltigen Ruinenhügel in Karkemisch und in einem monumentalen Relief in Ivriz im Taurus. Die Symbole der Schrift bestanden aus Menschen und Tierköpfen, Händen und Füßen, Kreisen, Halbmonden und Obelisken. Es tauchten Siegel auf, die diese Schrift trugen. Schließlich wurde sie sogar in der Gegend des heutigen Izmir gefunden. »Waren diese Zeichen wirklich von einheitlichem Ursprung, so mußte es ein Volk gegeben haben, das irgendwann einmal so mächtig war, daß seine Schrift von der ägäischen Küste durch ganz Anatolien bis tief nach Syrien hinein geschrieben worden war; ein Volk einheitlicher Schrift, also einheitlicher Kultur«, schrieb C. W. Ceram in seinem Buch *Enge Schlucht und schwarzer Berg – Entdeckung des Hethiter-Reiches*.[30]

Es war wieder ein Theologe, der sich an eine erste Synthese der neu erworbenen Kenntnisse wagte – und damit die Forschung gleich für mehrere Generationen in die falsche Richtung lenkte. Archibald Henry Sayce war zu dieser Zeit ein noch junger angehender Priester mit einer erstaunlichen Begabung für Fremdsprachen. Er kam zum Schluss, dass die Zeichen alle aus einer Epoche stammten und hethitischen Ursprungs seien, und siedelte das Zentrum des hethitischen Volkes in Alaca Höyük in Zentralkleinasien an. Damit hatte Sayce in einem Satz gleich drei einschneidende Fehler begangen. Die Schrift, das wissen wir heute, ist nicht hethitischen, sondern luwischen Ursprungs. Die ihm bekannten Inschriften stammten keineswegs aus einer Epoche, vielmehr waren sie in einem Zeitraum von fast tausend Jahren entstanden. Und die Hauptstadt der Hethiter – das konnte Sayce zu diesem Zeitpunkt nicht ahnen – lag unweit von Alaca Höyük, fünfundzwanzig Kilometer südwestlich, im Ruinenfeld von Boğazköy.

Das »Land der Hatti« kannte Sayce aus einer Reihe assyrischer Quellen wie auch aus altägyptischen Inschriften. In verschiedenen Tempeln hatte Ramses II. über seine Schlacht bei Kadesch am Orontes berichtet, in der er angeblich die Hethiter besiegt hatte. Sayce reiste auf der Suche nach weiteren Inschriften, Skulpturen und Felsreliefs durch den gesamten Nahen und Mittleren Osten. Er sah in den Hieroglyphen die Hinterlassenschaft der Hethiter und strebte danach, dieses Volk durch ein umfassendes Studium seiner Schrift besser zu begreifen. Bereits 1879 veröffentlichte er einen Artikel mit der Überschrift »Die Hethiter in Kleinasien«. Danach entbrannte in England eine heftige Diskussion, die bald in die Schlagzeilen der Tagespresse geriet und damit nicht nur die Fachwelt, sondern auch die Öffentlichkeit ergriff. Auf dem Höhepunkt dieser Debatte publizierte Referent William Wright, den wir bereits bei seiner Aktion in Hama erlebt haben, 1884 in London ein Buch mit dem Titel *Das Großreich der Hethiter*, in dem er unter anderem Archibald Sayces Versuch, die Hieroglypheninschrift zu entziffern, präsentierte. Auf dem Buchtitel prangte – mit goldener Farbe leuchtend hervorgehoben – eine hieroglyphenluwische Inschrift. Diese ersten Publikationen festigten bereits die Verwechslung von kulturellen Errungenschaften der Luwier mit solchen der Hethiter. Aufgrund von Vergleichen zufälliger Funde an weit auseinander gelegenen Orten meinte man nun die dritte Großmacht Vorderasiens entdeckt zu haben: ein mächtiges Volk, dessen Existenz griechische und römische Historiografen schon bald vergessen hatten und das nicht einmal Homer in seinen umfangreichen Katalogen der Völker, die am Trojanischen Krieg teilhatten, erwähnte. Nur in der hebräischen Bibel kamen die *hittim* in Aufzählungen wenig bedeutsamer Völkerschaften hin und wieder vor.

◀ Die erste monografische Abhandlung über die Hethiter veröffentlichte der protestantische irische Missionar William Wright 1884 in London unter dem Titel *The Empire of the Hittites* (Das Großreich der Hethiter). Als Blickfang auf dem Titel diente eine mit Goldfarbe hervorgehobene luwische Hieroglypheninschrift. So begann die Verwechslung von eigentlich luwischen Errungenschaften mit solchen der Hethiter.

Im Jahr 1900 wurde schließlich die erste umfassende Zusammenstellung der bis dahin bekannten Hieroglyphentexte publiziert. Sie entsprang der Feder des deutschen Altorientalisten Leopold Messerschmidt und erschien unter dem Titel *Corpus inscriptionum Hettiticarum*. Was dreißig Jahre zuvor mit den Steinen aus Hama begonnen hatte, umfasste mittlerweile siebenunddreißig größere Inschriften aus allen Regionen Kleinasiens und Nordsyriens. Messerschmidt konnte die Arbeit jedoch kaum weiterverfolgen, da er 1903 zum ersten Kustos der Vorderasiatischen Abteilung in Berlin ernannt wurde. Seine Laufbahn war charakteristisch für Assyriologen in dieser Zeit: Studium der Theologie, niedrig besoldete Stelle, Streit mit seinem Vorgesetzten, Überarbeitung und früher Tod. Er starb mit einundvierzig Jahren an einer Herzentzündung.

## 3 Die Suche nach einem Neuanfang

Im Juli 1999 zog ich mich, zermürbt von vielen Jahren fruchtloser Diskussionen und aufreibender Streitereien, aus der Wissenschaft zurück. Ich stand nicht nur beruflich, sondern auch privat und finanziell vor einem Scherbenhaufen. Am Wochenende des 11. August 1999 war ich mit meinen damals sechs und drei Jahre alten Töchtern und ihrer Mutter ein letztes Mal gemeinsam unterwegs. Wir wollten die totale Sonnenfinsternis in Süddeutschland erleben und hatten uns einen zentralen Platz in Stuttgart gesucht. Die Sonne war dort jedoch so von Wolken verhüllt, dass es einfach nur für wenige Minuten dämmerte. Wetter und Verdunkelung passten zu unserer Stimmung.

Am nächsten Tag bewältigte ich in Freiburg lustlos ein Radio-Panelgespräch mit dem Althistoriker Justus Cobet und dem Soziologen Günter Dux. Während die anderen Teilnehmer voller Elan über eine europäische Führungsrolle parlierten, die seit Jahrtausenden außer Frage steht, schweiften meine Gedanken ab. Zum letzten Mal saß ich mit Experten auf einer Bühne, von denen einer nicht einmal das Buch gelesen hatte, das Thema des Gesprächs sein sollte. Als ich ein paar Tage später nach Zürich zurückkam, war meine Frau mit unseren beiden Töchtern bereits ausgezogen.

Kurz darauf traf ich mich mit dem Zürcher PR-Berater Klaus J. Stöhlker zum Mittagessen. Wir hatten uns einige Monate zuvor kennengelernt, als er im *Walliser Boten* einen Bericht von Associated Press über meine Arbeit gelesen und mich aus reinem Interesse heraus sofort angerufen hatte.

»Sie brauchen eine neue Basis«, stellte Stöhlker fest, nachdem ich ihm berichtet hatte, was in den letzten Wochen geschehen war. Nach einer kurzen Bedenkzeit schlug er vor, ich solle mich an Branco Weiss wenden: »Er hat ein Ingenieurstudium an der ETH absolviert und gilt als der intellektuellste Mäzen der Schweiz. Ich werde ihm einen Brief schreiben und ihm vorschlagen, Sie zu treffen.«

Branco Weiss war tatsächlich bereit, mich zu empfangen. Schon eine Woche später betrat ich das Gebäude an der Hallwylstraße, in dem Weiss die ganze oberste Etage gemietet hatte, und drückte auf die Klingel neben dem vornehmen Messingschild mit der Aufschrift »Gyros«. Eine elegante ältere Dame öffnete mir die Tür und führte mich in einen großen Raum, dessen Längsseite zur Dachterrasse hin vollständig verglast war. An den Wänden hingen konstruktivistische Grafiken mir unbekannter Künstler. In der Mitte des Raumes stand ein ovaler Tisch aus hellem Kirschholz, um den sich bequem zehn Besucher hätten platzieren können. Die Assistentin, die offensichtlich schon viele Jahrzehnte im Dienst ihres Arbeitgebers stand, deutete auf einen Platz auf der Fensterseite des Tisches. Auf der gegenüberliegenden Seite stand ein einziger Stuhl. Direkt dahinter befand sich eine hohe Anrichte, die über und über mit Zetteln bedeckt war. Von meinem Platz aus konnte ich sie problemlos lesen: Es waren Zitate von berühmten Denkern.

»Wenn alle dasselbe denken, denkt keiner mehr«, stand dort.

»Je sicherer wir uns fühlen, desto verletzlicher sind wir.«

»Man muss nicht nur mehr Ideen haben als andere, sondern auch die Fähigkeit zu entscheiden, welche dieser Ideen gut sind.« Diese Aussage stammte vom zweifachen Nobelpreisträger Linus Pauling.

»Nicht weil es schwer ist, wagen wir es nicht, sondern weil wir's nicht wagen, ist es schwer«, hatte Lucius Annaeus Seneca vor zweitausend Jahren gesagt.

»Das größte Risiko liegt darin, niemals eines einzugehen.«

»Ich glaube, dass jedes Recht eine Verantwortung, jede Gelegenheit eine Aufgabe und jeder Besitz eine Verpflichtung auferlegt«, war von John D. Rockefeller zu lesen.

Und schließlich das berühmte Zitat von Albert Einstein: »Probleme kann man niemals mit derselben Denkweise lösen, durch die sie entstanden sind.«

Ich war von der fast sakralen Wirkung beeindruckt, die der Raum ausstrahlte, und das war mit Sicherheit auch die Absicht des Hausherrn. Schließlich öffnete sich die Tür, und ein kleiner Mann mit kahlem Kopf, kugeligem Körper, rundem Gesicht und viel zu großem Sakko trat ein. Er gab mir die Hand.

»Da ist er ja, unser Einstein der Antike! Bitte nehmen Sie Platz.« Weiss knurrte ein bisschen in sich hinein, als er sich setzte. Dann schaute er über den Tisch und blickte mir tief in die Augen.

»Herr Stöhlker hat mir von Ihnen berichtet. Sie sind ja ein richtiger Wirbelwind. Ich bin gespannt, mehr zu hören.«

Ich erzählte ihm meine Geschichte, von meinem ersten Buch über die *Spiegel*-Titelgeschichte bis hin zu der geplanten Hubschraubergeophysik und schließlich der Absage vom türkischen Kultusministerium. Branco Weiss schaute mir weiterhin tief in die Augen, als könne er darin lesen.

»Und was haben Sie daraus gelernt?«

»Offen gesagt habe ich gelernt, dass es gar nicht so wahnsinnig schwierig ist, in der Wissenschaft eine neue Entdeckung zu machen. Was für mich jedoch eine unüberwindliche Hürde darstellt, ist, eine solche Entdeckung erfolgreich zu kommunizieren.«

Weiss brummte wieder in seinen Bauch.

»Dieser Ballon, mit dem Bertrand Piccard im Frühjahr um den Erdball geflogen ist, Breitling Orbiter III hieß der«, sinnierte er scheinbar ohne Zusammenhang. »Wissen Sie, was daran so wichtig ist? Ich will es Ihnen sagen: die römische Drei im Namen ist wichtig! Denn sie steht für Beharrlichkeit. Dreimal haben sie es versucht; erst dann ist es ihnen gelungen. Nichts fällt einem in den Schoß!« Dabei schüttelte er den Kopf, dass seine Wangen hin und her schlugen.

»Und jetzt sagen Sie mir bitte, was ich für Sie tun kann!«

▲ Das letzte Abendessen des Verfassers mit Branco Weiss fand am 2. Juni 2010 statt. Das Auswahlkomitee des Branco Weiss Fellowship hatte die aussichtsreichsten Kandidaten interviewt und traf sich anschließend im Restaurant »Zur Linde« am Zürcher Rigiplatz zum Abendessen. Branco Weiss trat als Letzter an den Tisch und musste daher auf dem einzigen noch freien Stuhl, einem »Thron« an der Stirnseite, Platz nehmen. Als ich die Szene mit einem Schnappschuss festhalten wollte, warf er sich passend in Pose. Vierzehn Tage später meldete er sich aus dem Krankenhaus: »Herr Zangger, ich komme hier nicht mehr raus.« Er verstarb am 31. Oktober.

»Ich möchte Sie fragen, ob Sie bereit wären, mich für ein halbes Jahr finanziell zu unterstützen. Dann könnte ich ohne äußeren Druck darüber nachdenken, ob ich weiterhin in der Wissenschaft bleibe oder ob ich in ein völlig anderes Gebiet wechsle.«

»Lassen Sie mich darüber nachdenken«, erwiderte der Mäzen. »Ich werde mich wieder melden.«

# V

# Schliemann lädt sich zum Abendessen ein

## 1 Çanakkale, Osmanisches Reich, 15. August 1868

Manchmal bin ich ja geradezu vom Pech verfolgt! Das mag sich der kleine, schmächtige und blasse Mann in dunklen Kleidern gedacht haben, als er am Ufer der Dardanellen in Çanakkale eintraf und feststellen musste, dass seine Fähre nach Konstantinopel soeben abgelegt hatte. Mit dieser Reise ans Mittelmeer hatte sich der Mecklenburger, der es inzwischen als Großkaufmann in St. Petersburg zu Reichtum gebracht hatte, einen Lebenstraum erfüllt. Er war über Rom und Neapel nach Korfu und Ithaka gereist, hatte dort einheimische Hilfskräfte angeheuert und neun Tage lang nach Spuren des Palastes von Odysseus gesucht – jedoch vergeblich. Das waren die ersten archäologischen Versuche des Mannes, der noch heute als der wohl erfolgreichste und berühmteste Ausgräber aller Zeiten gilt. Über Korinth war er anschließend nach Athen gereist, wo er den deutschen Architekten Ernst Ziller traf und ihm von seinen weiteren Reiseplänen erzählte. Das nächste Ziel sollte das sagenhafte Troja an den Dardanellen sein. Ziller wies ihn darauf hin, dass man Troja beim Dorf Pınarbaşı ganz im Süden der Flussaue des Karamenderes vermutete. Er kannte die Gegend und hatte dort ein paar Jahre zuvor selbst an Ausgrabungen teilgenommen. Bereitwillig gab er dem Kaufmann Auskunft über die Troas, die Landschaft um Troja, und riet ihm vermutlich auch, den besten Experten für die Archäologie der Gegend aufzusuchen, nämlich den Engländer Frank Calvert.

Das Haus der Calverts in Çanakkale überragte sämtliche anderen Gebäude am Ufer der Dardanellen und war auch unserem deutschen Abenteurer bei seiner Ankunft in der Gegend eine Woche zuvor nicht entgangen.

Statt sich dort vorzustellen, hatte er sich jedoch schnurstracks zum Dorf Pınarbaşı begeben, in dessen Umgebung man seit einer Veröffentlichung von Jean Baptiste Lechevalier im Jahr 1791 landläufig Troja vermutete. Der Kaufmann mit archäologischen Ambitionen, Heinrich Schliemann war sein Name, überprüfte die Topografie im Hinblick auf Übereinstimmungen mit Homers Epen und stellte fünf Arbeiter für private Ausgrabungen an. Als die Schürfungen ergebnislos verliefen, kehrte er Pınarbaşı den Rücken und machte sich auf den Weg zurück nach Çanakkale, um die Troas mit dem nächsten Schiff wieder zu verlassen.

Und nun stand er dort am Kai – und das Schiff war weg. Was tun? Schliemann hatte seine Gründe, warum er die Calverts nicht gleich bei seiner Ankunft kontaktiert hatte. Die Familie stand in einem zweifelhaften Ruf und hatte in der Vergangenheit für unrühmliche Schlagzeilen gesorgt. Jetzt aber, wo er zwei Tage totzuschlagen hatte, blieb dem wissbegierigen Schliemann kaum etwas anderes übrig, als Kontakt zu Frank Calvert aufzunehmen und mit ihm ins Gespräch zu kommen. Also rief er in dem hochherrschaftlichen Anwesen an und wurde prompt zum Abendessen eingeladen.

Zu diesem Zeitpunkt hatte Frank Calvert bereits seit rund zwanzig Jahren archäologische Untersuchungen und auch Ausgrabungen in der größeren Umgebung durchgeführt. In manchen Räumen im Haus der Calverts drängten sich die Glasvitrinen mit zahllosen antiken Vasen und Kunstgegenständen, die Frank im Laufe der Jahre in der Region ausgegraben hatte. Als er nun Heinrich Schliemann beim Diner gegenübersaß, erzählte er seinem Gast von seinen eigenen Bemühungen, Troja zu finden. Offenbar erwähnte er auch ein Buch des schottischen Zeitungsverlegers Charles Maclaren, der einige Jahre zuvor gute Gründe dafür geliefert hatte, dass das bronzezeitliche Troja eben nicht in Pınarbaşı lag, wo Schliemann in den letzten Tagen danach gesucht hatte, sondern auf dem Hügel Hisarlık östlich vom Zentrum der Flussebene. Eine Hälfte dieses Hügels befand sich seit einigen Jahren im Besitz der Familie Calvert, so dass Frank dort problemlos Ausgrabungen durchführen konnte. Die Siedlungsschichten, auf die er dabei stieß, seien viele Meter mächtig und enthielten besonders reichhaltige Funde. Auch in drei bis vier Meter tiefen Grabungen sei er allerdings noch nicht auf prähistorische Horizonte gestoßen.

Schliemann zeigte sich tief beeindruckt. Diese Begegnung gab seinem Leben einen neuen Sinn, und er fasste den Entschluss, der Entdecker und Ausgräber des legendären Troja zu werden. Schon auf der Fähre begann Schliemann, seine Tagebuchaufzeichnungen zu manipulieren.[31] Es sollte den Anschein haben, dass er den Hügel Hisarlık schon einen Tag vor seinem Besuch bei der Familie Calvert erkundet hätte. Über das Treffen mit Frank Calvert notierte er:

> *Calvert riet mir dringend, dort zu graben. Er sagt, dass der ganze Hügel künstlich sei. Er zeigte mir seine große Sammlung von Vasen und anderen Antiquitäten, die er bei seinen Ausgrabungen gefunden hat.*[32]

In einem Brief an seine Schwester schrieb Schliemann am 22. August 1868, dass er plane, im nächsten April den ganzen Hügel Hisarlık freizulegen, weil er es für sicher halte, dort die Zitadelle (!) von Troja zu finden.[33]

## 2 Frank Calvert (1828–1908)

Unser Protagonist blieb zeitlebens ruhig, bescheiden und anspruchslos – und ist (möglicherweise deshalb) bis heute nahezu unbekannt. Dabei entwickelte er Mitte des 19. Jahrhunderts rein autodidaktisch einen pragmatischen und naturwissenschaftlich orientierten Forschungsansatz, der dem heutigen Standard nahekommt. Mehr als das, er erwarb Kenntnisse über die Besiedlungsgeschichte seiner Region, die bis heute unübertroffen sind.

Frank Calvert blieb sein Leben lang der englischen Diplomatenfamilie verbunden, als deren Sprössling er 1828 in Malta das Licht der Welt erblickte. Seine Eltern hatten 1815 in Smyrna, dem heutigen Izmir, geheiratet und waren anschließend nach Malta gezogen, wo der Vater als Angestellter im öffentlichen und diplomatischen Dienst arbeitete und daneben Aufgaben für Reedereien und die Post im Austausch zwischen England und Indien bewältigte. Die Calverts hatten eine Tochter und sechs Söhne; Frank war das jüngste Kind. Die Kinder der Familie verließen üblicherweise nach dem Schulabschluss, im Alter von sechzehn Jahren, das Elternhaus. Der älteste Bruder Frederick zog nach Çanakkale an die Dardanellen, um dort seinem Onkel mütterlicherseits, dem Konsul Charles Alexander Lander, bei seinen diplomatischen Tätigkeiten zur Hand zu gehen. Frank, sein Bruder James und seine Schwester Luisa folgten ihm um 1845. Als offizieller Vertreter der Regierung hatte der Konsul eine Fülle administrativer Pflichten, unter anderem als Übersetzer, als Interessenvertreter bei Gerichtsprozessen oder als Schiedsrichter in Streitigkeiten zwischen Landesgenossen. Frank übernahm einen großen Teil der französisch- und englischsprachigen Korrespondenz, die seine Brüder unterzeichneten. Daneben entwickelte er eine tiefe und lebenslange Verbundenheit mit der Landschaft der Halbinsel Troas und ihren archäologischen Fundstätten.

Franks Werdegang und Status stand komplett im Schatten der größeren Familie und verlief somit synchron mit den dramatischen Erfolgen und Misserfolgen seines älteren Bruders Frederick. Als der Onkel 1846 starb, übernahm Frederick dessen Aufgaben als englischer Konsul. Daneben erwarb er den Rang als Vizekanzler für Preußen und als Handelsagent für Belgien und Holland, während Bruder James als konsularischer Agent für die Vereinigten Staaten zuständig war. Über dem Haus wehten also sowohl die englische wie auch die amerikanische Flagge. Dieses Haus, eine neoklassizistische Villa mit großzügigen Proportionen, hatte Frederick 1852 direkt an der Uferpromenade errichten lassen. Es überragte sämtliche Gebäude in der Umgebung und wirkte auf Besucher wie ein Palast. Das Haus der Calverts war die Anlaufstelle schlechthin für Händler und Diplomaten auf dem Weg von Europa nach Konstantinopel – und als solches von weitem von See her sichtbar.

Kurz nachdem Frank Calvert als Jugendlicher in Çanakkale eingetroffen war, besuchte im Mai 1847 der Gründer und Herausgeber der führenden politischen Zeitschrift in Schottland, *The Scotsman*, die Familie. Charles Maclaren galt zu Recht als ein Universalgelehrter. Das Spektrum seiner Interessen erstreckte sich von Politik über Geologie bis hin zu Homer und den Ureinwohnern Amerikas. Schon 1820 hatte er ein Essay über Troja und zwei Jahre darauf eine umfangreiche Dissertation verfasst, worin er den – seinerzeit einmaligen – Standpunkt vertrat, dass die Überreste der legendären Stadt auf dem Hügel Hisarlık zu suchen seien, der damals den lokalen Namen »Novum Illium« trug. Maclaren hatte jedoch zuvor die Troas nie besucht. Drei Jahrzehnte lang war er durch seine Tätigkeit als Zeitungsverleger gebunden. Nun hatte er sich dieser Verantwortung entledigt und die Muße für eine große Reise.

Neben Zeit hatte Maclaren allerdings auch eine gute topografische Karte der Region gefehlt, um die Argumente für und wider eine Lokalisation Trojas auf Hisarlık prüfen zu können. Seit 1840 gab es eine solche Karte. Der Kieler Altertumskundler Peter Wilhelm Forchhammer und der britische Hauptmann Thomas Spratt hatten gemeinsam die Landschaft kartiert und dabei auch eine Reihe von Ruinen auf dem Hügel Hisarlık notiert, darunter ein antikes Theater, eine Stadtmauer, ein Aquädukt sowie ein Bauwerk, das Forchhammer als Bad interpretierte. Maclaren wollte die Karte und seine persönlichen Geländebeobachtungen in eine neue Auflage seines Buchs über die wahre Lokalität von Troja einfließen lassen. In Çanakkale bekam er eine Erkältung und war gezwungen, volle zehn Tage bei den Calverts zu bleiben. Noch im gleichen Jahr erwarb Frederick Calvert ein Gut bei Akça Köy, dessen über acht Quadratkilometer großes Grundstück auch die östlichen Teile des Hügels Hisarlık mit einschloss.

Möglicherweise weckte die Bekanntschaft mit dem beeindruckenden Maclaren beim neunzehnjährigen Frank die Begeisterung für die Antike. Allerdings hatte jeder der Calvert-Brüder in der einen oder anderen Form Interesse am Altertum bekundet. Henry besuchte 1835 Mykene und fertigte eine bemerkenswerte Zeichnung des Löwentors an, von dem es rund ein halbes Jahrhundert später heißen würde, dass Heinrich Schliemann es entdeckt habe.

Frank Calvert erwarb im Laufe der Zeit ein gutes Gespür für die Geografie der Region. Systematisch erforschte er die Siedlungsgeschichte der Troas und bezog dabei die neueste wissenschaftliche Literatur ein. Er wagte es aber auch, sich über bereits publizierte Erkenntnisse hinwegzusetzen, konsultierte Beschreibungen antiker Autoren und betrachtete die Siedlungsgeschichte im Kontext von Topografie und Geologie. Als Erster entwickelte er ein Bestreben, die Stratigrafie der Siedlungshorizonte systematisch zu erfassen und zu dokumentieren. Er katalogisierte über dreißig Fundstätten in der ganzen Troas, die er zum Teil selbst entdeckt hatte und zum Teil auch ausgrub. Im *Archaeological Journal* berichtete Calvert ab 1859 regelmäßig in Fachaufsätzen über seine regionalen Studien und seine Grabungen am Tumulus von Hanay Tepe. Frank und die Familie Calvert folgten dabei – nachweislich bis mindestens 1856 – der zur damaligen Zeit vorherrschenden Anschauung, dass das homerische Troja ganz im Süden der Ebene bei Pınarbaşı gelegen habe.

Als 1853 der Krimkrieg ausbrach, hatte das Ansehen der Familie Calvert dank Fredericks Einfluss und Charisma ihren Zenit erreicht. Indem er in eine Großhändlerfamilie in Smyrna einheiratete, fand Frederick Anschluss an die Wirtschaftselite einer größeren Region. Nach dem Tod seines Onkels hatte er nicht nur dessen Position als Konsul, sondern auch die Verantwortung für seine Ländereien und für die Erbschaft von drei Cousinen übernommen. Er bewarb sich erfolgreich um Handelsprivilegien und vertrat die britischen Interessen im Warenaustausch mit der Levante wie auch die seiner Familie in Hinblick auf den Handel mit Getreide, Baumwolle und Holz. Außerdem agierte er als lokaler Agent der Firma Lloyds und vergab hochverzinste Kredite an die lokale Bevölkerung. Manche Zeitgenossen hielten Calvert für wichtiger als den lokalen Pascha. Es schien, als blicke die ganze Provinz zu ihm auf.

Großbritannien wurde in den Krimkrieg verwickelt, ohne auf einen längeren Konflikt vorbereitet zu sein, und hoffte daher auf eine baldige Entscheidung. Frederick legte die Geschäfte der Familie nieder und engagierte sich als wichtigster lokaler Kontakt für die rund zehntausend Soldaten, die in der Region stationiert waren. Er stellte das Lagerhaus der Familie Calvert als Speicherplatz für Nachschub zur Verfügung. Dank seiner Kontakte war es ihm möglich, im Landesinneren Pferde, Maultiere und Sattel in tausendfacher Zahl aufzutreiben. Tonnenweise besorgte er Heu und Stroh für die Tiere. Um diesen Nachschub sicherzustellen, musste Frederick nun selbst hochverzinste Kredite aufnehmen. Als das Kommissariat für Kriegsangelegenheiten entschied, anstelle der eigentlichen Lieferanten deren Banken als ultimative Geldgeber direkt zu entschädigen, konnte Frederick seine Handelspartner plötzlich nicht mehr bezahlen. Er war gezwungen, Hypotheken auf die Ländereien aufzunehmen, kam eines Tages vor Gericht und musste letztlich sogar für zehn Wochen ins Gefängnis.

Nach viereinhalb Jahren Auseinandersetzungen mit dem Kriegsbüro in London erhielt er eine substanzielle Entschädigung und konnte im Oktober 1860 endlich von London wieder an die Dardanellen zurückkehren.

Allerdings verwickelte sich Frederick im darauffolgenden Jahr durch eigenes Verschulden in eine noch viel schlimmere Affäre. Er überredete den Londoner Holzhändler Abbott, mit 2500 Pfund die Versicherung für die Lieferung von zweihundert Tonnen erstklassigem Olivenöl zu übernehmen. Leider sollte diese Lieferung London nie erreichen, denn bald stellte sich heraus, dass das für den Transport vorgesehene Schiff niemals existiert hatte. Frederick hatte es versäumt, die entsprechenden Abklärungen vorzunehmen und den Leumund seines osmanischen Handelspartners zu überprüfen. Abbott ging bankrott, während Frederick für sechs Wochen abtauchte, offenbar um in der Gegend von Smyrna nach seinen dortigen Geschäftspartnern zu suchen.

Nach seiner Rückkehr eskalierte die Affäre zu einem Politikum. Da der türkische Handelspartner nicht aufzutreiben war, wollte man Frederick Calvert vor Gericht stellen. Dieser verschwand jedoch am 7. Juni 1862 komplett von der Bildfläche. Natürlich betrachteten die Kläger das Abtauchen des Beschuldigten als Schuldeingeständnis. Sie ließen Fredericks Vermögen einfrieren und brachten die Geschichte an die Öffentlichkeit. In *The Times* erschien ein Artikel über den Fall unter der Schlagzeile »Außergewöhnlicher Betrug«.

Die drei Brüder Frank, Edmund und James widmeten sich in Fredericks Abwesenheit dem Familienunternehmen und dessen landwirtschaftlichen Betrieben an den Dardanellen, wobei ihre Aufgabe zunehmend schwieriger wurde. Die türkischen Autoritäten behinderten Transaktionen, und aus dem Nichts tauchten Kreditoren auf. Der Ruf der Familie Calvert war bald für alle Zeiten ruiniert, und zwar sowohl in der Umgebung von Çanakkale wie auch in der Londoner Gesellschaft. Frederick Calvert wurde per Haftbefehl gesucht, und die Behörden leiteten ein Insolvenzverfahren gegen die Unternehmen der Familie ein.

Zu diesem Zeitpunkt hatte Frank Calvert schon seit rund fünfzehn Jahren seine archäologischen Forschungen in der Troas betrieben. Dann, im Jahr 1863, erschien endlich Charles Maclarens neue Fassung des Buchs

*The Plain of Troy Described* über die Lokalität von Troja. Einundvierzig Jahre waren seit dem Erscheinen der ersten Ausgabe vergangen; der Autor war inzwischen achtzig Jahre alt.

Es liegt nahe, dass Frank bald von dem Buch erfuhr, zumal ihn der Besuch des Autors tief beeindruckt hatte – und sich der Hügel Hisarlık, um den sich ja alles drehte, zur Hälfte im Besitz der Familie befand. Unverzüglich begann Frank nun auch mit Ausgrabungen auf Hisarlık. Da der Familie aber fortan die Mittel fehlten, solche Projekte selbständig zu finanzieren, war er auf externe Förderung angewiesen. So schrieb er im Herbst an den Assistenten des Britischen Museums, Charles Newton, und regte an, mit finanzieller Unterstützung des Museums eine offizielle Grabung auf dem Hügel Hisarlık durchzuführen, um dort das homerische Troja aufzudecken. Charles Newton empfahl den Kuratoren, den Antrag von Frank Calvert anzunehmen. Diese winkten aber ab.

Die Ausgrabungen auf Hisarlık setzte Frank Calvert 1865 dennoch fort. Er legte selbständig vier Gräben an verschiedenen Stellen an. Diejenigen auf der Nordseite des Hügels waren mit dreißig mal fünf bzw. achtzehn mal zwölf Metern recht groß und reichten drei bis vier Meter tief. Wo immer er grub, stieß er auf Fundamente aus klassischer Zeit. Die Funde aus Franks Ausgrabungen füllten inzwischen im Haus der Calverts große Wandschränke mit Glastüren. Erstklassig erhaltene Objekte aus den verschiedensten Epochen drängten sich darin dicht an dicht. Der deutsche Archäologe Ernst Curtius sagte 1871 nach einem Besuch bei den Calverts, das Haus sei das Hauptquartier für alle trojanischen Forschungen und ein reichhaltiges Museum mit Funden aus der ganzen Region. Außerdem wusste die Familie seines Erachtens am genauesten Bescheid über Gebäudereste, Funde und Fundstätten in der Troas.

In dieses Haus trat also am Abend des 15. August 1868 der deutsche Großhandelskaufmann Heinrich Schliemann.

## 3 Heinrich Schliemann (1822–1890)

Schliemann und Calvert verband ein vergleichbares Schicksal, denn ihre beiden Familien waren durch das Fehlverhalten eines anderen Familienmitglieds in Verruf geraten. Heinrich Schliemann kam am 6. Januar 1822 als fünftes von insgesamt neun Kindern des evangelischen Pastors Ernst Schliemann und seiner Frau Luise Bürger zur Welt. Bald nach der Geburt zog die Familie auf Wunsch des Vaters in das Dorf Ankershagen in Mecklenburg-Vorpommern.[34] Die Ehe der Eltern verlief ausgesprochen unglücklich und war über Gebühr strapaziert. Der Vater verhielt sich rücksichtslos und hatte ein Verhältnis mit der Magd des Hauses. Die Mutter starb bei der Geburt des neunten Kindes mit nur sechsunddreißig Jahren. Danach legte der Vater die letzten Hemmungen im Umgang mit seiner Magd ab; bis schließlich die Dorfbevölkerung protestierte. Der Großherzog beauftragte eine kirchliche Untersuchungsbehörde damit, sich mit dem »unmoralischen Verhalten und den Verfehlungen des Pastors Schliemann« zu befassen. Bei ihren Nachforschungen fand diese Kommission alle Anschuldigungen bestätigt und beantragte die Suspension des Pastors. Ernst Schliemann entschloss sich in dieser Zeit, seinen zehnjährigen Sohn zu einem Bruder nach Kalkhorst zu geben. Das dortige Gymnasium musste Heinrich allerdings wegen der unvermeidlichen finanziellen Schwierigkeiten nach drei Monaten bereits wieder verlassen. Danach ging er auf die Realschule, die er Ostern 1836 als Vierzehnjähriger abschloss.

Nachdem er zunächst als Hilfskraft in einem Krämerladen in Fürstenberg gearbeitet hatte, zog Heinrich Schliemann nach Hamburg. Ein Schiffsmakler wollte sich ihm gefällig zeigen und berichtete von einer »brillanten Stelle in La-Guayra in Kolumbien«. Schliemann begab sich daher als einer von drei Passagieren auf eine kleine Brigg, die Kurs Richtung Kolumbien nehmen sollte. Das Schiff lief in Cuxhaven bei rauem Wetter aus und geriet am 9. Dezember 1841 bei Helgoland vollends in einen Sturm. Es sank vor der holländischen Küste. Schliemann bekam eine schwimmende leere Tonne zu fassen und hielt sich krampfhaft daran fest. Vier Stunden lang trieb er im eiskalten Wasser, »bald hundert Fuss in die Höhe gehoben, bald in den schrecklichen Abgrund gestürzt«,[35] bis ihn die Strömung auf eine

Sandbank bei Texel trieb. Von achtzehn Mann Besatzung und drei Passagieren überlebten den Schiffbruch nur der Kapitän, ein Seemann und Schliemann selbst.

Schliemann blieb in Holland und nahm eine Stelle als Kontordiener in Amsterdam an. Weil er den Wert von Bildung erkannte, reservierte er die Hälfte seines Einkommens für Weiterbildung. Er verbesserte seine Handschrift und eignete sich Fremdsprachenkenntnisse an: Mit Englisch und Französisch beginnend, fügte er schon bald Holländisch, Spanisch, Italienisch und Portugiesisch zu seinem Curriculum hinzu. »Nichts spornt mehr zu studieren an, als das Elend und die gewisse Aussicht, sich durch angestrengte Arbeit daraus befreien zu können«, schrieb er in sein Tagebuch.[36]

Mit zweiundzwanzig bekam Schliemann eine Stelle als Buchhalter bei einer der führenden Handelsbanken Europas, wodurch sich sein Gehalt mehr als verdoppelte. In der Erwartung, bald in den Indigohandel mit Russland involviert zu werden, begann er auch Russisch zu lernen und war bereits sechs Wochen später in der Lage, in dieser Sprache zu schreiben. Schliemann-Forscher, die seine russische Korrespondenz kennen, bestätigen, dass er die Sprache einwandfrei beherrschte. Im jugendlichen Alter von vierundzwanzig Jahren schickte ihn seine Bank tatsächlich als Agenten nach St. Petersburg. Dort machte er sich schon bald als Großhändler selbständig. Der Geschäftserfolg im Handel mit Zucker, Pottasche, Baumwolle, Reis, Tabak, Kaffee, Wein und Indigo ließ ihn im Ansehen der anderen Rohstoffhändler aufsteigen. Die St. Petersburger Gilde der Großkaufleute nahm ihn als Mitglied auf.

Als Schliemann erfuhr, dass sein Bruder in Kalifornien verstorben war, reiste er in die USA, um den Nachlass zu regeln. Er traf dort 1851 ein, nur drei Jahre nachdem erstmals Gold entdeckt worden war. Sein Bruder hatte innerhalb kurzer Zeit ein kleines Vermögen erworben, in der Höhe vergleichbar mit dem von Heinrich. Ein Partner hatte sich damit jedoch über alle Berge der Sierra Nevada gemacht. Da Schliemann nun schon einmal in Kalifornien war, entschloss er sich, in Sacramento eine Bank zu gründen und vornehmlich Goldstaub aufzukaufen. So verdoppelte er sein Vermögen innerhalb eines Jahres; doch dann drohten seine Geschäftspartner, die

Handelsbeziehungen abzubrechen, weil sie sich übervorteilt fühlten. Schliemann verkaufte die Bank und verließ Kalifornien in Eile.

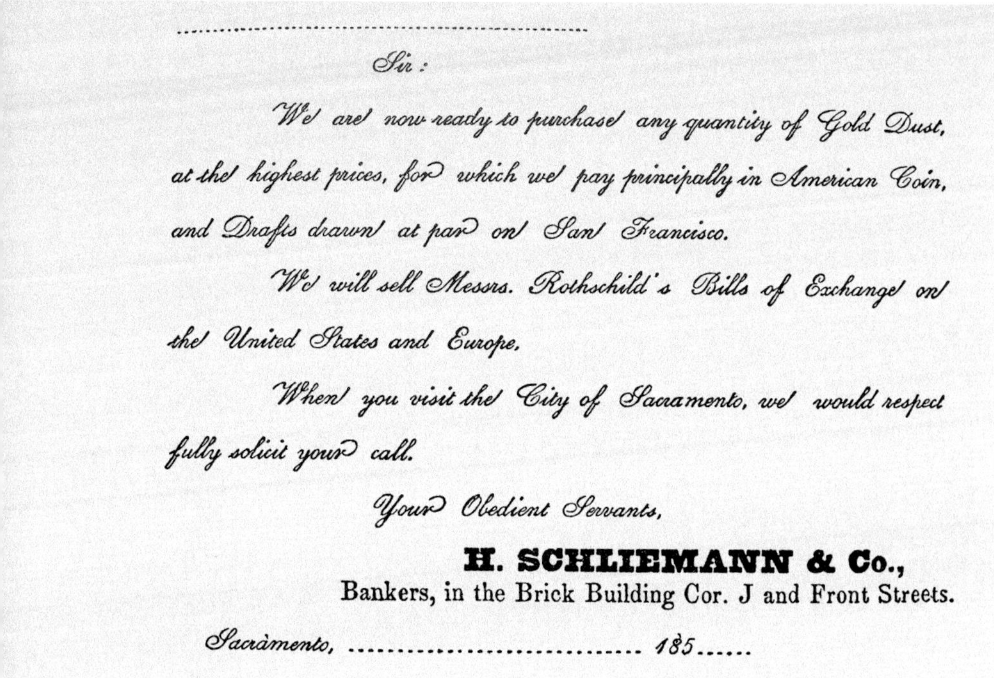

Sir:

We are now ready to purchase any quantity of Gold Dust, at the highest prices, for which we pay principally in American Coin, and Drafts drawn at par on San Francisco.

We will sell Messrs. Rothschild's Bills of Exchange on the United States and Europe.

When you visit the City of Sacramento, we would respectfully solicit your call.

Your Obedient Servants,

**H. SCHLIEMANN & Co.,**
Bankers, in the Brick Building Cor. J and Front Streets.

Sacramento, .............................. 185......

▲ Im kalifornischen Sacramento ließ sich Heinrich Schliemann vom Goldfieber anstecken und eröffnete eine Bank. In diesem Inserat bietet er an, Goldstaub in beliebigen Mengen aufzukaufen und dafür Höchstpreise zu bezahlen (aus Ludwig 1932, 93).

Zurück in St. Petersburg, heiratete Schliemann 1853 Katharina Petrowna Lyshina, mit der er im Laufe der nächsten Jahre drei Kinder hatte. Beide Eheleute empfanden ihre Beziehung von Anfang an als unglücklich. Geschäftlich hingegen lief es weiterhin glänzend: Schliemann verstand es, vom Krimkrieg zu profitieren. Er vermehrte sein Vermögen durch Handel mit Indigo, Salpeter, Blei und Holz. Allerdings erkannte Schliemann früh, dass in der Zeit nach dem Krimkrieg wirtschaftliche Schwierigkeiten auftreten würden, was auch tatsächlich der Fall war. Auf das Kriegsende folgten zunächst euphorische Spekulationen und Überproduktion, doch die

Märkte entwickelten sich nicht den optimistischen Erwartungen entsprechend. Die Folge waren ein Preiszerfall und eine internationale Börsen- und Handelskrise. Auch Schliemann büßte einen beträchtlichen Teil seines Vermögens ein, ohne jedoch bankrott zu gehen. Im Gefühl großer Verunsicherung und mit der Befürchtung, dass eine weitere Teilnahme am Handel auf absehbare Zeit nur zu Verlusten führen konnte, entschied er sich, nach neuen Betätigungsfeldern zu suchen. Er begann nun Altgriechisch und Latein zu lernen und brach im November 1858 zu einer Weltreise auf.

Nach verschiedenen ausgedehnten Expeditionen schied Schliemann 1864 mit nur zweiundvierzig Jahren endgültig aus dem aktiven Berufsleben aus. Im Januar 1866 verließ er seine russische Familie erneut, um zunächst nach London und anschließend nach Paris zu reisen. Dort studierte er einen Monat lang Literatur, Philologie, Philosophie und ägyptische Archäologie an der Sorbonne. Hier erlebte Schliemann die Aufbruchsstimmung in Kultur und Technik hautnah mit. Der französische Staatspräsident Napoleon III. ließ die alten verschlungenen Straßenzüge von Paris planieren und durch breite Alleen ersetzen. Kabel durch den Nordatlantik beschleunigten die Kommunikation zwischen den Kontinenten. Die Erstbesteigung des Matterhorns endete in einer Tragödie. In der europäischen Literatur blühte der Realismus. Lewis Carroll brachte *Alice im Wunderland* heraus. In Paris standen Jules Verne, Gustave Flaubert und Émile Zola kurz vor dem Höhepunkt ihres Schaffens. Junge progressive Maler wie Édouard Manet, Claude Monet, Auguste Renoir, Edgar Degas und Paul Cézanne drängten nach Anerkennung und begründeten den Impressionismus. In München wurde *Tristan und Isolde* von Richard Wagner uraufgeführt.

Schliemann besuchte die Versammlung der geografischen, ethnografischen und archäologischen Gesellschaften und etablierte Beziehungen zu einer Reihe von wichtigen Gelehrten und Aristokraten. Die Monate Mai und Juni des Jahres 1866 verbrachte er in Rom und Neapel, wo er Ausgrabungen und Ausgräber besuchte. Aus seinen Tagebuchaufzeichnungen wird nun ein wachsendes Interesse an der Antike deutlich. Auch an den ingenieurtechnischen und naturwissenschaftlichen Aspekten der Archäologie, darunter Stadtplanung und Küstenlinienverlagerungen, fand er Gefallen.

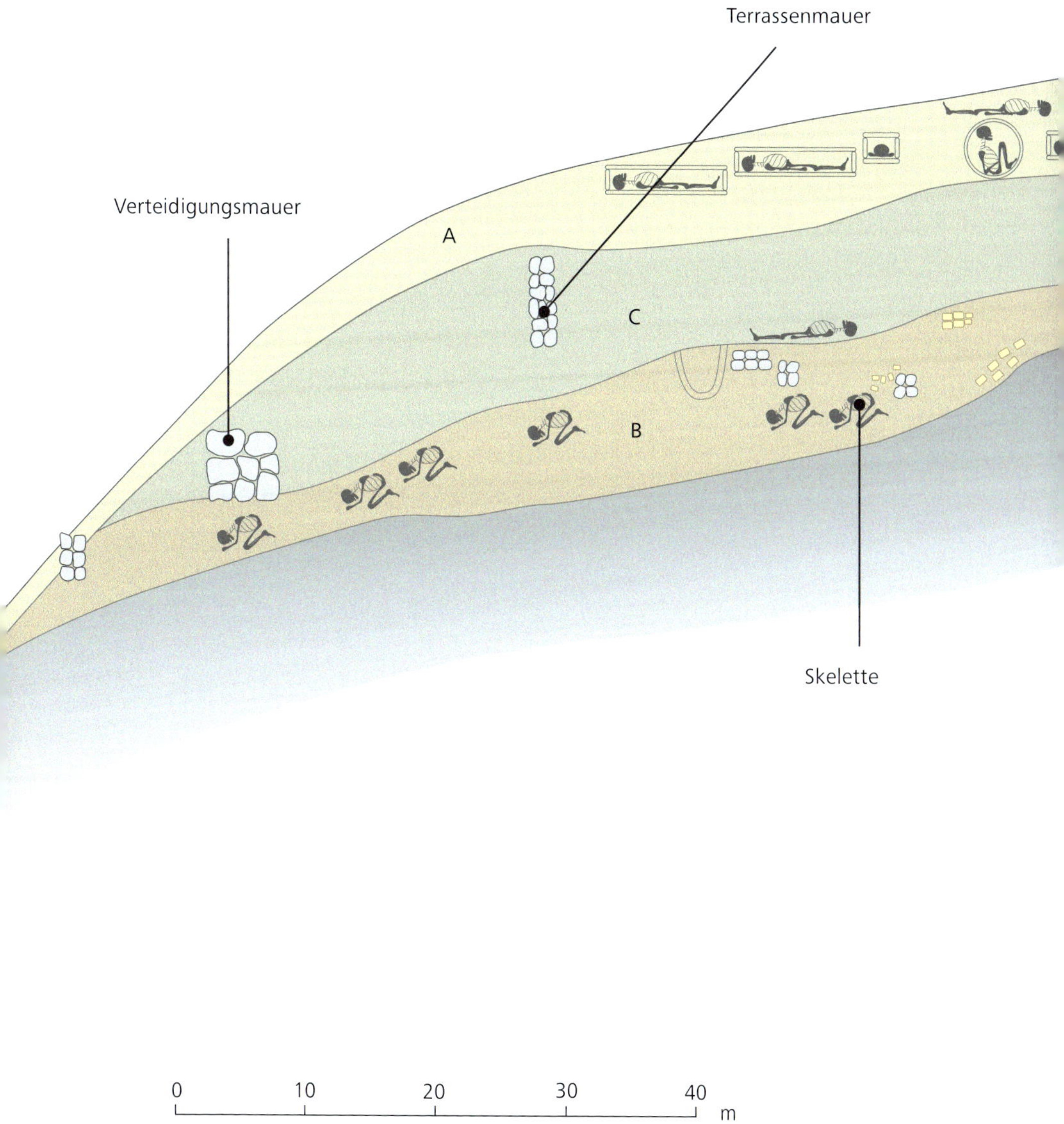
Terrassenmauer
Verteidigungsmauer
A
C
B
Skelette
0
10
20
30
40
m

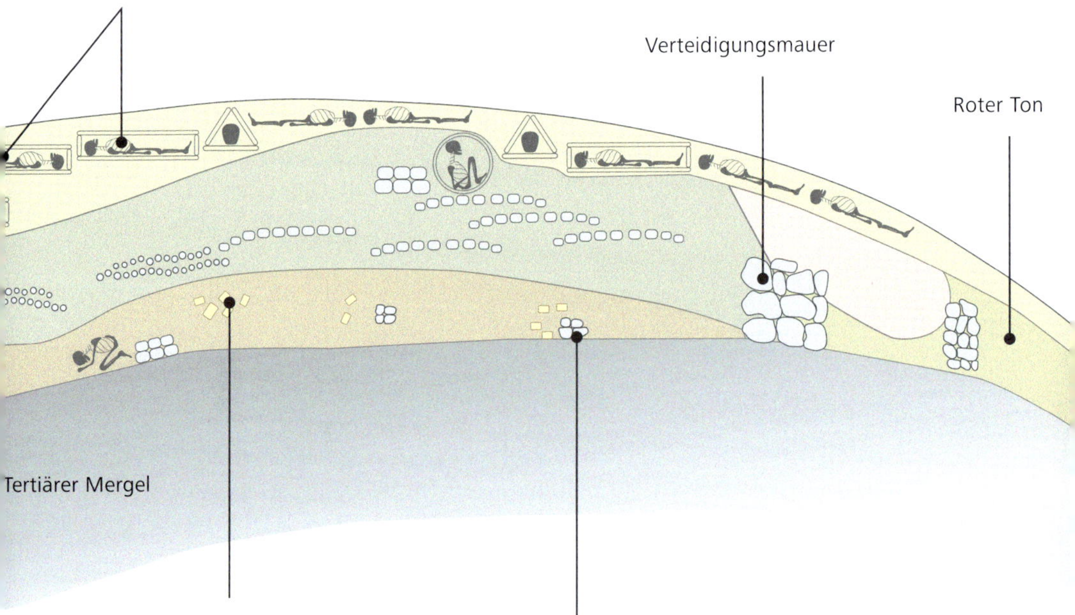


▲

Der englische Amateurarchäologe Frank Calvert führte in der Troas bereits 1853 – also fünfzehn Jahre bevor Heinrich Schliemann die Gegend das erste Mal aufsuchte – systematische Ausgrabungen durch. Sein Profilschnitt durch Hanay Tepe, einen Siedlungs- und Grabhügel nur fünfhundert Meter von der Veranda des Familiengehöfts der Calverts bei Akça Köy entfernt, hebt bereits die Stratigrafie der Kulturschichten hervor. Calvert teufte zunächst eine drei bis vier Meter tiefe Sondage in der Mitte des Hügels ab und grub anschließend von Süden her einen Schnitt auf die Sondage zu. Dank finanzieller Unterstützung durch Heinrich Schliemann konnte Calvert die Ausgrabungen 1879/80 fortsetzen. Dieses Profil erschien (in zwei Teile zerschnitten) im vierten Appendix von Schliemanns Buch *Ilion*. Es zeigt die Stratigrafie, die Festungsmauern und die Zerstörungshorizonte. – Die ursprüngliche Abbildung ist hier umgezeichnet und stärker überhöht wiedergegeben. Calvert hatte keinen vertikalen Maßstab angegeben (nach Calvert 1880, 708).

Ganz ähnlich gelagert waren die Interessen von Frank Calvert. Nachdem Schliemann Frank Calvert in Çanakkale begegnet war, leitete er die erforderlichen Schritte für Ausgrabungen auf dem Hügel Hisarlık ein. Diese begannen tatsächlich 1870 im großen Stil und unter Schliemanns Leitung. Obwohl Calvert Schliemann weiterhin zur Seite stand, ihn bei der Identifikation von Schichten und Keramik unterstützte, seine Sammlung als Referenz zur Verfügung stellte (die einzige, die damals vorhanden war) und Literaturangaben lieferte, stempelte Schliemann Frank Calvert als bloße Randfigur ab. In der ersten Publikation der Ausgrabungen, die 1874 unter dem Titel *Trojanische Altertümer* in Deutschland und Frankreich erschien und 1875 in England und Amerika, fasste Schliemann alle bisherigen archäologischen Untersuchungen auf Hisarlık und in der Troas zusammen, ohne Calvert mit einem Wort zu erwähnen. Er hatte Calvert kurzerhand aus der Geschichte herausgeschrieben.

Dabei zeigt Calverts Profilschnitt durch den Hügel Hanay Tepe seine Erfahrung und seinen sorgfältigen Umgang mit der Stratigrafie. Schliemann hingegen wies seinen Verleger Brockhaus an, diese Abbildung in seinem späteren Werk *Ilios* nur »grob« und »billig« umzusetzen, denn sie sei höchst unwichtig und solle nur erscheinen, um Calvert einen Gefallen zu erweisen.[37] Auf keinen Fall dürfe sie mehr als eine Seite Platz einnehmen. Der Profilschnitt erschien schließlich in zwei Teile zerschnitten auf weniger als einer Seite im vierten Appendix.

Über Schliemann sind bis heute mehr als vierzig Biografien erschienen. Schließlich hatte er mit achtzehn Tagebüchern und rund achtzigtausend Briefen Stoff in großer Fülle hinterlassen. Da er zwischen elf verschiedenen Sprachen wechselte, sind seine Notizen allerdings nicht leicht auszuwerten. Dennoch räumte gleich die erste Schliemann-Biografie, die noch dazu in großer Auflage erschien und aus der Feder eines seinerzeit enorm erfolgreichen Autors stammte, mit dem Mythos auf, den Schliemann für sich selbst erschaffen hatte. Dessen zweite Ehefrau Sophia, die ihren Gatten um zweiundvierzig Jahre überlebte, bot dem Schweizer Schriftsteller Emil Ludwig uneingeschränkten Zugang zu Schliemanns handschriftlichen Notizen und lud ihn ein, darauf basierend eine Biografie zu verfassen. Ludwig hatte zu diesem Zeitpunkt mit psychologisch beeindruckenden Biografien von historisch bedeutenden Persönlichkeiten bereits Welterfolge erzielt. Zu den porträtierten Berühmtheiten zählten Goethe, Napoleon, Bismarck, Wilhelm II., Lincoln und Michelangelo.

Dank der Einsicht in die privaten Unterlagen konnte Emil Ludwig schon 1932 in seiner *Geschichte eines Goldsuchers* aufzeigen, dass Schliemann den entscheidenden Hinweis auf die Lage von Troja erst von Calvert erhalten hatte. Ludwig stützte sich auch auf Calvert, wenn er kritisierte, dass Schliemann viel zu hastig vorging, die obersten Horizonte in Hisarlık zerstörte, Schichten und Funde unsorgfältig notierte, Mauern nur oberflächlich beschrieb und über alldem den Mythos propagierte, er hätte Troja entdeckt. – Und doch sollte in der Weltöffentlichkeit ein halbes Jahrhundert lang nicht dieses, sondern ein ganz anderes Bild von Schliemann vorherrschen. Wie es dazu kommen konnte, ist bemerkenswert.

Dem jüdischen Glauben angehörend, hatte Emil Ludwig 1936 in seinem vor Verfolgung und Schikane relativ sicheren Heimatort Ascona ein Buch verfasst, das das Blut der Nationalsozialisten zum Kochen brachte. Der Leiter der nationalsozialistischen Partei der Schweiz, Wilhelm Gustloff, war im gleichen Jahr zwei Tage vor dem Beginn der Olympischen Winterspiele in Garmisch-Partenkirchen von einem jüdischen Medizinstudenten ermordet worden. Gustloff hatte unter den Auslanddeutschen in der Schweiz mehr als fünftausend Parteimitglieder für den Nationalsozialismus angeworben, und der Attentäter, der in der Schweiz lebende David Frankfurter, fühlte sich verpflichtet, ein Zeichen des Widerstandes gegen die Aktionen der Nationalsozialisten zu setzen. *Mord in Davos* hieß das Buch, das Ludwig über diesen Fall schrieb und mit dem er sich bei den Nationalsozialisten noch verhasster machte – schon 1933 hatten sie seine Bücher verbrannt. Joseph Goebbels schrieb in sein Tagebuch: »Emil Ludwig ›Der Mord in Davos‹, ein gemeines, echt jüdisches Machwerk [...] Da kann man Antisemit werden, wenn man es nicht schon wäre.«[38]

Dem politischen Regime in Deutschland war daran gelegen, wo immer möglich die Wirkung von Emil Ludwigs Werken zu unterminieren. So kam es, dass der Reichsstatthalter und Gauleiter der nationalsozialistischen Partei in Mecklenburg einen Gymnasiallehrer in Neustrelitz, wo Schliemann eine Zeit lang zur Schule gegangen war, damit beauftragte, eine idealisierte Biografie über Heinrich Schliemann zu verfassen und diesen in ein besseres Licht zu rücken. Ernst Meyer, so hieß der Pädagoge, war dafür ab 1937 ausdrücklich vom Unterrichten freigestellt. In drei Bänden veröffentlichte er ungefähr neunhundert Briefe, deren Inhalte er editierte und zensierte. Der Schliemann-Forscher William M. Calder zitiert aus der Auftragsbeschreibung der Nationalsozialisten:

> *Aus dem gesamten Nachlaß kann ein zuverlässiges und allseitig begründetes Bild Schliemanns gewonnen werden, das frei ist von den Entstellungen, wie sie beispielsweise Emil Ludwig Cohn in seiner Biografie »Der Goldsucher« aus kapitalistischer Grundhaltung herausgebracht hat. Ziel der Bearbeitung ist […] möglichst viele Arbeitsunterlagen in Form von Abschriften und Photographien nach der mecklenburgischen Heimat dieses großen auslandsdeutschen Kaufmans und Forschers zu bringen.*[39]

Der Gauleiter war überzeugt davon, dass »Ludwig das Organ fehlte, um den Deutschen in Schliemann zu erkennen«. Später folgten die meisten Biografen Meyers Publikationen und feierten damit den Mythos, den Schliemann selbst kreiert hatte – und den die Nationalsozialisten gezielt zementierten.

Wir verdanken die Aufdeckung der detaillierten Hintergründe, die zur Entdeckung von Troja führten, der amerikanischen Historikerin Susan Heuck Allen. Sie legte 1999 eine umfassende Biografie über Frank Calvert vor, auf die sich die Schilderungen in diesem Kapitel weitgehend stützen.

## 4 Reaktionen der Altertumskundler

Frank Calvert hatte bei seinen Ausgrabungen in der Troas die Stratigrafie der Siedlungsschichten des 2. Jahrtausends erkannt und erfasst. Schliemanns ausgedehnte Grabungen auf Hisarlık ermöglichten es nun, die Dauer der Kulturgeschichte auch in Europa (nach Mesopotamien und Ägypten) auf einen Schlag zu verdoppeln.

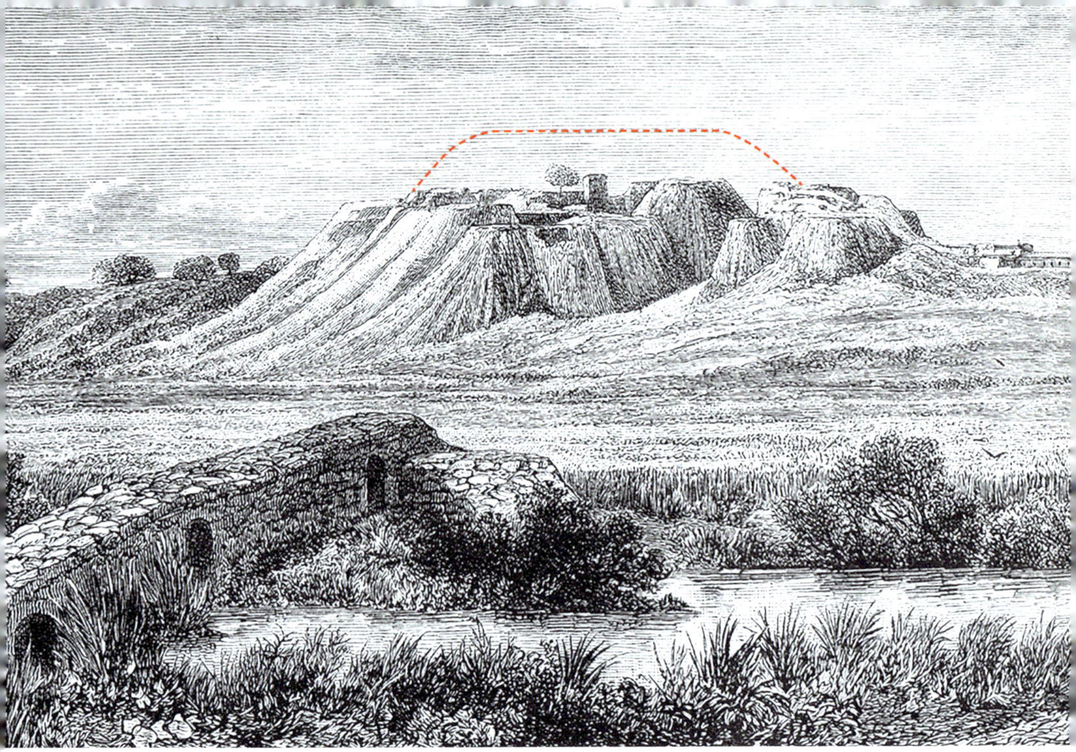

▲ Heinrich Schliemann stellte diesen Stich an den Beginn seines Prachtbandes *Ilios* (1880). Er zeigt den Siedlungshügel Hisarlık nach den Ausgrabungen des Jahres 1879, wie er sich von der Brücke über den Fluss Karamenderes aus präsentiert. Aus dem Stich wird deutlich, wie viel Material die Arbeiter unter der Anleitung von Schliemann bewegt hatten. Die Geländeoberkante des Hügels lag zu diesem Zeitpunkt bereits mehrere Meter tiefer als am Ende der Bronzezeit (rote Linie, stark schematisch). Folglich gibt es auf dem Siedlungshügel schon lange nichts mehr aus der Zeit des Trojanischen Krieges zu entdecken – dafür umso mehr unter den Sedimenten in der Ebene (nach Schliemann 1880, Frontispiz).

Nun liegt Troja allerdings außerhalb Europas – auf der anatolischen Seite der Ägäis. Wie fast allen anderen Altertumskundlern der damaligen Zeit war Schliemann in erster Linie daran gelegen, mehr über die europäische Frühgeschichte zu erfahren. Dass seine erste Ausgrabung auf dem Boden des Osmanischen Reichs stattfand, war letztlich Zufall. Nach seinem Treffen mit Frank Calvert stellte Schliemann bei der Regierung des Osmanischen Reichs zwar einen Antrag für Ausgrabungen auf Hisarlık, gleichzeitig aber auch bei der griechischen Regierung einen solchen für Mykene und Olympia. Die griechischen Verantwortlichen lehnten ab, auf türkischer Seite sagte man zu.[40]

Die Grabungserfolge in Troja brachten Schliemann weltweite Publizität ein. Besonders in England feierte er Triumphe. »In London hat man mich voriges Jahr 7 Wochen lang aufgenommen, als ob ich einen neuen Weltteil für England erobert hätte«, schrieb Schliemann.[41] Über dreißig Gesellschaften bewarben sich um die Mitgliedschaft des Mannes »mit seiner fremdartigen Brille, mit der er, so schien es mir, tief in die Erde hineingeblickt hatte«, wie Arthur Evans, der spätere Ausgräber von Knossos, ihn charakterisierte.[42] Den Altertumskundlern in Deutschland hingegen waren Schliemanns Popularität und sein sichtlicher Mangel an archäologischer Vorbildung zeitlebens ein Ärgernis. »Dort höre ich nur Beschimpfungen von den Zunftgelehrten und Anfeindungen von allen Seiten«, schrieb er. Die deutschen Archäologen versagten ihm die Anerkennung, weit über seinen Tod hinaus.

Schliemann zog es nach Griechenland. Im Januar 1873 schrieb er an den griechischen Kultusminister, er habe sich nun in Athen niedergelassen, eine Griechin geheiratet und würde ohne Unterlass für den Ruhm Griechenlands arbeiten. »Nachher möchte ich Griechenland nützlich sein, indem ich Mykenae und Olympia ausgrabe und dadurch die Urgeschichte Griechenlands wiederbelebe.«[43] Die griechische Regierung erteilte ihm daraufhin tatsächlich die Genehmigung für Grabungen in Mykene und Tiryns – Ernst Curtius war in Olympia erfolgreich.

Über die prähistorischen Funde aus Griechenland, die letztlich den Beweis für die Existenz einer Kultur lieferten, die das Alter der griechischen Antike um Jahrtausende überschritt, stellten die Gelehrten insbesondere in Deutschland zunächst sonderbare Theorien auf. Sie deuteten die Goldschätze aus den Gräbern in Mykene als Beute plündernder Gallier oder Goten oder sahen in ihnen Objekte phönizischer oder kolonialgriechischer Herkunft. Manche Fachleute erinnerten die Funde an indische, andere an keltische und wieder andere an orientalische Altertümer. Die sogenannte goldene Totenmaske des Agamemnon betrachtete Ernst Curtius als einen byzantinischen Christuskopf. Jeder begründete eine andere Theorie, solange sie nur nicht der Überzeugung Schliemanns entsprach. Dessen Biograf Emil Ludwig schrieb: »Im Grunde stand und steht er trotz seiner Schrullen in diesem Kampfe vor der Geschichte auf einer höheren Ebene als seine Gegner, die legitimen Professoren.«[44]

Alexander Conze, Direktor der Antikensammlung in Berlin, erklärte den Goldschatz von Troja für vielleicht sogar römisch[45] und regte an, »Schliemann möge mit seinem Gelde doch lieber andere fähige und gelehrte Männer in den Stand setzen, der Archäologie durch Ausgrabungen zu nützen«.[46] Und wer erinnert sich heute noch an den deutschen klassischen Archäologen Karl Bernhard Stark, der Schliemanns Werk über Troja als einen »sinnverwirrenden Humbug« bezeichnete?[47] Schliemann stand nicht einer, sondern einem Dutzend verschiedener Lehrmeinungen gegenüber. Jeder ging von einer anderen Seite auf ihn los und verschwand wieder zu einer weiteren. Diese Auseinandersetzungen mit den deutschen Professoren nahmen in Schliemanns letzten Lebensjahren eher zu als ab. Er starb am 26. Dezember 1890 an den Folgen eines Ohrenleidens, das auf sein Gehirn übergegriffen hatte.

Nach Schliemanns Tod und nachdem sich Kreta im Jahr 1898 vom Osmanischen Reich losgelöst hatte, begannen eine Vielzahl von Ausgrabungen an den europäischen Ufern der Ägäis, die zum Teil noch heute Schwerpunkte der archäologischen Forschung sind. Die Ergebnisse dieser Grabungen bestätigten, was Schliemann proklamiert hatte: die Existenz ausgeprägter bronzezeitlicher Kulturen.

## 5 Die Gleichzeitigkeit des Ungleichzeitigen

Ein zum damaligen Zeitpunkt dreiunddreißigjähriger Schweizer Hotelmanager mit einem großen Talent, spannend zu schreiben, behauptete 1968 in einem Buch, verschiedene alte Kulturen seien von Besuchern aus dem Weltall beeinflusst worden. Das Buch *Erinnerungen an die Zukunft* von Erich von Däniken erschien, knapp ein Jahr bevor zum ersten Mal ein Mensch seinen Fuß auf den Mond setzte. Es wurde zum Welterfolg und sein Verfasser zu einem der auflagenstärksten Sachbuchautoren aller Zeiten. Dabei ist es gar nicht nötig, Reisen durchs All zu bemühen, um Entwicklungssprünge zu erklären. Zeitreisen lassen sich jederzeit und mit jedem Fortbewegungsmittel auch auf der Erde durchführen. Wir erleben in einem tibetischen Dorf einen Stand der Technik, der einer bronzezeitlichen Gemeinschaft ähnelt. Überschreiten wir die Grenze von China ins westliche Nepal, scheint es in der Zeit noch weiter zurück in die Jungsteinzeit zu gehen. Ein paar Tagesreisen zu Fuß weiter durch das Himalaja-Gebirge kommen wir an einen Ort, wo die Menschen wie im Mittelalter leben. Keine Maschine hilft ihnen bei ihren Verrichtungen. Sie verbringen den Tag auf Feldern, die belebt wirken wie in einem Gemälde von Pieter Bruegel.

Wir sind permanent von Personen umgeben, die eigentlich in unterschiedlichen Zeiten leben. Mein Doktorvater an der kalifornischen Stanford-Universität erzählte mir einmal, dass er in einer alten Zeitung aus San Francisco, wohl aus der Zeit um 1900, las, dass der Bürgermeister sein Wochenende in der Sierra Nevada verbracht hätte, um dort Indianer zu schießen. Glücklicherweise geriet ihm keiner vor die Flinte. Heute befindet sich das weltweite Zentrum für Softwareentwicklung in der gleichen Gegend. Man stelle sich vor, eine Person mit dem Kenntnisstand und der Sozialisierung eines Cowboys stieße auf einen Programmierer, so wie ein Neubau an ein hundertfünfzig Jahre altes Haus stoßen kann. Die beiden Menschen werden kaum eine gemeinsame Sprache finden.

Solche bizarren Begegnungen sind im wissenschaftlichen Betrieb alltäglich. In den Kommissionen sitzen Professoren nahe der Pensionsgrenze, die nach den Prinzipien des Obrigkeitsstaates sozialisiert wurden, neben jüngeren Kollegen, die im Verhandlungsstaat groß geworden sind. Für die einen stehen Hierarchien und Autorität über allem, für die anderen gilt nur die Überzeugungskraft des Arguments. Auf den Konferenzen sieht man, wer die Nase vorn hat und den anderen um ein paar Jahre voraus ist. Manchmal bleibt es nicht bei ein paar Jahren: Manche Wissenschaftler und Künstler sind ihrer Zeit um Generationen voraus. Der jugoslawische Geophysiker Milutin Milanković nutzte die Zeit einer fünfjährigen Internierung während des Ersten Weltkriegs, um die jahreszeitlichen Schwankungen der Sonneneinstrahlung in Abhängigkeit von den Orbitalkräften der Erde zu berechnen. Er legte damit auf theoretischer Basis die mathematische Grundlage für die Klimazyklen, die erst Anfang der 1970er Jahre in Tiefseesedimenten entdeckt wurden. Ebenfalls zu Beginn des 20. Jahrhunderts veröffentlichte der deutsche Meteorologe Alfred Wegener seine Kontinentalverschiebungstheorie. Zwei Generationen lang argumentierten Naturwissenschaftler an den besten Universitäten der Welt gegen die Theorien von Milanković und Wegener – bis beide Modelle nahezu zeitgleich Anfang der 1970er Jahre aufgrund ozeanografischer Untersuchungen weitgehend bestätigt werden konnten. Zwei Generationen lang hatten führende Wissenschaftler Milutin Milanković und Alfred Wegener für talentierte Spinner gehalten, weil sie ihr Denken nicht nachvollziehen konnten.

Der indische Mathematiker und Astronom Aryabhata lehrte bereits tausend Jahre vor Kopernikus, dass sich die Erde einmal täglich um ihre eigene Achse dreht. Einige seiner Zahlenwerte und Formulierungen lassen vermuten, dass er auch wusste, dass nicht die Erde, sondern die Sonne im Zentrum des Sonnensystems steht. Das Gleiche gilt für Aristarchos von Samos, der sogar 1800 Jahre vor Kopernikus lebte und als einer der ersten griechischen Astronomen das heliozentrische Weltbild vertrat. – Tragisch sind solche großen Geister vor allem deshalb, weil sie niemanden haben, mit dem sie sich austauschen können. Genau das scheint der Grund zu sein, warum so viele Wissenschaftler – gerade auch in der Altertumskunde – zwar übereinander, aber nur selten miteinander reden. Sie leben in verschiedenen Epochen.

Im akademischen Betrieb sind eine Reihe von Verfahren entstanden, die nicht nur den Fortschritt hemmen, sondern regelrecht für Rückschritt sorgen. Dazu gehört zum Beispiel die Vorstellung, dass man neue Ideen zunächst den etablierten Koryphäen, die über institutionelle Macht verfügen, zur Begutachtung vorlegt. Dabei ist das Vorgehen ziemlich paradox, eine radikal neue Entdeckung jemandem zu präsentieren, der heute eine Position innehat, weil er dreißig Jahre zuvor seiner Zeit voraus war. Tim Berners-Lee musste 1989 für seine Erfindung des World Wide Web ja auch nicht erst den Segen von Max Grundig einholen.

Die Analogien mit den Begegnungen zwischen Cowboy und Programmierer oder Tim Berners-Lee und Max Grundig sind vielleicht hilfreich, wenn wir versuchen zu rekapitulieren, warum es die Pioniere der ur- und frühgeschichtlichen Archäologie Kleinasiens so schwer hatten, auf Verständnis zu stoßen. Sie lebten in einer anderen Zeit und verfügten über eine ganz andere Vorstellungskraft als ihre Zeitgenossen.

Branco Weiss kam sofort zur Sache: Als wir uns das zweite Mal trafen, sicherte er mir für ein halbes Jahr seine Unterstützung zu. Seine Stimme war ruhig, seine Hände lagen flach nebeneinander auf dem Tisch. Er schaute mir wieder tief in die Augen – so als wolle er prüfen, ob er mit der Summe richtig liege. Ich war erleichtert und froh, endlich ein Erfolgserlebnis zu haben. Branco Weiss verknüpfte mit seinem Stipendium keinerlei Bedingungen: Es stand mir frei, weiterhin Forschung zu betreiben oder mir eine Stelle zu suchen.

Allerdings konnte ich mir immer weniger vorstellen, je wieder in die Forschung zurückzukehren. Auch wenn mir Branco Weiss' Unterstützung finanziell Luft verschaffte, brauchte ich früher oder später ein geregeltes Einkommen und eine Arbeit, die mich nicht vollständig aufrieb. So fragte ich Klaus Stöhlker freiheraus, ob er mich in seiner PR-Agentur einstellen würde. Ich hatte zwar keine entsprechende Ausbildung, aber dafür reichlich Erfahrung mit den Medien. Stöhlker ließ sich rund vier Wochen Zeit, bis er entschied: »Sie fangen am Montag bei uns an. Es ist ein Risiko für Sie und für mich. Aber wir lassen es darauf ankommen.«

Meine Freude war groß – endlich hatte ich wenigstens im Ansatz eine Perspektive. Ich war gespannt auf die für mich ganz neue Welt der Privatwirtschaft.

Meine berufliche Neuorientierung war hauptsächlich deshalb nötig geworden, weil ich mich mit dem Tübinger Prähistoriker Manfred Korfmann überworfen hatte, dem damaligen Leiter der langjährigen archäologischen Ausgrabungen in Troja. Korfmann stand inzwischen auf dem Höhepunkt seiner Macht und hatte allen Grund, sich wie Gilgamesch, der König von Uruk aus dem 3. Jahrtausend, zu fühlen: zu einem Drittel Mensch und zu zwei Dritteln Gott. Was er sagte, war Gesetz.

In Stuttgart stand zu dieser Zeit eine Troja-Ausstellung bevor, weshalb bei Korfmann noch mehr Interviewanfragen als sonst eintrafen. Unter anderem trat der Chefredakteur von *Spektrum der Wissenschaft* an ihn heran. Der Journalist sprach Korfmann auf seinen ewigen Kontrahenten – also mich – an, und der Troja-Ausgräber gab zu Protokoll: »Dessen Namen werden Sie in wissenschaftlichen Veröffentlichungen nicht finden.« Vielleicht glaubte er tatsächlich, was er sagte. Er war zweifellos einer der einflussreichsten Prähistoriker der Welt; mich betrachtete er wohl eher als Provokateur, der Aufmerksamkeit suchte, vielleicht um seine Bücher besser verkaufen zu können. Beim Schach heißt es, nichts sei schwerer, als eine bereits gewonnene Partie siegreich zu Ende zu führen. Und im Hochgefühl seiner Macht war Korfmann nun einen Schritt zu weit gegangen, denn mit seinen unwahren und rufschädigenden Bemerkungen verstieß er gegen das Gesetz.

Mein Vater hatte *Spektrum* abonniert und las das Interview als einer der Ersten. Umgehend rief er mich an und drängte darauf, dass ich diesen Verleumdungen ein Ende setzte. Auch Stöhlker war der Ansicht, die Zeit des Stillhaltens sei vorbei. Ich konsultierte einen auf Medienrecht spezialisierten Juristen, der mir schon früher einmal zu aktiver Gegenwehr geraten hatte. Gemeinsam beschlossen wir, eine Unterlassungsklage einzureichen: Korfmann sollte es verboten werden, noch einmal zu behaupten, mein Name sei in wissenschaftlichen Publikationen nicht zu finden.

Der Jurist forderte mich auf, alle meine Veröffentlichungen zusammenzustellen. Fast fünf Kilogramm schwer war das Paket mit je einem Exemplar meiner Arbeiten, das wir beim Gericht in München deponierten. Nach wenigen Tagen schon fällte das dreiköpfige Kollegium ein klares Urteil: Dem Tübinger Prähistoriker wurde per einstweiliger Verfügung verboten, seine Aussage, mein Name sei in wissenschaftlichen Publikationen nicht zu finden, zu wiederholen. Sollte Korfmann diesem Verbot zuwiderhandeln, drohte ihm eine Strafe von einer halben Million D-Mark oder sechs Monaten Gefängnis. Ich wünschte meinem Widersacher weder eine derart exorbitante Geldstrafe noch einen Aufenthalt hinter Gittern. Ich gebe aber unumwunden zu, dass ich große Genugtuung empfand, Manfred Korfmann für einmal in die Schranken verwiesen zu haben.

VI

# Die Stadt der tausend Götter

## 1 Nefesköy, Osmanisches Reich, 22./23. Oktober 1905

Es war die erste milde Nacht der ganzen Reise. Der deutsche Assyriologe Hugo Winckler trat vor die Tür seiner Herberge im Dorf Nefesköy in Zentralkleinasien.[48] Drinnen teilte sich seine kleine Reisegruppe ihre Bettstatt mit dem Rindvieh der Gemeinde, den Pferden ihrer Karawane, deren Begleitung und all ihren Ausdünstungen. Tief sog er die frische Luft ein und genoss für einen Augenblick den Anblick des orientalischen Sternenhimmels, den er so liebte. Kaum jemand auf der Welt hatte sich so viele Gedanken über diesen Himmel gemacht wie er. So weit von den Lichtern der Städte entfernt und auf relativ großer Höhe wirkten die Sterne klarer und näher als in seiner Heimatstadt Berlin. Vor allem waren es hier viele, unvorstellbar viele! Aber es war nicht das Spektakel am Himmel, das Winckler zu nächtlicher Stunde ins Freie trieb, sondern die nach seinem Empfinden massenhaft auftretenden Insekten, die jede Gelegenheit nutzten, um fremden Ankömmlingen zu Leibe zu rücken. Das Ungeziefer war eine Qual und obendrein gefährlich. Winckler, gerade zweiundvierzig Jahre alt, ahnte natürlich nicht, dass ihn die Viecher schon bald das Leben kosten würden.

In dieser Nacht hing er seinen Gedanken nach und verarbeitete die Erlebnisse der letzten drei Tage. Sonst fand er auf seinen Reisen selten Zeit und Muße für solche Reflexionen. Was er in diesen Tagen gesehen hatte, versprach ein schöner Erfolg zu werden. Zusammen mit seinen Begleitern hatte er den Nachbarort Boğazköy inspiziert und dort insgesamt vierunddreißig kleine Texttafelfragmente eingesammelt, die sie selbst gefunden oder sich von den Dorfbewohnern hatten bringen lassen. Winckler kannte diese Art von Dokumenten bereits. Im Herbst 1887 hatten Fellachen im oberägyptischen Tell el-Amarna solche Tontafeln entdeckt. Über Schatzsucher und verschlungene Kanäle waren mehr als dreihundert dieser Schriftfragmente in den Antiquitätenhandel von Kairo und von dort – oder über weitere Zwischenhändler – zu den Kuratoren der europäischen Museen gelangt, die die Stücke für ihre Ausstellungen erwarben. Ein Wiener Teppichhändler bot dem Leiter der ägyptischen Abteilung des Vorderasiatischen Museums in Berlin, Adolf Erman, Anfang 1888 die ersten Tafeln zum Kauf an.[49] So fand schließlich der größte Teil dieser sogenannten Amarna-Briefe – sie konnten später zu rund zweihundert Stück zusammengefügt werden – den Weg nach Berlin. Erman hielt fest, dass der Fund von Tell el-Amarna eine neue Epoche für die Altertumskunde bedeute, nicht zuletzt da er zeigte, »dass die Völker des Alten Orients nicht nur nebeneinander, sondern miteinander gelebt hatten«.[50] Für die Erstbearbeitung des Materials war der damals gerade erst sechsundzwanzigjährige Hugo Winckler zuständig. Er reiste zu diesem Zweck nach Kairo, wo die Tafeln im alten Ägyptischen Museum im Stadtteil Bulaq am Ostufer des Nils zwischengelagert waren.

Diese Arbeit am Archiv aus Tell el-Amarna lag inzwischen einige Jahre zurück. Nun erkannte Winckler Ähnlichkeiten zwischen den Funden aus Oberägypten und diesen neu entdeckten Fragmenten in Zentralkleinasien, vor allem im Hinblick auf die Größe der Tafeln und die Behandlung des Tones. Schon solche Äußerlichkeiten wiesen auf einen Zusammenhang mit der in Amarna vertretenen Kultur hin. Der Inhalt der Urkunden ließ erst recht keinen Zweifel mehr aufkommen, dass man es mit Dokumenten aus der gleichen Zeit zu tun hatte. Die meisten Tafeln waren zwar in einer unbekannten Sprache verfasst, aber auch dieser war Winckler beim Material aus Amarna schon begegnet.

Unter den Tafelfragmenten, die in Boğazköy geborgen wurden, befanden sich auch drei Texte in akkadischer, also babylonischer Sprache. Einer davon war eindeutig der Anfang eines Briefes, verfasst ganz im Ton der Königsbriefe von Tell el-Amarna. Ein Großkönig schrieb hier an einen anderen Großkönig, den er seinen Bruder nannte. Auch vom Verkehr durch

Boten war die Rede. Erst ein Jahr später würde Winckler realisieren, dass es sich um einen Briefwechsel zwischen dem ägyptischen Pharao Ramses II. und dem hethitischen Großkönig Hattušili handelte, der im Vorfeld des offiziellen Friedensvertrags von 1259 v. Chr. zwischen Ägypten und Hatti ausgetauscht worden war. Mit diesem Dokument hielt Winkler die Gewissheit in der Hand, dass in Boğazköy Korrespondenz aus der Amarna-Zeit zu finden war.

Das zweite Dokument in babylonischer Sprache handelte von einer Abmachung mit Teti von Nuchasse, den der Großkönig Šuppiluliuma zum König in Nordsyrien ernannt hatte. Winckler kannte den Vertrag, der das beiderseitige Verhältnis regelte. Er vermutete, dass dieses Fragment von einer zweiten Abschrift herrühren oder zu einem Paragrafen gehören könnte, der in dem erhaltenen Teil des Vertrags fehlte. Es konnte aber auch Teil eines Briefes sein, in dem die Regierenden über die Vertragsbedingungen verhandelten. Das dritte Stück schließlich war ein sachlich verfasster Bericht, in dem von Beute die Rede war. Da er auf Babylonisch abgefasst war, musste es sich um ein Schriftstück handeln, das sich an einen Adressaten in einem anderen Staat richtete, möglicherweise also ebenfalls um einen Vertrag.

In jedem Fall wiesen diese Fragmente darauf hin, dass in Boğazköy ein Archiv verborgen lag, das durchaus mit dem Fund von Tell el-Amarna vergleichbar war. Auch wenn Winckler die Sprache der meisten Dokumente nicht verstehen konnte, machte allein die Existenz von babylonischen Schriftstücken Hoffnung, dass sie sich früher oder später auch entziffern ließe.

Nach dem Besuch in Boğazköy hatte Winckler auf der Suche nach weiteren Ruinen einen Abstecher ins benachbarte Nefesköy unternommen, wo er jetzt die Nacht verbrachte. Den Weg zwischen den beiden Orten fand er in einem bemerkenswert guten Zustand vor, was ihn vermuten ließ, dass die Straße bereits in der Antike angelegt worden war. Zahlreiche Steine an einer Ausbuchtung des Weges wiesen darauf hin, dass dort ein antikes Gebäude gestanden hatte. Auch am Sockel eines einzelnen Denkmals waren sie vorbeigekommen. All dies deutete darauf hin, dass diese Straße früher einmal, vermutlich zu römischer Zeit, als Hauptverkehrsader gedient hatte. Obwohl nur eine knappe Tagesreise von Boğazköy entfernt, liegt Nefesköy in einer anderen geografischen Kammer. Sein Talkessel bildet eine Welt für sich. Wie abgeschlossen diese Täler sind, spürte Winckler an den vorherrschenden Temperaturen. Während es in Boğazköy regnerisch und kalt war und sie bitterlich gefroren hatten, bis sie den trennenden Gebirgszug überwunden hatten, war es beim Abstieg in den neuen Talkessel merklich behaglicher geworden.

So stand Hugo Winckler geraume Zeit vor der Tür und hing seinen Gedanken nach. Dann trieb ihn die Nachtkühle von seinem Posten zurück ins Haus. Nächtliche Spaziergänge waren in dieser Region ohnehin nicht ratsam: Die bissigen Dorfhunde, die im Winter als Schutz gegen die Wölfe nötig waren, zeigten wenig Verständnis für dieses Vergnügen. Außerdem war man in der muslimischen Welt der Meinung, dass die Nacht zum Schlafen da sei. Als Winckler ins Haus trat, schlugen ihm wieder die Ausdünstungen von Tier und Mensch entgegen.

## 2 Hugo Winckler (1863–1913)

Unter all den polarisierenden Persönlichkeiten, die Pionierleistungen in der bronzezeitlichen Archäologie Kleinasiens erbrachten, ragt vielleicht niemand so sehr als Lichtgestalt heraus wie Hugo Winckler. Von wenigen Zeitgenossen bewundert, von den allermeisten abgelehnt und verhöhnt, gelang es ihm, in intellektuelle Sphären vorzudringen wie kein anderer vor oder nach ihm.

Hugo Winckler entstammte einem alten sächsischen Bauerngeschlecht und wurde am 4. Juli 1863 in Gräfenhainichen in Sachsen geboren. Als Erster in der Familie hatte sein Vater den Bauernstand verlassen, um als Beamter in städtischen Verhältnissen tätig zu sein. Hugo Wincklers Mutter starb, als der einzige Sohn fünf Jahre alt war. Der frühe Verlust der mütterlichen Fürsorge trug Winckler einen lebenslangen schmerzvollen Mangel ein. Schon als Jugendlicher blieb er einsam und zurückgezogen. Lange bevor man Autismus als Entwicklungsstörung erkannte, zeigte Winckler alle entsprechenden Symptome – einschließlich einer Inselbegabung. Nie sah man ihn als Kind mit Gleichaltrigen spielen. Mitläuferschaft blieb ihm stets ein Gräuel. Von dem Augenblick an, wo er lesen konnte, ernannte er die Bücher zu seinen Gefährten. Früh begann er, den Sinn der Sprachen zu erforschen. Im Lebenslauf für seine Doktorarbeit schrieb er: »Die Sprachen aufzuzählen, die ich studiert habe, würde zu weit führen.«[51] Als Gymnasiast in Berlin hatte er die Schule noch als Last empfunden, weil ihm Mathematik nicht behagte und ihn die Philologie unterforderte. Das Abitur erlebte er wie eine Erlösung aus dem Zuchthaus, denn von nun an konnte er sich ganz seinen eigenen Interessen widmen.

Winckler studierte Philologie bei Eberhard Schrader in Berlin. Bald schon nahm ihn die Keilschriftforschung gefangen. Er zog sich aus der Gegenwart zurück und verabschiedete sich vom praktischen Erfolg, um die Vergangenheit durch das Studium der Keilschrifttexte zu assimilieren und sich eine eigene Welt nach eigenen persönlichen Regeln aufzubauen. Wie ein Seher durchschaute er die Texte und fand ihren weltgeschichtlichen Zusammenhang.[52] Er wollte mit Hilfe der neuerdings verfügbaren Quellen

◀ Von Hugo Winckler (1863–1913) existieren nur wenige Porträts. Dieses wurde im Mai 1913 in einem Nachruf in der von Winckler mitgegründeten *Orientalistischen Literaturzeitung* veröffentlicht. Weggefährten betonten Wincklers Anspruch auf vornehme Gesinnung und Lebenshaltung; alles Vulgäre war ihm verhasst. In den Darstellungen der Forschungsgeschichte wird Winckler hingegen heute noch als Prolet beschrieben. Seinen Rivalen ist es gelungen, die Erinnerung an seine Persönlichkeit ins Gegenteil zu verdrehen (aus Peiser 1913).

den geheimnisvollsten Rätseln der frühgeschichtlichen Kulturen Mesopotamiens auf die Spur kommen. Schnell entwickelte er ein feines Gespür für die Zwischentöne in den Texten. Er las sie nicht einfach nur, er lebte in ihnen, und das mit einer Leidenschaft, die kaum von Besessenheit zu unterscheiden war. So drang er tiefer und tiefer in das Weltbild ein, das die Schreiber aus dem Zweistromland überliefert hatten.

Wincklers Zeitgenossen waren solche Einsichten komplett versagt. Das seinerzeit vorhandene Wissen basierte ja auf zwei ganz anders gearteten Textquellen. Dies waren zunächst die Überlieferungen aus der griechischen Antike, beginnend mit den homerischen Epen – der Stoff für Altphilologen. Die einzige noch ältere Quelle war die Bibel – das Thema der Theologen und Exegetiker. Beide Disziplinen ruhten auf klar gefassten, geradezu petrifizierten Lehrmeinungen. Winckler hingegen beharrte darauf, dass die neuerdings lesbaren Schriftfunde aus Mesopotamien und Ägypten das bis dato vorhandene Wissen über die Dauer der menschlichen Kultur mit einem Schlag verdoppelten. Während die zusammenhängende Geschichte bisher rund zweieinhalbtausend Jahre, bis etwa zu den Perserkriegen, zurückgereicht hatte, erstreckte sich der Zeitraum nun, da man ägyptische Hieroglyphen und Keilschrift lesen konnte, auf über fünftausend Jahre. Was früher ganz am Anfang der Geschichtsschreibung gestanden hatte, das 6. Jahrhundert v. Chr., lag nun in der Mitte! Diese neue Tatsache musste, so Winckler, in die Rekapitulation der Geschichte des Denkens einbezogen werden: »Die Wiedererschließung des Alten Orients zwingt uns die Vorstellungen von Weltgeschichte, in denen der heutige Kulturmensch noch aufgewachsen ist, völlig umzugestalten.«[53]

Die geografische und chronologische Ausdehnung des europäischen Denkens, das zwischen 1850 und 1900 eine erste Globalisierung erfuhr, müsse also auch eine historisch-geschichtliche Erweiterung unseres Gesichtskreises zur Folge haben, sagte Winckler.[54] Nun stellte sich heraus, dass die griechische Antike keineswegs aus dem Nichts heraus entstanden war – sie hatte maßgebliche Vorläufer. Winckler verwies auf den griechischen Mathematiker Pythagoras, der selbst klargemacht hatte, dass er sich auf babylonische Vorbilder berief. Auch der Astronom Claudius Ptolemäus hatte explizit gesagt, dass seine Theorien auf babylonischen Beobachtungen gründeten, die er von Hipparchos übernommen hatte. Die ganze alexandrinische Wissenschaft des klassischen Altertums hatte Babylonien als Wiege der Astronomie anerkannt. Winckler war daran gelegen, diesen eigentlichen Ursprüngen des wissenschaftlichen Denkens näherzukommen. Obwohl er sich dabei selbst streng im Zaum hielt, betrachteten ihn die meisten gelehrten Zeitgenossen als einen Phantasten.

Von der äußeren Erscheinung her muss man sich Hugo Winckler ein bisschen wie den Königsberger Philosophen Immanuel Kant vorstellen, mit dem er die Begeisterung für den Sternenhimmel teilte. Seine hohe Empfindsamkeit schützte er mit einem Stachelkleid, wodurch er vielen Kollegen unnahbar schien. Winckler, den man heute vielleicht als einen Nerd bezeichnen würde, blieb zeitlebens ein Außenseiter. Seine berufliche Laufbahn verlief mühsam und bitter. Anstatt den etablierten Methoden zu folgen, entwickelte er eine völlig neue Auffassung des ganzen vorderasiatischen Altertums. Mit seiner enzyklopädischen Betrachtungsweise entfaltete er eine Virtuosität darin, Dinge vorauszusetzen und weiterzuentwickeln, die dem Leser gänzlich unbekannt sein mussten. Seine Sätze sind ganze Absätze lang – meist in Frakturschrift gedruckt. Seine Werke waren Sturzgeburten und entstanden aus einem Guss. Nach Veranlagung und Interesse war Winckler in erster Linie ein politischer Historiker. Er erkannte, wie eng die politische Geschichte mit der Geografie verknüpft war. Sein Ziel blieb stets das Verständnis und die Darstellung des Gesamtzusammenhangs.

Über kaum einen deutschen Gelehrten wird man so viele abfällige Äußerungen lesen können wie über Winckler. Sie stammen von Zeitgenossen, denen die Größe seiner Entdeckungen, die Tiefe seiner Einsichten und das Volumen seines Lebenswerks Unbehagen bereiteten. Es war ihm zutiefst zuwider, dass seine Gegner in den Auseinandersetzungen bevorzugt junge Leute und Schüler vorschoben, denen die Tragweite der Argumentation nicht bewusst war. Diese jungen Leute meinten zum Beispiel, dass Winckler gut beraten wäre, seine irrigen Behauptungen an dem 1899 erschienenen Werk *Vom Euphrat zum Tiber* von Christian Mücke zu messen. Wie hätten sie ahnen sollen, dass Winckler dieses Werk selbst verfasst hatte – unter dem Mädchennamen seiner Großmutter.

Winckler hatte eine ausgesprochen vornehme Gesinnung und hasste alles Vulgäre. In Geldsachen verhielt er sich naiv, machte berechtigte Forderungen nicht geltend und verschenkte unerwartete Honorare an Studenten. Obschon er ein einsamer Mann war, hatte er dank seines ausgeprägten Wahrheitssinns und unbeugsamen Charakters hingebende Freunde gefunden. Diese halfen ihm in kritischen Zeiten, die Kluft zwischen seiner prekären Finanzlage und seinem Verlangen nach vornehmer Lebenshaltung zu überbrücken.[55]

Hugo Winckler gelang es trotz seiner verschrobenen Art, spektakuläre Forschungsprojekte zu übernehmen und großen Ruhm zu erlangen. Als 1892 sein Buch *Alttestamentliche Untersuchungen* erschien, war er gerade neunundzwanzig Jahre alt. Auf der Buchrückseite führt der Leipziger Verlag folgende verfügbaren Werke auf – alle vom Verfasser Hugo Winckler: *Geschichte Babyloniens und Assyriens*, *Altbabylonische Keilschrifttexte zum Gebrauch bei Vorlesungen*, *Die Keilschriftentexte Sargons* und *Keilinschriftliches Textbuch zum Alten Testament*. Zu diesem Zeitpunkt lagen seine großen Erfolge allerdings noch vor ihm! Dessen ungeachtet hatte er sich mit seinen unkonventionellen Standpunkten bereits die Feindschaft der Althistoriker zugezogen. Durch seine Untersuchung der alttestamentarischen Texte weitete sich die Gegnerschaft nun auf die Kreise der liberalen Theologen aus, denn Wincklers Arbeitshypothesen implizierten letztlich, dass die bestehenden Weltanschauungen zu korrigieren waren.

Daneben gab es jedoch auch einen kleinen Kreis einflussreicher Gelehrter, die Wincklers Ausnahmetalent erkannten und ihm verschiedentlich Gelegenheit gaben, seine Fähigkeiten zu beweisen. Zu diesen vertrauensvoll übertragenen Projekten zählte allen voran das Privileg, die Armana-Briefe, das Palastarchiv des Pharao Echnaton, als Erster zu bearbeiten. Es handelte sich dabei zum größten Teil um Keilschriftdokumente, die in der internationalen Diplomatensprache Akkadisch verfasst waren. Sie enthielten die Korrespondenz zwischen dem ägyptischen Königshaus und denen in Babylonien, Assyrien, Mitanni, Zypern und einigen Vasallenstaaten. Winckler stieß bei der Bearbeitung der Tafeln aber auch auf zwei Texte in einer damals noch unbekannten Sprache. Da in diesen Dokumenten der Ländername »Arzawa« klar zu erkennen war, vermutete er, dass die unbekannte Sprache am Hofe von Arzawa gesprochen wurde – und nannte sie folglich »Arzawa-Sprache«. Heute wissen wir, dass seine Vermutung und folglich auch die Bezeichnung falsch waren. Die meisten Tafeln, die er selbst später in Hattuša fand, waren nämlich in derselben Sprache verfasst. Arzawa war, wie inzwischen klar ist, ein zeitweise mächtiger Staat im Westen Kleinasiens. In der Region wurde Luwisch gesprochen, aber diese Sprache war dem ägyptischen Pharao nicht geläufig. Wenn der König von Arzawa mit dem Pharao kommunizieren wollte, so musste er sich einer Sprache bedienen, die beiden vertraut war. Er wählte dafür Hethitisch. Folglich reflektierte die sogenannte Arzawa-Sprache in den beiden Briefen des Amarna-Archivs Hethitisch – jedoch aus der Hand eines Luwiers.

## 3 Streitthema Panbabylonismus

Nach der Jahrhundertwende geriet Winckler ins Zentrum eines Gelehrtenstreits, den er 1901 mit der Publikation der programmatischen Schrift *Himmels- und Weltenbild der Babylonier als Grundlage der Weltanschauung und Mythologie aller Völker* ausgelöst hatte. Im Anschluss an die Publikation der Tontafeln von Tell el-Amarna im Jahr 1896 hatte er sich dem nächsten großen Themenkreis zuwenden können: der babylonischen Weltanschauung. Winckler und sein Kollege Heinrich Zimmern editierten die dritte Auflage des Buchs *Die Keilschriften und das Alte Testament* ihres erkrankten Berliner Lehrers Eberhard Schrader. Dabei brachten sie eine neue Tonalität ein: Die Assyriologen, allesamt Theologen, nahmen zunehmend für sich in Anspruch, als einzig Berufene das Alte Testament auslegen zu dürfen.[56]

Winckler erkannte, ebenso wie Friedrich Delitzsch, der Direktor der Vorderasiatischen Abteilung der Königlichen Museen in Berlin, dass Geometrie, Mathematik und vor allem Astronomie schon vor vielen Jahrtausenden eine Entwicklungsstufe erreicht hatten, die selbst heutige Wissenschaftler mit staunender Bewunderung erfüllt.[57] Viele Prinzipien unserer heutigen Gesellschaft galten bereits in Mesopotamien. Die Einteilung des Kreises in 360 Grad, die der Stunde in sechzig Minuten und der Minute in sechzig Sekunden – diese global gültigen Errungenschaften der Kultur lassen sich auf das in Mesopotamien gebräuchliche Sexagesimalsystem zurückführen. Die Babylonier begingen auch am jeweils siebenten Tag einen Festtag, den sie *labattu* nannten und der vieles mit dem späteren Sabbat gemeinsam hatte.[58] So durften an diesem Tag keine Tätigkeiten verrichtet werden, der König durfte nicht einmal seine Kleider wechseln, einen Wagen besteigen, den Göttern opfern oder Recht sprechen.

Besonders fasziniert war Winckler vom astronomischen Wissen im alten Babylon. Die Babylonier wussten, dass die natürlichen Rhythmen auf der Erde – der Tag, der Mondmonat, das Sonnenjahr mit seinen Jahreszeiten – ihre Entsprechung im Lauf der Gestirne finden. Laut Winckler sahen die Babylonier den Sternenhimmel nicht als einen unendlichen dreidimensionalen Raum, sondern als eine zweidimensionale, 360 Grad umfassende Panoramabildfläche. Das Panorama vollzog innerhalb eines Tages einen kompletten Umlauf. Diesen unterteilten sie in zwölf Doppelstunden, die unsere Uhren noch heute anzeigen – und die auch den zwölf Zeichen des Tierkreises entsprechen. Der Mond wandert durch das Sternenpanorama und benötigt dafür neunundzwanzig oder dreißig Tage. Die Sonne vollzieht ihren Umlauf auf einer ähnlichen Bahn innerhalb eines Jahres. Weil die Stellung der Sonne bestimmt, was auf der Erde geschieht, ob es Sommer oder Winter ist, die Flüsse Hochwasser führen oder die Zeit für die Aussaat gekommen ist, schlossen die Babylonier, dass die Himmelskörper letztlich alle Vorgänge auf der Erde lenken. Durch die Steuerung der Rhythmen auf der Erde bestimmen die Gestirnbewegungen auch die Schicksale der Welt.[59] In den Sternen offenbart sich der göttliche Wille – und deswegen müssen nach babylonischem Denken alle irdischen Einrichtungen ein Abbild der himmlischen sein. »Denn was da oben vorgeschrieben ist, muss auch hier unten eingerichtet werden, das Bild eines geordneten Staatswesens muss genau dem himmlischen Vorbilde entsprechen.«[60] Es lohnt sich übrigens auch, aus dieser Perspektive die *Ilias* Homers zu lesen. Dort finden die Handlungen der Götter im Himmel und der Helden auf der Erde ebenfalls nahezu synchron statt, wobei die Götter immer einen Deut früher agieren – und am Ende bessere Lösungen für ihre Konflikte finden.

In einer Zeit, als die Altertumskunde noch überwiegend in den Händen von Jesuitenpriestern oder Althistorikern lag – und beide Gruppen einem kreationistischen Weltbild verschrieben waren –, stießen das von Winckler proklamierte hohe Alter der babylonischen Astronomie wie auch die Idee einer Verbreitung astronomischer Prinzipien über die ganze Welt bestenfalls auf Kopfschütteln. Winckler hatte bald einen ganzen Stamm von Gegnern, »denen einfach die Breite und Höhe seines geistigen Schattenwurfes missfiel«, wie es Carl Niebuhr formulierte, der Herausgeber einer späteren Bearbeitung der Armana-Briefe.[61] Bereits im Mai 1902 wandte sich der Alttestamentler Karl Budde in einem Vortrag gegen Wincklers Deduktionen und Hypothesenfreudigkeit.[62] Budde war es offenbar auch, der Wincklers Ideen abschätzig als »Panbabylonismus« bezeichnete – ein Begriff, den die Angegriffenen bald als Geusennamen selbst führten.

Die Rolle des eifrigsten Widersachers eignete sich – mit Hingabe – der Jesuitenpriester Franz Xaver Kugler an. Vielleicht weil Wincklers Hauptthema, die babylonische Astronomie, den Überlegungen und Publikationen Kuglers sehr nahekam, fiel es ihm besonders schwer, die Gedankengänge, die er nicht als Erster gehabt hatte, aufzugreifen und weiterzuverfolgen. Anstatt einzuräumen, dass die Thesen prinzipiell interessant seien und daher weiterverfolgt werden sollten, auch wenn sie vielleicht nicht in jedem einzelnen Punkt haltbar waren, stürzte sich Kugler auf die entferntesten Beispiele Wincklers, um diese durch den Kakao zu ziehen. Seine über 160-seitige Streitschrift *Im Bannkreis Babels* aus dem Jahr 1910 beginnt mit dem altmexikanischen Kalender und seinen Übereinstimmungen mit der Zeitrechnung in Babylon, die Kugler nicht nachvollziehen konnte. Und sie endet – allen Ernstes – mit der Parodie »Ludwig als französischer Gilgamesch« im Sinne von: Gilgamesch war König von Erech – Ludwig war König von Frankreich.[63] So sollten die Parallelen, die Winckler meinte erkannt zu haben, lächerlich erscheinen.

Kuglers Motivation – und auch seine Begründungen – basierte natürlich auf der christlichen Religion. So schloss der Theologe Fritz Wilke ein Pamphlet gegen den Panbabylonismus mit folgenden Worten ab:

*Denn es ist ja gewiss eine großartige Vorstellung, dass die Gestirne dort oben in ihren ewigen Bahnen die Fäden des Schicksals spinnen, allein für das persönliche, das religiöse, das sittliche Leben bedeutet diese Anschauung, die jahrhundertelang auf den Völkern gelastet hat, den Tod. Israel hat demgegenüber das Verdienst, die Menschheit von jenem Banne befreit und ihr den persönlichen Gott gebracht zu haben, und es konnte dies Werk vollbringen, weil es die Offenbarung des Allmächtigen in seiner Heilsgeschichte wirklich erlebt hatte.*[64]

Die unüberbrückbare Diskrepanz zwischen naturwissenschaftlicher Erkenntnis einerseits und religiösen Dogmen andererseits hat in der Frühphase der Altertumskunde zu einer merkwürdigen Form wissenschaftlicher Dialektik geführt. Eine Aussage wurde nicht etwa aufgegriffen, geprüft, verifiziert und weiterentwickelt, sondern ganz einfach durch eine entgegengesetzte Beobachtung widerlegt. Auf die Feststellung: »Ein Auto ist ein Fortbewegungsmittel«, würde jemand, dem diese Aussage nicht in den Kram passt, entgegnen: »Ich sehe nur still stehende Autos!« Die von den Theologen vertretene göttliche Vorsehung kennt kein Sowohl-als-auch, sondern nur Gut und Böse, richtig und falsch, schwarz und weiß. »Eine Uhr ist und bleibt eine Uhr, auch wenn sie nicht richtig geht«, sagte der deutsche Religionshistoriker und Altorientalist Alfred Jeremias.[65] Aufgabe der Wissenschaft ist es, die Prinzipien zu erkennen, und nicht, die Abweichungen als Entschuldigung dafür zu nehmen, weniger nachzudenken. Für den weiteren Verlauf der Diskussionen ist in aller Regel entscheidend, über wie viel institutionelle Macht die Vertreter der jeweiligen Standpunkte verfügen – und wie aggressiv sie ihre Ansichten vorbringen.

Kugler bemühte sich, theologische Lehrmeinungen und naturwissenschaftliche Astronomie miteinander in Einklang zu bringen, und dies hundert Jahre bevor der Vatikan bereit war einzugestehen, dass sich die Erde um die Sonne dreht. So wird es kaum überraschen, dass seine Arbeiten heute weitgehend widerlegt sind. Der Flurschaden, den er mit seiner bissigen Kritik an den Panbabylonisten verursacht hatte, wirkt allerdings bis heute nach.

Kugler, aber nicht nur er, hatte Winckler zum Außenseiter abgestempelt. Zwar konnte Winckler ein phänomenales Lebenswerk vorweisen: Er war Übersetzer und Herausgeber der Amarna-Korrespondenz wie auch der Gesetze des Codex Hammurapi, Gründer der »Vorderasiatischen Gesellschaft«, Herausgeber der *Mitteilungen der Vorderasiatisch-Ägyptischen Gesellschaft*, Mitbegründer der *Orientalistischen Literaturzeitung* und der Schriftenreihe *Im Kampf um den alten Orient*, Begründer des *Alten Orients* und der Broschürenreihe *Ex oriente lux* sowie Initiant und Epigrafiker der ersten Grabungen in Hattuša. Trotzdem war es ihm nicht möglich, eine feste Anstellung im akademischen Betrieb zu bekommen. Mit einundvierzig Jahren bot man ihm eine Stelle als außeretatmäßiger außerordentlicher Professor in Berlin an. – In einem Nachruf auf Hugo Winckler schrieb der Altorientalist Felix E. Peiser, Mitbegründer, Herausgeber und Redakteur der *Orientalistischen Literaturzeitung*:

> *Weiter konnte er es nicht bringen trotz allem Wohlwollen und Verständnis, das ihm gerade von der Regierung entgegengebracht wurde. […] Aber die preußischen Universitäten, die mit Recht ihre Selbstverwaltung als einen hohen Schatz hüten und bewahren, unterliegen naturgemäß auch den ihr entspringenden Fehlern und Schwächen. Und dazu gehört ihr Verhalten zu genialen Außenseitern und Bahnbrechern. […] So trug er den Schmerz des konsequent denkenden Menschen höchster Bildung und musste, geistig ungebrochen, der blöden Hand des Schicksals erliegen.*[66]

## 4 Dr. Dr. Waldemar Belck (1862–1932)

Mitte des 19. Jahrhunderts konstituierte sich die prähistorische Archäologie parallel zur physischen Anthropologie als eigenständige Wissenschaft. Bis dahin hatten die kunstorientierten archäologischen Museen in Mitteleuropa nur Griechenland, Rom und Ägypten als »Hochkulturen« angesehen und deren Kunst als die höchste Ausdrucksform des Menschen und somit als ausstellenswert betrachtet. Ab der Mitte des 19. Jahrhunderts wurde auch Mesopotamien in den Kreis der »Hochkulturen« aufgenommen. Kleinasien blieb dieser Status hingegen bis heute versagt.

Anatolien stand ohnehin nicht im Blickpunkt der europäischen Staaten. Nach dem osmanischen Staatsbankrott im Jahr 1875 kam es jedoch zu einer Wende, unter anderem, weil die europäischen Großmächte nun um den Ausbau des türkischen Eisenbahnnetzes konkurrierten. In Großbritannien herrschte sowohl in der Politik wie auch in der Wissenschaft ein anderes Weltbild vor. Der schottische Archäologe William Ramsay schrieb 1881 schon einen Tag vor seiner Ankunft im Ruinenfeld von Boğazköy:

> *Ich scheue mich nicht zu behaupten, dass wenn ich 1000 Pfund im Jahr hätte und zehn Jahre nur hier wäre, ich unser Wissen über Kleinasien revolutionieren könnte.*[67]

Spätestens ab 1882 beabsichtigte der britische Theologe und Assyriologe Archibald Sayce, in Boğazköy Grabungen durchzuführen. Er hatte zu diesem Zeitpunkt als Erster erkannt, dass die Gebäude bei Boğazköy und Alaca Höyük von den Hethitern errichtet worden waren.[68] Zum Jahreswechsel 1882/83 traf er sogar Heinrich Schliemann in Athen, um ihn zu einer Ausgrabung in Boğazköy zu bewegen. Wenn er daran mitwirken könnte, würde Sayce sogar seine Arbeit in Oxford unterbrechen, sagte er.[69] Schliemann zog es jedoch vor, seine Untersuchungen in Griechenland fortzusetzen.

Neben England bemühte sich auch Frankreich darum, im Nahen Osten an Einfluss zu gewinnen. Die französische Diplomatie unternahm energische und systematische Anstrengungen, um eine gegenüber England und Deutschland gleichberechtigte Stellung im Orient zu wahren. Im Winter 1893/94 führte der Franzose Ernest Chantre erste kurze und unsystematische Ausgrabungen in Boğazköy und Yazılıkaya durch. In seinem Bericht über die Ausgrabungen teilte Chantre erstmals auch die Entdeckung von Tontafeln mit.[70] Er hatte bereits erkannt, dass die in einer unbekannten Sprache geschriebenen Tafelstücke Gemeinsamkeiten mit den sogenannten Arzawa-Briefen zeigten, auf die Winckler bei der Bearbeitung des Amarna-Archivs gestoßen war. An der türkischen Grenze beschlagnahmten Beamte zwei der Tafeln, die daraufhin in das neu gegründete Archäologische Museum in Konstantinopel und dort in die Hände des französischen Keilschriftforschers Jean-Vincent Scheil gelangten. Aufgrund der Fundumstände vermutete dieser als Erster, dass es sich bei der bis dato nicht entschlüsselten Sprache der Tafeln um Hethitisch handelte.[71]

Firmen und Banken des Deutschen Reichs begannen sich erst ab dem Jahr 1889, als ein unter Führung der Deutschen Bank stehendes Konsortium die Konzession für die Errichtung der türkischen Eisenbahn erhalten hatte, wirtschaftlich im großen Stil im Osmanischen Reich zu betätigen. Auch im Hinblick auf kulturelle Aktivitäten in Westkleinasien lag das Deutsche Reich gegenüber den anderen Großmächten im Rückstand. Ab 1894 interessierte sich allerdings auch die Berliner Museumsleitung für Boğazköy.

Zwischen 1901 und 1905 bemühte sich der Naturwissenschaftler und Orientforscher Dr. Dr. Karl Eugen Waldemar Belck um eine Grabungslizenz für Boğazköy, um »die Lösung der hethitischen Frage der deutschen Forschung zu sichern«.[72] Waldemar Belck hatte in Berlin Elektrochemie studiert, anschließend als Bodenexplorator in Südwestafrika, dem heutigen Namibia, gearbeitet und dort an verschiedenen Expeditionen teilgenommen. Belck wurde dabei auch anthropologisch tätig und schrieb eine Studie über die Skelette der eingeborenen Khoikhoi. Ab 1888 arbeitete Belck in einem Kupferbergwerk im Kaukasus, im heutigen Aserbaidschan, nahe der armenischen Grenze. Von dort unternahm er eine Reihe von Exkursionen durch den Kaukasus, bei denen er gezielt armenische Altertümer aufsuchte. Er öffnete fünfundvierzig Gräber und Grabhügel und schickte die daraus geborgenen Funde heimlich an den Anthropologen Rudolf Virchow nach Berlin. Dieser konnte so die größte Kaukasussammlung außerhalb des Russischen Reiches aufbauen.

Im Jahr 1891 entdeckte Belck in der Nähe von Van im türkischen Teil Armeniens einen zweisprachigen Stein, der es dem Berliner Altorientalisten Friedrich Lehmann ermöglichte, die Keilschrift des Ur-Artäischen zu entziffern. Belck und Lehmann wurden Freunde. Sie unternahmen 1898/99 mit einer Karawane von bis zu hundertzwanzig Mann eine spektakuläre eineinhalbjährige Expedition durch Russland, den Kaukasus, das nördliche

Persien, Mesopotamien und Türkisch-Armenien. Selbst der deutsche Kaiser Wilhelm verfolgte die Belck-Expedition mit Interesse. Als Belck überfallen und dabei verletzt wurde, berichteten die Zeitungen bis hin zur *New York Times* darüber. Der Kaiser persönlich drängte daraufhin den Sultan, Belck zu entschädigen. Dieser erhielt vom Osmanischen Reich 60 000 Mark, was etwa zehn Jahresgehältern eines Universitätsprofessors entsprach. Die Räuber wurden geköpft.

Neben Ausgrabungen betrieben Belck und Lehmann auf ihrer Expedition auch anthropologische Studien. Sie erfassten die Sprache, Erzählungen, Lieder wie auch die Sitten und Bräuche der christlichen und muslimischen Bevölkerung Armeniens. Belck machte während der ganzen Reise zahllose Diabilder. Lehmann produzierte Kopien der Steininschriften, auf die sie stießen. Bei ihrer Rückkehr nach Deutschland brachten sie umfangreiches und wertvolles Material mit.

Dieser Waldemar Belck, expeditions- und ostanatolienerfahren wie kaum jemand in Mitteleuropa, traf Ende Oktober 1901 in Boğazköy ein. Er verbrachte dort fünf Tage, untersuchte die Ruinen und entdeckte zahlreiche Fragmente von Keilschrifttafeln. Für ihn war klar, dass der Palast auf der Akropolis lag und dass sich dort ein Archiv von Keilschrifttexten befand:

*Hier befand sich unzweifelhaft der königliche Palast und in dessen Nähe, bezw. in ihm selbst, das königliche Archiv, denn der ganze Nordabhang des Burgwalles ist mit zahlreichen Bruchstücken von Thon-Tafeln bedeckt, die mit sehr sauber ausgeführter Keilschrift (assyrische Silbenschrift) in einer unbekannten Sprache beschrieben sind.*[73]

Belcks umfangreiche und detaillierte Publikationen sind erfrischend pragmatisch-naturwissenschaftlich. Er erlangte und publizierte Erkenntnisse, die andere erst fünfzig oder sogar hundert Jahre später nachvollziehen konnten. So schrieb er unter anderem:

*Und wenn man nun die Nachrichten der Alten über die älteste Bevölkerung Klein-Asiens sorgfältig studirt, so gelangt man zu der Schluss-*

*folgerung, dass einst das ganze Klein-Asien von Turaniern, mögen sie nun Pelasger, Mäonen, Chalder, Alarodier oder sonst wie heissen, bevölkert gewesen ist.*[74]

Einen Teil dieser anatolischen Urbevölkerung würden wir heute unter dem Sammelbegriff als Luwier subsumieren. – In Boğazköy erkannte Belck als Erster die Grenzen des früheren Stadtgebiets. Aufgrund von bautechnischen und militärischen Überlegungen identifizierte er auch als Erster die Fundamente des größten Gebäudes korrekt als Tempel- und Opferstätte; zuvor hatten die Forscher sie für die Reste des Palastes gehalten. Besonders eindrücklich sind seine Beobachtungen im Felsheiligtum Yazılıkaya. Er unterschied in Kammer A zwischen zwölf Priestergestalten und neunundzwanzig weiteren Figuren links von der Hauptgruppe, von denen die meisten mit einem danebengesetzten Determinativ als Gottheiten gekennzeichnet sind. Des Weiteren erkannte er die Bedeutung des Reliefs des Großkönigs Tuthalija:

*Eine männliche Gestalt von fast 3 m Höhe, die durch das fehlende Gottes-Determinativ in unmissverständlicher Weise als eine Nichtgottheit specificirt wird, und die ich geneigt bin auf Grund ihres Emblems für den Beherrscher des Reiches von Boghazkoi zu halten.*[75]

Außerdem erkannte Belck – auch dies offenbar als Erster –, dass der Kammer A in Yazılıkaya Tempelgebäude vorgelagert waren.[76]

Kaum war er nach Deutschland zurückgekehrt, gründete Belck einen Verein mit dem Namen »Deutsche Gesellschaft für die wissenschaftliche Erforschung Anatoliens« (DGEA). Am 1. November 1902 reichte er beim Auswärtigen Amt einen Antrag auf eine zwei- bis dreijährige Grabungserlaubnis für Boğazköy ein. Darin hieß es:

*Der absolute Erfolg dieser Arbeiten ist durch das Vorhandensein unzähliger keilinschriftlicher Tontafeln in und bei b [der Königsburg], die zu einem großen Teil offen auf dem Felsabhang zutage liegen, sicher verbürgt.*[77]

Als Leiter der Ausgrabungen war der Schirmherr des Gesamtprojekts vorgesehen, der hochangesehene Berliner Anthropologe Rudolf Virchow. Belcks Grundidee war, den Grabungsplatz vollständig freizulegen, um so die Besiedlungsgeschichte bestmöglich zu erfassen.

Alle äußeren Umstände sprachen für dieses Projekt: Belck war ausgesprochen expeditionserfahren und kannte die Altertümer in der größeren Region bestens. Er verfügte über einen außerordentlich analytischen Verstand, konnte große Teams führen und detailreiche Publikationen zügig zum Abschluss bringen. Kaum eine archäologische Fundstätte in den Ländern um die Ägäis war zu diesem Zeitpunkt so vielversprechend wie Boğazköy, und dem Deutschen Reich war daran gelegen, die Beziehungen zum Osmanischen Reich zu intensivieren. Trotzdem teilte das Auswärtige Amt dem Kultusminister im Januar 1903 offiziell die Ablehnung des Antrags von Belck mit.

Erst hundert Jahre später haben Historiker mit Hilfe der Briefwechsel aus der damaligen Zeit rekonstruieren können, was passiert war. Die Archäologen des Deutschen Archäologischen Instituts (DAI) hatten Belcks Vorhaben unterminiert.[78] So schrieb Theodor Wiegand, der spätere Präsident des DAI, 1902 in einem Brief an den deutschen Botschafter in Konstantinopel:

> *Ganz im Allgemeinen scheint mir auch die Person des Herrn Belck als Leiter künftiger Unternehmungen in der Türkei grossen Bedenken zu begegnen; wissenschaftlich kann er nicht anders bezeichnet werden als ein ziemlich arroganter Dilettant [...] Denen, die seit Jahren mit den Türkischen Behörden in Eintracht arbeiten, darf es nicht verdacht werden, wenn sie gegen eine solche Concurrenz aufstehen werden [...] Insbesondere aber darf Anatolien nicht zum Tummelplatz halbwissenschaftlicher Dilettanten gemacht werden, auch wenn sie sich des Protektorates von Rudolf Virchow erfreuen.*[79]

In der Korrespondenz zwischen Botschaft und Ministerien wurde die Kritik an Belck aufgegriffen: »Wenn irgendeine Persönlichkeit geeignet ist, unsere Zirkel in Kleinasien zu stören, so ist es die des Dr. Belck.« Und in einem Brief des Direktors der Königlichen Museen zu Berlin an den Kultusminister hieß es unter anderem:

> *Gegen die Person des Dr. Belck, welcher das geplante Unternehmen ins Leben zu rufen sucht, macht Dr. Wiegand nachdrücklich geltend, dass er weder bei Hamdy Bey [Museumsdirektor in Istanbul] noch am türkischen Hofe beliebt sei und auch als Archäologe nicht competent erscheint, da er von Beruf Chemiker ist.*[80]

Da er die Ablehnung des Antrags nicht nachvollziehen konnte, engagierte sich Belck noch bis in den Herbst 1905 mit großem Eifer in der Hoffnung, die vielversprechenden Ausgrabungen in Boğazköy doch noch durchführen zu dürfen. Er hatte jedoch keinen Erfolg. Die italienische Hethitologin Silvia Alaura, die die Korrespondenz von damals erstmals gesichtet und publiziert hat, fasst zusammen:

> *Die neu gegründete Gesellschaft wurde von offiziellen deutschen Kreisen bekämpft und die angekündigte Grabung in Boğazköy wiederholt verhindert. Die Gründe für diesen Widerstand waren unterschiedlicher Natur und zeigen beispielhaft, wie eng die Ziele der wissenschaftlichen Gesellschaften, die politischen Erfordernisse und die ökonomischen Interessen miteinander verflochten waren.*[81]

Herbst 1905 – das war der Zeitpunkt, als Hugo Winckler nach seinen ersten Testgrabungen auf der Königsburg Büyükkale vor seine Herberge in Nefesköy trat und über die gemachten Funde sinnierte.

## 5 Spektakuläre Funde in Boğazköy

Belcks Tontafelfunde in Boğazköy weckten Hugo Wincklers Aufmerksamkeit. Dieser hatte 1903/04 an Ausgrabungen in der Hafenstadt Sidon im Libanon, damals eine autonome Provinz innerhalb des Osmanischen Reiches, teilgenommen und dabei Freundschaft mit Theodor Makridi Bey geschlossen, dem langjährigen Mitarbeiter und Konservator des Archäologischen Museums in Konstantinopel. Winckler hatte die Idee, dass sich Ausgrabungen in Boğazköy relativ unbürokratisch durchführen ließen, wenn Makridi Bey als Vertreter des osmanischen Museums die Feldarbeiten leiten würde, Winckler als Epigrafiker beteiligt wäre und die finanziellen Mittel von privaten Spendern kämen. Mit dieser Konstellation machte er eine Eingabe in Berlin. Belcks Aktionismus hatte den Entscheidungsdruck auf die Außen- und Kultusministerien erhöht. Es gab keinen alternativen Plan – nicht einmal großes Interesse –, bronzezeitliche Fundplätze in Augenschein zu nehmen. Die Ausgrabungen in Pergamon liefen auf Hochtouren, und die in Didyma hatten gerade begonnen. Mit dem Zuschlag für Wincklers Unterfangen in Boğazköy ließ sich einerseits Belck abwimmeln, anderseits konnte man damit den englischen und französischen Archäologen etwas wegschnappen. So erhielt ausgerechnet der Panbabylonist Hugo Winckler die Erlaubnis, im folgenden Jahr die Arbeiten in Boğazköy aufzunehmen.[82]

Nach rund drei Wochen hatten die Ausgrabungen in Boğazköy bereits etwa zweitausend Textfragmente, darunter auch vollständige Tafeln, ans Tageslicht befördert. Hugo Winckler verbrachte die meiste Zeit des Tages in einer Hütte aus Zweigen direkt unterhalb des Hanges, aus dem Arbeiter die Dokumente bargen. Ausnahmslos alle Tafeln waren in Keilschrift verfasst. Dank seiner Erfahrung mit babylonischen Dokumenten konnte Winckler die Texte sogar diagonal lesen, sofern er die Sprache kannte. In dieser Zeit erlebte er einen der größten Grabungserfolge in der Geschichte der Archäologie. Die in das Geröll des Berghanges gelegte Bresche war an eine erste Mauer gestoßen. Unter der Mauer verbarg sich eine ausgezeichnet erhaltene Tafel, die schon aufgrund ihrer äußeren Erscheinung einen vielversprechenden Eindruck erweckte. Hugo Winckler hatte seine Hütte verlassen und stand direkt neben dem Graben. Ein Blick auf die Texttafel genügte – und mit einem Schlag überkam ihn das Gefühl, all seine Lebenserfahrung nur für diesen Augenblick gesammelt zu haben.[83] Was er in den Händen hielt, hätte er sich in seiner Phantasie als den idealen Grabungsfund kaum auszumalen gewagt: Der ägyptische Pharao Ramses schrieb an den hethitischen Großkönig Hattušili wegen eines kurz vor dem Abschluss stehenden beiderseitigen Vertrags. Von einem Vertrag zwischen den beiden Staaten war schon in kleinen Bruchstücken die Rede gewesen, die in den Tagen zuvor gefunden worden waren. Dieses Dokument besiegelte nun endgültig, dass es hier um den berühmten Friedensvertrag von 1259 v. Chr. zwischen Ägypten und Hatti ging, von dem eine Fassung in ägyptischen Hieroglyphen auf einer Außenwand des Karnak-Tempels in Oberägypten noch heute sichtbar ist – und der nun durch diesen sensationellen Fund auch von der anderen vertragschließenden Seite belegt war. Ramses, mit all seinen Titeln und seiner Abstammung, schrieb auf Akkadisch an Hattušili, der ebenso vorgestellt wird. Der Inhalt des Schreibens deckt sich weitgehend mit den aus Ägypten bekannten Paragrafen des Vertrages. Es handelte sich nicht um den eigentlichen Vertragstext, sondern um einen Brief im Vorfeld, kurz vor der letzten Fassung.

Die Ausgrabungskampagne von 1906 dauerte vom 21. Juli bis zum 18. August. Das gewonnene epigrafische Material bestand aus rund zweieinhalbtausend Dokumentfragmenten, sowohl in akkadischer wie auch in hethitischer Sprache, und zwanzig vollständig erhaltenen Tafeln. Unter diesen befand sich ein in hethitischer Sprache abgefasster Text, der am Schluss kosmologische Angaben und die Namen der bekanntesten Sterne in deutlich hattisierter babylonischer Sprache enthielt und somit lesbar und verständlich war.[84] Es handelt sich um eine Art Beschwörungsliste, deren fundamentale Bedeutung von Anfang an außer Zweifel stand. Nach den Himmelsgöttern Anu, Enlil und Ea werden eine Reihe spezieller Sternengötter aufgezählt, die einer Liste von Normalsternen zu entsprechen schei-

Diese Schrifttafel (CTH 432) wurde 1906 während der ersten Grabungskampagne in Boğazköy gefunden. Nach dem hethitischen Text folgt am Schluss eine umfangreiche Sternenliste in akkadischer Sprache: »[Die Stadttore der großen Götter stehen weit offen. Kommt herein, o Götter und Göttinnen der] Nacht: Quaddad, der Südwind, der Nordwind, der Ostwind, der Westwind, Mars, Jupiter, Saturn, Merkur, Pegasus, die Plejaden, Hyades, Orion, Sirius […].« Diese Abschrift erschien bereits 1909 in einem Aufsatz von Alfred Jeremias, der die Tafel als einen besonders spektakulären Fund hervorhob. Dessen ungeachtet dauerte es bis 1985, bis sie erstmals (fast) vollständig veröffentlicht wurde (aus Jeremias 1909, 90). ▶

Tafel von 4 Columnen mit je etwa 80 Zeilen.

II 4–26.

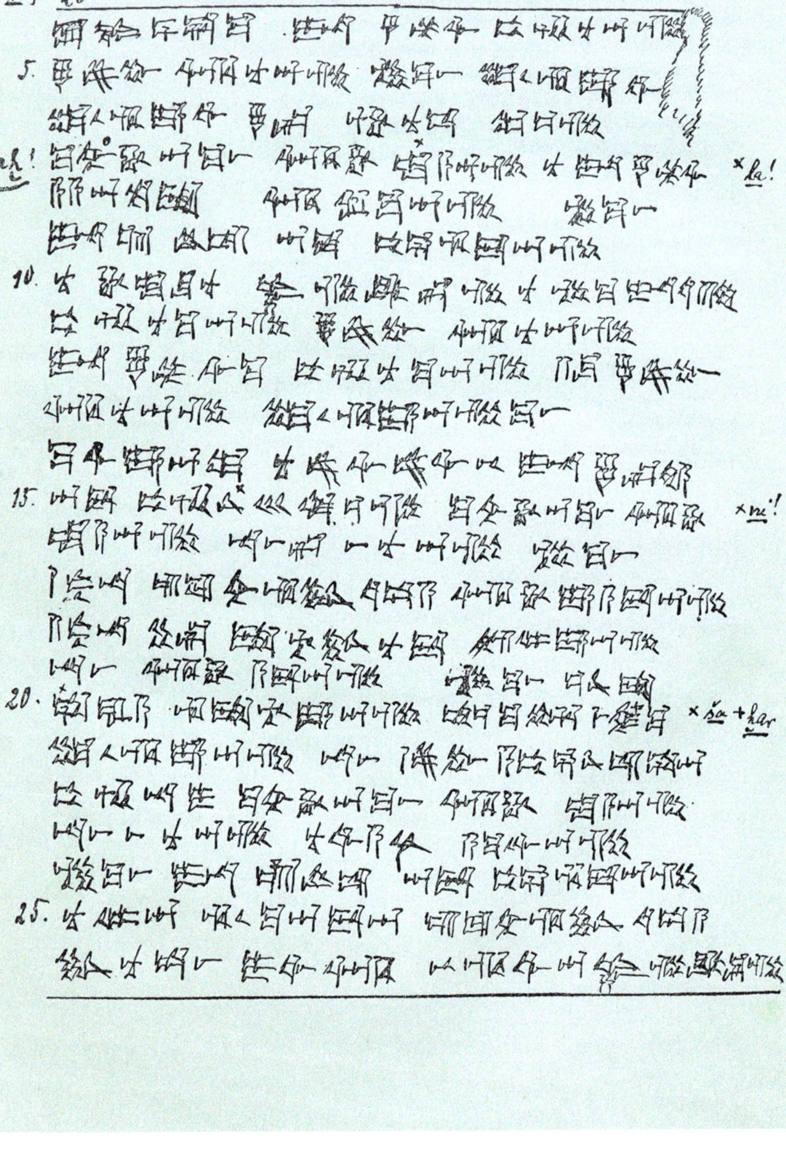

nen, nach denen das Himmelspanorama damals üblicherweise unterteilt wurde. Damit war gleich während der ersten Grabungskampagne der Beweis erbracht, dass in Hattuša babylonische Astronomie gepflegt wurde. Allerdings vergingen fast drei Generationen, bis die Tafel 1985 erstmals publiziert wurde.[85] In der Zwischenzeit konnte sich eine Bemerkung, die der deutsche Altorientalist Heinrich Zimmern in einer Fußnote gemacht hatte, als Lehrmeinung durchsetzen:

> *Denn es handelt sich in diesem Texte gewiß zunächst nur um Benutzung eines beliebigen einheimisch-babylonischen Beschwörungstextes als Übungsstück zur Erlernung der babylonischen Schrift und Sprache im Hatti-Land.*[86]

Es ist allerdings nicht ersichtlich, warum junge Hethiter die Keilschrift ausgerechnet mit Hilfe eines hochkomplizierten astronomischen Textes gelernt haben sollen.

Wincklers Forschung bestätigte die Identifikation der Ruinenstätte als die einstige Hauptstadt des hethitischen Reichs. Über hundert Arbeiter waren in das Projekt involviert. Von den Ausgrabungen und deren Bedeutung berichtete man selbst Kaiser Wilhelm II. in drei verschiedenen Schreiben.[87]

Mehrere Prinzipien archäologischer Feldarbeit wurden allerdings bei den Grabungen in Boğazköy vernachlässigt. Man verzichtete auf eine stratigrafische Einordnung, vermaß die Fundstücke nicht in ihrer Fundlage, ignorierte die kontextuellen Beziehungen und überging die Bedeutung der Keramik zur chronologischen Einstufung.[88] Diese Versäumnisse lastete man Hugo Winckler an, und zwar bis zum heutigen Tag. Aber Winckler war nur als Epigrafiker am Projekt beteiligt und hatte nicht die eigentliche Grabungsleitung inne. Vermutlich hätte er die Ausgrabungstechnik dennoch mitbestimmen können. Vielleicht war Winckler aber auch durch die Erfahrung geprägt, wie die kostbaren rund zweihundert Tafeln aus dem Amarna-Archiv in die Hände der Wissenschaftler geraten waren: nämlich über Antiquitäten- und Teppichhändler, ohne jeglichen Fundkontext. Vor allem aber wurden die Textfragmente sowohl vor wie auch nach Winckler massiv durcheinandergebracht. Der Hattuša-Ausgräber Kurt Bittel notierte, dass auch die später (1931) entdeckten Tafeln »unter Umständen gefunden worden [waren], die keinen Zweifel darüber ließen, dass die Texte nach dem Untergang der hethitischen Hauptstadt durcheinandergeworfen [worden] und zum Teil sogar einer weiten Streuung ausgesetzt gewesen waren«.[89] Winckler hatte sich immerhin bemüht, die Inschriften von drei verschiedenen Ausgrabungsplätzen fein säuberlich getrennt aufzubewahren. So fand sie der tschechische Sprachwissenschaftler Bedřich Hrozný vor, als er das Museum in Konstantinopel besuchte, um die Keilschriftentexte zusammenzusetzen und zu kopieren. Irgendwann nach Wincklers Tod gerieten die Fundstücke jedoch so durcheinander, dass nichts mehr zu retten war.

Jedenfalls wollte der Direktor der Antikensammlung in Berlin, Alexander Conze, Winckler bei zukünftigen Kampagnen einen Archäologen zur Untersuchung des Ruinengeländes zur Seite stellen. Er wandte sich an den zweiten Direktor der Antikenabteilung der Berliner Museen, doch dieser winkte ab, da er von Orientalisten generell, insbesondere aber von Winckler wenig hielt. So kam Conze auf den eigentlich nicht sehr naheliegenden Einfall, das Deutsche Archäologische Institut und dessen Generalsekretär Otto Puchstein zu kontaktieren. Die Idee war ungewöhnlich, weil sich das DAI im Jahr 1874 auf der Basis einer Satzung konstituiert hatte, wonach sich die Institutsarbeit ausschließlich auf das griechische und römische Altertum konzentrieren musste – eine Einschränkung, die in der Satzung von 1914 nochmals bestätigt wurde.[90] Das Hauptanliegen der archäologischen Forschung war letztlich, eine eurozentrische Geisteshaltung mit physischen Funden und sachlichen Argumenten zu untermauern, und das DAI hatte im Grunde keine Veranlassung, seine Tätigkeit auf die vorgriechische Antike außerhalb der klassischen Welt auszudehnen. Weil Puchstein jedoch nach einer Unterredung mit Winckler den Eindruck hatte, dass man mit ihm sehr gut auskommen würde, nahm das DAI den Vorschlag an.[91] Das Reichsschatzamt bewilligte allerdings nur zwei Drittel der beantragten Gelder, mit der Begründung, dass die Erforschung vorgriechischer Ruinen nicht zu den Aufgaben gehöre, die dem Institut durch sein Statut gestellt seien.[92] Otto

Puchstein war daraufhin der Meinung, »dass auch Winckler seinen Fundplatz mit 30 000 Mk genügend umwühlen könne«.[93]

Im darauffolgenden Jahr 1907 arbeiteten in Boğazköy zwei Teams parallel zueinander: Makridi Bey und Hugo Winckler auf der Suche nach weiteren Textfragmenten sowie Otto Puchstein, der Keramikspezialist Ludwig Curtius und zwei Architekten aus Berlin. In den Augen des DAI machten Makridi Bey und Winckler alles falsch, indem sie im Boden »herumstocherten«, Gebäude »anstocherten«, sich wie »Trüffelschweine« betrugen und »Schatzgräberei« betrieben.[94] Die Forscher des zweiten Teams hingegen verhielten sich angeblich vorbildlich. Sie erfassten die Stadtbefestigung und legten sie teilweise frei, insbesondere die Tore; sie säuberten die Bastionen des Sphinxtores und gruben den Tunnel aus, der sich darunter befindet. In der Unterstadt nahmen sie den großen Tempel auf und untersuchten die umgebenden Magazine. Otto Puchstein machte über diese Arbeiten akribische Notizen, die mehrere Bände seiner Tagebücher füllten.

Gleich nach seiner Rückkehr ging Wincklers vorläufiger Grabungsbericht in den Druck, so dass er noch im selben Jahr erschien. Die Hethitologin Silvia Alaura kommt zum Schluss: »Die rasche und scharfsinnige Deutung der archäologischen und epigraphischen Daten aus den Wincklerschen Grabungen haben den Grundstein für die Kenntnis der hethitischen Geschichte und Kultur gelegt.«[95] Das Team des DAI hatte hingegen Mühe mit seinen eigenen Publikationen. Der Großteil der Dokumentation wurde nie veröffentlicht, Puchsteins Tagebücher gingen allesamt verloren. Selbst sein vorläufiger Bericht erschien erst postum. Schwierigkeiten gab es auch mit der Veröffentlichung der Keramikfunde durch den klassischen Archäologen Ludwig Curtius. Die von ihm vorgesehene Publikation wurde nie verfasst.[96]

## 6 »Die Mitwelt war missgünstig«

Hugo Winckler hatte bis zum Alter von Mitte dreißig unter starker Migräne gelitten. Nach seiner Syrienreise 1903/04 setzte ein Rheumatismusleiden in Knien und Zehen ein. Schwerkrank kehrte er im Jahr 1906 von

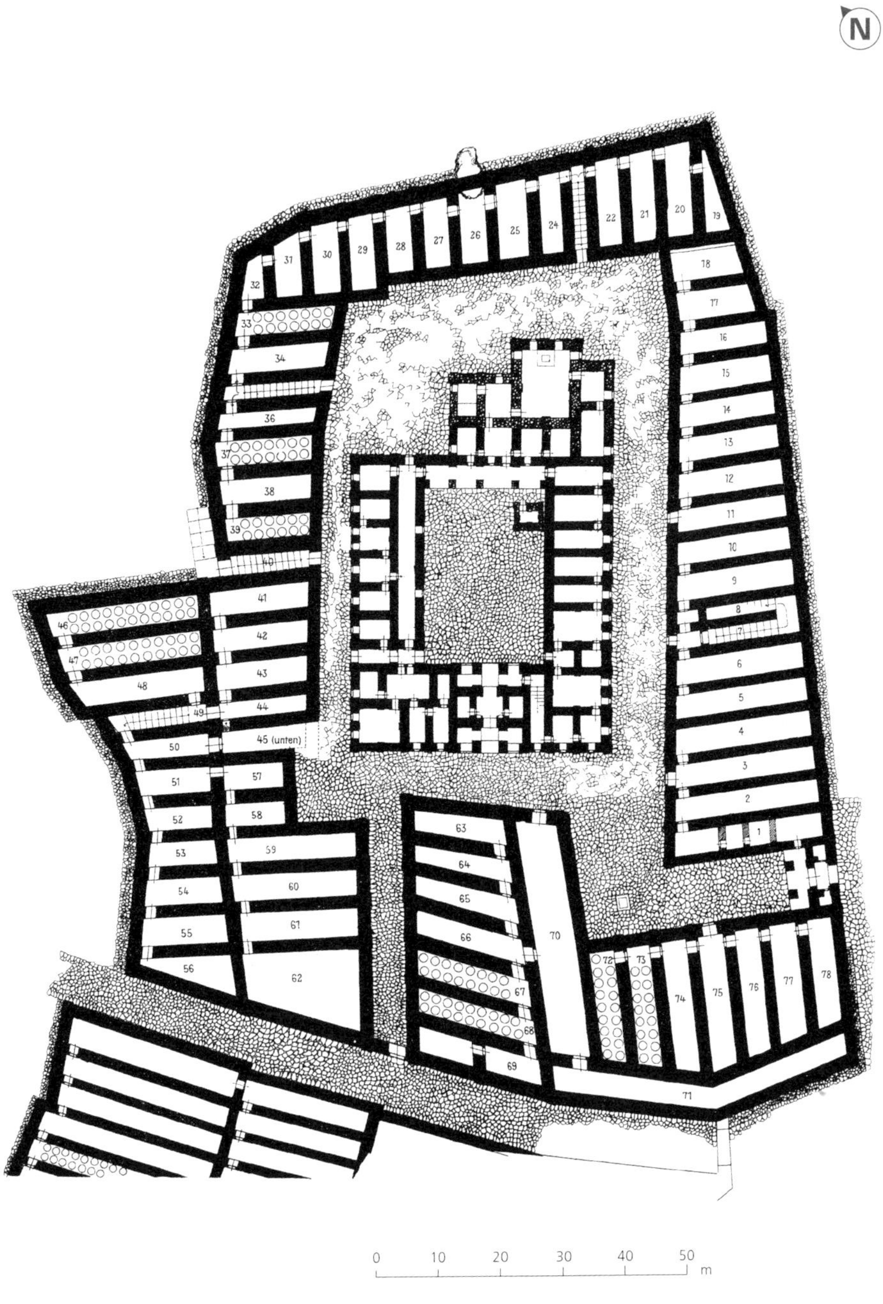


▲ Dieser Grundriss zeigt den Großen Tempel (Tempel 1) in Hattuša mit den ihn umgebenden Magazinbauten nach den Ausgrabungen von 1906–1912 (aus Puchstein 1912, Tafel 34).

der ersten Reise nach Boğazköy zurück. Der Rheumatismus schlug mit aller Heftigkeit zu, Grund zur Hoffnung auf Besserung gab es nicht. Bald konnte sich Winckler auch am Stock nicht mehr bewegen. Es setzte ein jahrelanges bettlägeriges Siechtum ein. Kuren in den Jahren 1908, 1909 und 1910 brachten keine Besserung – im Gegenteil: Am Ende der letzten Kur erlitt er einen ersten Schlaganfall. Trotzdem begab er sich 1912 noch einmal ins Gelände nach Boğazköy. Er starb wenige Monate nach der Rückkehr von dieser wenig produktiven Grabungskampagne am 19. April 1913 in Berlin. Reinhold von Lichtenberg, Herausgeber des *Memnon*, schrieb in einem Nachruf auf Winckler:

> *In der Kunst wie in der Wissenschaft sind geniale Bahnbrecher, die wahrhaft Neues und Bedeutendes der Welt zu bieten haben, der Missgunst und dem Neide der Umwelt ausgesetzt. Nur schwer gewöhnt sich diese Umwelt an neue Erkenntnisse, die sie aus ihrem altgewohnten Geleise herausdrängen und neue, nicht immer bequem zu beschreitende Wege weisen. Der Lauf solcher Bahnbrecher wird so viel als möglich gehemmt, und äußere Ehren bleiben ihnen zu Lebzeiten meistens versagt […] Die Mitwelt war missgünstig und undankbar gegen Winckler, seine Schüler und Freunde lieben und verehren ihn, die Nachwelt wird ihm die ihm gebührende Ehre geben. Hugo Winckler wird unvergessen bleiben.*[97]

Es sollte nicht so kommen. Kein Wissenschaftler wagte es, die Idee des Astralkults aufzugreifen und auf die Hethiter anzuwenden. Aus Wincklers umfangreichen Schriften wird so gut wie nie zitiert. Es gibt keine Biografie über ihn und auch keine umfassende historische Untersuchung des Panbabylonismus.[98] Bis heute existiert nicht einmal ein Eintrag zum Begriff »Panbabylonismus« in der deutschen Version von Wikipedia. Wenn der Name Winckler überhaupt noch zur Sprache kommt, dann meist mit einem verächtlichen Unterton.

Der Panbabylonismus trägt noch heute das Stigma wissenschaftlicher Fragwürdigkeit, was dazu geführt hat, dass viele ernsthafte Wissenschaftler das Thema gänzlich meiden.[99] Da sich die Panbabylonisten nicht durchsetzen konnten, blieb die Vorstellung, Wissenschaft sei erst aus dem antiken Griechenland hervorgegangen, bis mindestens in die 1960er Jahre erhalten.[100] Erst 2011 erkannten zum Beispiel Astrophysiker, dass die hethiti-

▲ So präsentierten sich die Fundamente des Großen Tempels von Hattuša, der einstigen Hauptstadt des hethitischen Reichs, als der französische Architekt und Archäologe Charles Texier 1834 als erster Europäer das Ruinenfeld beim Dorf Boğazköy, hundertfünfzig Kilometer östlich von Ankara, besuchte. Der deutsche Assyriologe und erste Hattuša-Epigraf Hugo Winckler stellte um 1900 die These auf, dass es einen einflussreichen mesopotamischen Astralkult gegeben habe. Tatsächlich ermittelten spanische Astrophysiker im Jahr 2011, dass alle Mauern, die in dem Stich auf den Betrachter zulaufen, auf den Sonnenuntergang zur Sommersonnenwende ausgerichtet sind (aus Texier 1839, Band 1, Tafel 80).

schen Tempel genauso streng nach astronomischen Prinzipien ausgerichtet sind wie ägyptische Tempelanlagen.[101]

In einer der wenigen modernen Behandlungen des Panbabylonismus kommt der finnische Assyriologe Simo Parpola zu folgenden Ergebnissen:

> *Interkulturelle Studien erfordern erhebliche interdisziplinäre Kompetenz, gutes kritisches Urteilsvermögen und eine solide Methodik, um brauchbare Ergebnisse zu erzielen. Angesichts der überwiegend vehementen Ablehnung ihrer Arbeit entbehrt es nicht einer gewissen Ironie, zu sehen, dass die Vertreter des Panbabylonismus diese Anforderungen weit besser als die meisten ihrer Kritiker erfüllen […] Die entscheidende Behauptung der Panbabylonier, nämlich dass mesopotamische Ideen, Wissen und Denksysteme seit den frühesten Zeiten in der gesamten antiken Welt weit verbreitet waren, ist mittlerweile eine fest etablierte Tatsache und kann heute bestens dokumentiert werden.*[102]

Fest etabliert schien auch der Ablauf des Erkenntnisgewinns in der Altertumskunde zu sein: Pioniere erschlossen Neuland; Thema und Thesen ihrer Untersuchungen wurden jedoch zum Tabu erklärt. Nur ganz allmählich stellte sich heraus, dass die Pioniere näher bei der Wahrheit lagen als die etablierte Wissenschaft. Auch waren ihre Argumente solider als die der Gegner. Dessen ungeachtet wurden die Entdecker bis heute nicht rehabilitiert; sogar die Tabus blieben weitgehend bestehen. – Wenn eine Gesellschaft nur so gut ist, wie sie zu debattieren fähig ist, hat die Altertumskunde noch Aufholbedarf.

## 7 Troja-Ausstellung in Stuttgart, April 2001

Im Herbst 2000 wandte sich ein großer paneuropäischer Betreiber von Glasfasernetzwerken an meinen Vorgesetzten Klaus Stöhlker. Die Geschäftsleitung der Firma wünschte sich eine bessere Medienarbeit und war offenbar bereit, dafür hohe Summen auszugeben. Wegen eines Interessenkonflikts war Stöhlkers Agentur jedoch nicht in der Lage, das lukrative

Mandat anzunehmen. Da IT und Telekommunikation inzwischen in meinen Zuständigkeitsbereich fielen und ich den Kontakt zu dem potenziellen Kunden hielt, musste ich die Absage überbringen. Wir beschlossen, dass angesichts der Größenordnung des in Aussicht gestellten Auftrags ein persönlicher Besuch angebracht sei.

Das Unternehmen hatte am Zürcher Stadtrand eine ganze Etage angemietet und aufwendig als Großraumbüro einrichten lassen. Die charismatische Kanadierin, die die Schweizer Niederlassung führte, empfing mich in einem mit Glaswänden abgetrennten Besprechungszimmer. Ich erklärte ihr die Situation. Doch die Firmenchefin hatte mit der Absage gerechnet und war vorbereitet: »Wenn wir die Agentur nicht bekommen können, nehmen wir eben Sie!«, sagte sie entschlossen.

Zwei Stunden später verließ ich das Gebäude mit einem Arbeitsvertrag, der vom Arbeitgeber bereits unterzeichnet war. Vierzehn Monate nach dem Ende meiner Karriere als freischaffender Geoarchäologe war ich im Begriff, Kommunikationschef und Geschäftsleitungsmitglied einer Aktiengesellschaft zu werden – mit Verantwortlichkeiten und Bezügen, die ich mir nie erträumt hätte.

Während meiner letzten Tage in Klaus Stöhlkers PR-Agentur stieß ich beim Durchblättern der Zeitungen auf einen Artikel in der *Weltwoche*, der ein Troja-Symposium in Heidelberg ankündigte. Auch ich selber sei eingeladen worden, hieß es, was die große Toleranz des Universitätssystems gegenüber Andersdenkenden beweisen würde. Drei Wochen später traf die entsprechende Einladung tatsächlich bei mir ein.

Ich war zunächst unschlüssig. Meinem Gefühl nach stand ich vor der Wahl, mich einem öffentlichen Schauprozess auszusetzen und mich meinen Gegnern auszuliefern oder aber die Teilnahme abzusagen, worauf Manfred Korfmann und sein Team mir vorwerfen würden, nicht gesprächsbereit zu sein. Ich sagte zu.

Eine Woche vor dem Symposium im April 2001 stand ich am Freitagmorgen kurz vor acht Uhr am Bahnsteig des Zürcher Bahnhofs Stadelhofen, als mein Mobiltelefon klingelte. Ich hatte längst meine Stelle in dem Telekommunikationsunternehmen angetreten und war auf dem Weg zur Arbeit.

Der Anruf kam von einem Mitglied des Troja-Projekts.

»Ich finde es nicht gut, wie man mit Ihnen umgeht«, sagte die Stimme ohne Einleitung. »Deshalb will ich Ihnen jetzt sagen, was Sie nächste Woche erwartet. Man hat erkannt, dass man Ihnen auf der naturwissenschaftlichen Seite nichts anhaben kann. Deswegen wird man Sie von der philologischen Seite her angreifen. Es sind drei Gruppen, die sich darauf vorbereiten. Sie sollen in die Mangel genommen werden. Korfmann selbst wird am kommenden Donnerstag nicht anwesend sein. So kann man ihm, was auch immer passiert, keinen Vorwurf machen. Um elf Uhr soll es eine Pressekonferenz geben, die jedoch im Programm nirgendwo erwähnt wird. Sie können davon ausgehen, dass eine Handvoll Korfmann-treuer Journalisten anwesend sein wird. Mehr weiß ich selbst nicht. Ich wünsche Ihnen viel Glück!«

Der Anruf war gerade noch rechtzeitig gekommen. Ich nutzte den Tag, um verschiedene Journalisten anzurufen und nach Heidelberg einzuladen. Es kamen Zusagen unter anderem von Nik Walter, Ressortleiter »Wissen« bei der Schweizer *Sonntagszeitung*,[103] und von Michael Zick von *Bild der Wissenschaft*.[104] Der Hörfunk des WDR beabsichtigte, Professor Norbert Gabriel, einen Kommunikationswissenschaftler der Universität Bonn, zu entsenden.[105]

Genau fünf Minuten vor Beginn meines Vortrags am frühen Morgen des vierten und letzten Symposiumstags traf ich im Gebäude der Heidelberger Akademie der Wissenschaften im ehemaligen Großherzoglichen Palais unterhalb des Heidelberger Schlosses ein. Ich betrat den Vortragssaal und stellte fest, dass sich unter den Konferenzteilnehmern Erleichterung ausbreitete. Offenbar hatte man befürchtet, dass ich nicht erscheinen würde. Ganz besonders erfreut zeigte sich der Gastgeber Günther Wagner, ein Archäometallurge aus Heidelberg. Mit strahlendem Lächeln und Handschlag hieß er mich willkommen, während ich nach der Person Ausschau hielt, die sich um die Diaprojektion kümmern würde. Ich übergab dem jungen Mann meine Bilder.

Der Raum war bis auf den letzten Platz besetzt. Selbst hinten an der Wand gab es kaum noch Stehplätze. Das Durchschnittsalter der Anwesenden lag näher bei achtzig als bei fünfzig, und weibliche Gesichter konnte ich nur wenige ausmachen. Die Diskussion dieses Vormittags wurde von Professor George (Rip) Rapp von der University of Minnesota in Duluth geleitet, den ich seit langer Zeit kannte. Ebenfalls aus den USA angereist war Professor John (Chris) Kraft. Beide waren aufrichtig erfreut, mich zu sehen.

Zügig ging Rip zum Rednerpult, um die Veranstaltung zu eröffnen, und kündigte meinen Vortrag an: Sein Titel laute »Einige offene Fragen zur Ebene von Troja«, er habe mich jedoch gebeten, Englisch zu sprechen.

»Die gute Nachricht zuerst«, begann ich. »Ich bin bereits vor eineinhalb Jahren aus der Geoarchäologie ausgestiegen und arbeite seither in der Wirtschaft.« Ein Raunen ging durch den Saal. Offensichtlich kam diese Mitteilung völlig überraschend. Mein Name war damals so eng mit Troja und der Geoarchäologie verbunden, dass einzelne Zuhörer noch lange Zeit nicht glauben konnten, dass ich einen neuen Weg eingeschlagen hatte.

Ich hatte aus Fehlern früherer Präsentationen gelernt und wusste, dass ich hier ausschließlich sachlich argumentieren durfte. Um meine Vermutungen im Hinblick auf die Ebene von Troja zu untermauern, illustrierte ich unter anderem die Wasserbaumaßnahmen im mykenischen Griechenland. Ich zeigte Fotos von noch heute sichtbaren Flussumleitungen, Hafenanlagen und Staudämmen, meine eigenen Rekonstruktionen sowie diejenigen des Hydrologie-Professors Jost Knauss, [106] von dem ich nicht wusste, dass er im Publikum saß.

»Bei keiner archäologischen Fundstätte gibt es so viele künstliche Eingriffe in die natürliche Umgebung wie in Troja«, sagte ich zum Schluss.[107] »Vielleicht wäre die Untersuchung dieser Wasserbauwerke wichtiger als die Bestimmung eines weiteren Eimers voller Keramik?«[108]

Wieder grummelte der halbe Saal.

Mein Schlusswort hatte ich mir im Voraus aufgeschrieben. Ich erklärte, dass ich es begrüße, eingeladen worden zu sein, dass ich es aber nicht für sinnvoll halte, das erste Gespräch nach einer so langen Zeit der Kontroverse vor einem großen Plenum zu führen – und deswegen hier und heute keine Fragen beantworten würde. Falls sich ein Journalist mit mir unterhalten wolle, hätte er dazu im Speisewagen des Zugs Gelegenheit, der um zwölf

Uhr von Heidelberg nach Stuttgart fahre. Dort würde ich mir die Troja-Ausstellung ansehen. Schließlich wünschte ich allen am Troja-Projekt Beteiligten viel Erfolg bei der weiteren Erforschung der bronzezeitlichen Fundstätte.

»Ich danke Ihnen herzlich, auf Wiedersehen!«[109]

Entschlossen verließ ich den Saal durch den Mittelgang. Hinter mir brach ein wahres Getöse aus. Vielleicht die Hälfte der Teilnehmer hatte sich offenbar für den Inhalt meines Vortrags erwärmen können und übertönte die übrigen, die konsterniert auf ihren Stühlen sitzen blieben. Es herrschte eine aufgewühlte Stimmung wie selten auf einer wissenschaftlichen Konferenz. Manche Teilnehmer standen auf, um mir beim Hinausgehen die Hand zu schütteln und zu gratulieren. Chris Kraft wartete im Gang und klopfte mir auf die Schulter.

»Exzellenter Vortrag, mein Junge«, sagte er. »Wirklich gut gemacht! Könntest du mir vielleicht die Dias für meine Studenten zur Verfügung stellen?«

Als ich kurz vor zwölf Uhr den Bahnsteig des Heidelberger Bahnhofs betrat, war dieser fast menschenleer und geradezu idyllisch still. Nur eine Handvoll Journalisten, die meisten davon selbst promovierte Wissenschaftler, hatten sich versammelt, um zusammen mit mir zur Ausstellung nach Stuttgart zu fahren. Die Stimmung war inzwischen ausgesprochen gelassen; die Konferenz war vorbei. Nur einer der Redakteure, Michael Zick von *Bild der Wissenschaft*, hatte die Pressekonferenz besucht.

»Das war ja sehr effektvoll, aber nicht sehr effektiv«, begann er.

»Wie meinen Sie das?«, fragte ich.

»Nun, dass Sie aus der Wissenschaft ausgestiegen sind«, sagte er, »das nimmt Ihnen doch keiner ab. Viele waren betreten und peinlich berührt, andere geradezu konsterniert. Einerseits weil Sie das Handtuch geworfen haben, andererseits weil es diese unüberbrückbare Polarisierung gibt. Einer stand auf – ich glaube, es war der Hydrologie-Professor, den Sie erwähnt hatten – und sagte, dass er die Untersuchung der mykenischen Wasserbauanlagen für absolut vordringlich halte. Ihnen sei bisher viel zu wenig Aufmerksamkeit geschenkt worden. Hans Günter Jansen, der Geophysiker des Troja-Projekts, bezeichnete es als großen Verlust, sollten Sie tatsächlich die

▲ Professor John (Chris) Kraft von der Universität in Delaware (USA), der Doyen der Geoarchäologie, verabschiedet den Verfasser nach dessen Vortrag in Heidelberg am 5. April 2001. (© Rainer Spitzenberger)

Forschung verlassen haben. Anschließend folgten noch vier langweilige Präsentationen über irgendwelche stratigrafischen Befunde in der Ebene von Troja, für die sich niemand wirklich interessierte.«

Inzwischen war der Zug eingerollt, und wir nahmen im Speisewagen Platz.

Michael Zick fuhr fort: »Bei der Pressekonferenz saßen dann sechs Veranstaltern vier Journalisten gegenüber, was ja schon einmal kein gutes Zeichen ist. Vom Symposium und von der Ausstellung sprach niemand mehr, es ging nur um Ihren Vortrag. Jemand fragte, warum man Sie eingeladen habe – es sei doch nicht nötig gewesen, Ihnen bei einer solchen Veranstaltung ein Podium zu geben. Günther Wagner antwortete, dass man Sie eingeladen habe, weil man Sie eben eingeladen habe, so ungefähr. In diesem

Stil plätscherte die Veranstaltung eine halbe Stunde lang dahin. Mit dem Ergebnis können weder die Veranstalter noch die Journalisten zufrieden sein. Irgendwie waren alle froh, als es vorbei war.«

In Stuttgart schlenderten wir zusammen mit den anderen Journalisten durch die Ausstellung. Rein handwerklich fand ich diese in Ordnung. Wie immer bei der Archäologie wurden Funde, Karten und Fotos der Fundstätten gezeigt. Die Vitrinen waren etwas mit Texten überfrachtet, deren Inhalte sich zum Teil widersprachen, weil für jeden Teilaspekt ein anderer Wissenschaftler zuständig war. Alle Informationen standen gleichwertig nebeneinander. Deswegen gelang es der Ausstellung nicht, das wirklich Wesentliche deutlich zu machen.

Auffällig war ein großes Holzmodell von Troja als Stadt mit einer ausgedehnten Unterstadt, die noch dazu von einer imposanten Mauer und einem Burggraben umgeben war.[110] Mit Ausnahme des Grabens hatte man von alldem in Troja überhaupt nichts gefunden.

Wir amüsierten uns darüber, dass auf allen Bildschirmen, die im Abstand von rund zwei Metern über den Vitrinen angebracht waren und auf denen tonlose Videos in Endlosschlaufe liefen, in jeder einzelnen Einstellung Korfmann zu sehen war.[111] Mit ausschweifenden Armbewegungen erteilte er auf der Fundstätte Kommandos. Zu seinem unvermeidlichen Indiana-Jones-Hut trug er einen weißen Schal, der mich an Johannes Heesters in seinen Glanzzeiten erinnerte.

Im letzten Ausstellungsraum gab es eine Vitrine mit Produkten des Okkultismus, die Troja neben der seriösen Forschung hervorgebracht hatte. Dort fand sich neben einer Flasche Troja-Bier ein Exemplar meines Buchs *Ein neuer Kampf um Troia*. Plakativer hätten die Ausstellungsmacher nicht auf den Punkt bringen können, was sie als echte Wissenschaft empfanden (das Holzmodell) und was als Archäophantasie (mein Buch). Im fast fünfhundert Seiten starken Ausstellungsband *Troja – Traum und Wirklichkeit* widmet sich das vorletzte Kapitel der Darstellung von Troja in den Medien des 20. Jahrhunderts. Mit keinem Wort wird darin die Diskussion erwähnt, die Korfmann und ich acht Jahre lang öffentlich geführt hatten. Wie sagte doch Aldous Huxley so schön: »Tatsachen hören nicht auf zu existieren, nur weil sie ignoriert werden.«

In ausgelassener Stimmung verabschiedeten wir uns alle voneinander. Der Münchner Fotograf Rainer Spitzenberger, der mich als Freund zu dem Vortrag begleitet hatte, war überzeugt, dass es ein ganz besonderer Tag gewesen sei. Man habe während meines Vortrags gespürt, wie die Chemie im Raum kippte. Hier und heute seien Weichen gestellt worden.

VII

# »Ihr werdet Wasser trinken«

## 1 Archäologisches Museum am Goldenen Horn, Konstantinopel, August 1914

Die Tontafelfragmente, die man bei den Ausgrabungen in Boğazköy geborgen hatte, wurden zunächst ins Archäologische Museum am Goldenen Horn in Konstantinopel gebracht. Dort harrten sie fein säuberlich sortiert der weiteren Bearbeitung. Ein tschechischer Autodidakt, der damals fünfunddreißigjährige Bedřich Hrozný, gehörte zu den wenigen, die das Material sichten und nutzen durften. Seit April 1914 brütete Hrozný darüber. Seine Hauptaufgabe bestand darin, von den Keilschrifttexten in der bisher nicht entschlüsselten hethitischen Sprache Abschriften anzufertigen, um die Dokumente auch anderen Wissenschaftlern zugänglich zu machen. Wie jeder, der mehr Material vor sich hat, als zu bewältigen ist, traf Hrozný eine Auswahl. Er entschied sich für einen der drei Fundplätze und konzentrierte sich auf die Dokumente von der Ostseite des Großen Tempels in Hattuša – rund zweitausend einsprachige Fragmente und vollständige Tafeln. Zunächst galt es, zusammenpassende Stücke zu finden und sie zusammenzukleben, was eine zeitraubende Geduldsarbeit war. Erst dann wollte er die Schriftzeichen kopieren. Natürlich hatte Hrozný auch den Ehrgeiz, sich an der Entzifferung der hethitischen Sprache zu versuchen. Deswegen hatte er die einsprachigen Texte gewählt, denn er wollte die Sprache aus ihrer eigenen Logik heraus erfassen.

Hrozný boten sich verschiedene Hilfsmittel. Einen ersten Einstieg in eine unbekannte Sprache liefern für gewöhnlich die Eigennamen. Der tschechische Sprachforscher wählte jedoch einen anderen Ansatz: Er suchte in den hethitischen Texten nach sogenannten Ideogrammen. Da die Keilschrift – eine Silbenschrift – aus einer Bilderschrift hervorgegangen war, enthielt sie noch eine ganze Anzahl von Wortzeichen. Keilschriftkundige Forscher können diese Ideogramme nicht nur lesen, sondern auch verstehen, selbst wenn sie die Sprache nicht kennen – genau so, wie wir zum Beispiel die Zahl 20 oder das %-Zeichen auch in einem Text erfassen, dessen Sprache uns fremd ist. Hrozný kam zugute, dass der deutsche Assyriologe Friedrich Delitzsch kurz zuvor eine rund dreihundertseitige Zusammenstellung dieser »Sumerisch-akkadisch-hethitischen Vokabularfragmente« veröffentlicht hatte.[112] Hilfreich waren auch die Arbeiten des norwegischen Linguisten und Historikers Jørgen Alexander Knudtzon, der sich mit der Publikation der Amarna-Briefe beschäftigte. Schon 1902 hatte er die Vermutung geäußert, dass die wenigen Texte, die in einer unbekannten Sprache verfasst waren, indogermanisch sein könnten. Diese These hatte zwar keinen Anklang gefunden, aber deswegen musste sie ja nicht unbedingt falsch sein.

Hrozný verfügte nicht nur über außergewöhnlichen Fleiß, Disziplin und Ausdauer, er hatte auch jahrelang an einer Monografie über die Getreidenutzung im babylonischen Reich gearbeitet.[113] Sie war im Vorjahr erschienen und hatte international Beachtung gefunden, insbesondere in den USA, wo die Weltgeschichte der Bierbrauerei damals gerade von aktuellem Interesse war. Dass er sich derart intensiv mit dem Thema Getreide auseinandergesetzt hatte, lieferte Hrozný nun einen Ansatzpunkt für die Entschlüsselung der hethitischen Sprache. Im Nachhinein ist man leicht versucht, Hroznýs Geniestreich zu unterschätzen und als reine Feststellung des Offensichtlichen zu deuten. Tatsächlich gehen solche Durchbrüche nie auch nur annähernd so leicht von der Hand, wie es später erscheinen mag. Dahinter verbergen sich ausnahmslos gewaltige Fleißarbeit, unendlich viele Überlegungen, Hypothesen, Irrwege, Arbeitsreihen und Versuche.

Hrozný erkannte Ideogramme unter anderem für die Wörter »Brot«, »Fisch« und »Vater«. Das Wort für »Brot« war über das sumerische Idiogramm *NINDA* erschlossen. Hrozný fand es in der Formulierung:

*nu NINDA-an ezateni vâdar-ma ekuteni.*[114]

Zum Substantiv »Brot« passte das Verb »essen«. Im Sinne eines Gedankenexperiments akzeptierte Hrozný Knudtzons Hypothese, dass es sich bei den hethitischen Texten um eine indogermanische Sprache handeln könnte, und schrieb verschiedene Ausdrucksweisen für »essen« auf, darunter das althochdeutsche Wort »ezzan«. Er hielt es für möglich, dass die Endung *-an* den hethitischen Akkusativ bildete. *nu NINDA-an ezateni* hieße dann: »Nun Brot werdet ihr essen«. Im zweiten Teil des Satzes fiel Hrozný das Wort *vâdar* auf, das dem englischen »water« und dem deutschen »Wasser« ähnelt. Das letzte Wort, ekuteni, teilt sich den Stamm *eku-* mit dem lateinischen Wort *aqua* für Wasser. So übersetzte Hrozný den zweiten Teil mit: »Wasser ferner werdet ihr trinken«.

Auf diesen Prinzipien aufbauend, konnte Hrozný bis zum Herbst 1915 die hethitische Grammatik nachvollziehen. Am 24. November 1915 hielt er auf Einladung der Vorderasiatischen Gesellschaft in Berlin einen Vortrag über dieses Thema. Gleichzeitig erschien eine gekürzte Fassung der Einleitung zu seinem geplanten Buch über die Entzifferung der hethitischen Keilschrift in den *Mitteilungen der Deutschen Orient-Gesellschaft*.

Die verblüffende Erkenntnis aus Hroznýs Forschungen war, dass das Hethitische des 14. und 13. Jahrhunderts v. Chr. tatsächlich zur indoeuropäischen Sprachfamilie zählt und damit mit dem Italienischen, dem Griechischen, dem Englischen und dem Deutschen verwandt ist – am meisten jedoch mit dem Lateinischen.

> *Es stellt sich jetzt heraus, daß es im zweiten Jahrtausend v. Chr. in Kleinasien eine hochkultivierte westindogermanische Bevölkerung gegeben hat, die einen mächtigen, mit Ägypten, Babylonien und Assyrien rivalisierenden Staat gegründet hat.*[115]

Der Wortschatz und die Formenbildungen innerhalb der indoeuropäischen Sprachfamilie ähneln einander in erstaunlicher Weise. Folglich hat eine Reihe von heute sehr verschieden anmutenden Sprachen einen gemeinsamen Ursprung. Je älter die Sprachen sind, desto frappanter sind die Übereinstimmungen. Da die Gesetzmäßigkeiten, nach denen sich Sprachen verändern, bekannt sind, ließen sich der Wortschatz, die Struktur und die Grammatik auch von unvollständig überlieferten Sprachen systematisch rekonstruieren.

## 2 Friedrich Hrozný (1879–1952)

Die Entschlüsselung der hethitischen Sprache war der nächste große Durchbruch in der Erforschung der Bronzezeit Kleinasiens. Hugo Winckler starb im April 1913. Gut ein Jahr später brach der Erste Weltkrieg aus. Noch einmal ein Jahr darauf, mitten in den Kriegswirren 1915, gelang die große Pioniertat. Im Zentrum stand dabei Bedřich Hrozný, der die Keilschrifttexte komplett im Alleingang entzifferte. Trotz seines Einstiegs als Autodidakt darf man Hrozný angesichts seiner anschließenden steilen Karriere wohl zum Establishment zählen. Da er den gleichen Vornamen wie der böhmische Komponist Friedrich Smetana trug und diese Schreibweise für manche auf Deutsch verfasste Veröffentlichungen verwendete, nennen wir ihn Friedrich.

Friedrich Hrozný, 1879 geboren, war mit zweiundzwanzig Jahren promoviert, mit sechsundzwanzig habilitiert und Privatdozent, mit sechsunddreißig außerplanmäßiger Professor, mit einundvierzig ordentlicher Professor und schließlich Rektor der Karls-Universität in Prag sowie erstes Mitglied der Tschechoslowakischen Akademie der Wissenschaften. Als Kind eines evangelischen Pastors war er in der tschechischen Kleinstadt Lissa an der Elbe aufgewachsen, dreißig Kilometer nordöstlich von Prag. Mit achtzehn Jahren zog es ihn nach Wien, an die einzige evangelische theologische Fakultät der gesamten westlichen Hälfte der österreichisch-ungarischen Monarchie, wo er dem Wunsch seines kurz zuvor verstorbenen Vaters entsprechend evangelische Theologie studieren wollte. Zuvor verbrachte er noch einige Ferienmonate in Braunau, um Deutsch zu lernen.[116] Nach dem ersten Semester wechselte er allerdings von der Theologischen zur Philologischen Fakultät und wählte bald Assyriologie als Hauptfach. Er schloss Studium und Dissertation zügig ab und konnte anschließend dank eines Jahresstipendiums zunächst in Berlin bei Friedrich Delitzsch studieren und dann Anfang 1902 nach London reisen, um dort vorhomerische und babylonische Keilschrifttexte zu untersuchen.

Nach diesen Lehr- und Wanderjahren, wie er sie nannte, nahm er 1902 eine Stelle als unbezahlter Praktikant in der Wiener Universitätsbibliothek an. Es lockte ihn die Nähe zum Forschungsbetrieb. Doch die Arbeit, auch wenn sie immerhin bald bezahlt wurde, blieb einfältig: Jedes ausgeliehene Buch ging durch seine Hände – und das volle sechzehn Jahre lang.[117] Erst Ende 1918, als sich im Anschluss an den Ersten Weltkrieg die Tschechoslowakische Republik formierte, gab Hrozný seine Stelle endgültig auf und zog von Wien zurück nach Prag – während viele seiner dortigen Kollegen das Land verließen und ins Exil gingen. Die Karls-Universität machte Hrozný zum Professor des neu geschaffenen Ordinariats für Keilschriftenforschung und Geschichte des Alten Orients. Er lebte bis zu seinem Tod Ende 1952 in Prag.

Bis heute gibt es keine Biografie über Hrozný und vielleicht auch deswegen keine generelle Meinung, was seine Persönlichkeit betrifft. Auffällig ist, dass er sich sowohl in Hitlerdeutschland wie auch in der Sowjetunion unter Stalin bewegen konnte, ohne anzuecken, und dass er großen Wert auf Status legte. Von seinen Kollegen wurde Hrozný tendenziell kritisiert. Die amerikanische Altphilologin Alice Kober, die im Rahmen der Entzifferung der spätbronzezeitlichen Linear-B-Schrift Pionierarbeit leistete, schrieb 1947 in einem Brief an einen Kollegen: »Jeder scheint Hrozný mit Glacéhandschuhen anzufassen. Ich nehme an, niemand glaubt, dass ein Mann mit Hroznýs Reputation tatsächlich so dumm sein kann, wie es scheint.«[118] Kober ging davon aus, dass Hrozný mit seiner erfolgreichen Entschlüsselung der hethitischen Sprache lediglich »Schwein gehabt hat«.[119] Als Kober im Mai 1948 die Einrichtung eines Zentrums für minoische Forschung plante, legte sie eine Liste mit den Namen von Dutzenden von Wissenschaftlern an, die als korrespondierende Mitglieder infrage kamen. Hroznýs Namen setzte sie an die vorletzte Stelle und versah ihn mit drei Fragezeichen. Zuunterst stand der Name von Michael Ventris, dem wenige Jahre später die Entzifferung von Linear B gelingen sollte.

Auch der deutsche Prähistoriker Kurt Bittel, langjähriger Ausgräber von Hattuša und einer der einflussreichsten deutschen Prähistoriker des

20. Jahrhunderts, konnte sich wenig für Hroznýs Leistungen erwärmen. »Die Spuren von Herrn Hroznys Grabungen unterschieden sich übrigens äußerlich kaum von den Wühlereien der Dungerde suchenden Bauern«, schrieb er in seinen Reisenotizen.[120]

Nachdem Wincklers Grabungsteam in den Jahren 1906/07 und 1911/12 in Boğazköy rund zehntausend Tontafeln und Tafelfragmente geborgen hatte, war vollkommen offen, wer dieses Material bearbeiten, konservieren, fotografieren und publizieren würde. Der erste Direktor der Vorderasiatischen Abteilung der Berliner Museen, Otto Weber, reiste jedoch im Mai und Juni 1913 nach Konstantinopel und handelte dort aus, dass die Ruinenstätte von Boğazköy für künftige deutsche Grabungen reserviert blieb. Die bereits gefundenen Dokumente sollten in Konstantinopel von deutschen Wissenschaftlern bearbeitet werden.[121] Hrozný hatte bereits 1910 seine Mitarbeit angeboten, doch fehlte ihm zunächst die Zeit dafür, da er mit großer Hingabe die Getreidenutzung in Mesopotamien untersuchte.[122]

Im April 1914 bot Otto Weber Hrozný an, das hethitische Archiv zusammen mit dem Berliner Assyriologen Heinrich Figulla zu untersuchen. Außerdem erhielt Hrozný den vertraglich fixierten Auftrag, die Edition der Boğazköy-Keilschriften vorzubereiten.[123] Freigestellt von seinen Wiener Bibliotheksdiensten und mit Forschungsgeldern aus Deutschland ausgestattet, reiste er in Begleitung seiner Ehefrau bald darauf nach Konstantinopel, um die im Archäologischen Museum aufbewahrten Tafeln mit hethitischen Texten zusammenzusetzen und zu kopieren.

Von April bis August 1914 bereitete Hrozný im Museum am Goldenen Horn die Tafeln für die geplante Edition auf. Er beschränkte sich nicht darauf, Kopien der Texttafeln zu erstellen. Er fasste die hethitischen Wörter in Vokabularien zusammen, und zwar nicht nur nach ihrem Anfang alphabetisch geordnet, sondern auch nach ihren Endungen, was für das Erkennen unbekannter grammatikalischer Formen sehr hilfreich ist. Er musste die Arbeiten jedoch nach wenigen Monaten abbrechen, weil der Krieg ausbrach. Was er gesehen, notiert und gelernt hatte, genügte jedoch, um in Kombination mit dem Wissen, das er insbesondere im Zusammenhang mit der Getreideverarbeitung in Babylon erworben hatte, die bis dahin unbekannte hethitische Sprache restlos zu entschlüsseln.

Der Ausbruch des Ersten Weltkriegs zwang die vor Ort tätigen Wissenschaftler zur Rückkehr. Wieder war es Otto Weber, der mit der osmanischen Seite im Hinblick auf die weitere Bearbeitung der Tontafeltexte eine Einigung herbeiführte: Bis auf einige repräsentative Stücke, die in Konstantinopel verblieben, sollten die Tafeln verpackt und nach Berlin transportiert werden, um dort konserviert, fotografiert und für die Edition autografiert zu werden. So trafen in den Jahren 1916 und 1917 mehrere große Kisten mit den wertvollen Dokumenten aus Konstantinopel in Berlin ein. Dank dieses Materials wurde Berlin zum wichtigsten Zentrum hethitologischer Forschung. Siebzig Jahre lang standen die Dokumente der Forschung zur Verfügung, bis sie schließlich im Herbst 1987 von der damaligen Deutschen Demokratischen Republik an das Museum für anatolische Zivilisationen in Ankara zurück überführt wurden. Zu diesem Zeitpunkt war allerdings fast die Hälfte der Dokumente noch immer nicht publiziert.[124] Hugo Winckler war bereits von den ersten Grabungen 1906 als sterbenskranker Mann zurückgekehrt – ihm kann man kaum zum Vorwurf machen, dass er seine Funde nicht mehr umfassend auswerten konnte. Warum aber die geballte Kraft der in Berlin verfügbaren archäologischen Kompetenz nicht ausreichte, die Dokumente innerhalb von siebzig Jahren zu bearbeiten, ist rätselhaft.

Die Reaktionen auf Hroznýs Vorabpublikationen fielen verhalten kritisch aus. Charakteristisch war die abwartende Aussage des Heidelberger Indogermanisten Christian Bartholomae: »Wenn es Hrozny auch nur gelingt, das eine wirklich zu beweisen, daß das Hethitische eine indogermanische Sprache ist, so wollen wir uns gern und dankbar damit begnügen. Aber – ich zweifle.«[125] Die Wissenschaft hat zwar zum Ziel, neue Erkenntnisse zu gewinnen; trotzdem fällt es Forschern offenbar besonders schwer, Entdeckungen als solche zu verstehen.

Alles in allem dauerte es etwa zehn Jahre, bis Hethitisch als indoeuropäische Sprache allgemein akzeptiert war. Als Erster stellte sich 1919 der norwegische Philologe Carl Marstrander auf Hroznýs Seite.[126] In Norwegen war man damals der Zeit offensichtlich voraus: Es war ja der norwegi-

▲ Friedrich Hrozný untersucht die hieroglyphenluwische Inschrift von Acıgöl Topada südlich des Halysbogens in Zentralkleinasien. Die Inschrift erinnert an einen Krieg des Großkönigs Wasusarma von Tabal und stammt aus der Zeit um 730 v. Chr. (aus Hrozný 1940, 116).

sche Linguist und Historiker Jørgen Alexander Knudtzon gewesen, der Hrozný den entscheidenden Hinweis gegeben hatte, dass es sich beim Hethitischen um eine indogermanische Sprache handelte.[127] Knudtzon beschäftigte sich intensiv mit dem gesamten Amarna-Archiv, darunter auch mit den beiden in hethitischer Sprache verfassten Briefen. Einer der Briefe enthält eine kürzere Einleitung auf Babylonisch-Assyrisch, aus der hervorgeht, dass es sich um ein Schreiben von Pharao Amenophis III. an Tarhundaradus, den König des Landes Arzawa, handelt. Deswegen nannte man diese beiden Dokumente ja »Arzawa-Briefe«. Zusätzlich zu der über tausend Seiten umfassenden Gesamtausgabe des Amarna-Archivs schrieb Knudtzon 1902 eine umfangreiche Publikation nur zu diesen zwei Dokumenten. Darin stellte er ausführlich dar, dass ihre Sprache einen indogermanischen Charakter habe.

> *Da ich die beiden Briefe in meine in Vorbereitung befindliche Umschrift und Übersetzung sämtlicher El-Amarna-Tafeln aufzunehmen habe, versuchte ich denn selbst im Frühlinge 1902 etwas näher in die Sprache einzudringen und machte bald eine interessante Entdeckung, wonach ich nicht umhin konnte, die Sprache entschieden für indogermanisch zu halten.*[128]

Knudtzon bot auch gleich zwei erfahrene Indogermanisten auf, die seine Interpretation unterstützten:

> *Durch meine Bemerkungen zu den Arzawa-Briefen glaube ich erwiesen zu haben, dass die Sprache derselben eine indogermanische Sprache ist, die mit dem Lykischen und dem Armenischen derselben anatolischen Sprachenfamilie angehört.*[129] *[…] In vorgeschichtlicher Zeit hatten sich nach meiner Vermutung mehrere anatolische Stämme auf den Inseln des ostgriechischen Meeres und in Griechenland festgesetzt. Diese Stämme sprachen wahrscheinlich Mundarten, die mit dem Lykischen und mit der Sprache unserer Briefe nahe verwandt waren. Die Verbreitung anatolischer Stämme nach Griechenland betrachte ich als einen Wellenschlag, der von der in Vorderasien weit verbreiteten Herrschaft der Hetiter und verwandter Völker ausging.*[130]

So fortgeschritten war also der Kenntnisstand mancher Gelehrter im Jahr 1902! Kaum anders würde man den Sachverhalt heute beschreiben – nur dass wir die oben angesprochenen Mundarten nun als »Luwisch« bezeichnen würden.

Knudtzon hatte eine geniale Entdeckung gemacht, aber es blieb ihm versagt, den Erfolg zu genießen, denn niemand konnte sich dafür begeistern.[131] Die Ablehnung der Kollegenschaft ging sogar so weit, dass man bis heute oft liest, Knudtzon habe seine Publikation zurückgezogen.[132] Diese Darstellung stützt sich auf den folgenden beiläufigen Kommentar von Otto Weber in den Anmerkungen im zweiten Band der Gesamtausgabe der Armana-Briefe:

*Die Sprache, in der diese beiden Briefe geschrieben sind, ist in ihrem Charakter noch strittig. Knudtzon hat sie für indogermanisch erklären wollen, nicht ohne starken Widerspruch zu finden, und einer brieflichen Mitteilung kann ich entnehmen, dass er jetzt selber gegen seine frühere Meinung Bedenken hegt.*[133]

Eine solche Randbemerkung genügt kaum, um Knudtzon die Entdeckung des indoeuropäischen Charakters der hethitischen Sprache streitig zu machen. Anhand von nur zwei Dokumenten war es ihm gelungen, die Sprache der richtigen Familie zuzuordnen. Dies hat offensichtlich Hroznýs Arbeit massiv erleichtert. Nach der Durchsicht einer großen Anzahl Texte konnte Hrozný die Einordnung nicht nur bestätigen, sondern mit zusätzlichen Argumenten untermauern. Er hatte sich jedoch nur den einsprachigen Texten gewidmet. Entscheidend für die Akzeptanz seiner Entdeckung war möglicherweise, dass der Schweizer Assyriologe Emil Forrer, der auch die bilinguen Tafeln bearbeitet hatte, 1919 den indoeuropäischen Charakter des Hethitischen bestätigte.

Neben dem sogenannten Hattischen und dem Nesischen (Hethitischen) entdeckte Hrozný in den Keilschrifttafeln der Archive von Boğazköy noch eine weitere Sprache, nämlich diejenige der *Luiter* (Luwier), wie er sie nannte und in denen er eine Art Vorläufer der indoeuropäischen Hethiter erblickte. Hrozný erkannte, dass auch die luwische Sprache indoeuropäischer Herkunft und mit dem Hethitischen eng verwandt war. Diese heute von der Wissenschaft allgemein anerkannten Ansichten brachte er 1920 in seiner Abhandlung *Über die Völker und Sprachen des alten Chatti-Landes* zum Ausdruck.[134] Hrozný vertrat darüber hinaus den Standpunkt, dass auch die Hieroglyphenschrift luwischen Ursprungs sei. Seines Erachtens waren die Menschen, die diese Schrift verwendeten, bereits in der ersten Hälfte des 3. Jahrtausends nach Kleinasien eingewandert.[135]

## 3 Troja-Konferenz in Tübingen, Februar 2002

Drei Monate nach dem Troja-Symposium vom April 2001 in der Heidelberger Akademie der Wissenschaften sollte der Fotograf Rainer Spitzenberger recht bekommen. Es war allerdings nicht mein Vortrag, der die Dinge ins Rollen brachte, sondern vielmehr das Holzmodell von Troja in der Stuttgarter Ausstellung. Was uns amüsiert hatte, brachte einen Tübinger Professorenkollegen des Ausgräbers regelrecht in Rage. Mit Wissenschaftlichkeit habe dieses Modell nichts zu tun, bemängelte der Althistoriker Frank Kolb. Die ausgedehnte Unterstadt außerhalb der Festungsmauern sei frei erfunden, Ausgrabungen hätten dort nichts Materielles zutage gefördert. Kolb verschaffte seinem Ärger Luft, indem er ein Essay über die Interpretation der Grabungsbefunde in Troja verfasste. Um Ausgewogenheit bemüht, gab er es vorab zwei Kollegen zum Gegenlesen. Dennoch lehnte die *Frankfurter Allgemeine Zeitung*, die bis dahin ausführlich über Troja berichtet hatte, eine Veröffentlichung ab. Hatte Manfred Korfmann seine Kontakte zu den überregionalen Medien genutzt, um fachliche Kritik an seiner Arbeit zu unterdrücken? Die Frage wird sich nicht beantworten lassen, doch es darf angenommen werden, dass Kolb genau zu diesem Schluss kam und sich nun erst recht herausgefordert fühlte.

Die Ausstellung ging in Stuttgart am 17. Juni 2001 zu Ende und war anschließend ab dem 14. Juli in Braunschweig zu sehen. Anlässlich der dortigen Eröffnung wandte sich die *Berliner Morgenpost* an Frank Kolb, der die Chance ergriff, der Öffentlichkeit seine Sicht der Dinge kundzutun. »Manchmal hat man den Eindruck, über das Troja-Bild herrsche ein Kartell aus dem Ausgräber und einigen Journalisten«, sagte Kolb im Interview.[136] Noch deutlicher wurde er eine Woche später im *Schwäbischen Tagblatt*, einer Regionalzeitung, die in Tübingen besonders gern gelesen wird. Das Troja-Bild von Manfred Korfmann sei »völlig absurd«, ließ er sich zitieren.[137] »Was Herr Korfmann macht, ist eine Irreführung der Öffentlichkeit.«

Ich stutzte, als ich das Interview las. Korfmann sei ein »Däniken der Archäologie«, der Geschichtsklitterung betreibe, stand dort. Mit solchen Begriffen und Vorwürfen hatten Korfmann und seine Mitstreiter zuvor mich selbst attackiert. Mir war jedenfalls klar, dass dieser Streit nicht so schnell aus den Zeitungen verschwinden würde.

Auf die Fortsetzung musste ich nicht lange warten. »Korfmann hält die Leute zum Narren«, schrieben bald die *Stuttgarter Nachrichten*.[138] Der Troja-Ausgräber hatte sich in meinem Gedankenexperiment verfangen: Was würde es heißen, wenn Troja eine bedeutende Metropole gewesen wäre? Korfmann wusste aus Bohrungen in der Ebene und durch wiederholte Geländebegehungen in der Umgebung, dass sich die besiedelte Fläche in Troja nicht auf den Hügel Hisarlık beschränkte. Als wir uns 1991 zum ersten Mal begegneten, bestätigte ich ihm daher lediglich seine eigenen Eindrücke. Im persönlichen Gespräch war er meinen Thesen alles andere als abgeneigt, später verstrickte er sich jedoch in Widersprüche, als er den Eindruck zu erwecken versuchte, dass es sich dabei um längst bekannte Tatsachen handelte. Weil sich die Ausgrabungen auf die wenigen verbliebenen Fundamente der Königsburg beschränkten, konnte er seine für die Öffentlichkeit neuen Aussagen nicht belegen. Das ist an sich nicht erstaunlich: Den Hügel Hisarlık kann man sich im Verhältnis zur Stadt Troja etwa so vorstellen wie das Regierungsgebäude am Hofgarten zur Großstadt München. Wer lediglich das Regierungsgebäude ausgräbt, wird nicht an ein überregional bedeutendes Zentrum denken. Die kleinräumige Forschung lässt schlicht keine Rückschlüsse auf die tatsächliche Größe Trojas zu.

Die Auseinandersetzungen zwischen Manfred Korfmann und mir, die sich im Wesentlichen über die Medien abspielten, zogen sich über acht Jahre hin. Während ich Zeit hatte, meinen Rückzug zu verarbeiten, traf er Korfmann unvorbereitet. Als sich dann wenige Wochen später Frank Kolb an die Öffentlichkeit wandte und Korfmann angriff, reagierte dieser mit ungeahnter Wucht. Der Streit eskalierte in kurzer Zeit. Die *Frankfurter Allgemeine Zeitung*, *Literaturen*, *Damals* und schließlich sogar *The Times* berichteten in umfangreichen Artikeln über den vielleicht größten deutschen Gelehrtenstreit der letzten Jahrzehnte. Inzwischen fürchtete der Präsident der Universität Tübingen um das Ansehen der deutschen Altertumskunde und entschloss sich in der Hoffnung, die Kontroverse so beilegen zu können, den beiden Kontrahenten ein öffentliches Forum zu geben.

Es war ein sonniger, kalter Freitag im Februar 2002, als sich Altertumskundler aus ganz Deutschland und aus dem Ausland in Tübingen einfanden, um zwei Tage lang den Argumenten von Kolb und Korfmann sowie ihren jeweiligen Befürwortern und Gegnern zu folgen. Auch ich war angereist, denn der Deutschlandfunk hatte mich gebeten, die Veranstaltung in einem Radiointerview zu kommentieren. Als ich zusammen mit dem Journalisten Dr. David Eisermann, der später das Gespräch moderieren würde, den Saal betrat, waren fast alle der schätzungsweise sechshundert Sitzplätze bereits belegt. Man hatte das Audimax, eine steile Arena, gewählt, die aus einer anderen Epoche zu stammen schien und mich an eine U-Boot-Werft erinnerte: ein großer, aber bedrückender Raum. Noch eindrucksvoller als die antiquierte Architektur war jedoch die versammelte Menschenmenge. Weil der Eingang zum Saal an dessen tiefster Stelle neben dem Rednerpult lag, blickte ich beim Eintreten in eine Wand von erwartungsvollen, teilweise geradezu kampfbereiten Gesichtern. Einige von ihnen kannte ich. Links saß Korfmanns Team, während sich Kolbs Gefolgschaft auf der rechten Seite niedergelassen hatte. Die beiden Protagonisten und ihre wichtigsten Unterstützer belegten die erste Reihe, dahinter folgten die Assistenten und schließlich die Studenten bis hinauf zu Reihe achtzehn. Eine freundliche Assistentin schickte uns in die neunzehnte Reihe, die für die Medien reserviert war.

Ein paar Minuten später eröffneten die beiden Moderatoren, der Altphilologe Richard Kannicht und der Altorientalist Wolfgang Röllig, die Veranstaltung. Ich bewunderte sie für ihre souveräne Nonchalance. Sie gaben sich gar keine Mühe, nicht wie Statler und Waldorf aus der Muppet-Show zu wirken.

Manfred Korfmann ergriff als Erster das Wort. Er hatte seine Argumente bereits auf einem Blatt Papier zusammengestellt, das er auf allen Sitzplätzen hatte verteilen lassen. Leider hatte er diese einmalige Gelegenheit schlecht genutzt. Der Text war schwer verständlich und so offensichtlich missraten, dass ich mich fragte, warum er sich dabei nicht von seinem Team hatte unterstützen lassen. Dennoch schlug Korfmann eine Woge der Sympathie entgegen. Doch das wohlwollende und erwartungsvolle Publikum wurde sogleich enttäuscht: Der Redner beschränkte sich darauf, diesen traurigen Text vom Papier abzulesen. Die Mienen der Zuhörenden glichen denen der Stuttgarter, die 1999 mit mir die Sonnenfinsternis beobachten wollten, aber feststellen mussten, dass es rein gar nichts zu sehen gab. Um seinen Worten Nachdruck zu verleihen, wiederholte Korfmann einzelne Sätze mit lauter Stimme. Ich konnte die Enttäuschung des Publikums förmlich spüren. Grafik um Grafik wurde an die Wand projiziert, doch überzeugende Argumente blieben aus.

»Sie erkennen leicht die Bedeutung Trojas«, erklärte er schließlich hilflos.

»Nein, wir erkennen nichts«, rief ein Zuhörer – doch Korfmann nahm den Einwurf gar nicht wahr.

Auf die Hauptperson folgten etwas langatmige Präsentationen verschiedener Altertumskundler, und nach drei Stunden erhielt das Publikum die Gelegenheit, sich zu äußern. Jetzt zeigten sich die Mitarbeiter des Troja-Projekts gut vorbereitet. Sie hatten ihre Diskussionsbeiträge aufeinander abgestimmt und hielten, jeder für sich, einen Stapel Folien parat, um regelrechte Koreferate zu halten und Korfmanns Position zu stützen. Ernst Pernicka, der leitende Naturwissenschaftler des Troja-Projekts, zeigte den Reichtum an Bodenschätzen in der Troas mit einer an Filmgeschwindigkeit grenzenden Bildfolge auf dem Folienprojektor. Der Archäozoologe Hans-Peter Uerpmann illustrierte die Bandbreite der seiner Ansicht nach absurden Vorstellungen, die bereits mit Troja verbunden wurden – und verwendete dazu eine Grafik aus meinem ersten, bereits über zehn Jahre alten Buch.

Auch ich reihte mich in die Schlange der Diskutanten ein, die in der Nähe des Saaleingangs an der Wand lehnten und darauf warteten, zum Rednerpult gerufen zu werden. Ich fand mich neben Korfmanns österreichischem Grabungsassistenten Peter Jablonka wieder. Er deutete in Frank Kolbs Richtung und sagte zu mir: »An dem würden Sie sich auch die Zähne ausbeißen.«

»Es hätte alles so schön sein können«, erwiderte ich etwas unbestimmt. Jablonka ging nicht darauf ein. Es sollten die einzigen Worte bleiben, die wir jemals miteinander wechseln würden.

Kurz vor der Mittagspause war ich als letzter Redner an der Reihe. Das Publikum schien mittlerweile erschöpft zu scin, und die beiden Moderatoren drängten zu Recht darauf, zum Ende zu kommen. Ich stellte mich vor und versuchte die Zuhörer noch einmal wachzurütteln, indem ich feststellte, dass die Archäologie wohl nicht mit einem Übermaß an Humor ausgestattet sei. Meines Erachtens sollte man Wissenschaftlern schon die Freiheit gestatten, ihre Funde interpretieren zu dürfen. Das Problem des Troja-Projekts sei jedoch, dass der Ausgräber ein Interpretationsmonopol für sich in Anspruch nehme. Das brachte mir von der rechten Seite, wo Kolb und seine Mitstreiter saßen, tosenden Beifall ein. Dem Moderator Wolfgang Röllig schien das ein gutes Schlusswort zu sein, um die Teilnehmer in die Mittagspause zu entlassen. Aber ich war noch nicht fertig.

»Ein letztes Wort zum sogenannten Verfall der Sitten«, kündigte ich an. Die Zustimmung auf Kolbs Seite schlug sofort in Ablehnung um: Mit diesem Ausdruck war der scharfe Ton des Professors schon verschiedentlich kritisiert worden. Buhrufe ertönten. Röllig gab nach und setzte sich scheinbar resigniert wieder auf seinen Platz.

»Aber nur ein Wort!«, mahnte er.

»Die Bezeichnung ›Erich von Däniken der Archäologie‹ steht Korfmann auf keinen Fall zu«, sagte ich. »Denn diesen Begriff hat man schon vor zehn Jahren auf mich gemünzt. Und er ist mir von keinem Geringeren verliehen worden als von Manfred Korfmann höchstpersönlich!«

Mit einem Schlag löste sich die Anspannung im Saal. Selbst Korfmann konnte nun lachen. Sechshundert Leute erhoben sich erleichtert von ihren Plätzen.

In der Mittagspause baten mich zwei junge Journalisten vom *Schwäbischen Tagblatt* spontan um ein Interview. Es erschien am Montag unter der prophetisch anmutenden Überschrift »Die End-Zeit der Diven«.[139]

Der Nachmittag sollte noch deutlich anstrengender werden. Einer der anwesenden Journalisten hielt im Nachhinein fest, der Kongress habe das ganze Elend der Geisteswissenschaften in diesem Land demonstriert. Die Debatte drehte sich zunächst um die Identität von Ahhijawa, die bereits seit siebzig Jahren diskutiert wird. Genauso wenig erhellend war die Erörterung der Frage, ob die *Ilias* und die *Odyssee* von einem einzigen oder von mehreren Dichtern verfasst wurden – diese Diskussion wird seit bald zwei

Jahrhunderten ergebnislos geführt. Ein negativer Höhepunkt war die Präsentation eines Tübinger Hethitologen, der ganze Buchseiten mit Keilschriftentexten per Tageslichtprojektor an die Wand werfen ließ, seine Hornbrille aufsetzte, dem Publikum den Rücken zuwandte und eine halbe Stunde lang, dabei nur dreißig Zentimeter von der Wand entfernt stehend, Verwaltungstexte in akkadischer Keilschrift entzifferte.

»Die kommunikativen Fähigkeiten der Professoren reichten oft nicht einmal aus, um die nötigen Anweisungen für die Diaprojektion zu erteilen«, schrieb die *taz* am darauffolgenden Montag.[140] Meines Erachtens reichten die Defizite allerdings tiefer. So bemerkte Manfred Korfmann beispielsweise höchst ungeschickt, es sei ihm egal, ob man Troja als Stadt oder Dorf oder sonst wie bezeichne; Hauptsache, man grabe.[141] An Erkenntnisgewinn schien ihm also letztlich wenig gelegen. »Alles, was ich sage, klingt für mich total überzeugend!«,[142] sagte Korfmann und offenbarte damit seine ganze Hilflosigkeit.

Für das geplante Live-Interview mit dem Deutschlandfunk war an diesem Freitagabend für David Eisermann und mich ein Raum im Tübinger Radiostudio reserviert. Auf Wunsch des Rektors standen Manfred Korfmann und Frank Kolb selbst nicht für Interviews zur Verfügung; darüber hatte die Universitätsleitung die Presse im Vorfeld informiert. Ich war deshalb erstaunt, als ich durch die Studiofenster Korfmann ein Interview geben sah. Ich beobachtete ihn eine Weile. Er lachte und gestikulierte, so als redete er mit einem guten Freund. Er wirkte ungleich souveräner als im Vortragssaal. Große Auftritte schienen ihm nicht zu liegen.

Nach dem Interview zog ich mich ins Hotel »Zur Krone« in der Altstadt zurück, dem besten und auch fast einzigen Hotel in der Nähe der Universität, in dem sämtliche Referenten und die auswärtigen Gäste untergebracht waren. Am Samstagmorgen saß ich dort allein an einem kleinen Frühstückstisch. An den Nachbartischen hatten einige andere deutsche Frühgeschichtler Platz genommen, die ich kannte: Bernhard Hänsel aus Berlin, Dieter Hertel aus Köln sowie Harald Hauptmann vom Deutschen Archäologischen Institut in Istanbul. Alle drei waren überzeugte Kritiker von Manfred Korfmann und lehnten seine These ab, Troja VI sei eine altanatolisch-altorientalische Residenzstadt gewesen. Auch den bekannten prähistorischen Archäologen Andrew Sherratt erkannte ich, der extra aus Oxford angereist war.

Bernhard Hänsel, einen Berliner Prähistoriker, hatte ich zwanzig Jahre zuvor während meiner Diplomarbeit im griechischen Volos kennengelernt. Er wollte damals das spätbronzezeitliche Iolkos ausgraben, die einzige zwar bekannte, aber noch nicht erforschte mykenische Burganlage. Die Volkswagen-Stiftung hatte ihm einen großen Betrag in Aussicht gestellt, um in der Altstadt von Volos eine Reihe von Häusern zu erwerben. Meine Aufgabe bestand darin, zusammen mit einem Mitstudenten vom Geologischen Institut in Kiel die größere Umgebung zu untersuchen und die Entwicklung der Landschaft zu rekonstruieren. Dieses Unternehmen ging auf einen Vorschlag der Deutschen Forschungsgemeinschaft zurück. Leider ließ sich der griechische Archäologe des Landesamtes in Volos nicht für Hänsels Pläne begeistern, und so wurde die Anlage bis heute nicht ausgegraben. Dennoch führten wir die geologischen Arbeiten innerhalb von zwei Jahren zu Ende,[143] und im Laufe dieser Zeit entstand zwischen Hänsel und mir ein freundschaftliches Verhältnis.

An diesem Morgen jedoch blieb es zunächst bei einer freundlichen, aber eher förmlichen Begrüßung. Als ich aufstand, um mich am Buffet zu bedienen, folgte er mir. Hier konnten wir uns unbeobachtet unterhalten.

»Wie geht es Ihnen, Herr Zangger?«, fragte Hänsel.

»Großartig«, antwortete ich offensichtlich zu seiner Überraschung. Er wusste natürlich, dass ich in der Auseinandersetzung mit Korfmann den Kürzeren gezogen hatte, wechselte jedoch das Thema.

»Und was halten Sie von dem Anlass?«

»Mir fällt es schwer, nachzuvollziehen, was diese Auseinandersetzung soll«, gab ich zu. »Ich glaube, irgendwie trägt die geografische Lage von Tübingen dazu bei. Wer nicht unbedingt muss, der findet gar nicht hierher.«

Hänsel lachte und brachte damit sofort die alte Wärme und Verbundenheit zurück.

»Genau das habe ich zu meiner Frau gesagt! Vielleicht hat uns Berlin verdorben, aber so abgeschnitten und in der Provinz habe ich mich lange nicht mehr gefühlt. Kein Wunder, dass die sich hier nach Abwechslung sehnen.«

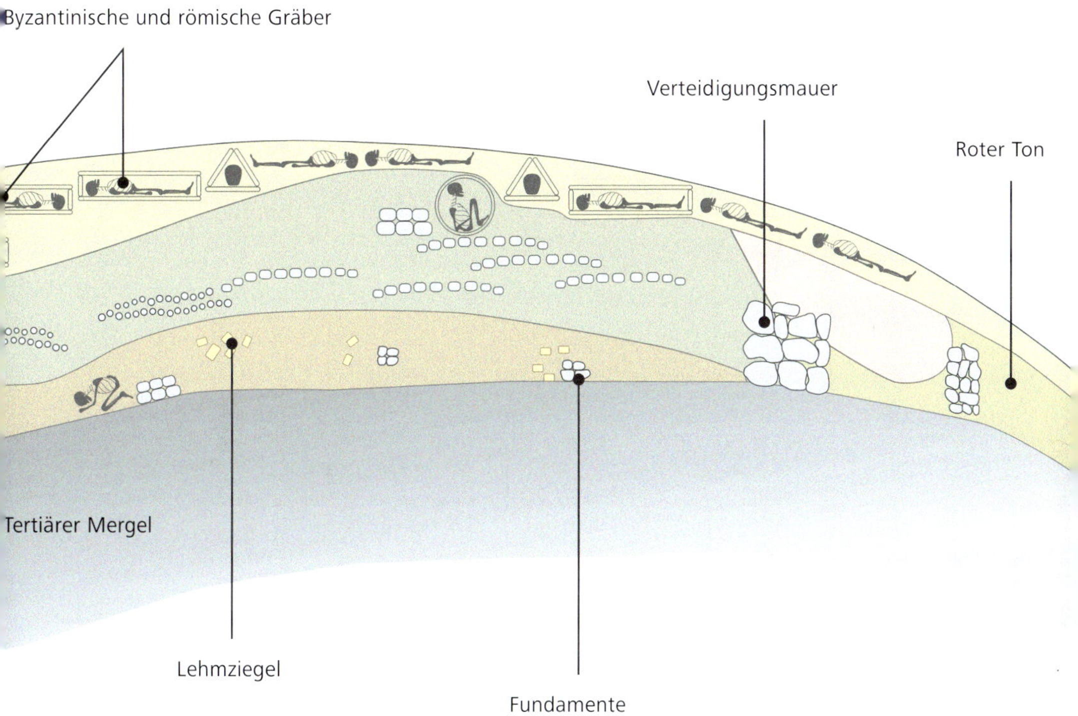

talverschiebungstheorie. Zwei Generationen lang argumentierten Naturwissenschaftler an den besten Universitäten der Welt gegen die Theorien von Milanković und Wegener – bis beide Modelle nahezu zeitgleich Anfang der 1970er Jahre aufgrund ozeanografischer Untersuchungen weitgehend bestätigt werden konnten. Zwei Generationen lang hatten führende Wissenschaftler Milutin Milanković und Alfred Wegener für talentierte Spinner gehalten, weil sie ihr Denken nicht nachvollziehen konnten.

Der indische Mathematiker und Astronom Aryabhata lehrte bereits tausend Jahre vor Kopernikus, dass sich die Erde einmal täglich um ihre eigene Achse dreht. Einige seiner Zahlenwerte und Formulierungen lassen vermuten, dass er auch wusste, dass nicht die Erde, sondern die Sonne im Zentrum des Sonnensystems steht. Das Gleiche gilt für Aristarchos von Samos, der sogar 1800 Jahre vor Kopernikus lebte und als einer der ersten griechischen Astronomen das heliozentrische Weltbild vertrat. – Tragisch sind solche großen Geister vor allem deshalb, weil sie niemanden haben, mit dem sie sich austauschen können. Genau das scheint der Grund zu sein, warum so viele Wissenschaftler – gerade auch in der Altertumskunde – zwar übereinander, aber nur selten miteinander reden. Sie leben in verschiedenen Epochen.

Im akademischen Betrieb sind eine Reihe von Verfahren entstanden, die nicht nur den Fortschritt hemmen, sondern regelrecht für Rückschritt sorgen. Dazu gehört zum Beispiel die Vorstellung, dass man neue Ideen zunächst den etablierten Koryphäen, die über institutionelle Macht verfügen, zur Begutachtung vorlegt. Dabei ist das Vorgehen ziemlich paradox, eine radikal neue Entdeckung jemandem zu präsentieren, der heute eine Position innehat, weil er dreißig Jahre zuvor seiner Zeit voraus war. Tim Berners-Lee musste 1989 für seine Erfindung des World Wide Web ja auch nicht erst den Segen von Max Grundig einholen.

Die Analogien mit den Begegnungen zwischen Cowboy und Programmierer oder Tim Berners-Lee und Max Grundig sind vielleicht hilfreich, wenn wir versuchen zu rekapitulieren, warum es die Pioniere der ur- und frühgeschichtlichen Archäologie Kleinasiens so schwer hatten, auf Verständnis zu stoßen. Sie lebten in einer anderen Zeit und verfügten über eine ganz andere Vorstellungskraft als ihre Zeitgenossen.

werden Sie in wissenschaftlichen Veröffentlichungen nicht finden.« Vielleicht glaubte er tatsächlich, was er sagte. Er war zweifellos einer der einflussreichsten Prähistoriker der Welt; mich betrachtete er wohl eher als Provokateur, der Aufmerksamkeit suchte, vielleicht um seine Bücher besser verkaufen zu können. Beim Schach heißt es, nichts sei schwerer, als eine bereits gewonnene Partie siegreich zu Ende zu führen. Und im Hochgefühl seiner Macht war Korfmann nun einen Schritt zu weit gegangen, denn mit seinen unwahren und rufschädigenden Bemerkungen verstieß er gegen das Gesetz.

Mein Vater hatte *Spektrum* abonniert und las das Interview als einer der Ersten. Umgehend rief er mich an und drängte darauf, dass ich diesen Verleumdungen ein Ende setzte. Auch Stöhlker war der Ansicht, die Zeit des Stillhaltens sei vorbei. Ich konsultierte einen auf Medienrecht spezialisierten Juristen, der mir schon früher einmal zu aktiver Gegenwehr geraten hatte. Gemeinsam beschlossen wir, eine Unterlassungsklage einzureichen: Korfmann sollte es verboten werden, noch einmal zu behaupten, mein Name sei in wissenschaftlichen Publikationen nicht zu finden.

Der Jurist forderte mich auf, alle meine Veröffentlichungen zusammenzustellen. Fast fünf Kilogramm schwer war das Paket mit je einem Exemplar meiner Arbeiten, das wir beim Gericht in München deponierten. Nach wenigen Tagen schon fällte das dreiköpfige Kollegium ein klares Urteil: Dem Tübinger Prähistoriker wurde per einstweiliger Verfügung verboten, seine Aussage, mein Name sei in wissenschaftlichen Publikationen nicht zu finden, zu wiederholen. Sollte Korfmann diesem Verbot zuwiderhandeln, drohte ihm eine Strafe von einer halben Million D-Mark oder sechs Monaten Gefängnis. Ich wünschte meinem Widersacher weder eine derart exorbitante Geldstrafe noch einen Aufenthalt hinter Gittern. Ich gebe aber unumwunden zu, dass ich große Genugtuung empfand, Manfred Korfmann für einmal in die Schranken verwiesen zu haben.

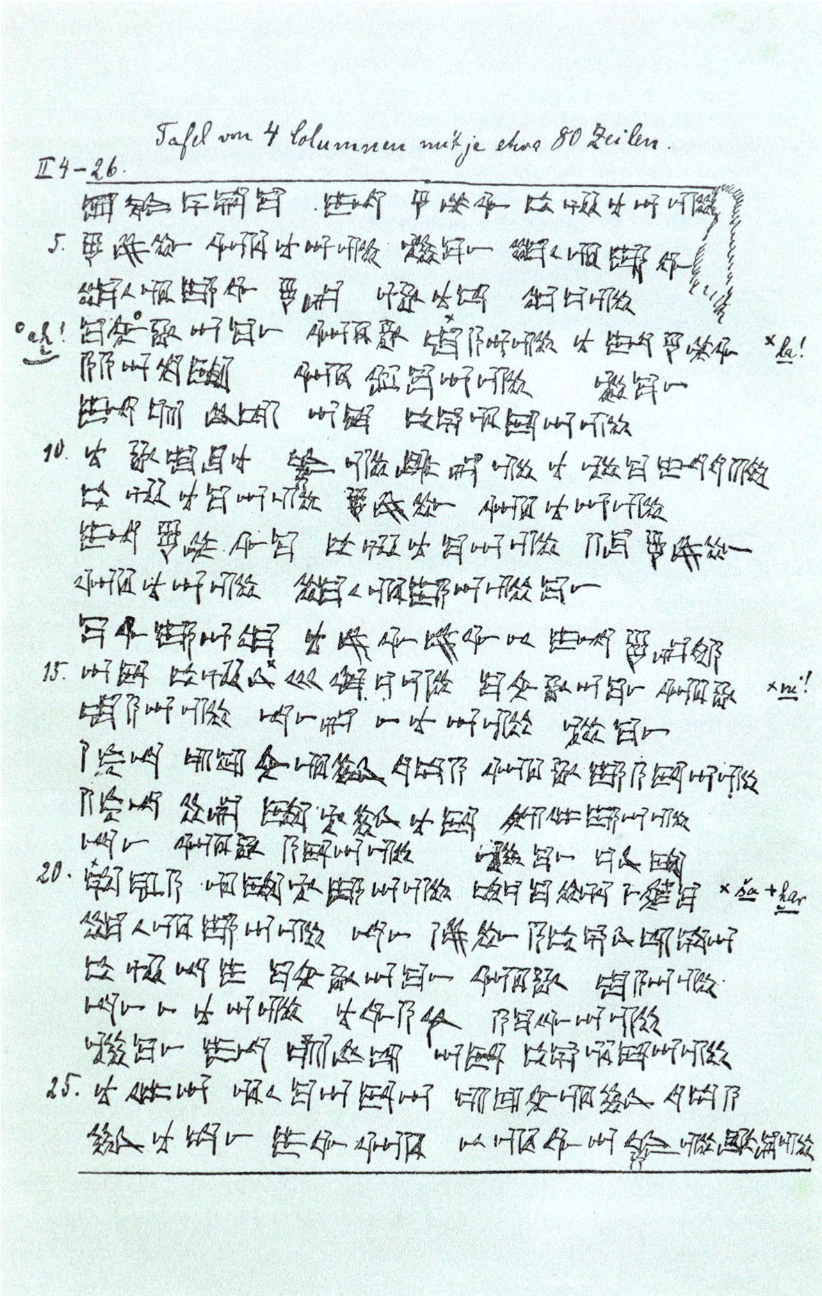

▲ Am zweiten Tag des Troja-Symposiums in Tübingen im Februar 2002 stellen sich dreizehn Altertumskundler und drei Moderatoren den Fragen der rund tausend Personen im Publikum.

»Fachlich brachte das Symposium jedenfalls keine Neuigkeiten«, stellte ich fest und ergänzte mehr zu mir selbst: »Aber wenigstens wissen wir jetzt, dass es nicht mehr lange geht.«

»Wie meinen Sie das?«, fragte Hänsel verwundert.

»Ja, der Mann ist doch krank!«, sagte ich.

»Wie kommen Sie darauf?«

»Sein Vortrag war der schlechteste von allen.«

»Jaaa …« Hänsel zog das a in die Länge und wartete ab, ob ich noch etwas sagen würde. Dann fügte er schnell hinzu: »Aber das ist er doch immer!«

»Wir werden sehen«, sagte ich. »Aber für mich verhält sich so kein gesunder Mensch.«

Wir frühstückten an unseren separaten Tischen zu Ende, und kurze Zeit später fand ich mich wieder im Vortragssaal der Universität ein. Der zweite Tag der Veranstaltung begann mit dem Vortrag von Frank Kolb, und schon nach wenigen Minuten musste jedem im Saal klar geworden sein, dass er als der große Gewinner aus diesem Symposium hervorgehen würde. Kolb erwies sich als brillanter Redner und als intellektueller Gelehrter der alten Schule. Mit großem rhetorischem Geschick baute er ganz allmählich das Momentum auf, um seinen Kontrahenten schließlich regelrecht zu demütigen. Mit Sätzen wie Peitschenhieben demontierte er das Bild, das Korfmann von sich geschaffen hatte. Hier ging es nicht um Inhalte, hier ging es einzig darum, den Troja-Ausgräber öffentlich vorzuführen und der Welt seine intellektuellen Defizite zu präsentieren.

Wie am Vortag brachte auch dieser zweite Nachmittag keine neuen Erkenntnisse. In einer Art Plenarveranstaltung behandelten dreizehn Referenten und drei Moderatoren auf einem Podium die Fragen von rund tausend Teilnehmern im Publikum möglichst unverfänglich und nichtssagend. Nicht nur bei mir selbst dürften die unpassenden riesigen Orgelpfeifen hinter den Podiumsteilnehmern den einzigen bleibenden Eindruck hinterlassen haben. Nach zwei Tagen ging das Symposium zu Ende, ohne dass irgendwelche erkennbaren inhaltlichen Fortschritte erzielt worden wären. Frank Kolb jedoch hatte sein Ziel erreicht: Manfred Korfmann war erledigt. Der gute Ruf, den er sich zuvor innerhalb eines kleinen Kreises einflussreicher Leute erarbeitet hatte, war ein für alle Mal verloren.[144]

VIII

# Vom Schicksal, zu viel zu früh zu wissen

## 1 Berlin, 12./13. April 1920

Keiner kannte die über zehntausend Textfragmente, die unter der Leitung von Hugo Winckler in Hattuša geborgen worden waren, so gut wie der junge Mann, der in der Nacht vom 12. auf den 13. April 1920 in seinem kleinen Arbeitszimmer über Abschriften der historischen Texte brütete. Im sogenannten Schuppen, einem provisorisch eingerichteten Arbeitsraum unter dem Säulengang auf der Museumsinsel in Berlin, versuchte er sich Klarheit über die Geografie des hethitischen Reiches zu verschaffen. Der Sechsundzwanzigjährige wohnte zu diesem Zeitpunkt zusammen mit seiner jüngst angetrauten Ehefrau in einem möblierten Zimmer in der Stadtmitte. Wenn er ungestört über größere Zusammenhänge nachdenken wollte, dann ging das am besten nachts und in der Nähe des Materials. Seit über zwölf Jahren besaß er eine Karteikartensammlung, die inzwischen auf Zehntausende Einträge angewachsen war. Er hatte eine Doktorarbeit mit dem Titel *Die Provinzeinteilung des Assyrischen Reiches* verfasst, die als herausragend benotet wurde und für viele Jahrzehnte zur Referenz werden sollte. Und er hatte als Einziger über zwei Jahre lang uneingeschränkten Zugang zu allen in Berlin befindlichen Textfragmenten aus Hattuša.

Aus der intimen Kenntnis des Materials heraus hatte er vor wenigen Monaten eine bahnbrechende, wenn auch noch sehr vorläufige Publikation veröffentlicht, in der er gleich im ersten Satz feststellte, dass die Keilschrifttexte aus Hattuša in acht verschiedenen Sprachen verfasst waren. Nun konnte er sich wieder seinem Hauptinteresse, der politischen Geografie

Westkleinasiens, widmen. Die Arbeit an den Keilschriftarchiven hatte er auch deswegen übernommen, weil er hoffte, darin neue Informationen über Troja und die Historizität des Trojanischen Kriegs zu finden.

In dieser Nacht schaffte es der junge Mann, zahlreiche Hinweise auf Orte und Flüsse, auf nachbarschaftliche Beziehungen zu bestimmten Regionen und auf vertraglich geregelte Grenzziehungen gleichzeitig in seinem Kopf zu speichern. Er stand an der Grenze des aktuellen Wissensstands und war sich vollkommen bewusst darüber, dass er im Begriff war, Neuland zu betreten. In hastiger Schrift schrieb er impulsiv seine Ideen nieder, um sie, wie schon so oft zuvor, seinem Doktorvater brieflich mitzuteilen und so neue Hypothesen zu testen. Verschiedene Namen sprangen ihm immer wieder ins Auge, allen voran der Name Luvia – oder Lovija. Nennen wir es »Luwien«. Er notierte: Luwien ist Troja. Und weiter:

> *Da nun die Lovier in Kizwadna, in Lovia-Troia und in Kilikien auftauchen, so habe ich […] beschlossen, dass sie ein aufstrebendes Volk waren, das überall im Mittelmeer und am schwarzen Meer sass und Kolonien hatten. Und wenn alle Lovier ihren Namen nach Troia haben, muss dies ihr Ausgangspunkt, ihre Hauptstadt – wie etwa später Athen – gewesen sein. Dadurch fällt neues Licht auf die Eroberung Trojas durch die Griechen!*[145]

Fieberhaft begannen die Gedanken des jungen Mannes zu kreisen, seine Anspannung und Konzentration wuchs. Er gewann den Eindruck, dass die Luwier nicht nur große Teile Kleinasiens, sondern zusätzlich auch ganz Griechenland »innehatten«, und dies lange vor den Griechen. Als Nächstes notierte er: »Eben fällt mir auf, dass noch nachgeprüft werden muss, ob Lovier unter den ägyptischen Seevölkern genannt werden, die man bisher nur falsch liest.«[146]

Die Sache zog ihn mehr und mehr in Bann. Er wollte an diesem Thema weiterarbeiten, bevor er sich wieder anderen Dingen zuwandte. Schließlich war noch gar nicht auszumachen, welche Folgen die neuen Erkenntnisse haben würden. Er ging davon aus, eine indogermanisch-hethitische Ursprache erkannt zu haben, und sprach von einer »Scheidung des Luwischen von den eigentlichen Bestandteilen des Griechischen«. Des Weiteren befasste er sich mit der Stellung des Lydischen, Etruskischen, Lykischen und Elamischen. »Die Mittelmeerkultur der Luwier ist zu beschreiben!«, notierte der Forscher.

Aber es sollten nicht diese Überlegungen sein, die eine der größten wissenschaftlichen Kontroversen auslösten, und zwar nicht nur in der damals noch sehr jungen Disziplin der Hethitologie, sondern auch in der Indogermanistik und in der Altertumsforschung ganz allgemein. Denn in den Texten fiel dem Forscher auch das Wort *Ahhija* auf, »das so stark an Achaia erinnert«. Wenn die beiden Begriffe dasselbe meinten, hieße das, dass auch die mykenischen Griechen in den hethitischen Dokumenten erwähnt wurden.

Vier Jahre sollten vergehen, bis Emil Forrer die Gelegenheit fand, die Ideen dieser Nacht in inzwischen ausgereifterer Form in Vorträgen und Publikationen zu veröffentlichen – und damit einen Streit zu entfachen, der die Wissenschaft das ganze 20. Jahrhundert hindurch beschäftigen würde.

## 2 Emil Forrer (1894–1986)

Nach dem Engländer Frank Calvert, dem Deutschen Hugo Winckler und dem Tschechen Friedrich Hrozný steht nun ein Schweizer im Mittelpunkt der nächsten großen Entdeckung. Er trug den bemerkenswerten Namen Emil Orgetorix Forrer und hatte im Gegensatz zu Hugo Winckler eine faszinierende Ausstrahlung, die vor allem auf das weibliche Geschlecht wirkte. Er war viermal verheiratet und zeugte elf Kinder.

Forrer gilt als Inbegriff eines am und im akademischen Betrieb gescheiterten Genies. Seine Karriere verlief phänomenal steil – aber in umgekehrter Richtung. Als Fünfundzwanzigjähriger veröffentlichte er seine erste wissenschaftliche Untersuchung Seite an Seite mit den Arbeiten von Albert Einstein, in der Mitte seines Lebens fand er sich als Bettler in den Straßen von San Salvador wieder. Viele von Forrers Ideen müssen als bahnbrechend bezeichnet werden.[147] Sicher hat kein anderer Wissenschaftler, der sich mit dem bronzezeitlichen Kleinasien beschäftigte, so lange, so viel und so großes Unrecht ertragen müssen wie er.

Forrer wurde 1894 als Sohn eines der führenden Vor- und Frühgeschichtler seiner Zeit, des Antiquitäten- und Kunsthändlers Robert Eduard Forrer, und seiner Frau Emilie in Straßburg in großbürgerliche Verhältnisse und in ein wissenschaftlich geprägtes Milieu geboren. Die Forrers gehörten zu einer alten Schweizer Familie, die seit etwa 1500 in Winterthur ansässig war.[148] Robert Eduard Forrer war in Meilen am Zürichsee aufgewachsen und besaß einen Schweizer Pass. In Zürich war er im Alter von nur sechzehn Jahren Redakteur der Zeitschrift *Antiqua – Unterhaltungsblatt für Freunde der Altertumskunde* geworden. Nachdem er nach Straßburg, das damals noch zum Deutschen Reich gehörte, übergesiedelt war, gründete er dort das Museum für Römische und Vorgeschichtliche Altertümer, das er anschließend jahrzehntelang als geschäftsführender Direktor leitete.

Emil Forrer wuchs also in den behüteten Verhältnissen des gehobenen Bildungsbürgertums auf und erhielt eine erstklassige Schulbildung. Er war ein enorm talentierter, fleißiger und sportlicher junger Mann, der Menschen in seinen Bann ziehen konnte. Als Vierzehnjähriger begann er neugierig in einer Ausgabe der *Geographie* von Strabon zu lesen, die er vom Schreibtisch seines Vaters genommen hatte. Dabei entwickelte er eine solche Begeisterung, dass ihm sein Vater vorschlug, einen Zettelkatalog mit den darin auftretenden geografischen Namen anzulegen.[149] Der junge Emil Forrer machte sich an die Arbeit und begann eine Kartei, die im Laufe der Zeit durch die Erweiterung auf immer neue Gebiete auf mehr als hunderttausend Zettel anwuchs.[150]

Nach dem Abitur im Jahr 1912 begann der inzwischen achtzehnjährige Forrer ein Studium an der Universität Straßburg. Seine Interessen für die antike Geografie und die Sprachen des Alten Orients bestimmten seine Studienfächer. Er lernte Assyrisch, Persisch, Altpersisch, Arabisch, Geografie und antike Geschichte. Schnell entwickelte er ein Verständnis für orientalische Sprachen, die assyrische Keilschrift und die ägyptischen Hieroglyphen. Beeindruckt von den Arbeiten Hugo Wincklers, faszinierte ihn besonders die Assyriologie.[151] Offenbar aufgrund der Empfehlung eines Lehrers, der die Begabungen des jungen Forrer erkannte, wechselte der Student schon im zweiten Jahr nach Berlin, um bei Eduard Meyer und Friedrich Delitzsch, zwei der weltweit führenden Vertreter ihrer Fächer, altorientalische Geschichte und Assyriologie zu studieren.

Als ein knappes Jahr später im August 1914 der Krieg ausbrach, musste Emil Forrer sein Studium in Berlin unterbrechen und neun Monate lang im Dienste der Schweizer Armee verschiedene Grenzabschnitte sichern helfen. Im April 1915 durfte er wieder in sein Elternhaus nach Straßburg zurück. Von dort schrieb er Eduard Meyer in Berlin, dass er seine Studien bei ihm ab Herbst fortsetzen und eine Arbeit über die Provinzeinteilung des Assyrischen Reiches in Angriff nehmen wolle. Diese Arbeit reichte Forrer im Januar 1917 als Promotionsschrift ein. Aus der Doktorarbeit wurde bereits seine Fähigkeit ersichtlich, Inhalte der verschiedenen Texte und Textgattungen zueinander in Beziehung zu setzen und so zu einem größeren, umfassenderen Bild zusammenzufügen.[152] Die Arbeit wurde mit »herausragend« benotet. Auch nachdem er die Dissertation eingereicht hatte, beschäftigte sich Forrer im Frühjahr 1917 weiter mit der Herstellung detaillierter Landkarten über die Provinzeinteilung.

Zu jenem Zeitpunkt, mitten im Krieg, war es Forrers größtes Anliegen, den Druck seiner Dissertation zu bewerkstelligen – trotz der schwierigen Wirtschaftslage. Bei den Verlagen fehlten sowohl das Material wie auch die Fachleute, die zum großen Teil zum Kriegsdienst abgezogen worden waren. Anfang Mai 1917 besuchte Forrer seinen Doktorvater Eduard Meyer in dessen Privatwohnung, um zum einen die Frage der Drucklegung zu besprechen und zum andern sein Interesse an einer Dozentur für historische Geografie in Berlin zu bekunden, die in den nächsten Monaten eingerichtet werden sollte. Damit ließe sich Geld verdienen und eine Familie gründen. Eduard Meyer vermittelte einen Kontakt zu Otto Weber, dem Direktor der Vorderasiatischen Abteilung der Staatlichen Museen zu Berlin, der erst wenige Monate zuvor die Lieferung der zehntausend Tontafelfragmente entgegengenommen hatte, die Wincklers Grabungen in Hattuša zutage gefördert hatten. Weber empfing Forrer herzlich und bot ihm an, seine Dissertation umgehend in den *Mitteilungen der Vorderasiatischen Gesellschaft* zu publizieren. Er wollte ihn darüber hinaus für die Bearbeitung der hethitischen Texte gewinnen, denn er war auf engagierte Fachleute angewiesen, die sich dem umfangreichen Material widmen würden. Als Schüler von Friedrich Delitzsch und mit einer glänzenden Promotion schien Forrer der geeignete Kandidat für diese Aufgabe zu sein.[153]

Forrer war hin und her gerissen zwischen der ursprünglichen Absicht, seine Kompetenzen auf dem Gebiet der historischen Geografie weiter zu vertiefen, und der Verlockung, das gänzlich neue Textmaterial aus Hattuša bearbeiten zu dürfen. Auf einem Gartenfest fragte er den berühmten Architekten Wilhelm Dörpfeld um Rat, wie er sich denn entscheiden solle. Dieser wich zunächst aus, aber als ihn Forrer beim Verabschieden noch einmal darauf ansprach, schlug Dörpfeld weise vor, er könne sich ja täglich für ein paar Stunden mit den hethitischen Dokumenten beschäftigen. Der junge Wissenschaftler war von der Idee begeistert, beide Wege weiterzuverfolgen, und präsentierte sie umgehend Otto Weber. So kam es, dass die beiden einen täglichen Arbeitsrahmen von fünf Stunden vereinbarten. Am 4. Juni 1917 begann Forrer mit seiner neuen Tätigkeit. Das Archiv der Texttafeln befand sich im Säulengang entlang des Spreeufers neben der Berliner Nationalgalerie.[154]

Kaum hatte Forrer begonnen, das Material zu sichten, zogen ihn die hethitischen Texte in ihren Bann. Von einer Arbeitszeitbegrenzung war bald keine Rede mehr. Weber gestattete ihm Tag und Nacht Zugang zu den Texten und ließ ihm völlig freie Hand bei der Bearbeitung. In einem Brief an seinen Vater schrieb Forrer, dass er morgens meist als Erster da sei und abends als Letzter gehe. Man hatte ihm im Museum einen eigenen kleinen Arbeitsraum mit Schreibtisch zugewiesen, in dem sich die Tontafeln bald kistenweise stapelten. Forrer verließ den Raum nur noch, um zu schlafen oder um Eduard Meyer sonntags zum nachmittäglichen Kaffee zu besuchen. Einmal pro Woche fand außerdem eine Zusammenkunft in den Arbeitsräumen des Berliner Museums statt, wo Delitzsch die jungen, aufstrebenden Assyriologen um sich scharte, um neue Keilschrifttexte oder aktuelle Forschungsarbeiten zu besprechen. Bei diesen Treffen entstand zwischen Forrer und dem Assyriologen Ernst Weidner eine Freundschaft, die jahrelang Bestand haben würde. Sonst aber versank Forrer tief in der Welt der hethitischen Texte. Kein anderer Wissenschaftler hatte einen so umfassenden und tiefgreifenden Einblick in die Archive der Großkönige von Hatti. Forrer nutzte diese einmalige Chance und erarbeitete sich einen Überblick über den Großteil der hethitischen Tafeln.

▲ Die Arbeitsräume der Vorderasiatischen Abteilung in Berlin befanden sich im Säulengang am Spreeufer neben der Nationalgalerie. Dieser sogenannte Schuppen unter den Kolonnaden ist später wieder abgerissen worden.

Am 17. Juni 1918 heiratete Forrer in Straßburg seine Jugend- und Schulfreundin Margarete Sommer. Zwei Monate später kehrten sie zusammen nach Berlin zurück, wo »Gretl« mit in das möblierte Zimmer ihres Gatten einzog. Dieser versenkte sich sogleich wieder in das Studium des hethitischen Textmaterials. Trotz der einzigartigen Arbeitsbedingungen und Freiheiten, die Forrer genoss, schien er bereits in diesen frühen Jahren vom akademischen Betrieb wenig begeistert zu sein. An eine Freundin in Westfalen schrieb Forrer am 19. Februar 1919:

> *Wie ich jetzt erfahren habe, ist der reaktionäre Geist an unseren Universitäten noch so stark, dass es schwer fallen dürfte mit Ihnen etwas Neues zu schaffen und es ist doch wirklich ein Wunder, dass das Volk zu den Universitäten und ihren Professoren aufschaut.*[155]

Nachdem Forrer gut zwei Jahre intensiv an den hethitischen Texten gearbeitet hatte, schien ihm der Zeitpunkt gekommen, einen Teil seiner Ergebnisse in einem ersten Aufsatz zu publizieren. Sein Mentor Eduard Meyer platzierte den Artikel in den *Sitzungsberichten der Preußischen Akademie der*

*Wissenschaften*, wo weltweit führende Wissenschaftler die Ergebnisse ihrer Forschung vorstellten.[156]

Die Publikation zeigte vom ersten Satz an sowohl Forrers Vertrautheit mit dem Material wie auch sein übergroßes Selbstbewusstsein: »Eine Durchsicht sämtlicher Boghazköi-Fragmente hat ergeben, dass in ihnen nicht weniger als acht verschiedene Sprachen vorkommen.« Diese Formulierung hatte er genauestens abgewogen: Er wollte zeigen, dass er das komplette Material kannte und beherrschte. Später würden manche Kollegen die Aussage mit bissiger Ironie aufgreifen, um vermeintliche Fehler und Mängel in Forrers Argumentation hervorzuheben. Jedenfalls hatte Forrer erkannt, dass die akkadische Keilschrift in Hattuša tatsächlich für acht verschiedene Sprachen benutzt wurde. Natürlich konnte er die Sprachen auch benennen: Sumerisch, Akkadisch, Hethitisch, Ur-Indisch, Hurritisch, Hattisch, Luwisch und Palaisch. Über neun Zehntel aller Inschriften waren auf Hethitisch verfasst. Der weitaus größte Teil davon waren Berichte über vollzogene Opfer, Beschwörungsrituale, Beschreibungen aller Feste, Gebete und Omina. Etwa zehn Prozent behandelten königliche Erlasse, Staatsverträge, Satzungen für Beamte und Belehnungsurkunden. Vereinzelt traten Katasterurkunden, astronomische Texte, Königsbriefe, Rechtsurteile und Göttersagen auf. Später führte Forrer zusätzlich noch auf: Annalen und Erlasse, Thronreden, Testamente, Gebete, Briefe, Schenkungsurkunden, Adelsbriefe der Könige, Pflichtordnungen, Bestandsaufnahmen, Heeresaufgebotslisten, Grundbücher, Gesetzessammlungen, Wörterbücher, Orakelanfragen, Wahrsagetexte und nach Verfassern geordnete Kataloge sowie die Werke privater Schriftsteller, wobei es sich meistens um Priester und Priesterinnen handelte.[157] Was fehlte, waren Geschäftsurkunden aller Art sowie Chroniken und mathematische Texte.

Forrer stimmte Hrozný zu, dass der Charakter der hethitischen Sprache im Wesentlichen als indoeuropäisch anzusehen sei. Er hielt jedoch die Bezeichnung »hethitisch« für unzutreffend und verwirrend. In Beschwörungen und Festbeschreibungen wurde hin und wieder darauf hingewiesen, dass der Priester jetzt zu einer volkstümlichen Sprache wechsle, die ausdrücklich mit Hattisch, Hurritisch oder Luwisch angegeben war. Wenn er dann wieder zur Hochsprache zurückkehrte, hieß es, er spreche nun wieder *nāšili*. Die Hethiter nannten ihre eigene Sprache also Nasisch oder Nesisch, und Forrer hätte diese Bezeichnung bevorzugt. Er leitete sie vom ursprünglichen hethitischen Siedlungsort Kanisch in Zentralkleinasien ab.

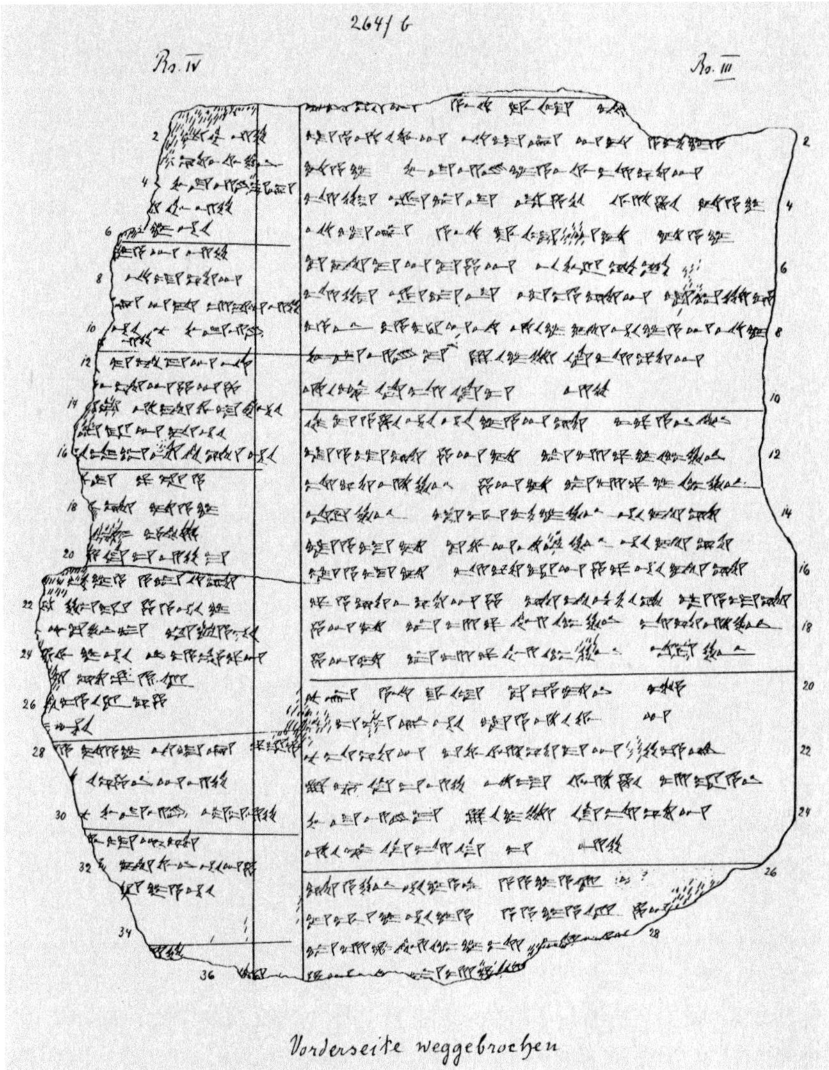


▲ Diese Abschrift gibt einen Text in luwischer Sprache wieder, der in akkadischer Keilschrift aufgezeichnet wurde (aus Ehelolf 1942).

Das Hattische oder, wie Forrer es nannte, Proto-Hattische war überraschenderweise weder mit dem Nesischen noch mit dem Hurritischen verwandt. Es handelte sich um die Sprache der Hattier, der eingesessenen Bewohner der Region. Um eine Verwechslung zwischen dieser nicht indoeuropäischen Urbevölkerung und den Indoeuropäisch sprechenden Hethitern zu vermeiden, schlug Forrer vor, die Hethiter fortan als »Kanesier« zu bezeichnen, und verwendete diesen Begriff gleich selbst konsequent. Fast ein Jahrhundert würde vergehen, bis sich die Erkenntnis durchsetzte, dass die Wahl dieser Terminologie durchaus gerechtfertigt war.

Forrer stellte fest, dass das Luwische nur in wenigen Dokumenten vorkam und deswegen am längsten brauchen würde, um entziffert zu werden.[158]

> *Aus dem Umstande, dass die Luvier die gleiche Orthographie benutzen wie die Kanesier [Hethiter], möchte ich schließen, dass wir in ihnen die Bevölkerung des westlichen Kleinasiens zu erblicken haben.*[159]

Die Hattier bildeten für Forrer die wirkliche Urbevölkerung Kleinasiens und Syriens, die sich in Kappadokien und in den südlichen Randgebirgen bis in die römische Zeit erhalten habe.

Kaum war Forrers Artikel über die Texttafeln aus Hattuša erschienen, kam es zu einer deutlichen Verschlechterung im Verhältnis zwischen ihm und Otto Weber. Ein Grund dafür war, dass Weber den ursprünglich zugesagten Druck von Forrers Dissertation nicht weiterverfolgte und letztlich sogar ablehnte. Für die Edition der Boğazköy-Tafeln, das wichtigste Projekt der Vorderasiatischen Abteilung, setzte Weber nun seinen festen Mitarbeiter Hans Ehelolf ein. Dieser zog zusammen mit seiner Frau, die für das Fotografieren der Tafeln zuständig war, in eine Dienstwohnung im »Schuppen«.[160] Schon bald erschwerte er Forrer den Zugang zu den Tafeln und Fotografien. In Forrers Worten wurden fortan »vertraulich & geheim« die wichtigsten Begriffe der Vorderasiatischen Abteilung. Die Bearbeitung der Texte verzögerte sich dadurch natürlich spürbar. Forrer äußerte privat die Ansicht, dass er an Webers Stelle zehnmal mehr Texte hätte herausgeben können[161] – was zwar überheblich klingt, aber offenbar durchaus zutraf.

▲ Emil Forrer untersucht die hieroglyphenluwische Inschrift von Acıgöl Topada in Kleinasien. Ein Ausschnitt aus diesem Bild erschien 1932 in einem doppelseitigen Artikel von Forrer mit dem Titel »Entschleierte Urgeschichte – Die Entzifferung der hethitischen Keilschrift« in der illustrierten Beilage des *Gießener Anzeigers* (Forrer 1932b).

Anfang der 1920er Jahre war Forrer vor allem darum bemüht, dem neuen Fach der Hethitologie ein solides Fundament zu verschaffen. Er unterbreitete in diesem Zusammenhang eine Reihe von konstruktiven Vorschlägen. In einer Denkschrift vom 19. Mai 1921 teilte er der Deutschen Orient-Gesellschaft folgenden Sachverhalt mit: Erstens müsse das vorhandene Material so schnell wie möglich veröffentlicht werden, da das Archäologische Museum in Konstantinopel bereits begonnen habe, Tafeln zurückzufordern. Zweitens herrsche Personalmangel, weil geeignete Leute das Gebiet gewechselt hätten oder überlastet seien. Drittens sei die Herstellung von autografischen Abschriften so aufwendig und teuer, dass sie durchaus noch fünfzig bis hundert Jahre in Anspruch nehmen könne. Forrer schlug eine Veröffentlichung in Umschrift vor, was die Homogenität des Materials – fast alle Texte wurden innerhalb einer Generation in vollkommen gleichartiger Keilschrift geschrieben – erlauben würde. Die Herausgabe könnte dadurch fünf- bis zehnmal schneller erfolgen; dies auch, weil Forrer einen ansehnlichen Teil des Stoffes für eine derartige Veröffentlichung bereits vorbereitet hatte. Die Umschrift-Ausgabe würde darüber hinaus auch den keilschriftunkundigen Linguisten und Historikern eine Arbeit mit den Texten ermöglichen, wodurch sich der Leserkreis um den Faktor zwanzig vergrößern würde.

> *Die DOG hat das Ziel, alle Boghazköi-Texte der wissenschaftlichen Welt im Urtext und in Übersetzung zugänglich zu machen. Diesem Ziele stellten sich bei der bisherigen Veröffentlichungsart unüberwindliche Hindernisse entgegen, die ich durch die vorgeschlagene Veröffentlichungsart zum größten Nutzen der Wissenschaft (Thesaurus!) und ohne Heranziehung von Geldern der DOG oder Notgemeinschaft deutscher Wissenschaft überwinden zu können glaube.*[162]

Die Deutsche Orient-Gesellschaft folgte diesen Vorschlägen weitgehend und vereinbarte mit Forrer, dass er die Herausgabe der Keilschrifttexte in Umschrift in Angriff nehme solle. Nun galt es zunächst, ein einheitliches und von allen beteiligten Experten akzeptiertes Notations- und Schriftensystem zu erstellen, denn die Umschriften der ersten Bearbeiter des Materials, allen voran von Forrer und Hrozný, divergierten mitunter erheblich voneinander.[163] Dazu mussten also zunächst alle Zeichenformen aus den Tausenden Tafelbruchstücken zusammengetragen werden. Ohne die immensen Vorarbeiten Forrers aus der Zeit zwischen 1917 und 1919 wäre diese Aufgabe nicht zu bewältigen gewesen. Bereits 1922 konnte Forrer deswegen die bis dahin erzielten Ergebnisse der hethitologischen Forschung zusammenfassen und eine Zeichenliste publizieren, mit der er die Grundlagen und Werkzeuge für kommende Generationen von Hethitologen schuf. Forrer erbrachte diese Mammutleistung vollständig im Alleingang, ohne die Unterstützung eines Instituts oder weiterer Hilfskräfte. Erst mehr als ein halbes Jahrhundert später wurde sie durch ein neueres Werk übertroffen.

Das zweite Großprojekt, das Forrer Anfang der 1920er Jahre vorschlug, war ein Wörterbuch – ein *Thesaurus Hethiticus*. Dieses ließe sich auf der Grundlage seiner Zettelkataloge erstellen, die zu diesem Zeitpunkt rund dreißigtausend Einträge umfassten und damit direkt für die Wissenschaft genutzt werden könnten. Forrer besprach das Vorhaben mit seinem Doktorvater Eduard Meyer, der dem Projekt zustimmte und aktive Unterstützung zusagte. Die beiden trafen sich mit den für die Textsammlung zuständigen Wissenschaftlern der Vorderasiatischen Abteilung, Otto Weber und Hans Ehelolf. Überraschend erfuhren Meyer und Forrer, dass die anderen angeblich längst mit den Arbeiten an einem Thesaurus begonnen hatten und dieses Vorhaben nun auch selbständig fortzuführen gedachten. Sie legten einige Zettel vor, die jedoch jüngeren Datums waren. Weber und Ehelolf verpflichteten sich in dieser Sitzung, innerhalb von drei Jahren einen Wortindex zu veröffentlichen. Allerdings verstarb Weber bereits zwei Jahre später, und Ehelolf hatte sich nie durch speditives Publizieren hervorgetan. Das Wörterbuch kam also nicht zustande. Forrer schrieb knapp zwanzig Jahre später in einem Brief, dass es bei Ehelolfs Tempo auch im Jahr 2000 noch kein Wörterbuch gäbe.[164] »So lange kann und will die Wissenschaft aber nicht mehr warten«, fügte er hinzu.

Neben den Grundlagen der Hethitologie war Forrer natürlich auch um sein persönliches Fortkommen bemüht. Dafür war der Abschluss einer Habilitationsarbeit unerlässlich. Mit Eduard Meyer kam er überein, dass es sinnvoll wäre, für dieses Vorhaben eine andere Universitätsstadt als Berlin zu wählen. Er entschied sich für München – und stieß dort prompt auf ein strukturelles Problem des Universitätsapparats: Während es die vordringliche Aufgabe aller Forscher ist, Neuland zu erschließen, muss dies innerhalb der Strukturen des universitären Systems möglich sein, die nun aber unvermeidlich auf der Basis des vorhandenen Wissens errichtet sind. Eine neue Disziplin wie die Hethitologie findet daher kein institutionelles Zuhause. Forrer stand also vor der Wahl, sich als Privatdozent entweder der Althistorie oder der Assyriologie anzugliedern.

Er wählte die in München gut etablierte Assyriologie und schrieb innerhalb weniger Wochen eine Habilitationsschrift mit dem Titel *Ein assyrisches Weltreich um 2185 v. Chr.* Wie bei jeder Habilitationsschrift war auch hier die verständliche Darstellung eines umfangreichen Themas gefragt – aber Forrer, gerade siebenundzwanzig Jahre alt und voller Tatendrang, schoss mit seinen spekulativen Interpretationen eines Sargon-Textes über Geografie weit über dieses Ziel hinaus. Er reichte die Schrift im März 1921 ein und erfuhr im Juli, dass sie nicht akzeptiert werde.

Enttäuscht kehrte Forrer von München nach Berlin zurück. Kaum angekommen, nahm er einen neuen Anlauf. Er hatte aus seinen Fehlern gelernt und wählte nun eine von vornherein erfolgversprechende Konstellation. In Berlin hatte 1921 Bruno Meissner die ordentliche Professur für Assyriologie von Friedrich Delitzsch übernommen. Bei ihm und Eduard Meyer wollte sich Forrer mit einer Arbeit zum Thema *Die Inschriften und Sprachen des Hatti-Reiches* habilitieren. Er knüpfte in dieser Arbeit an die Untersuchungsergebnisse seines ersten Aufsatzes von 1919 zu den *Acht Sprachen der Boghazköi-Texte* an und fügte diese in einen aktualisierten und umfassenderen Kontext ein, der den Stand der Hethitologie im Jahr 1922 reflektierte. Diese Arbeit erschien umgehend als fast hundert Seiten umfassender Beitrag in der *Zeitschrift der Deutschen Morgenländischen Gesellschaft*. Zusammen mit der ebenfalls und gleichzeitig von Forrer erstellten Zeichenliste würde diese Publikation Generationen von Hethitologen das grundlegende Rüstzeug für ihre Forschungen liefern. Forrer hatte sich damit als der führende Wissenschaftler auf dem neuen Forschungsgebiet etabliert – doch zur Habilitation reichte es auch dieses Mal nicht.

Selbst Eduard Meyer hatte von einer nach menschlichem Ermessen sicheren Habilitation gesprochen. Warum die Arbeit abgelehnt wurde, lässt sich heute nicht mehr feststellen. Mangelnde Qualität kann auf keinen Fall der Grund gewesen sein, da die Ergebnisse und das umfassende Material ohne jeden Zweifel für eine Habilitierung ausgereicht hätten.[165]

Aber es kam noch schlimmer. Forrer verlor auch seinen Arbeitsraum im »Schuppen« und damit gleichzeitig den freien Zugang zum Archiv. Im Rahmen von Umbaumaßnahmen schlug man sein Büro als zusätzliches Zimmer der Dienstwohnung von Hans Ehelolf zu. Damit nahm man Forrer den Identifikationspunkt seines wissenschaftlichen Schaffens. Fortan galt er als ein gewöhnlicher Besucher der Abteilung, der sich bei Ehelolf anmelden und um Einsicht in die Texte bitten musste. Als Begründung für seinen Ausschluss teilte man ihm mit, »dass das Museum in erster Linie für die Museumsbeamten da sei«.[166] Als ein berühmter Anthropologe 1923 in der Vorderasiatischen Abteilung des Museums nach Forrer fragte, weil er wusste, dass der Forscher dort in der Regel anzutreffen war, teilte man ihm zu seiner Überraschung mit, Emil Forrer sei dort »gänzlich unbekannt«.[167]

## 3 Die »luwische Frage«

Während Emil Forrer die acht verschiedenen Sprachen der Boğazköy-Texte bearbeitete, entwickelte er ein besonderes Interesse für das Luwische. Damals zählten einerseits die Entzifferung der luwischen Hieroglyphenschrift und andererseits die Klärung der politischen Geografie Kleinasiens zu den großen Herausforderungen der Hethitologie. Forrer war aufgrund seiner Vorkenntnisse prädestiniert, in beiden Fragen substanzielle Fortschritte zu erzielen. Die Erforschung der luwischen Hieroglyphen war zum Stillstand gekommen, weil der einflussreiche Altorientalist Peter Jensen meinte, das Armenische als die Sprache hinter den Hieroglyphen erkannt zu haben.[168] Jensen verteidigte seine Thesen heftig gegen jegliche Einwände, und auf dieser Basis waren keine brauchbaren Ergebnisse zu erzielen.

Wie früh Forrer bei der Bearbeitung der Thematik, die er als »luwische Frage« bezeichnete, zu den richtigen Schlüssen kam, wissen wir spätestens seit einer umfassenden Biografie, die Robert Oberheid 2007 vorlegte und auf die sich dieses Kapitel weitgehend stützt. Oberheid hatte Zugang zum Nachlass von Emil Forrer und publizierte zahlreiche bis anhin nicht bekannte Briefe. Bereits am 20. Mai 1920 schrieb Forrer an Eduard Meyer: »Ich glaube daher jetzt auch mit Bestimmtheit, dass die Hieroglyphen-Inschriften Luwisch sind!« Diese Erkenntnis erlangte Forrer im selben Jahr wie Hrozný.

Forrer schrieb im gleichen Brief, dass er sich in letzter Zeit besonders mit der luwischen Frage beschäftigt habe und dass sein Material so weit angewachsen sei, dass er »ein dickes Rind damit füllen könnte«. Seine wichtigsten Erkenntnisse fasste er anschließend in groben Zügen zusammen. Er war sich sicher, »dass die Luwier ein weit größeres Volk waren als die Kanesier« – diesen Begriff verwendete er weiterhin konsequent für die Hethiter. Manche der Thesen, die er im Brief erwähnte, finden sich bereits im Jahr darauf nahezu wortwörtlich in einer Publikation wieder. Dazu zählen zum Beispiel die Erkenntnis, dass die Luwier Götter verehrten, die den Hethitern gänzlich unbekannt waren, oder die Feststellung, dass Ortsnamen mit den Endungen *-anda* und *-assus* auf die luwische Sprache zurückgehen.[169] Des Weiteren entdeckte Forrer in den auf Hethitisch verfassten Texten Begriffe aus dem Luwischen, sogenannte Luwismen, und besonders viele davon in einem der Arzawa-Briefe. Das ist beim heutigen Kenntnisstand nicht weiter überraschend: Der Brief stammte aus der Feder eines Luwiers, des Königs von Arzawa, der auf Hethitisch an den ägyptischen Pharao schrieb und dabei Begriffe aus seinem eigenen Sprachschatz einfließen ließ. Forrer vermutete richtig, dass sich der Verfasser einer Fremdsprache bedient hatte, und fragte sich, ob an seinem Hof wohl Luwisch gesprochen wurde.

Forrer bemerkte auch, dass fast alle Personennamen, darunter sogar die der Hatti-Könige, luwisch waren. Er schloss daraus, dass eine Luwisch sprechende Bevölkerung einst große Regionen von Griechenland bis Vorderasien bewohnte. Luwische Ortsnamen lassen sich sogar bis tief in den Iran hinein feststellen. Forrer meinte, dass diese luwische Bevölkerung sehr dicht gewesen sein musste, da sie sich trotz späterer Einwanderung bis in die frühe Eisenzeit hielt.

> *Es gewinnt immer mehr den Anschein, dass die Kultur des Hatti-Reiches in allen Teilen von den Luwiern geschaffen und von den Kanesiern [Hethitern] übernommen wurde.*[170]

Die in diesem Brief 1920 erstmals geschilderten Überlegungen zum Luwischen tauchen auch in weiteren späteren Publikationen in ähnlicher Form wieder auf.[171]

> *Demnach scheinen die Luvier bereits in frühen Zeiten als verhältnismäßig einheitliches Volk das ganze Gebiet vom Adriatischen Meer über Griechenland und Kleinasien bis nach Westpersien besetzt zu haben, unter Verdrängung der Urbevölkerung in die Gebirge.*[172]

Grundlegende Erkenntnisse zum Luwischen enthält insbesondere Forrers umfassende Veröffentlichung *Die Inschriften und Sprachen des Hatti-Rei-*

*ches,* die für die kommenden Jahrzehnte die Basis für die Erforschung der anatolischen Sprachen lieferte. Forrer kommt darin zum Schluss, dass die ethnologischen Verhältnisse Eurasiens noch komplizierter waren, als man es sich hätte vorstellen können.

> *Jedenfalls war es im Altertum nie anders als auch jetzt, dass in Vorderasien stets 3–4 Bevölkerungen eventuell im selben Dorf nebeneinander saßen mit verschiedenen Religionen & Sprachen, denn Vorderasien war eben immer schon der ethn(olog)ische Marktplatz, wo alle zusammenkommen.*[173]

In seinem Enthusiasmus schoss Forrer allerdings wieder einmal weit über das Ziel hinaus. Er sah im Luwischen die proto- oder präindogermanische Sprache Westeuropas, die bereits um 5000 v. Chr. etabliert gewesen sei und später das Altägyptische stark beeinflusst habe. Für Forrer war das Luwische im 4. Jahrtausend die wichtigste Sprache im gesamten Vorderen Orient.

Natürlich konnte Forrer auch der Versuchung nicht widerstehen, die hieroglyphenluwische Schrift entziffern zu wollen. Ausgerechnet sein Straßburger Lehrer Carl Frank hatte es gewagt, dem Altorientalisten Peter Jensen zu widersprechen, und sich öffentlich von der Armenier-These gelöst. Aus Forrers Nachlass ist ersichtlich, dass er bereits im Juni 1923 einen großen Teil der luwischen Schriftzeichen interpretieren konnte, wie er später selbst behauptete.[174] Publiziert wurden seine Erkenntnisse jedoch erst 1932 in dem Buch *Die hethitische Bilderschrift*, das Forrer mit der Feststellung begann, dass er nun hundertfünfzig (der gut sechshundert) Schriftzeichen korrekt erkannt habe.

Forrer ging bei seinen Entzifferungsversuchen von der Annahme aus, dass die Hieroglyphentexte sogenannte Fluchformeln enthielten, wie sie in altorientalischen Inschriften üblich waren. Diese Fluchformeln drohten demjenigen mit Strafe, der die Inschrift beschädigte, etwa nach dem Muster: »Wer diese Tafel zerstört, den sollen die Götter vernichten!« Sie befinden sich häufig am Ende des Textes und besitzen eine vergleichbare grammatikalische Struktur. Tatsächlich entschlüsselte Forrer den Formelteil »sei er König oder Herr, sei er Fürst oder Edelmann«.[175] Schritt für Schritt gelang es ihm, die Fluchformeln in den Inschriften zu identifizieren.

Für Forrer war klar, dass die Verfasser der Hieroglypheninschriften Luwier waren und dass ihre Sprache und Schrift auf den westlichsten Zweig dieser Bevölkerungsgruppe verwies. Er ging davon aus, dass die Bilderschrift bereits in ganz Kleinasien in Gebrauch war, als sich das Hatti-Reich herausbildete und ausdehnte.[176] Die Hieroglyphen wären also einst die offizielle Schrift auch des inneren Kleinasien gewesen.

> *Sie hält sich als herrschende Schrift im äussersten Westen Kleinasiens, wo Ausgrabungen – ausser in Troja – noch nirgends zu einer gründlichen Freilegung von Schichten des zweiten Jahrtausends geführt haben.*[177]

Die Beschäftigung mit den Luwiern brachte Forrer auf immer neue Gedanken. Als Erster schlug er vor, dass sich die Luwier auch hinter den Seevölkern verbargen, die um 1200 v. Chr. aus dem westlichen Kleinasien kommend die Küsten des östlichen Mittelmeers überfallen und »das Hatti-Reich zerstört und in seinem Gebiet sich selbst anstelle der Kanesier [Hethiter] zu Herren des Landes gemacht haben«.[178] Er erkannte sogar eine Verwandtschaft mit dem Begriff »Seevölker« im hieroglyphischen Symbol für »Luwier« und fragte: »Soll man es nun für einen Zufall halten, dass auch der Volksname unserer Bilderschrift von dem Zeichen für ›Meer‹ abgeleitet ist?«[179] Forrer zählte auch Troja zum luwischen Gebiet – siebzig Jahre bevor dort das erste und bisher einzige Schriftstück zutage gefördert wurde: ein Bronzesiegel mit luwischen Hieroglyphen.

Forrers Beitrag zur Entzifferung der luwischen Hieroglyphen war quantitativ und qualitativ beachtlich, was manche seiner Kollegen durchaus anerkannten. Der italienische Philologe Piero Meriggi, der sich seit 1928 mit den Hieroglyphen befasste, würdigte ihn mit den Worten: »Die Forrersche Bearbeitung ist von allergrößtem Wert.«[180] Der Kurator des Britischen Museums, Richard David Barnett, meinte über Forrers Vortrag beim Orientalisten-Kongress in Leiden im September 1931, er müsste als »die brillanteste Behandlung des Themas in den letzten 50 Jahren gelten«.[181] Auch der Zürcher Indogermanist Ernst Risch drückte seine Bewunderung für Forrer aus: »Er hat hellseherisch Sachen richtig erkannt, lange bevor es dann andere beweisen konnten.«[182]

Erst wenige Wochen vor Drucklegung dieses Buches wurde mir klar, wie ein Teil von Forrers Eingebungen zustande gekommen war. Hohe Regierungsbeamte der jungen türkischen Republik hatten ihm eine Bronzetafel mit Keilschrifttexten in hethitischer Sprache gezeigt, die im Archäologischen Museum in Konstantinopel aufbewahrt wurde. Der Text stammt aus der Zeit um 1170 v. Chr. und beschreibt im Detail, wie sich die Staaten in Westkleinasien zusammenschlossen, um das hethitische Reich mit einem Angriff über das Meer von Süden aus zu überfallen und letztlich zu zerschlagen. Mehr dazu folgt im letzten Teil des Buches.

## 4 »Sie respektloses Doktorlein!«

Unter all den Erkenntnissen, die Emil Forrer im Laufe seines Lebens gewonnen hatte, ragte eine ganz besonders heraus. Sie wurde von seinen Kollegen auch wie keine andere bekämpft. Und doch stellte sich im Nachhinein heraus, wenn auch mit siebzig Jahren Verzögerung, dass Forrer möglicherweise recht gehabt hatte.

In der Nacht vom 12. April 1920 hatte Forrer notiert, dass der Begriff *Ahhija* stark an Achaia erinnere. Die hethitischen Dokumente des 14. und 13. Jahrhunderts v. Chr. erwähnen ein Land namens Ahhijawa, das im nachbarschaftlichen Verhältnis zum hethitischen Reich stand, von vergleichbarer Bedeutung war und eine Seemacht darstellte. Der hethitische

Diese handkolorierte Karte zeigt das Königreich Troja in Nordwestkleinasien mit seinen neun Fürstentümern. Sie wurde von Guillaume Sanson erstellt und 1665 von Pierre Mariette in Paris gedruckt. Die Karte visualisiert die große Ausdehnung des Königreichs in der Vorstellung der Historiker des 17. Jahrhunderts. Sie zeigt auch, dass sich bis zu diesem Zeitpunkt detaillierte Ansichten zur föderalistischen Organisation von »Troja« erhalten hatten. – Ein Original dieser Karte hatte Emil Forrers Sohn Wolfgang (geb. 1922) seinem Onkel Claude Schaeffer geschenkt, dem ersten Ausgräber von Ugarit. Wolfgang Forrer hatte während einiger Jahre als Architekt auf der Ausgrabung mitgewirkt. Als Schaeffer ins Alter kam, gab er die Karte an seinen Neffen zurück, um sie in guten Händen zu wissen. Dieser wiederum schenkte sie bei einer persönlichen Begegnung, die zufällig am hundertsten Jahrestag von Emil Forrers Doktorprüfung am 8. März 2017 stattfand, dem Verfasser. ▶

ÆGÆUM MARE
HELLESPONTUS
Chersonesus
Thra cica
Cru sæi
Scæi
Callipolis
Crethote
Cissa
Crythea
Madytos als Macydos
Panhormus port
Æon
Cœlos portus
Herus Turris
Sestus
Apobatra
Alopeconnesus
Scæus Murus
Cinos Sema als Hecubæ Monum
Turris et Delubr. Protesilai als Protesilaum Eleus
Mastusia pr.
Arthiuna Statio Achæorū
Phlagusa Cratær port
Lamp Sacus
Templum Matris Deorum
Gergithium et Gergitæ
ARISBÆ
Percote
DYNASTE IA
Practius Fluvius
Sellens Fluvius
Astyra ubi Auri metallum
Arisba
Abydus
Colonæ
Hermotum
Apollinis Actæi et Dianæ Oraculum
Adrastea
ADRAS
Mons Pinuum
Pycata
Dardanus
Ophrynium
Hectoris Lucus
DARDANIA
Dardania Vetus
Ptelcon
Pteleos Lacus
Dardanium quod et Trapeza Pr.
Rhoetium Pr. et Vrbs
Æanteum
Sigeum et Vrbs
Achilleum Vbi Achil Mon et Templ.
Polisma
Calli Colone
Scamandrus
TROIA
ILIUM
Campus
Thymbra Campus
Thymbrei Appoll Templum
Xanthus
Paridis et Oenones Sepulchrum
Cebrena
Tenedos Ins
Calydnæ I. 2
Cocyllum
Nea als Neandria
TROAS
Aidonius qui Ladon
Marpessus
Samonium Planities
Andrius fl
Maleuns
Polichna
Æsepi fl
Ænea
Sigia et Antigonia et Alexandria Troas Colonia
Apoll. Lucus
Corybantium
Sminthium
Chrysa Templum
Apoll Sminth
Hamaxitus
Tragaseæ Salinæ
Larissa
Pædasus
Satnioeis
Palamedium
Lamponia
LELEGES
Cimmeris
Hormatus
Lectum prom
12 Deorum Ara
Gargara
Adra
IDÆUS Seu ADRAMYTTENUS SINUS
HECATON NESO INSULÆ
Sigrium prom
Eressus
Antissa
Methymna
perdexium
Tantalus M.
Lepethymnus M.
Hy
Sepulchrum
Mitaum
Regio
Ordymnus et Orcynium Mons
Pallusa I.
Argennum Pr.
Nape
Cilleum
Leucæ Insulæ quinque
Cydonea I. in qua fons Calidus
Euripus Pyrrhæus
Ægeirus
Penthile
Polium M.
Polium
Arisba
Agameda
Pyrrha
Olympus
LESBUS INSULA
Ciraua als Ira et Hiera
Issa quæ et Himera Pelasgia
Mitylene
Moloentis Appol. Fanum
Geren
Ægan als Cana Prom.
Arginusæ Vrbs
Scala
10 20 30 40 50 100 150 200
Stadia
5 10 15 20 25
Mille Passus

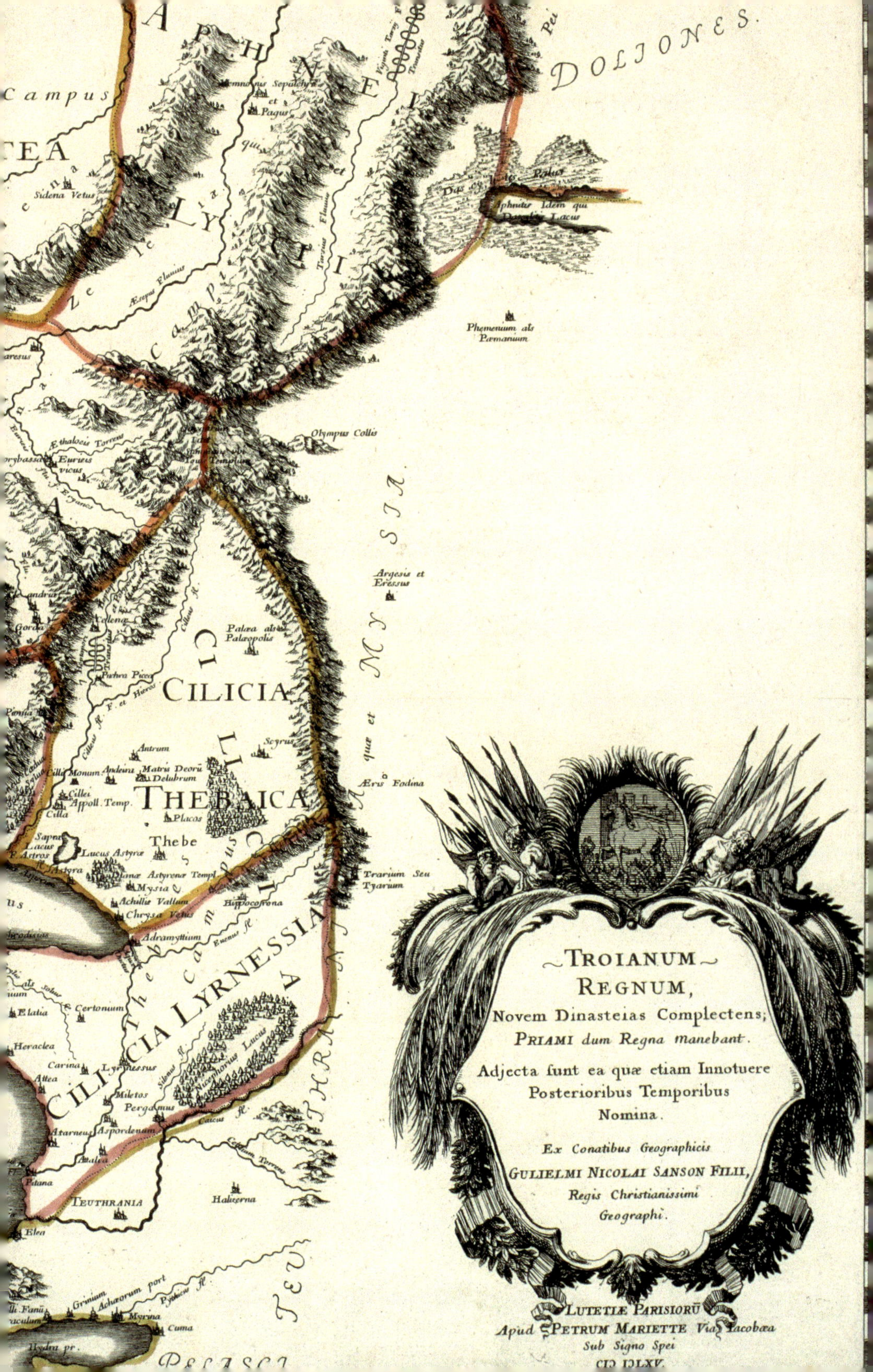
TROIANUM REGNUM,
Novem Dinasteias Complectens;
PRIAMI dum Regna manebant.
Adjecta sunt ea quæ etiam Innotuere Posterioribus Temporibus Nomina.
Ex Conatibus Geographicis
GULIELMI NICOLAI SANSON FILII,
Regis Christianissimi Geographi.
LUTETIÆ PARISIORŨ
Apud PETRUM MARIETTE Via Iacobæa
Sub Signo Spei
CIϽ IϽLXV.
DOLIONES.
Campus
Sidena Vetus
Memnonis Sepulchr. et Pagus
Æsepus Fluvius
Phemenium als Pæmanium
Olympus Collis
MYSIA
Argesis et Eressus
Palæa als Palæopolis
CILICIA
THEBAICA
Thebe
Antrum
Matris Deorũ Delubrum
Scyrus
Placos
Æris Fodina
Lucus Astyræ
Mysia
Achillis Vallum
Chrysa Vetus
Hippocorona
Trarium Seu Tyarium
Adramyttium
CILICIA LYRNESSIA
Lyrnessus
Certonium
Elatia
Heraclea
Carina
Attea
Miletos
Pergamus
Atarneus
Aspordenum
Pitana
TEUTHRANIA
Halizerna
Elea
Myrina
Cuma
Achæorum port

Großkönig Muršili sprach den König von Ahhijawa als »mein Bruder« an. In einem Text werden sogar die vier Mächte genannt, die mit dem hethitischen Königreich auf einer Stufe standen: Ägypten, Babylon, Aššur und Ahhijawa. Forrer kam zum Schluss, dass es sich bei Ahhijawa nicht einfach um eine Küstenregion Kleinasiens handeln konnte, sondern dass die Hethiter damit das mykenische Griechenland bezeichneten. Diese These stellte er erstmals bei einem Treffen der Vorderasiatisch-Ägyptischen Gesellschaft am 3. Januar 1924 vor. Er erläuterte sie noch im gleichen Jahr in verschiedenen Publikationen.[183]

Forrer ging davon aus, dass sich einst ein griechisch-mykenisches Großreich über das griechische Festland bis nach Kleinasien erstreckte. Die Herrscher dieses Großreichs verfügten über eine kampfstarke Flotte und waren mit den hethitischen Königen gleichrangig. Weil das Reich Kolonien in Kleinasien besaß, gab es zwangsläufig Berührungspunkte mit dem hethitischen Einflussbereich.

Anfänglich standen Forrers Kollegen diesen Ideen aufgeschlossen gegenüber. In seinem Nachlass fand sich eine Postkarte des jungen, aufstrebenden Altorientalisten Albrecht Götze, datiert vom 22. März 1924, in der es heißt: »Die Griechen stehen natürlich sicher.«[184] Auch der gleichaltrige Hethitologe Johannes Friedrich schloss damals einen Aufsatz mit der Feststellung ab: »So ist doch die Erwähnung von Griechen überhaupt in den Boghazköitexten über jeden Zweifel erhaben.«[185] Aus irgendeinem Grund wurden sich Albrecht Götze und Emil Forrer im Laufe des Jahres 1925 jedoch spinnefeind, woraufhin Götze auch die Lokalisierung von Ahhijawa in Griechenland ablehnte. Im darauffolgenden Jahr schloss sich Johannes Friedrich der Reihe der Kritiker an. Tonangebend in dieser Debatte war allerdings der Geheimrat Ferdinand Sommer, der ab 1926 den Lehrstuhl für Indogermanische Sprachwissenschaft an der Ludwig-Maximilians-Universität in München innehatte. Von ihm sagte der Münchner Sprachforscher Norbert Oettinger, dass er »Forrers Lesungen beschädigter Keilschriftzeichen offensichtlich meist aus bloßem Skeptizismus heraus infrage gestellt hat und dass seine eigenen alternativen Lesungen überwiegend die schlechteren sind«.[186] Ferdinand Sommer hat Emil Forrer »in Grund und Boden kritisiert und damit seine wissenschaftliche Existenz vernichtet«.[187]

Dorothea Forrer, über vierzig Jahre lang die Frau an Emil Forrers Seite, antwortete brieflich auf eine Anfrage im Jahr 1985 – ein Jahr vor Forrers Tod:

> *Es ist leider eine beinahe kriminell zu bezeichnende Tatsache, wie Professor Dr. Sommer es damals fertigbrachte, seinen damals noch sehr jungen Kollegen aus dem Gefecht zu schlagen und dessen wissenschaftliche Laufbahn damit zu untergraben. Mein Gatte war damals noch sehr jung, ihm fehlte wohl auch die Kraft und Härte und der finanzielle Rückhalt, um gegen die Omnipotenz des so anerkannten Prof. Sommers anzukämpfen. Es war deshalb sehr leicht für Herrn Sommer, ihn mundtot zu schreien und als »zu leicht« und »zu fantastisch« hinzustellen. Es geht ja im Leben leider sehr oft so, dass neue Ideen zunächst einmal abgelehnt und als unmöglich abgetan werden.*[188]

Fragt man sich nach den Ursachen, warum der Wissenschaftsbetrieb ein so herausragendes Talent wie Emil Forrer nicht besser für sich hat nutzen können, so stößt man auf eine ganze Reihe von möglichen Gründen. Die Spannbreite von Forrers Fähigkeiten reichte von unglaublicher Disziplin und Einsatzbereitschaft für die Sache der Forschung einerseits bis zu phantastisch-spekulativen, manchmal geradezu wirren großen Würfen andererseits, in denen Neues, Richtiges und Absurdes gleichwertig nebeneinanderstanden. Wer nicht bestens mit der Materie und den zugrunde liegenden Dokumenten vertraut war, konnte brauchbare und wertlose Ideen unmöglich auseinanderhalten.

Hinzu kam Forrers Persönlichkeit. Aus einem wohlhabenden Elternhaus stammend, war ihm von vornherein ein korrektes Auftreten gegeben. Zusätzlich hatte ihn die Natur mit übergroßem Selbstbewusstsein ausgestattet. In einer Zeit, als Gelehrte zum Teil noch mit respekteinflößenden Vatermörderkragen auftraten, machte er das weiße Herrenhemd mit knopflosem, weit offenem Schillerkragen zu seinem Markenzeichen, dem er sein Leben lang treu blieb. Im Sommer hielt er seine Vorlesungen in kurzen Hosen. Er war sich seiner Fähigkeiten bewusst und forderte Respekt und Bewunderung für seine Genialität ein. Die Kombination aus Charisma, einzigartigem Fleiß und hochfliegenden Ideen zog Menschen in ihren Bann. Allen voran blieb ihm sein Doktorvater, der bedeutende deutsche Althistoriker Eduard Meyer, bis an dessen Lebensende freundschaftlich verbunden. Kollegen und Altersgenossen hingegen fühlten sich von Forrer unfair behandelt. Sie waren der Meinung, er würde ihre Leistungen nicht ausreichend würdigen und zitieren. Forrer war seinerseits kaum zu Selbstkritik imstande und führte die fehlenden Zitatangaben auf Flüchtigkeitsfehler zurück, die ihm im Eifer seiner Forschungen unterlaufen seien.

Ein nicht zu unterschätzender Faktor im Wissenschaftsbetrieb ist wohl auch der persönliche Neid. Forschern an Universitäten geht es nicht in erster Linie darum, reich zu werden; das ließe sich schneller und sicherer mit einer Karriere in der Privatwirtschaft bewerkstelligen. In der Wissenschaft dreht sich der Wettbewerb um Aufmerksamkeit. Davon erhielt Forrer in den Augen seiner Kollegen ein Übermaß – was allerdings nur dazu führte, dass er noch mehr einforderte. Dieser Narzissmus machte ihn wohl für seine Umgebung schwer erträglich.

Selbst herausragende Leistungen Forrers stellten seine Kollegen in ein schiefes Licht. Sie machten territoriale Ansprüche geltend oder verweigerten ihm den Zugang zu wichtigem Material. Sie hielten Informationen zurück und kritisierten ihn, wo sie nur konnten. In solchen Auseinandersetzungen sind die vorgebrachten Gegenargumente schnell einmal hanebüchener als die Thesen, gegen die sie ins Feld geführt werden. Allein der Zugang zu einer Publikationsplattform und der Rückhalt durch Personen mit institutioneller Macht bieten den Kritikern das Gefühl ausreichender Sicherheit, um auch unsachliche, ehrverletzende Kritik zu platzieren. So behauptete zum Beispiel Albrecht Götze, Forrer sei nicht »der Mann, der die Geduld zu zeitraubenden lexikalischen und grammatischen Untersuchungen hat«.[189] Wenn Forrer auf solche persönlich herabwürdigenden Beleidigungen sachlich reagierte, indem er darauf hinwies, dass er 35 350 Karteikarten mit der Angabe von 106 000 Textstellen besitze, so wirkte dies wiederum peinlich und überzogen. Der Angegriffene geriet also in eine Zwickmühle und musste mehr und mehr Verleumdungen ertragen, ohne sich wirksam wehren zu können.

Da Forrer Kopien seiner persönlichen Briefe anfertigte und diese zahllosen Dokumente in Deutschland deponierte, als er nach Mittelamerika auswanderte, haben wir einen tiefen Einblick in den Ablauf der Ereignisse, die dazu führten, dass er sich den Geheimrat Ferdinand Sommer auf ewig zum Feind machte. Es geschah am ersten Deutschen Orientalistentag, der am 30. September und 1. Oktober 1921 in Leipzig stattfand. Forrer erhielt die Gelegenheit, einen dreißigminütigen Überblick über die Erforschung der Hethiter zu präsentieren. Vor ihm sprach Fritz Hommel, der zum Scheitern von Forrers Habilitation in München beigetragen hatte, und nach ihm Hans Ehelolf, sein zunehmend rivalisierender Kollege mit Macht über die Textarchive in Berlin. Forrer mag sich daher von Widersachern umringt gefühlt haben. Nach seinem Vortrag traf er auf Ferdinand Sommer, der damals in Jena tätig war und von dem Forrer sagte, dass er eine majestätische und beeindruckende Erscheinung abgebe und sich im Übrigen auch »in unserem Gebiet umtut«. Sommer regte im Gespräch mit Forrer ein Philologentreffen unter seiner Leitung in Jena an und nahm dabei eine ausgesprochen herablassende Haltung ein. Aus seiner Sicht gebe es »Schwachstellen« in der Hethiterforschung, unter anderem weil man »Hans und Franz« Einsichtnahme in das noch nicht veröffentlichte Material gewähre. Es bestand kein Zweifel, dass Sommer damit Forrer und Hrozný meinte. Jedenfalls würde sich Sommer bereit erklären, »die Führerschaft zu übernehmen und versuchen der Hethitologie ein Fundament zu geben, das auch trägt«.[190]

Aus heutiger Sicht, nach den grundlegenden Werken des Soziologen Niklas Luhmann, ist vollkommen klar, dass Ferdinand Sommer mit seinem Auftreten und seiner Wortwahl gegen die fundamentalen Prinzipien förderlicher Kommunikation verstieß, indem er nicht bereit war, seinem Gegenüber auf Augenhöhe zu begegnen, sondern von vornherein Unterwerfung verlangte. Das mag dem damaligen Zeitgeist entsprochen haben – wie wir Heinrich Manns *Der Untertan* entnehmen können. Forrer hingegen war dieser arrogante Geheimrat aus der Provinz zuvor offenbar kaum ein Begriff gewesen. Er hatte nun schon einige Jahre im weltweit führenden Zentrum für Altorientalistik in Berlin Seite an Seite mit Friedrich Delitzsch und Eduard Meyer gearbeitet und verfügte seit vier Jahren über den uneingeschränkten Zugang zu den Originaldokumenten. Entsprechend fiel Forrers Antwort aus. Er fragte Sommer, ob er »dies denn – bei allem Respekt – überhaupt beurteilen könne, denn soviel ich wüßte, sei er in Sachen der Keilschrift doch Autodidakt und noch ganz frisch in diesen Themen«.[191]

Der Geheimrat verstummte augenblicklich; er bebte vor Zorn. Lautstark fuhr er Forrer an: »Sie respektloses Doktorlein!« Der so Angesprochene war zunächst noch stolz darauf, dem aufgeblasenen Geheimrat standgehalten zu haben. Eduard Meyer gab sich anschließend alle Mühe, die Wogen zu glätten, allerdings ohne Erfolg. Mit einer übertrieben selbstbewussten Bemerkung hatte Emil Forrer seine universitäre Laufbahn quasi verunmöglicht. Ferdinand Sommer erklärte ihn kategorisch zur *persona non grata*. Die Ironie des Schicksals dabei ist, dass Sommer wenige Jahre später von sich selbst sagte, »die Boghazköi-Keilschrift ganz als Autodidakt gelernt [zu] haben«.[192]

Das Urteil über Forrer hat sich inzwischen ein Stück weit gewandelt. Als eine der Ersten äußerte sich die Hethitologin Annelies Kammenhuber, die ausgerechnet bei Ferdinand Sommer doktoriert hatte, positiv über seine Leistungen. Im Jahr 1969 schrieb sie:

> *Während sich der Name Hroznýs mit der Entzifferung des Hethitischen verknüpft, verbindet sich mit der Entzifferung der anderen Boğhazköy-Sprachen mit Einschluß des Hattischen der Name Forrers. Aus einem größeren zeitlichen Abstand heraus hat sich unser Urteil über Forrers Beitrag in mancher Hinsicht stärker zum Positiven gewandelt. Forrer hat mit großer Intuition schon viel Richtiges am Sprachbau der verschiedenen Sprachen erkannt.*[193]

Kaum war Forrer im Jahr 1986 verstorben, erschienen die ersten Nachrufe und Arbeiten, die seine fachlichen Leistungen ins richtige Licht rücken sollten – allen voran der Aufsatz »Hetzjagd aus der Hochschule …: Das traurige Schicksal eines Genies« des Heidelberger Indogermanisten Oswald Szemerényi.[194] Dieser führte, wie zuvor bereits Annelies Kammenhuber, eine ganze Reihe Entdeckungen an, die heutige Hethitologen Emil Forrer verdanken. Kammenhuber hatte geschrieben, dass Forrers Analyse der »hattischen Sprache in vieler Hinsicht Bewunderung verdient und methodologisch richtungweisend ist«.[195] Szemerényi stellte 1988 fest, dass Forrers Ideen zur Genese der indoeuropäischen Sprachen in den letzten fünfzehn Jahren ein weitreichendes Wiederaufleben erfahren hätten.[196]

## 5 Forrer wandert aus

Wie ging es nun mit Emil Forrer weiter? Zu dem Zeitpunkt, als die sogenannte Ahhijawa-Frage Gegenstand wissenschaftlicher Auseinandersetzungen wurde, stand Forrer kurz davor, die größte Autorität der Hethitologie zu werden. Über die Fach- und Landesgrenzen hinaus galt er als der Experte und fundierte Kenner des Hethitischen.[197] Er hatte eine herausragende Dissertation verfasst und den einflussreichen Eduard Meyer als Mentor. Als ausgewiesener Keilschriftexperte entstammte er der angesehenen Berliner Delitzsch-Schule. Außerdem verfügte er über die erforderlichen Hilfsmittel, darunter den selbst erstellten Zettelkatalog – und er hatte bereits bewiesen, dass er mit enormer Fleißarbeit gewaltige Mengen an Dokumenten bearbeiten und weitreichende Verknüpfungen erkennen konnte. Im dritten Anlauf war ihm sogar seine Habilitation geglückt. Mit all diesen Eigenschaften stand er jungen aufstrebenden Forschern wie Albrecht Götze oder Johannes Friedrich vor der Sonne. Diese hatten es sich offenbar zur Gewohnheit gemacht, ihre Arbeiten dem Geheimrat Sommer zur Korrektur vorzulegen und sich so seiner Milde in den anschließenden Besprechungen zu versichern.[198] So bildeten Sommer, Götze, Friedrich und Ehelolf eine Gemeinschaft, die den Zugang zu den Tafeln und die Interpretation der Texte kontrollierte. Forrer war außen vor. Nach den Auseinandersetzungen mit Sommer blieb sein Name für immer mit dem Etikett des von etablierten Autoritäten widerlegten kühnen Forschers verbunden. Forrer selbst hingegen glaubte, dass sich die Wahrheit von selbst durchsetzen würde.

Als sich die Deutsche Orient-Gesellschaft 1926 mit einer möglichen Wiederaufnahme der Grabungen in Boğazköy beschäftigte, kam Forrer trotz allem als Leiter einer neuen Grabungskampagne infrage. Er verfügte über ausgewiesene Kenntnisse der hethitischen Texte, Geländeerfahrung in Kleinasien und gute persönliche Beziehungen zu lokalen Größen. Schließlich gab man aber dem erst dreiundzwanzigjährigen Kurt Bittel den Vorzug. Dieser notierte, dass die Widerstände gegen Forrer »wohl mehr personeller als sachlicher Natur« waren. Er nannte den energischen Widerspruch Hans Ehelolfs als Grund dafür, denn »gerade er zählte nicht zu den besonderen Freunden Forrers«.[199]

Im Jahr 1936 musste der Lehrstuhl für Assyriologie in Berlin neu besetzt werden, und es entwickelte sich erneut ein Zweikampf zwischen Forrer und Ehelolf. Diesmal war es Forrer, der in einem siebenseitigen Schreiben an den Leiter der Dozentenschaft in Berlin so viel Gülle über Ehelolf vergoss, dass es für diesen aussichtslos war, die Stelle noch zu ergattern. Die Professur erhielt schließlich das SA-Mitglied Wolfram von Soden. Ehelolf verstarb 1939 im Alter von achtundfünzig Jahren.

Forrer erhielt schließlich einen auf drei Jahre befristeten Vertrag am Oriental Institute in Chicago, wo er ein hethitisches Wörterbuch erstellen sollte. Bevor er die Stelle antreten konnte, eröffnete sich ihm jedoch eine andere günstige Gelegenheit. Durch Kontakte zum Konservator des Museums auf Kreta bekam er Zugang zu den Linear-A- und Linear-B-Tafeln, die Arthur Evans ab 1901 in Knossos gefunden hatte. Sie lagerten nun schon seit über einem Vierteljahrhundert unbearbeitet in den Archiven und drohten durch die Witterungseinflüsse beschädigt zu werden. Forrer wurde versprochen, dass er die Täfelchen abzeichnen und fotografieren dürfte, um sie zu entziffern, zu bearbeiten und zu verwerten. Allerdings müsse die Veröffentlichung der Ergebnisse noch so lange warten, »bis die Umstände es zulassen«.[200] Forrer erhielt die Erlaubnis von Charles Henry Breasted, dem Direktor des Oriental Institute, diese einmalige Chance wahrzunehmen – während er bei ihm im Sold stand –, und statt nach Chicago zu reisen, quartierte er sich im Hotel Minos in Kandia, dem heutigen Heraklion, auf Kreta ein. Dort erfuhr er jedoch, dass sich der inzwischen achtundsiebzigjährige Arthur Evans entschieden habe, die Texte selbst zu bearbeiten und herauszugeben. Es ist landläufig bekannt, dass Arthur Evans die Publikation der Linear-B-Tafeln vierzig Jahre lang verhinderte, weil er selbst nicht in der Lage war, die Schrift zu entziffern.[201] Forrer blieb nichts anderes übrig, als wieder abzureisen. Allerdings trat er seine Stelle am Oriental Institute dennoch nie an, sondern verbrachte die drei Jahre im Wesentlichen mit Expeditionen. Er verpasste dadurch möglicherweise eine Gelegenheit, sich in Übersee eine neue Existenz aufzubauen.

Obwohl Forrer die Schweizer Staatsbürgerschaft besaß, blieb er während des Zweiten Weltkriegs bei seiner Familie in Berlin. Von seiner ersten Frau Gretl hatte er sich Anfang 1931 scheiden lassen. Im Frühjahr des glei-

▲ Emil Forrer (im weißen Hemd) unternahm 1929 eine private Forschungsreise in die Türkei. Wenn sich sein Fahrer wegen der schlechten Straßenverhältnisse gegen eine Weiterfahrt sträubte, setzte sich Forrer selbst ans Steuer – zum Teil mit verhängnisvollen Konsequenzen, wie das Foto zeigt.

chen Jahres heiratete er die sechsundzwanzigjährige Jurastudentin Sophie Bader, die jedoch kurz nach der Hochzeit bei einem Spaziergang im Wald von einer Kreuzotter gebissen wurde und im November, zu diesem Zeitpunkt schwanger, an den Folgen des Schlangenbisses starb. Drei Jahre später, 1934, wurde die siebzehn Jahre jüngere Käthe Przewlowsky seine dritte Frau. Mit ihr hatte er – nach seinem Sohn Wolfgang, der 1922 geboren worden war – 1935 und 1936 zwei weitere Kinder, bevor im Jahr 1943 auch diese Ehe scheiterte. Am 30. Dezember 1944 heiratete er ein viertes und letztes Mal, die siebenundzwanzig Jahre jüngere Mediävistikstudentin Elsa Dorothea Haupt, die seine Seminare besucht hatte. Sie brachte acht Kinder von ihm zur Welt.

Als im Frühjahr 1945 die Rote Armee auf Berlin vorrückte, brachte Forrer große Teile seiner Bibliothek, seiner wissenschaftlichen Unterlagen und seiner Korrespondenz nach Berlin-Dahlem zu seiner Schwester. Er bat seinen Schwager, der beim Springer-Verlag in Berlin tätig und Herausgeber der Zeitschrift *Naturwissenschaften* war, die Bücher und Dokumente einzulagern, damit sie in den Kriegswirren nicht verloren gehen würden. Bei einer Aufräumaktion im alten Lagerhaus des Springer-Verlags entdeckte man die Kisten mit Forrers Briefen und Hinterlassenschaften dreiundvierzig Jahre später. Im Mai 1988 übergab der Verlag die Dokumente an Wolfgang Forrer, Emils ersten Sohn.

Als der Krieg endlich vorüber war, bat Emil Forrer den Oberbürgermeister von Berlin um die Vollmacht, den Zustand der Bestände in der Vorderasiatischen Abteilung nach den vielen Rettungsaktionen zu überprüfen – und erhielt diese zumindest provisorisch. Natürlich hoffte Forrer dabei auch, dass aus der Position als quasikommissarischer Kurator eine feste Anstellung am Museum werden könnte. Jedoch machten ihm die anderen noch im Dienst stehenden Direktoren der Museen einen Strich durch die Rechnung. Falls Emil Forrer angestellt werden sollte, würden sie ihre Ämter niederlegen, drohten sie – ohne Angabe von Gründen. Am 5. Juli 1945 erfuhr Forrer, dass sein Stellengesuch letztlich doch abgelehnt worden war. Er entschied sich augenblicklich, zusammen mit seiner Frau und seinem ältesten Sohn Wolfgang, Deutschland in einem Konvoi der amerikanischen Armee Richtung Schweiz zu verlassen. Ihm war offensichtlich klar geworden, dass er in Deutschland keinerlei berufliche Perspektive haben würde.

In der Schweiz waren seine Bemühungen um einen Lehrauftrag an der Universität Zürich von Erfolg gekrönt. Ab dem Sommer 1946 konnte er hier seine altorientalischen Forschungen fortsetzen und Vorlesungen halten. Der Lehrauftrag lief jedoch ein Jahr später aus und wurde nicht verlängert. Um die gleiche Zeit starb sein Vater, der ihm eine Anzahl wertvoller Möbel hinterließ. Seine Schwester war bereit, ihm diese abzukaufen, und Emil Forrer entschloss sich 1947 im Alter von dreiundfünfzig Jahren zu einem kompletten Neuanfang in Übersee.

## 6 Die älteste Geschichte Amerikas

In seiner Zeit in Zürich, genauer gesagt am 2. Juni 1946, hatte Emil Forrer eine Idee, die sein Leben verändern würde. Er las in den *Variae Historiae* des römischen Rhetorikers Claudius Aelianus (ca. 175–235) über ein Gespräch zwischen dem phrygischen König Midas und dem Halbgott Silenos. Der weise Silenos weilte bei Midas zu Gast und soll ihm erzählt haben, dass Europa, Asien und Afrika von einem großen Ozean umschlossene Inseln seien und dass es jenseits dieses Ozeans noch einen riesigen Kontinent gebe. Dabei konnte es sich nur um Amerika handeln, schloss Forrer. Die Erforschung der ältesten Geschichte Amerikas schien ihm nun die dringendste und wichtigste Aufgabe zu sein. Er sah darin das Potenzial, das Bild der Weltgeschichte wesentlich zu verändern und zu ergänzen:

> *Nach Erwägung aller wissenschaftlichen und unwissenschaftlichen Umstände entschieden wir uns, d. h. meine Frau Dorothea geb. Haupt, ebenfalls Geschichtlerin aber des Mittelalters, und ich, auf eigenes Risiko nach Mittelamerika überzusiedeln, weil nur am Orte selbst durch die Auffindung des [Berges] Ánostos die Richtigkeit und Wahrheit von Silenus Erzählung bewiesen werden konnte. Jedoch hatten wir die stille Hoffnung, dass Mittelamerika selbst für seine eigene, neue und wunderbare Geschichte mehr Interesse haben würde als die Europäer; aber sie erwies sich als grosser Irrtum mit verhängnisvollen Folgen.*[202]

Forrer reiste zusammen mit seiner Frau und ihrem gemeinsamen einjährigen Sohn, den sie Midas Silenus genannt hatten, mit dem Schiff nach New York und mit der Eisenbahn weiter nach New Orleans. Dort kauften sie einen geländegängigen Jeep und einen Anhänger, den sie so einrichteten, dass sie darin übernachten konnten. Sie fuhren durch Louisiana nach Texas und weiter nach Mexiko und Guatemala. Auf der Weiterreise durch Honduras in Richtung El Salvador kam am 7. Juni 1948 in einer kleinen Hütte am Rande der Straße ihr zweites gemeinsames Kind, Orplid Caingala, zur Welt. In San Salvador ließen sie sich endlich nieder, und Forrer erhielt eine

Professur an der geisteswissenschaftlichen Fakultät der neu gegründeten Universität. Im Jahr darauf verabschiedete die Regierung jedoch eine neue Verfassung, die unter anderem vorschrieb, dass Geschichte nur noch von Personen unterrichtet werden durfte, die in El Salvador geboren waren. So verlor er seine Stellung wieder. Forrer schrieb:

> *Eine Zeitlang musste ich betteln gehen, eine andere lang die ausgezeichnete Yoghurt, die meine Frau herstellte, austragen.*[203]

Nach vielen schweren und unproduktiven Jahren erhielt Forrer 1962 eine Anstellung im Außenministerium in El Salvador, wo er altspanische Dokumente übersetzte. Seinen Dienst erfüllte er bis Silvester 1977. Mit fast vierundachtzig Jahren trat er in den Ruhestand und erhielt eine kleine Rente. Emil Forrer verstarb am 10. Januar 1986, gut fünf Wochen vor seinem zweiundneunzigsten Geburtstag.

Anfang 2001 zerstörten zwei aufeinanderfolgende Erdbeben Forrers Haus in San Salvador und damit auch seine Zettelsammlung.[204] Von seinen Forschungen über die älteste Geschichte Amerikas ist ein im Selbstverlag herausgegebenes Buch mit dem Titel *Homerisch und Silenisch America* von 1975 erhalten. Wie in seinen Frühwerken vermischt Forrer darin geniale Erkenntnisse und wilde Spekulationen, womit er seine Leser restlos überfordert. In gewisser Weise tritt er damit das Erbe von Hugo Winckler an, von dessen Schriften über den Panbabylonismus er so begeistert war, dass er nach Berlin ging, um Hethitologe zu werden.

## 7 Troja-Soirée in Zürich, Juni 2010

»Es werden mindestens sechs Nobelpreisträger im Publikum sitzen«, meinte der Anrufer nach seinem fast halbstündigen Monolog. »Sie werden doch nach Klosters kommen und einen Vortrag halten?«

Am Telefon war Eberhard Neumann, Professor für biophysikalische Chemie an der Universität Bielefeld. Ein bisschen verwirrt sagte ich zu. Nachdem wir das Gespräch beendet hatten, ging ich zu meinem Büronachbarn, der seit vielen Jahren eine Ferienwohnung im Skiresort Klosters besaß und dort bestens vernetzt war.

»Kennst du ein Hotel Sport in Klosters?«, fragte ich ihn.

»Ja, da findet jedes Jahr eine wichtige Wissenschaftskonferenz statt«, sagte mein Kollege. »Sag bloß, du bist dazu eingeladen worden!«

Genau das war ich. Eigentlich richtet sich das »Winter Seminar«, das 1966 von Manfred Eigen – der im Jahr darauf den Nobelpreis für Chemie erhielt – ins Leben gerufen wurde, an Experten in biophysikalischer Chemie, Molekularbiologie und der Kybernetik von Zellfunktionen. Nun hatte man mich eingeladen, zur allgemeinen Zerstreuung einen einstündigen Vortrag über Geoarchäologie zu halten. In vergangenen Jahren hatten beim Winterseminar eine ganze Reihe von Referenten gesprochen, die kurz darauf einen Nobelpreis erhielten. Insgesamt waren über vierzig Nobelpreisträger als Vortragende aufgetreten. Selten war ich bei der Vorbereitung eines Vortrags so nervös gewesen. Meine Freunde empfahlen mir, mich möglichst eng an die Fakten zu halten, und ich gab mir alle Mühe.

Ich traf am Vorabend meines Auftritts spät im Hotel Sport in Klosters ein und sass, als Frühaufsteher, am nächsten Morgen anfänglich allein im Frühstückssaal. Als Zweiter betrat Manfred Eigen den Raum und setzte sich mir gegenüber. Glücklicherweise erkannte ich ihn, denn er stellte sich nicht vor. Nachdem ich ihm meinen Namen und den Grund für meine Anwesenheit genannt hatte, löcherte er mich eine Stunde lang mit sehr spezifischen Fragen, die er wie fast immer höchst charmant und mit verschmitztem Gesichtsausdruck stellte. Was für ein unvergessliches Frühstück! Der kleinwüchsige große Denker begab sich sichtlich vergnügt in den Tag und ließ mich erschöpft zurück.

Immerhin war mein Vortrag so weit vorbereitet, dass ich einen großen Teil des Tages mit anderen Seminarteilnehmern auf der Piste verbringen konnte. Mein Gastgeber und Namensvetter Eberhard Neumann begleitete mich auf Schritt und Tritt und gab auf unseren Liftfahrten allerhand vergnügliche Anekdoten von früheren Winterseminaren zum Besten.

»Wir wollen doch nicht, dass unserem Referenten etwas zustößt!«, erklärte er, als wir wieder im Hotel eintrafen. »Jedenfalls auf keinen Fall vor dem Vortrag!«

Die Diskussion nach meiner Präsentation war engagiert und harmonisch. Es soll durchaus vorgekommen sein, dass Referenten in Klosters regelrecht gegrillt wurden – erfreulicherweise gehörte ich nicht dazu. Dem Publikum bot das ungewöhnliche Thema, weit weg von Zellbiologie und Evolution, ein intellektuelles Vergnügen. Dennoch waren die Fragesteller, die aus verschiedensten Kontinenten stammten, offensichtlich gut informiert. Überhaupt zeigte mir das Winterseminar immer wieder, wie bereichernd eine wissenschaftliche Debatte sein kann.

Mein Vortrag fand nach dem Abendessen statt, und im Anschluss daran begaben sich die Tagungsteilnehmer nahezu geschlossen in die Hotelbar. Dort wurde in kleiner Runde noch lange Zeit weiter diskutiert, bis sich schließlich, wie auf ein unsichtbares Kommando, alle noch in der Bar anwesenden Personen erhoben und den Raum verließen. Auch das Servicepersonal und der Hoteldirektor schlossen sich an. Ohne jede Ahnung, was jetzt passieren würde, folgte ich der Gruppe in die riesige zentrale Hotelgarage. Eberhard Neumann ging voran und führte uns schnurstracks zu seiner Limousine. Mit der Fernbedienung des Autoschlüssels öffnete er den Kofferraum und präsentierte uns ein Dutzend Schnapsflaschen. Sorgfältig wählte er eine aus, ließ Gläser verteilen und schenkte jedem ein. Und dann, nachdem wir uns zugeprostet hatten, begann er zu singen! Der Hall in der Garage gab seiner kräftigen Tenorstimme den für Trinklieder bestens passenden Tremor. Was für ein einzigartiges Erlebnis, mit einigen der weltweit führenden Wissenschaftler, dem Kellner und dem Hoteldirektor mitten in der Nacht in der Garage Schnaps zu trinken und Trinklieder anzustimmen!

Dass mein Vortrag offensichtlich gut angekommen war, führte dazu, dass mich die Veranstalter in den folgenden Jahren noch öfter als Referenten einluden. Bis heute habe ich beim Winterseminar insgesamt neunmal vorgetragen. Jahrelang waren diese Präsentationen für mich die wichtigste Motivation, auf dem aktuellen Stand der Forschung zu bleiben, denn natürlich wollte ich dem Publikum jedes Mal etwas Neues bieten.

Kurz nach diesem ersten Vortrag in Klosters klingelte in meinem Büro das Telefon, und die Nummer im Display versprach einen interessanten Anruf.

»Korfmann ist tot!«, erfuhr ich unvermittelt. Es war Werner Siefer von der *Focus*-Redaktion, mit dem ich einige Jahre zuvor in Istanbul und San-

▲ Das »Winter Seminar« in Klosters, das der Chemie-Nobelpreisträger Professor Manfred Eigen vor zweiundfünfzig Jahren ins Leben rief und das seither alljährlich im Januar stattfindet, kennt ein einzigartiges Ritual. An manchen Abenden gehen einige Seminarteilnehmer in die zentrale Hotelgarage, wo aus dem Kofferraum eines Wagens Schnäpse verteilt werden. Spiritus Rector der Aktion ist Professor Eberhard Neumann aus Braunschweig (im Bild), der dazu mit seiner kräftigen Tenorstimme Trinklieder anstimmt. Das Foto zeigt ihn zusammen mit der Pharma-Milliardärin und langjährigen Mäzenin des Winterseminars Traudl Engelhorn. (© Ulrich Randoll)

torin unterwegs gewesen war. Es stellte sich heraus, dass der Troja-Ausgräber vor einem halben Jahr die Diagnose Lungenkrebs erhalten hatte. Nur die Personen in seiner unmittelbaren Umgebung wussten von der Erkrankung, an der er nun gestorben war.

Ich konnte mich des Eindrucks nicht erwehren, dass Manfred Korfmann innerlich an den Auseinandersetzungen mit seinen Wissenschaftskollegen und den damit verbundenen persönlichen Verletzungen zugrunde gegangen war. Sein Ko-Ausgräber, der US-amerikanische klassische Archäologe

Charles Brian Rose, schilderte später bildhaft, dass Korfmann an Depressionen litt, diese jedoch stets zu verbergen suchte. Nur selten sei es ihm gelungen, sich zu entspannen und die Kritiker für kurze Zeit aus seinen Gedanken zu verbannen.[205] An den Abenden im Gelände hatte er schweigend in der Gruppe gesessen und allenfalls hin und wieder zur Gitarre gegriffen, um melancholische Lieder zu spielen.

Bei einer Trauerfeier sagte der Rektor der Universität Tübingen, Eberhard Schaich:

> *Korfmann hat nicht verstanden, warum wissenschaftliche Auseinandersetzung, der er sich immer gestellt hat, so sehr mit öffentlicher persönlicher Diffamierung hat verknüpft werden müssen. Die in ihm angelegte und permanent spürbare Sehnsucht nach Harmonie und nach Versöhnung ist nicht in Erfüllung gegangen.*[206]

Ein paar Monate nach Korfmanns Tod teilten die Medien mit, dass Ernst Pernicka als sein Nachfolger die Leitung der Troja-Grabung übernehme. Diese Meldung kam überraschend, denn Pernicka war kein Archäologe, sondern Geochemiker. Dem Mannheimer Professor bot sich nun die Möglichkeit eines kompletten Neuanfangs.

Inzwischen waren zwanzig Jahre vergangen, seit ich mich ernsthaft für Troja zu interessieren begonnen hatte. Eigentlich konnte ich mit dem Erreichten zufrieden sein: Die Naturwissenschaften hatten in der Archäologie mittlerweile einen deutlich höheren Stellenwert; es gab weniger phantastische Spekulationen, zum Beispiel im Hinblick auf die Seevölker-Invasionen; die Verwendung einer absoluten Chronologie war in der Ägäischen Frühgeschichte zur Selbstverständlichkeit geworden; sowohl dem Ausbruch von Santorin wie auch anderen Naturkatastrophen maßen die Prähistoriker weniger Bedeutung zu als früher; und allgemeinverständliche archäologische Publikationen waren nicht mehr ganz so verpönt. Auch mit meiner persönlichen Situation war ich überaus zufrieden. Ich hatte inzwischen eine eigene PR-Agentur gegründet, die erfolgreich lief.

Zwei meiner Ziele hatte ich hingegen nicht erreicht. Noch immer gab es in Troja keine großflächigeren Untersuchungen – und die luwische Kultur in Westkleinasien hatte keine Anerkennung gefunden.[207] Ich vermutete, dass sich ohne mein Zutun auf absehbare Zeit auch nichts bewegen würde.

So entschied ich eines Tages ganz spontan, den neuen Troja-Ausgräber Ernst Pernicka, den ich seit über zwanzig Jahren persönlich kannte, privat zu Hause anzurufen und ihn zu fragen, ob wir in Zukunft nicht miteinander statt wie bisher gegeneinander arbeiten wollten. Da wir beide Naturwissenschaftler sind, erwartete ich, dass es zwischen uns keine großen weltanschaulichen Differenzen geben würde. Und so kam es, dass am 11. April 2010 in Ernst Pernickas Wohnzimmer das Telefon klingelte.

»Guten Tag, Herr Pernicka, hier spricht Eberhard Zangger.«

»Herr Zangger! Was kann ich für Sie tun?«, fragte er offensichtlich überrascht.

»Ich rufe an, um zu fragen, ob wir uns nicht einmal treffen wollen.«

»Gern, jederzeit!«

Pernicka gab sich am Telefon offen und vollkommen unkompliziert. Wir plauderten eine halbe Stunde miteinander, wobei hauptsächlich er sprach. Ich erfuhr, dass er in Tübingen Vorlesungen hielt und in Mannheim ein Labor betrieb. Was Troja betraf, so bestanden seine Ziele hauptsächlich darin, die Ergebnisse der Grabungen zu publizieren und einen sinnvollen und wissenschaftlich vertretbaren Abschluss der Forschungen herbeizuführen. Seine Mitarbeiter waren nach wie vor mit dem Graben um die Königsburg beschäftigt, dessen Verlauf sie inzwischen um zweihundert Meter hatten verlängern können. Pernicka war überzeugt, dass der Graben die Größe der Unterstadt von Troja VI anzeigte, während der zweite, äußere Graben Troja VIIa begrenzte.

Ich erfuhr allerdings noch sehr viel mehr. Pernicka erzählte, dass die Finanzierung für die Troja-Grabung in diesem Jahr auslaufen werde, dass er ein Ende der Grabungen aber für ein negatives politisches Signal hielte. In Ephesus schien es bei der Nachfolge des Grabungsleiters Unstimmigkeiten zu geben. Die Türkei sei dabei, für die rund eine Million Besucher, die Jahr für Jahr die Fundstätte in Troja aufsuchten, ein Museum zu planen. Er selber habe gerade ein Interview für *Bild der Wissenschaft* gegeben. Die Ebene von Troja werde nach wie vor vom türkischen Geoarchäologen Ilhan

Kayan untersucht, der inzwischen über sechzig Jahre alt war und vermehrt jüngere Leute schicke. Und schließlich gebe es zwanzig Kilometer südlich von Troja, bei Assos, einen Siedlungshügel in einer Bucht, der von der Jungsteinzeit bis in die späte Bronzezeit besiedelt und danach verlassen worden war.

»Dort könnte der Hafen von Troja gelegen haben«, sagte Pernicka.

Wir verabredeten uns für Samstag, den 24. April, in Mannheim. Pernicka würde mich vom Bahnhof abholen und mir sein Institut zeigen, anschließend wollten wir zusammen Mittag essen.

Unsere Begegnung verlief äußerst erfolgversprechend. Wir verbrachten gut drei Stunden in kollegialem Austausch miteinander und verloren kein Wort darüber, was in der Vergangenheit passiert war. Es ging uns beiden darum, die Zukunft besser zu gestalten. Für Pernicka stand die Leitung des Troja-Projekts erst an dritter Stelle; Priorität hatten sein Labor und seine Lehrverpflichtungen. Ihm war vor allem an einer besseren Finanzierung seiner chemisch-analytischen Forschungen gelegen, und seine Zeit reichte kaum aus, um in Troja größere neue Aktivitäten in die Wege zu leiten.

Natürlich unterhielten wir uns auch über die politische Organisation von Westkleinasien am Ende der Bronzezeit. Pernicka zählte aus dem Gedächtnis die Namen von einem Dutzend Kleinstaaten auf und machte damit deutlich, dass auch für ihn die Hethiter und die Mykener nicht die einzigen bedeutenden Machtzentren bildeten.

Wir beschlossen, uns in Zukunft enger auszutauschen. Als Erstes wollte er mich in Zürich besuchen, wo ich in einem kleinen Kreis meine Ideen vorstellen würde. Wenn wir einen gemeinsamen Nenner fänden, würde er mich anschließend nach Tübingen einladen, um dort einen öffentlichen Vortrag zu halten. Damit könnten wir einen Schlussstrich unter die Auseinandersetzungen der Vergangenheit ziehen. Nicht alle der damals Beteiligten würden sich allerdings versöhnlich zeigen, warnte Pernicka. Joachim Latacz, den Chefphilologen des Troja-Projekts unter Manfred Korfmann, dürften wir auf keinen Fall ins Boot holen: »Das wäre kontraproduktiv.«

Kurz darauf legten wir für die Soirée in Zürich einen Termin fest. Der Germanist und Publizist Jan Philipp Reemtsma wollte aus Hamburg anreisen, und auch Branco Weiss, dessen Anwesen nur knapp zweihundert Meter von meiner Agentur entfernt lag, versprach zu kommen. Von der ETH Zürich würde deren ehemaliger Präsident Olaf Kübler teilnehmen, der außerdem den Altphilologen Christoph Riedweg, Direktor des Istituto Svizzero in Rom, einlud.

Das Referat, das ich am 26. Juni 2010 vor der kleinen Gruppe hielt, hatte ich in sehr ähnlicher Form beim Winterseminar in Klosters gehalten. Es ging dabei um die Idee, dass sich die Unterstadt von Troja in der Küstenebene befand, wo ihre Ruinen noch heute rund fünf Meter tief verschüttet liegen. Ich wähnte mich daher auf sicherem Terrain, musste jedoch schnell feststellen, dass die Chemie im Raum überhaupt nicht stimmte. Ernst Pernicka hätte nicht weniger interessiert sein können. Von spätbronzezeitlichen Staaten in Westkleinasien wusste er nichts mehr, und dass die Bronzezeit rund zweitausend Jahre umfasste, das hethitische Reich aber nur gut vierhundert Jahre davon abdeckte, beunruhigte ihn nicht.

»Jetzt vergessen Sie doch einmal diese 1600 Jahre!«, sagte er kategorisch.

Im Übrigen benutzte er das Forum offen als Fundraising-Veranstaltung und warb für die Unterstützung des herkömmlichen Troja-Projekts, das im Wesentlichen daraus bestehen sollte, den Graben um die Burg weiterzuverfolgen. Er zeigte allerdings auch ein eindrückliches Foto von einem kompletten Stierskelett, das man in dem Graben gefunden hatte, und meinte, dass ich mich darüber freuen werde: Es würde ja meine Theorie stützen, dass die Gräben wie heute in einem modernen Zoo die Funktion hatten, Tiere im Park zu halten.[208] Soweit ich weiß, wurde der Fund dieses Stierskeletts bis heute nicht publiziert.

Ich fühlte mich missbraucht und konnte diesen Eindruck auch nicht abschütteln, nachdem ich eine Nacht darüber geschlafen hatte und die Reaktionen der anderen Teilnehmer eintrafen. Es sei ein spannender, wenn auch im Ergebnis unbefriedigender Abend gewesen, schrieb einer. »Mir ist gestern, sozusagen ›live‹, klargeworden, dass Du mit Deinem ganzheitlichen Ansatz den traditionellen Spezialisten mehr als ein, zwei Schritte voraus bist, was für die anderen offenbar nicht einfach einzugestehen ist. Außerdem scheinen mindestens die mitteleuropäischen Geschichtler recht engstirnig und arrogant zu sein, und sie widersprechen sich leider auch in ihrer Argumentation.«

Branco Weiss rief an und klang heiter: »Das war ein Erlebnis! Es ging gar nicht ums Verstehen – Pernicka wollte gar nicht zuhören. Die meisten Leute werden immer enger und engstirniger in ihrem Denken. Man hat das Gefühl, ihre Gehirnwindungen sind fest verknüpft. Bleiben Sie dran, aber bewahren Sie sich gleichzeitig eine leicht amüsierte Einstellung zu dem Ganzen!«

Ein weiterer Teilnehmer meldete sich telefonisch. »Ich finde, Sie haben einen großartigen Vortrag gehalten«, beruhigte er mich. »Das kommunikative Vakuum, auf das Sie dabei gestoßen sind, hat mich nachhaltig irritiert. Ich fand die Reaktion von Pernicka ziemlich schlimm und im Kern ziemlich wirr. Die Art, gelangweilt zuzuhören, wenn man selbst nichts Bemerkenswertes zu sagen hat! Es ist doch völlig irrelevant, wie lang dieser Graben um die Stadt ist. Wie Sie behandelt werden, ist unfair und unwissenschaftlich. Es ist gleichgültig, welche Ideen Sie wie präsentieren, Sie finden kein Gehör. Es wäre ein großer Verlust, wenn die Archäologie auf Ihre Ideen verzichten würde. Ich möchte Sie ermuntern und ermutigen weiterzumachen!«

Übrigens änderte Ernst Pernicka seine grundsätzliche Einstellung zu den Erfolgsaussichten, in der Ebene von Troja Reste der bronzezeitlichen Stadt zu finden, gerne und wiederholt. Für die Grabungskampagne des Jahres 2009 kündigte er an, mit luftgestützten Fernerkundungsmethoden Unregelmäßigkeiten im Boden feststellen zu wollen, die Auskunft über Größe und Bedeutung des spätbronzezeitlichen Troja geben sollten.[209] Im Dezember 2016 schrieb er hingegen in einem Artikel in *Spektrum der Wissenschaft*, dass es überhaupt keine Notwendigkeit gebe, außerhalb der Burganlage von Troja nach Ausläufern der Stadt zu suchen, »wie es gelegentlich medienwirksam versucht wird«.[210]

IX

# Helmuth und die Hieroglyphen

## 1 Kadirli, Südtürkei, 28. Februar 1946

Hundertdreiunddreißig Jahre waren vergangen, seit Johann Ludwig Burckhardt in Hama erstmals Steine mit luwischer Hieroglyphenschrift gesehen hatte, und dreiundsiebzig Jahre war es her, dass Subhī Pascha und William Wright dieselben Steine nach Konstantinopel hatten schaffen lassen, als eine kleine Reisegesellschaft im Spätsommer 1945 tief im Südosten der Türkei einen Hinweis erhielt, der endlich zur umfassenden Entzifferung der Schrift führen sollte. Die Gruppe bestand aus dem deutschstämmigen Archäologieprofessor Helmuth Theodor Bossert von der Universität Istanbul und drei seiner türkischen Assistentinnen. Auf abgelegenen, schwer passierbaren Wegen durchquerten sie auf der Suche nach Spuren altanatolischer Kulturen den Taurus von Norden nach Süden. Bei einer kurzen Rast in einem Dörfchen namens Feke kamen sie mit den Halbnomaden ins Gespräch, die im Süden überwinterten und im Sommer mit ihren Schafherden zu den Weideflächen im hohen Taurus zogen, wo sie in Zelten lebten und Butter und Käse erzeugten. Die Einheimischen erzählten den Reisenden von einem »Löwenstein«, der in den schwarzen Bergen rund fünfzig Kilometer weiter südlich nahe dem Städtchen Kadirli zu finden sei. Das weckte Bosserts Interesse, denn schließlich war der Löwe ein bekanntes hethitisches Symboltier. In dem unwegsamen Gelände konnte seine Gruppe jedoch unmöglich noch so spät im Jahr diese große Entfernung zurücklegen.

Bossert wartete den nächsten Frühling ab und reiste ein halbes Jahr später erneut in die Region. Diesmal begleiteten ihn seine in Deutschland geborene Assistentin Halet Çambel, die damals Gastdozentin an der Universität Saarbrücken war, und der Direktor des Archäologischen Museums von Adana, Naci Kum. Allein die Reise in die Kreishauptstadt Kadirli gestaltete sich als echte Herausforderung, denn der Ort war im Winter von der Außenwelt abgeschnitten, und die Wege wurden gerade erst wieder passierbar. Nachdem das erste Pferdegespann wegen Erschöpfung hatte ausgetauscht werden müssen und das zweite mitsamt Wagen in einen Graben gestürzt war, erreichte die kleine Gruppe eines späten Abends endlich ihr Ziel. In Kadirli erwarteten sie Honoratioren zum Abendessen: Der Bürgermeister, der Kreishauptmann und andere wichtige Leute hatten von dem Besuch gewusst. Bossert war dankbar für den Empfang, fragte jedoch schon bald voller Ungeduld nach dem sogenannten Löwenstein. Ein knappes Dutzend Leute erschienen im Stadthaus und erzählten allerlei bunte Geschichten über die Region, wussten aber nicht das Geringste über einen Löwenstein zu berichten. Erst eine Stunde vor Mitternacht trat der Lehrer Ekrem Kuşçu auf, und siehe da, er kannte den bemerkenswerten Stein und hatte ihn auf seinen ausgedehnten Wanderungen sogar schon viermal besucht. Ungefähr zwanzig Jahre zuvor hatte er im Dorf Kizyusuflu erstmals davon erfahren. Ein damals achtzig Jahre alter Mann namens Abdullah soll ihm erzählt haben, dass man schon seit vielen Jahrzehnten von den Monumenten in den schwarzen Bergen sprach.

Am Morgen des nächsten Tages, am 28. Februar 1946, standen die Pferde für einen mehrstündigen Ritt zum »Löwenstein« (türkisch *Arslantaş*) bereit. Langsam wand sich der Weg aufwärts über den dunklen Bergrücken namens Karatepe (zu Deutsch »schwarzer Hügel«), bis er sich im Stechginster-Gestrüpp verlor. Zu Fuß folgten die Forscher einem alten Hirtenpfad weiter bergauf. Am Gipfel angekommen, streifte ihr Blick über die endlose Abfolge von dunklen Hügeln und Tälern – erst dann sahen sie zwischen Geröll und Felsblöcken und überwuchert vom Stechginster direkt vor sich den Löwenstein! Und gleich daneben lag sogar eine Statue, zwar stark beschädigt, aber mit einer Inschrift versehen! Bossert erkannte die Sprache sofort als semitisch; bald sollte sich zeigen, dass es Phönizisch war. Ungeachtet des hinderlichen Gestrüpps nahmen die Forscher ihre Arbeit auf und verbrachten drei Stunden auf dem Hügel. Halet Çambel fotografierte und versuchte eine Kopie der Inschrift anzufertigen. Bossert suchte und fand mehrere Bruchstücke mit anderen Schriftzeichen: luwischen Hieroglyphen! Er hatte also zwei verschiedene Schriften an einem Ort entdeckt, und seine Hoffnung wuchs, dass es hier eine echte Bilingue gäbe.

Ein Jahr später stand Bossert erneut auf dem Karatepe. Diesmal begleitete ihn Uluğ Bahadır Alkım, der zwei Jahre zuvor bei Bossert in sumerischer und hethitischer Philologie promoviert hatte und nun Dozent an der Universität Istanbul war. Die beiden hatten vier Wochen Zeit, die Fundstätte zu erforschen. Bald entdeckten sie Befestigungsmauern und die Reste eines Tempels oder Palasts mit gut erhaltenen monumentalen Felsbrocken, sogenannten Orthostaten, mit glatten Oberflächen. Sie trugen Reliefs mit zahlreichen Menschen- und Tierfiguren und standen noch immer aufrecht, so wie sie vor Jahrtausenden errichtet worden waren.

Wiederum ein halbes Jahr später, im September 1947, fand eine umfassend vorbereitete Ausgrabungsexpedition statt, die von der Türkischen Historischen Gesellschaft, der Universität von Istanbul und der Generaldirektion der Museen und Antiquitäten getragen wurde. Bossert wusste inzwischen, welche Orte in dem Terrain besonders vielversprechend waren, und ließ dort sogleich den Spaten ansetzen. Nach wenigen Augenblicken entdeckten die Arbeiter einen ersten Orthostaten mit mehreren Zeilen deutlicher phönizischer Schriftzeichen. Ein paar Meter weiter kam der nächste Orthostat zum Vorschein – und endlich auch lange Texte mit luwischen Hieroglyphen. Bossert hatte damit die ausführlichsten altphönizischen und luwischen Texte gefunden, die uns überliefert sind.

## 2 Helmuth Bossert (1889–1961)

Die Zentralbibliothek in Zürich führt vierzig Bücher, die Helmuth Theodor Bossert verfasst oder herausgegeben hat. Und das sind bei weitem nicht alle Werke, für die er verantwortlich zeichnet. Bossert wurde 1889 in Landau in der Pfalz am linken Rheinufer geboren und studierte in Heidelberg, Straßburg, München und Freiburg im Breisgau die Fächer Kunstgeschichte,

Geschichte, Archäologie und Germanistik. Er war der Herausgeber der bedeutenden sechsbändigen *Geschichte des Kunstgewerbes aller Völker und Zeiten*, die zwischen 1928 und 1935 erschien, und verfasste so unterschiedliche Werke wie *Altanatolien*, *Volkskunst in Europa* und *Aus der Frühzeit der Photographie 1840–1870*. Und er war nicht nur für die Entdeckung der einzigartigen Fundstätte von Karatepe verantwortlich, sondern auch einer der wichtigsten Forscher, die zur Entzifferung der luwischen Hieroglyphen beitrugen. Wie die meisten anderen Pioniere der altanatolischen Archäologie war auch Bossert nie an einer europäischen Universität angestellt. Überhaupt begegnet man seinem Namen nur selten in der Fachliteratur. In dem über 360 Seiten umfassenden Ausstellungskatalog *Die Hethiter und ihr Reich* von 2002 taucht der Name Bossert nicht einmal im Literaturverzeichnis auf. Im deutschen Wikipedia-Eintrag zu seinem Namen wird ihm – ohne Belege und Quellenangaben – eine geistige Nähe zum Nationalsozialismus unterstellt.

Offensichtlich gab es zwischen Helmuth Bossert und dem DAI in Istanbul gewisse Spannungen. Das hielt zumindest Kurt Bittel, Ausgräber von Hattuša und späterer Präsident des DAI, zwischen 1930 und 1934 in seinen Reisenotizen fest. Bittel wird sich aber etwas dabei gedacht haben, als er diese Notizen sechzig Jahre lang unter Verschluss hielt. Und es könnte sein, dass man der Sache Bittels beziehungsweise des DAI einen Bärendienst erwies, indem man die Notizen ohne Bittels Auftrag oder Genehmigung acht Jahre nach seinem Tod ungefiltert und uneditiert veröffentlichte. Mir scheint in diesem Kontext eine kleine Anekdote angebracht: Der große Ozeanograf und Geoarchäologe Professor Tjeerd Hendrik van Andel, mit dem ich sieben Jahre lang Tür an Tür zusammenarbeiten durfte, kam jeden Morgen als einer der Ersten ins Institut, setzte sich an seine elektrische IBM-Kugelkopfschreibmaschine und tippte im Zweifingersystem, jedoch mit großer Geschwindigkeit eine knappe Stunde lang. Nach ein paar Jahren verriet er mir in einer Kaffeepause, dass er Briefe an Kollegen schreibe. Der Inhalt der Briefe – das sagte er nicht, weil es mir ohnehin klar war – dürfte nicht sehr erbaulich gewesen sein. »Und bis vor fünfzehn Jahren habe ich sie auch abgeschickt!«, ergänzte van Andel. Er benutzte die Briefe also als eine Art Ventil, und es wäre so taktlos wie unnütz, sie zu publizieren.

Da Bittels frühe Reisenotizen aber nun einmal verfügbar sind, schauen wir sie uns genauer an. Kurt Bittel begegnete Helmuth Bossert im Sommer 1933 in Istanbul. Bittel war gerade sechsundzwanzig Jahre alt geworden. Er hatte drei Jahre vorher promoviert, ein Jahr das Reisestipendium des Deutschen Archäologischen Instituts genossen und war inzwischen als »wissenschaftlicher Hilfsarbeiter« in den DAI-Zweigstellen in Kairo und Istanbul tätig. Die Deutsche Orient-Gesellschaft hatte ihn mit der Fortführung der Ausgrabungen in Hattuša beauftragt; zu einem Zeitpunkt, als Bittel noch nicht einmal seine Doktorarbeit publiziert hatte. Man muss allerdings dazu sagen, dass die prähistorische Archäologie in Kleinasien in dieser Zeit weiterhin stiefmütterlich behandelt wurde, weil die Satzung des DAI Aktivitäten außerhalb des Einflussbereichs des antiken Griechenland und Rom ja nach wie vor ausschloss. Außerdem hatte man die vielen tausend von Winckler gefundenen Textfragmente noch bei weitem nicht fertig bearbeitet und war deswegen nicht unbedingt auf zusätzliches Material erpicht. In Istanbul hatte Martin Schede, der zum Zeitpunkt der ersten Begegnung von Bittel und Bossert fünfzig Jahre alt war, knapp zehn Jahre zuvor die Nachfolge von Theodor Wiegand als Repräsentant der Preußischen Museen in der Türkei übernommen. Daraus ging 1929 die Abteilung Istanbul des Archäologischen Instituts des Deutschen Reichs hervor, als deren erster Direktor Schede eingesetzt wurde.

Helmuth Bossert war dreiundvierzig Jahre alt, als er Kurt Bittel traf, und stand in der Blüte seines Lebens. Er hatte viele Dutzend Bücher geschrieben oder herausgegeben und war damit sogar zu »erheblichem Wohlstand« gelangt, wie Bittel notierte.[211] Er war also ein überaus erfolgreicher Wissenschaftler und Unternehmer. Bittel beschreibt ihn als groß, sehr beredt, leidenschaftlich, mit einer überzeugenden energischen Art.[212] Ein Jahr zuvor war Bosserts Buch *Šantaš und Kupapa* in den *Mitteilungen der Altorientalischen Gesellschaft* erschienen, eine Studie über mutmaßliche Götternamen in der hieroglyphenkretischen und hethitischen Überlieferung. Bittel gesteht ein, dass Bossert in diesem Werk gewisse Beziehungen zwischen der kretischen und der hethitischen Bilderschrift nachweisen und dabei Deutungen der luwischen Hieroglyphen liefern konnte, die als erste brauchbare Ansätze zu deren Entzifferung betrachtet werden sollten. Bossert war überzeugt, dass die luwische Hieroglyphenschrift entziffert werden könnte, wenn es erst einen *Corpus* sämtlicher bis dato bekannter Inschriften gäbe. Er setzte sich damals mit Vehemenz dafür ein, einen solchen Katalog zu erstellen. Bossert sollte übrigens recht behalten; die Erforschung der luwischen Kultur erhielt tatsächlich spürbaren Auftrieb, als dieser *Corpus* erschien. Allerdings musste die Wissenschaft bis zum Jahr 2000 darauf warten.[213]

Bittel berichtet nun in seinen Reisenotizen allerlei Klatsch über die Ereignisse im Jahr 1933. Letztlich läuft es aber darauf hinaus, dass er von Bosserts Auftreten und Kompetenz eingeschüchtert und überrumpelt war und dass er, obschon er als Schwabe ursprünglich fast ein Nachbar von Bossert war, diesen eher als Antipoden betrachtete. Darauf deutet auch die Bezeichnung »der Pfälzer« hin, mit der er Bossert bedachte.

Bossert hielt Martin Schede als Leiter der Außenstelle Istanbul für nicht ausreichend kompetent und nahm diesbezüglich kein Blatt vor den Mund. Er stand mit dieser Meinung nicht ganz alleine da. Auch Schedes Stellvertreter, Paul Wittek, schien von den Kompetenzen seines Vorgesetzten nicht restlos überzeugt zu sein. Und Eckhard Unger, der Leiter der Altorientalischen Abteilung des Museums in Istanbul, drängte darauf, die Leitung des Instituts zu ersetzen – nämlich durch ihn selbst.

Als Bittel und Bossert sich eines Abends beim Essen im Hotel gegenübersaßen, kamen sie auf das Institut in Istanbul zu sprechen. Bossert sagte unverblümt, dass »nach seiner Auffassung die Herren Schede und Wittek gänzlich ungeeignet seien«.[214] Tatsächlich verließ Wittek noch im gleichen Jahr das Institut, vermutlich auch, weil er erstens Sozialist und zweitens bei der politischen Führung in Berlin nicht wohlgelitten war. Er emigrierte zunächst nach Belgien und dann weiter nach England. Martin Schede, laut Bittel »ein strenger, getreuer Beamter, der nicht ganz über die nötige Beweglichkeit verfügte, um bei amtlichen Anordnungen frei und nur der Vernunft entsprechend Sinn vom Unsinn klar scheiden zu können«,[215] wurde 1937 zum Präsidenten des Deutschen Archäologischen Instituts ernannt.

Helmuth Bossert hatte zwei Antikriegs-Bildbände mit – wie er selbst im Vorwort sagt – »von der Zensur unterdrückten« Fotos herausgegeben: *Kamerad im Westen* und *Wehrlos hinter der Front. Leiden der Völker im*

*Krieg*. Die SA hatte deswegen seinen Namen auf die schwarze Liste gesetzt, die ihre Männer bei den Bücherverbrennungen 1933 verlasen.[216] Es ist deshalb wenig verwunderlich, dass Bossert im Herbst 1933 die erste Gelegenheit ergriff, Nazideutschland zu verlassen: Er akzeptierte eine Professur an der Universität Istanbul und wurde Direktor des dortigen Archäologischen Instituts. Er nahm die türkische Staatsangehörigkeit an und heiratete eine türkische Frau. Nach Deutschland kehrte er nie wieder zurück.

Kurt Bittels Reisenotizen von 1930 bis 1934 gewähren einen tiefen Einblick in die Denk- und Arbeitsweise der staatlich angestellten deutschen Archäologen der damaligen Zeit. Holzschnittartig wird darin zwischen Gut und Böse unterschieden. Auf der einen Seite stehen die lebenslänglich staatlich dotierten Gelehrten des Deutschen Archäologischen Instituts. Sie verfügen über eine selbstverständliche, höfliche und immer hilfsbereite Persönlichkeit, wissen sich in der Gesellschaft zu bewegen, haben Einfluss und sind ganz allgemein höchst verdient und fein gebildet.[217] Auf der anderen Seite und fast keiner Erwähnung wert sind die Forscher, die Entdecker, von denen dieses Buch handelt. Die Namen von Hugo Winckler, Friedrich Hrozný und Helmuth Bossert tauchen in dem fünfhundert Seiten dicken Buch mit Bittels Reisenotizen nur gelegentlich auf, und wenn, dann meistens abwertend. So heißt es zum Beispiel, dass Winckler 1906 in Hattuša »geschürft hat«[218] oder dass Bossert »eine etwas aufgeregte Beredsamkeit« zu eigen sei.[219] Man muss sich dabei vor Augen führen, was die Entdecker geleistet haben und wo die anatolische Archäologie ohne ihre Errungenschaften heute stünde.

## 3 Die Entzifferung der luwischen Hieroglyphen

Helmuth Bossert führte die Grabungen in Karatepe-Arslantaş bis 1952 selbst, dann übergab er die Leitung an seine Assistentin Halet Çambel, die diese Aufgabe bis an ihr Lebensende – sie wurde siebenundneunzig Jahre alt – wahrnahm. Heute wissen wir, dass es sich bei diesem Ort um eine Grenzbefestigung handelte. Sie lag an einem alten Karawanenweg, der von den Taurus-Pässen im anatolischen Hochland nach Nordsyrien und Obermesopotamien führte. Bis 1983 floss der Ceyhan am Fuße der schroff abfallenden Ostseite des Hügels entlang. Heute wird der Berg von einem Stausee umspült. Die Festung ist von einer vier Meter breiten und etwa einen Kilometer langen Mauer umgeben, die mit achtundzwanzig Wehr- und fünf Tortürmen ausgestattet ist. Das Besondere an dem Ort sind die beiden monumentalen Toranlagen, deren Durchgänge von Löwen und Sphingen flankiert und die mit bemerkenswerten Reliefs versehen sind. Den Inschriften zufolge soll die Burg um 740 v. Chr. gegründet worden sein, und die Archäologen konnten vier Bauphasen unterscheiden. Spuren von Verwüstung im Bereich der Tore, wo offensichtlich ein Feuer wütete, deuten darauf hin, dass die Anlage nach einem Vorstoß der Assyrer im 7. Jahrhundert v. Chr. zerstört und aufgegeben wurde.

Die Inschriften am Karatepe sind über die beiden Toranlagen verteilt. Es gibt drei Fassungen des phönizischen und zwei des hieroglyphenluwischen Textes. Am Nordtor beginnt der phönizische Text auf vier Orthostaten, erstreckt sich weiter über mehrere Reliefsockel und endet schließlich auf einem Portallöwen. Am Südtor beginnt der Text auf dem Portallöwen und setzt sich auf einem daran anschließenden Orthostaten fort. Die dritte Fassung bedeckt Vorder- und Rückseite der Statue des Wettergottes am Südtor sowie den aus zwei Stierfiguren bestehenden Sockel des Standbilds. Die beiden hieroglyphenluwischen Fassungen benötigen sehr viel mehr Platz und scheinen geradezu willkürlich über Sockel, Reliefs, Orthostaten und Portallöwen sowohl der Vorhöfe als auch der Seitenkammern verteilt zu sein, ohne dass sich der Grund dafür erschließen ließe.

Da die phönizischen Texte in Karatepe zu den ältesten ihrer Art zählten, wandte sich Bossert an gleich vier verschiedene Spezialisten und bat sie, die Abschriften zu bearbeiten. Die Semitiker fanden heraus, dass die Inschrift von einem gewissen Azatiwada stammte. Im phönizischen Text beschreibt Azatiwada, ein Wesir des Königs Awariku, Herrscher des spätluwischen Stadtstaates Qu'e und Adana in Kilikien, seine Verdienste um das Königreich. So soll er das Reich befestigt und erweitert und die Nachkommen von Awariku inthronisiert haben. Folglich dürfte die Herrschaft von Azatiwada in der Regierungszeit von Awariku (738–732 v. Chr.) begonnen und

▲ Die Orthostatenreihe auf der linken Seite im Vorhof des Nordtores in Karatepe zeigt den Portallöwen und phönizische Inschriften nach den ersten Ausgrabungen unter der Leitung von Helmuth Theodor Bossert (nach Riemschneider 1954, Tafel 81).

bis ins frühe 7. Jahrhundert v. Chr. angedauert haben. Es wird angenommen, dass die Inschrift nach Awarikus Tod (nach 709 v. Chr.) entstand. Awariku wird darin als König der Adanaer bezeichnet.

> *Ich bin Azatiwada, Wesir des Baal, Diener des Baal, den Awarik, König der Adanaer, groß gemacht hat. Baal machte mich den Adanaern zum Vater und zur Mutter. Ich ließ aufleben die Adanaer. Ich breitete das Land der Ebene von Adana aus vom Aufgang der Sonne bis zu ihrem Untergang. Und in meinen Tagen hatten die Adanaer alles Gute und Vorratsfülle und Wohlstand. Und ich füllte die Speicher von Pa'r. Und ich machte Pferd zu Pferd und Schild zu Schild und Heer zu Heer nach des Baal und der Götter Willen.*[220]

Obwohl die Inhalte der phönizischen Texte bald bekannt waren, ließ sich zunächst nicht beweisen, dass es sich wirklich um eine Bilingue handelte.

Bei den luwischen Hieroglypheninschriften auf den Orthostaten wussten die Forscher nicht einmal, wo sie anfingen, weil noch zu wenig Zeichen bekannt waren.

Der Durchbruch bei der Entzifferung sollte wiederum einem Außenseiter und Autodidakten gelingen, dem Deutschen Franz Steinherr. Bossert war dem damals siebenunddreißigjährigen Mann 1939 zufällig in Istanbul begegnet und hatte dabei sein ungewöhnliches Sprachtalent bemerkt. Steinherr sprach neben Deutsch auch Türkisch, Arabisch, Japanisch, Russisch, Französisch und Englisch – hatte aber kein Abitur! Er hatte als Buchhalterlehrling begonnen und war später Vertreter einer Baufirma geworden. Bossert meinte, dass ein solches Sprachtalent für die Altertumskunde genutzt werden müsste – und schlug Steinherr vor, bei ihm zu studieren. Dazu musste Steinherr zunächst noch Griechisch und Lateinisch lernen und auch sein Abitur nachholen. Das Examen an seiner alten Schule in München bestand er mit Bravour. Dann begab er sich wieder nach Istanbul, besuchte die Vorlesungen von Bossert und erwarb schließlich ganz nebenbei einen Doktortitel. Hauptberuflich war er inzwischen Geschäftsführer des deutschen Krankenhauses in Istanbul geworden. Bossert nahm Steinherr 1947 auf die Karatepe-Expedition mit, wo er sich in vielerlei Hinsicht nützlich machte. Eines Abends inspizierte Steinherr die verkrustete Oberfläche einer gut erhaltenen Sphinx, die an diesem Tag ausgegraben worden war. Während er mit der Hand über die Oberfläche strich, löste sich die dünne Staubschicht. Zum Vorschein kamen luwische Hieroglyphen, die den gesamten Körper des Fabelwesens bedeckten. Der talentierte Steinherr erkannte in den Hieroglyphen den Namen des im phönizischen Text genannten Königs Azatiwada. Im phönizischen und im luwischen Text war also vom gleichen König die Rede.[221]

Zurück in Istanbul, nahm Steinherr seine Tätigkeit im deutschen Krankenhaus wieder auf, beschäftigte sich aber abends und am Wochenende mit den Texten aus Karatepe. Er verglich, sortierte und kopierte die Texte aus den beiden Sprachen mit einer solchen Intensität, dass er bald ganze Passagen im Gedächtnis hatte. Als er eines Tages in Bosserts Vorlesung saß und dieser über den Abschnitt des phönizischen Textes sprach, in dem es unter anderem heißt: »Und ich machte Pferd zu Pferd und Schild zu Schild und

Heer zu Heer …«, da fiel Steinherr ein, dass an einer Stelle der Hieroglypheninschrift zwei Pferdeköpfe aufeinander folgten. Damals kannte man ein einziges Verb aus den luwischen Hieroglyphen, nämlich das Zeichen für »ich mache« – und genau dieses tauchte hier ebenfalls auf. »Ich machte Pferd zu Pferd«: Der erste hieroglyphenluwische Satz war gefunden, der genau einem phönizischen entsprach. Es handelte sich bei der Karatepe-Inschrift also tatsächlich um eine Bilingue. Jetzt dauerte es nicht mehr lange, bis das Hieroglyphenluwische lesbar war.

## 4 Der Einfluss des Ostens

Helmuth Bossert, der in seinen Buchpublikationen oft großen Wert auf reichhaltige Illustrationen legte, veröffentlichte 1942 ein Werk mit dem Titel *Altanatolien*, in dem er die Geschichte der Kunst und des Handwerks in Kleinasien von den Anfängen bis zum völligen Aufgehen in der griechischen Kultur als Lehrbuch mit umfangreicher Fotodokumentation, ausführlichem Kommentarteil und umfassender Bibliografie anlegte. Er betonte darin, dass es sich bei den altanatolischen Völkern um die ältesten historisch beglaubigten indoeuropäischen Kulturen überhaupt handle.[222] Gestützt auf die Angaben zur lydischen Chronologie von Herodot (1.95) ermittelte er, dass die Seevölker-Invasionen im Jahr 1192 v. Chr. stattgefunden haben müssten.[223] Auch mit dem Diskos von Phaistos beschäftigte er sich, der nach seiner Ansicht ein »in Kreta gefundenes Schriftdenkmal von der Südwestküste Kleinasiens (?)« sein könnte.[224]

Im Jahr 1944 legte Bossert ein 320-seitiges Buch mit dem Titel *Ein hethitisches Königssiegel* vor, in dem er das überlieferte Wortmaterial des Palaischen vollständig dokumentierte und analysierte. Direkt an dieses Werk knüpft *Asia* an, eine etymologische Studie, die sich wiederum auf eine umfassende quellenkritische Dokumentation der Belege und ihre sprachwissenschaftliche Beschreibung stützt. Bossert erklärt darin den Ursprung des Namens »Asia«. Dieser sei in griechisch-historischer Zeit zunächst an Lydien geknüpft gewesen. Dass ionische Geografen mit dem Begriff später einen ganzen Erdteil bezeichneten, sei nur denkbar, wenn bei den Bewohnern Westanatoliens die Erinnerung an ein einst größeres Asia fortlebte. Zur Zeit des hethitischen Reichs bezeichnete Asia die Region, die die Hethiter Aššuwa nannten und die zeitweise fast die gesamte Westküste Anatoliens umfasste – also die Region, die wir heute der luwischen Kultur zuordnen würden. Bossert fährt fort: »Es war ein als Grossmacht anzusprechender Staat, der rege Handelsbeziehungen mit dem fernen Ägypten unterhielt und Waffengänge mit dem hethitischen Reich nicht scheute.«[225] – Diese Einsichten deuten darauf hin, dass (nach Emil Forrer) inzwischen auch Bossert unveröffentlichte Dokumente aus den Archiven der Istanbuler Sammlungen gesehen hatte, die solche Rückschlüsse nahelegten.

In der zweiten Hälfte des 2. Jahrtausends v. Chr. hatten die Hieroglyphen schreibenden Luwier zumindest dem späteren Lydien den Namen Asia (der so viel bedeutet wie »das [Land] des Heils«) gegeben. Griechische Münzen des 5. Jahrhunderts v. Chr. aus dem lykisch-karischen Grenzgebiet zeigen jedoch, dass das Siedlungsgebiet der westlichen Luwier über »Lydien« wesentlich hinausgereicht haben muss.

> *Die mykenischen Griechen, deren Einwanderung nach Westanatolien etwa um 1500 v. d. Z. begann, hörten den Namen »Asia« von den Einheimischen noch zu einer Zeit, als Asia ein großes Reich bezeichnete, dessen Ausdehnung nach Osten die zunächst in Meeresnähe siedelnden Griechen gar nicht abzuschätzen vermochten. Nach dem Zusammenbruch Asia's infolge der Völkerverschiebungen des beginnenden 12. Jahrhunderts v. d. Z. wird zwar der Asia-Begriff zwangsläufig auf das spätere Lydien, wohl das Kernland Gross-Asia's, eingeengt worden sein; anzunehmen, dass die Kunde von dem einst viel umfangreicheren Asia erlosch und dass die ionischen Geographen den Namen für einen gewaltigen Erdteil von einem verhältnismässig unbedeutenden Landstrich »Asia« ableiteten, scheint aller Logik und Erfahrung zu widersprechen.*[226]

Nun warf auch das, was Bossert und sein Team in Karatepe entdeckten, manche Lehrbuchmeinung der Archäologie über den Haufen. Die reliefgeschmückten steinernen Orthostaten aus dem ausgehenden 8. Jahrhun-

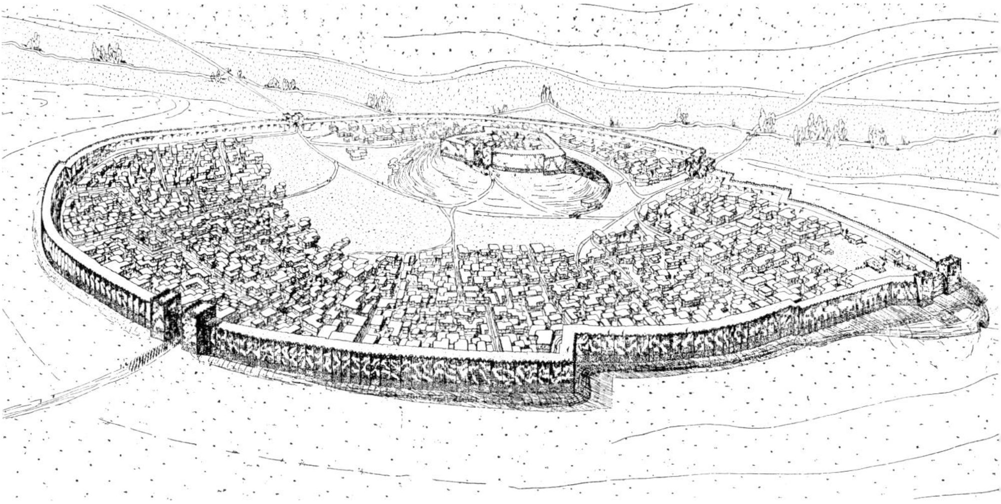

▲ Diese künstlerische Rekonstruktion von Alişar Höyük gibt eine Vorstellung davon, wie eine hethitische Provinzstadt der Großreichszeit ausgesehen haben mag. Möglicherweise handelt es sich dabei um das in hethitischen Texten erwähnte Ankuwa. Bemerkenswert ist die große leere Fläche zwischen der Königsburg und der Unterstadt, wodurch sich die Residenz des Königs deutlich abhebt. Manches weist darauf hin, dass Troja in ähnlicher Weise in eine erhöht und etwas abseits gelegene Königsburg und eine mit einem gewissen Abstand darum herum angeordnete tiefer liegende Unterstadt geteilt war (nach Hans Henning von der Osten 1937, Tafel XIV).

dert v. Chr. enthielten nämlich Elemente, die bis dahin für typisch griechisch gehalten worden waren, darunter die Leier und die Helmkappe mit einer Raupe aus Rosshaaren, die in einen prachtvollen, bis fast zu den Hüften herabreichenden Schweif übergeht. Aufgrund der frühen Entstehung und der abgelegenen Lage der Burg von Karatepe ist es äußerst unwahrscheinlich, dass diese Errungenschaften auf griechischen Einfluss zurückzuführen sind. Denkbar, aber ebenfalls wenig wahrscheinlich ist die Möglichkeit, dass die Gegenstände unabhängig voneinander an verschiedenen Orten entwickelt wurden.

Die Funde aus Karatepe veranlassten den Münsteraner Althistoriker Hans Erich Stier 1950, einen Aufsatz mit dem Titel »Probleme der frühgriechischen Geschichte und Kultur« zu publizieren, in dem er feststellte, dass der Raupenhelm offensichtlich im 9. Jahrhundert v. Chr. im Zusammenhang mit dem späthethitischen Kulturraum entstanden und damit den frühesten in Griechenland auftretenden Formen um hundert Jahre voraus war.[227] Auch Herodot (1.171) weist im Übrigen ausdrücklich darauf hin, dass die Griechen den Helmbusch von den Karern übernommen hätten. Die anatolischen Wurzeln des Raupenhelms inspirierten Stier schließlich zu einer langen Liste kunstgeschichtlicher Errungenschaften, die das antike Griechenland dem Osten verdankte:

> *Wenn man die Frage nicht so stellt wie [Oswald] Spengler, nämlich was das Griechentum alles von der Überfülle orientalischer Schöpfungen* nicht *übernommen habe, sondern umgekehrt: was es eigentlich alles vom Orient übernahm, kommt man zu ganz anderen Schlußfolgerungen. Fast die gesamte dekorative Ornamentik, die die geometrische ablöste und schließlich verdrängte, Palmette, Volute, Flechtband, Lotus usw., die Figurendarstellung statt mathematisch-abstrakter Formen, Metallschalen und Bronzeschilder, Helmraupe, Schildwappen und Schildgriff, in der Malerei Tierfriese, Tierkampfszenen, antithetische Figurenkompositionen, Heldenkämpfe zu Wagen und zu Fuß, Bildmotive wie die der Arkesilas-Schale und der Busiris-Vase, archaische Trachten, die Unterscheidung der Geschlechter durch dunkle und helle Tönung, die Plastik mit ihren Grundthemen seit der Überwindung des »Spreizstils« durch den »Blockstil«, die Kolossalität ältester Statuen, stehende und Sitzfigur, Tierplastiken, Löwentypen, bei denen der vorderasiatisch-schreckhafte mit geöffnetem Rachen neben dem ägyptisch-majestätischen steht, Figuren im »Knielaufschema«, das Relief, orientalische Fabelwesen wie die Sphinx u. a., das Motiv der Karyatiden, figurale Steinbecken usw. usw., die Lampe, die an Tell-Halaf-Skulpturen und ähnliche erinnernden langgestreckten Hälse der ältesten Figuren vom Mantiklos-Apollon bis zur stehenden attischen Göttin, Armhaltungen und Beinstellung, die an assyrische Gepflogenheiten erinnernde Wiedergabe der Muskulatur (z. B. bei den sportlichen Darstellungen der Basisreliefs von einem Grabmal im Athener Museum), das Motiv des Kalbträgers, des Löwenbezwingers und ähnliche, die Grabstele usw., ferner die Tempelarchitektur und in ihr vor allem die Säule – und zwar*

*sicherlich nicht nur die ionische mit ihren Abarten –, schließlich Musikinstrumente wie Leier und Aulos, die Herkunft bedeutender Sänger wie Alkman aus dem Orient (Sardes) und andere – alles Dinge, deren morgenländische Herkunft teils erwiesen, teils mit beachtlichen Erwägungen vertreten worden ist und im Lichte der Feststellungen über den Helmbusch an Wahrscheinlichkeit gewinnt.*[228]

Stier beließ es jedoch nicht bei der Kunstgeschichte, vielmehr erweiterte er das Spektrum der Errungenschaften aus dem Orient auf die allgemeine Kultur und das Staatswesen:

*Im politisch-wirtschaftlichen Raume sind es die Einführung der Münze und das Auftreten der Tyrannis, die Einbürgerung des Alphabets und die Beamten- und Siegerlisten, die Übernahme des babylonischen Gewichtssystems mit seiner sexagesimalen Gliederung, alles Erscheinungen, die tiefgreifende Bedeutung für die Gestaltung des gesamten öffentlichen Lebens gewannen; im religiösen neben dem Dionysosdienst und der orphischen Theologie und Mystik die aus dem babylonisch-assyrischen Kreise übernommene Eingeweideschau und die aus ihr entwickelte Wissenschaft der Mantik, die beide in ihrer ausgebildeten Form der homerischen Zeit noch fremd sind, babylonische Deutung von Himmelszeichen und Sternkunde, die die Grundlage für Thales aufsehenerregende Vorhersage der Sonnenfinsternis vom 28. Mai 585 bildeten und damit für die Geburt der Philosophie einen wesentlichen Anstoß vermittelten […] Angesichts dieser Sachlage wäre es durchaus nicht als abwegig zu bezeichnen, wenn man fragte, was im archaischen Hellas eigentlich* nicht *aus dem Orient herstammte.*[229]

Auch der deutsche Altorientalist Albrecht Götze (1897–1971) befasste sich zeitlebens mit der Geschichte der Hethiter. Bereits 1924 erschien unter seinem Namen ein Aufsatz mit dem Titel »Kleinasien zur Hethiterzeit«. Es war der Auftakt zu einer Diskussion über die politische Geografie Kleinasiens im 2. Jahrtausend v. Chr., die bis heute anhält. Die Wissenschaft ist heute natürlich sehr viel weiter als vor fast hundert Jahren zur Zeit Götzes.

Und trotzdem wird noch immer eifrig darüber diskutiert, welche Stadt beziehungsweise Region in Kleinasien welchem Namen aus den hethitischen Dokumenten zuzuordnen sei. Die Aufgabe gestaltet sich so schwierig, weil die in der Hethiterzeit gebräuchlichen Namen nur in wenigen Fällen in ähnlicher Form überdauert haben.[230]

Die Kenntnis der Geografie ist jedoch unentbehrlich, wenn man die Feldzüge der hethitischen Großkönige, die in den Dokumenten aus Hattuša zum Teil ausführlich beschrieben sind, verstehen möchte. So berichtet Muršili II., wie er zu Beginn seiner Herrschaft zwei Jahre in Westkleinasien verbrachte und dort zweimal hintereinander überwinterte, um die Region zu befrieden. Er benötigte ein ungewöhnlich großes Aufgebot an Fußtruppen und Wagenkämpfern und prahlte mit der Anzahl Gefangener, die er im Westen gemacht habe: In Arinanda sollen es 15 500 gewesen sein, in Puranda 16 000 und im inneren Arzawa sogar 66 000.[231] Nun wäre es wichtig zu wissen, wo diese offensichtlich bevölkerungsreichen Nachbarstaaten des hethitischen Großreichs lagen. Darüber streiten die Gelehrten noch heute. Götze erkannte bereits die Bedeutung der Luwier und ging davon aus, dass Luwisch und Lykisch miteinander gleichzusetzen sind. Für ihn scheint die Bezeichnung »Luwier« sogar gleichbedeutend mit »Kleinasiate« gewesen zu sein.[232]

Aus Götzes erstem Aufsatz über die politische Geografie Kleinasiens entstand schließlich eine Monografie mit dem Titel *Kleinasien*, die 1933 als Bestandteil des *Handbuchs der Altertumswissenschaft* erschien. Dieses Buch wurde 1957 in einer aktualisierten Fassung neu aufgelegt und in der gleichen Form als *Kulturgeschichte Kleinasiens* 1974 noch einmal nachgedruckt. Es blieb während des ganzen 20. Jahrhunderts die einzige monografische Behandlung der prähistorischen und frühgeschichtlichen Kulturgeschichte Kleinasiens. Götze lokalisierte natürlich die Hethiter im Zentrum Kleinasiens, die Luwier im Westen und Süden sowie die Palaer und Kaškäer im Norden.[233] Er schrieb:

> *Die Bedeutung der Luwier ist unterstrichen durch die Tatsache, dass in der Großreichszeit ein Dialekt, der mit dem Luwischen nahe verwandt ist und mit den Hieroglyphen geschrieben wird, auch im hethitischen Gebiet verwendet wird […] Die westkleinasiatische Kultur kann ohne*

*Unterbrechung bis hoch ins dritte Jahrtausend zurückverfolgt werden. Wir haben entweder anzunehmen, daß sich die Luwier während des dritten Jahrtausends in Westkleinasien eingeschaltet haben, ohne daß der Vorgang archäologisch faßbar wird – und das scheint unwahrscheinlich –, oder wir müssen geradezu folgern, daß die Luwier während dieser ganzen Periode bereits in der Halbinsel lebten.*[234]

Albrecht Götze war bis Ende 1933 Professor für semitische Sprachen und orientalische Geschichte an der Philipps-Universität in Marburg. Den damals erforderlichen Fragebogen zur »Rassezugehörigkeit der 4 Großeltern« konnte er zufriedenstellend mit »arisch« beantworten. Beamte, die mit der Umgestaltung der Verwaltung im nationalsozialistischen Sinne beauftragt waren, entschieden aber dennoch, Götze aus dem Staatsdienst zu entlassen, und zwar aufgrund seiner »pazifistischen Einstellung«.[235] Sein Nachfolger wurde der Kunsthistoriker Friedrich Wachtsmuth, ein überzeugter Nationalsozialist.[236] Der Lehrstuhl hieß neu Professur für Vorderasiatische Kunst mit besonderer Berücksichtigung der arischen Kunstzweige. Götze emigrierte in die USA, erhielt eine Professur in Yale und schrieb seinen Namen fortan Goetze.

Ursächlich nicht damit verknüpft, aber ungefähr zeitgleich mit der Entschlüsselung der luwischen Hieroglyphen ereignete sich dann der bis heute letzte große Durchbruch in der Ägäischen Frühgeschichte: die Entzifferung von Linear B. Tontafeln mit Linear-B-Zeichen gelangten erstmals im Rahmen der Ausgrabungen von Arthur Evans in Knossos ab 1900 an die Oberfläche. Mit den Grabungen in Pylos unter der Leitung des US-amerikanischen Prähistorikers Carl Blegen ab 1939 kamen diese Schriftdokumente in großer Zahl auch auf dem griechischen Festland ans Tageslicht. Die Entzifferung gelang schließlich dem englischen Architekten Michael Ventris (1922–56), also wiederum einem kompletten Außenseiter, der nie eine Universität besucht hatte. Als Vierzehnjähriger hatte Ventris bei einem Ausstellungsbesuch in London den damals fünfundachtzigjährigen Arthur Evans erlebt.[237] Als er erfuhr, dass Linear B noch immer nicht entziffert sei, wurde der Ehrgeiz des sprachbegabten Jungen geweckt. Ventris konnte sich auf die Vorarbeiten von Alice Kober und Emmett Bennett stützen, verwandte jedoch auch viel Zeit darauf, die Gesellschaft zu rekonstruieren, die diese Schrift benutzt hatte.[238] Er schickte eine Liste mit spezifischen Fragen zur minoischen Kultur an eine Reihe von Experten und erhielt von den allermeisten eine Antwort. Während Alice Kober ihre Beweisführung ausschließlich auf die Texte selbst stützte, zog Ventris alle Aspekte der damaligen Gesellschaft heran. Ganz ähnlich war es für Friedrich Hrozný letztlich erfolgsentscheidend gewesen, dass er bei der Entzifferung der hethitischen Sprache den externen Bezug zur indoeuropäischen Sprachfamilie herstellte.

Vielleicht wäre Linear B früher entziffert worden, wenn Arthur Evans nicht zeitlebens die Publikation der kretischen Dokumente verhindert hätte, die er in Knossos gefunden hatte.[239] Michael Ventris ging davon aus, dass bestimmte Symbolfolgen Ortsnamen darstellten und dass solche, die

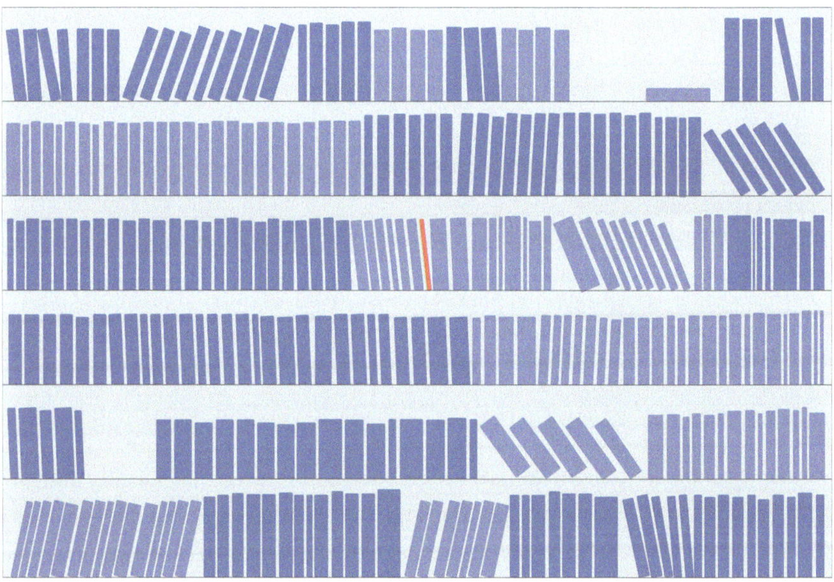

▲ Diese schematische Darstellung zeigt das deutsche Lehrbuchwissen der Altertumskunde in Form der Bände der großen Standardwerke, die es im Buchregal füllt: *»Ur-Pauly«, Pauly-Wissowa, Der Kleine Pauly, Der Neue Pauly* und *Das Handbuch der Altertumswissenschaft* stehen nebeneinander in einem Regal. Bücher, die sich mit dem antiken Griechenland und Rom befassen, sind in blauer Farbe dargestellt. Nur ein einziges Buch widmet sich Kleinasien: ein schmaler Band von Albrecht Goetze aus dem Jahr 1957 – ein großer Wurf zwar, der aber natürlich inzwischen veraltet ist.

nur in den Dokumenten aus Kreta auftraten, möglicherweise Siedlungen auf den Ägäisinseln bezeichneten. Überraschend war die Erkenntnis, dass die Dokumente in einer frühen Form der griechischen Sprache abgefasst waren – anders als die Texte in der ebenfalls auf Kreta gebräuchlichen, aber etwas älteren Linear-A-Schrift, die offensichtlich keine indoeuropäische Sprache wiedergab.

Die fast zeitgleiche Entschlüsselung der luwischen Hieroglyphen und der Linear-B-Schrift sorgte Anfang der 1960er Jahre für eine beinahe euphorische Stimmung in der Disziplin der Ägäischen Frühgeschichte. Wissen und Verständnis über die mykenischen Griechen auf Kreta und dem Festland einerseits und über die Luwier im Süden und Westen Anatoliens andererseits erfuhren einen sprunghaften Anstieg. Einer der Protagonisten dieser Bewegung war der englische Philologe Leonard Palmer. In verschiedenen umfassenden Publikationen betonte er die Bedeutung der Luwier. Bereits im Jahr 1958 notierte Palmer: »Es ist verlockend, wenigstens als eine Arbeitshypothese anzunehmen, dass die Sprache der Linear-A-Inschriften als Luwisch zu bestimmen ist.«[240] Damit wäre auf Kreta vom 17. bis zum 15. Jahrhundert eine Schrift gebräuchlich gewesen, die eine anatolische Sprache wiedergab und möglicherweise von Kleinasien aus eingeführt worden war. Diese Schrift wäre im Laufe des 15. Jahrhunderts umgeformt und als Linear B zum Gebrauch der griechischen Sprache genutzt worden.

Während die Erkenntnisse über Linear B zum Entstehen einer neuen wissenschaftlichen Disziplin führten, erlosch das Interesse am Luwischen jedoch allmählich wieder. Erst als der englische Hethitologe John David Hawkins, ein ehemaliger Schüler von Leonard Palmer, im Jahr 2000 alle bekannten luwischen Textdokumente der frühen Eisenzeit publizierte, sollten die Luwier ihre Renaissance erleben.

## 5 Vierhundert unerforschte Siedlungsplätze

Meine Ambitionen, wieder in die Archäologie einzusteigen, waren nach der gescheiterten Troja-Soirée in Zürich gleich null. Außerdem nahm mich meine Agentur mit spannenden Aufgaben in Anspruch. Doch ein

Jahr nach dem denkwürdigen Treffen mit Ernst Pernicka erhielt ich eine Einladung zum 10. Wissenschaftlichen Kolloquium der Heinrich-Schliemann-Gesellschaft in Ankershagen, das am 9. und 10. September 2011 stattfinden sollte. Das Überraschende am Programm war, dass sowohl Ernst Pernicka wie auch Frank Kolb als Redner auftreten würden. Dieses Schauspiel wollte ich mir nicht entgehen lassen, und so meldete ich mich als Zuhörer an und reiste nach Mecklenburg-Vorpommern.

Erst bei der Eröffnung des Kolloquiums wurde den Teilnehmern mitgeteilt, dass Ernst Pernicka seinen Auftritt abgesagt hatte. Die Veranstaltung verlor dadurch natürlich an Reiz. Trotzdem hatte sich die Reise für mich gelohnt, denn Frank Kolb hielt einen Vortrag, der mir geradezu die Augen öffnete. Er sprach über die Bedeutung des bronzezeitlichen Hisarlık im Kontext der heute bekannten Siedlungen im westlichen Kleinasien und lieferte einen Überblick über die rund zwei Dutzend archäologischen Ausgrabungen von Fundstätten des 3. und 2. Jahrtausends v. Chr., die in den letzten Jahrzehnten meist unter türkischer Leitung stattgefunden hatten. Ich spürte natürlich, dass Frank Kolb damit die Größe und Bedeutung von Troja relativieren wollte. Im Vergleich mit den anderen ausgedehnten Siedlungsplätzen war die Fundstätte auf dem Hügel Hisarlık gar nicht mehr so sensationell. Für mich enthielt dieser Vortrag jedoch auch eine ganz andere Botschaft: In Westkleinasien gibt es noch ungeheuer viel zu entdecken!

Dass ich ein paar Monate später tatsächlich begann, mich wieder ernsthaft in die Archäologie zu vertiefen, ergab sich durch eine harmlose Plauderei mit einem Freund. Matthias Oertle, zehn Jahre lang Managing Partner bei der größten Wirtschaftskanzlei der Schweiz, hatte mich zu einem Grillabend eingeladen. Wie viele Leute mit einer humanistischen Gymnasialbildung hegte er seit seiner Jugend ein Interesse für Archäologie. Er hatte im Jahr zuvor meinen Versuch, mit Ernst Pernicka eine gemeinsame Basis zu finden, mitverfolgt und fand es schade, dass ich mich von dem Fach abgewandt hatte.

»Schreib doch wieder einmal ein Paper«, schlug er vor.

Die Idee war verlockend. Ich hatte es immer als großes intellektuelles Vergnügen empfunden, ein komplexes Thema zusammenfassend behandeln zu können. Auch hatte ich in der Vergangenheit mit den internationalen archäologischen Fachzeitschriften nur gute Erfahrungen gemacht, und meine Manuskripte hatten die Peer-Reviews jeweils problemlos durchlaufen.

Laut dachte ich darüber nach, dass das *American Journal of Archaeology* an einer Übersicht über die spätbronzezeitliche Besiedlung von Westkleinasien interessiert sein könnte. Ich kannte die Herausgeberin Tracey Cullen seit vielen Jahren, und die Zusammenarbeit mit ihr hatte früher besonders reibungslos funktioniert. Meine Notizen von Frank Kolbs Vortrag würden mir einen Einstieg in die Thematik bieten.

Matthias ließ nicht locker: »Schick ihr einfach ein Mail!«

Und das machte ich auch – gleich am nächsten Morgen schrieb ich Tracey Cullen. Ich beschränkte mich auf die Frage, ob das Thema für sie von Interesse sei. Sie antwortete noch am selben Tag und klärte mich erst einmal darüber auf, dass sie inzwischen nicht mehr für *AJA*, sondern für *Hesperia,* ein anderes namhaftes Fachjournal, zuständig war. Sie schrieb, sie könne sich sehr gut vorstellen, dass *AJA* einen Aufsatz zu den archäologischen Fundstätten des 2. Jahrtausends v. Chr. in Westkleinasien publizieren würde, wolle mich jedoch ermutigen, das Paper bei *Hesperia* einzureichen. Ein positives Ergebnis des Peer-Reviews vorausgesetzt, würde sie einen solchen Artikel sofort herausbringen, versicherte sie mir.

Ohne Frage war Tracey Cullen die Bedeutung des Themas bewusst. Die Mittel- und Spätbronzezeit in Westkleinasien ist bekanntermaßen eine Forschungslücke, und manche Herausgeber von Fachzeitschriften haben ein Interesse daran, solche Lücken schließen zu helfen. Mich ermunterte die schnelle und positive Reaktion. Ich hatte nicht damit gerechnet, dass mir die Türen so weit offenstehen würden.

Wie immer hatte ich die Arbeit, die auf mich zukommen würde, maßlos unterschätzt – und meine Kompetenzen und mein Zeitbudget in ähnlichem Umfang überschätzt. Bald wurde mir klar, dass für einen umfassenden Fundstättenkatalog eine archäologische Ausbildung und Türkischkenntnisse unentbehrlich waren. Um die Arbeit weiterführen zu können, suchte ich deshalb nach einem geeigneten Co-Autor und konnte Serdal Mutlu, einen Doktoranden am Archäologischen Institut in Zürich, für das Projekt begeistern.

Weil wir beide nur beschränkt Zeit investieren konnten, nahmen die Zusammenstellung der bekannten Fundstätten und die Auswertung des vorhandenen Materials schließlich mehrere Jahre in Anspruch. Am Ende hatten wir über vierhundert große Siedlungsplätze erfasst, einschließlich ihrer Koordinaten, der an der Oberfläche gefundenen Keramik und der bibliografischen Referenzen. Damit bestand kein Zweifel, dass Westkleinasien in der Mittel- und Bronzezeit dicht besiedelt war – und dieses Wissen war neu. Der Sonderforschungsbereich »Tübinger Atlas des Vorderen Orients«, ein interdisziplinäres Forschungsprojekt der Deutschen Forschungsgemeinschaft, das zwischen 1969 und 1993 an der Universität Tübingen angesiedelt war – und als dessen Mitarbeiter Manfred Korfmann in Tübingen ursprünglich engagiert worden war –, hatte zwar die Siedlungsmuster in Westkleinasien für alle möglichen Epochen ermittelt, nicht jedoch für die Mittel- und Spätbronzezeit.

Als wir mit unserer Veröffentlichung endlich so weit waren, dass wir sie einreichen konnten, war Tracey Cullen pensioniert worden. Ihre Nachfolgerin, die ich ebenfalls aus gemeinsamer Geländearbeit kannte, informierte mich darüber, dass das Führungsgremium von *Hesperia* den Personalwechsel zum Anlass für eine Neuausrichtung des Journals genommen habe. Künftig würde es wieder wie früher ausschließlich griechische Themen behandeln. Uns blieb nichts anderes übrig, als das Manuskript anderswo einzureichen. Es erschien schließlich dort, wo auch Frank Kolb vier Jahre zuvor seinen Vortrag veröffentlicht hatte: in den *Mitteilungen aus dem Heinrich-Schliemann-Museum in Ankershagen*.[241]

X

# Eine ungewöhnliche Affäre

## 1 Eilzug von Istanbul nach Izmir, Juni 1958

Die wohl abenteuerlichste Episode in der Forschungsgeschichte Altanatoliens beginnt, wie es sich eigentlich für einen Agententhriller gehört – nämlich mit einer folgenschweren Begegnung während einer Zugfahrt. Im Frühsommer 1958 war der britische Archäologe James Mellaart, der zu diesem Zeitpunkt an der Universität von Istanbul lehrte, unterwegs nach Izmir an der türkischen Ägäisküste. Er wollte dort eine Übersicht über verschiedene potenzielle Fundstätten, die er in dieser Region erfasst hatte, vervollständigen. Trotz seines jugendlichen Alters von zweiunddreißig Jahren galt Mellaart für manche seiner Kollegen schon damals als der berühmteste Archäologe der Welt.[242] Mit der Treffsicherheit eines Wünschelrutengängers hatte er in den Jahren zuvor eine große Anzahl prähistorischer Fundstätten in den unterschiedlichsten Regionen der Türkei entdeckt, wo sie offenbar niemand erwartet hatte.

Mellaart, ein Charakterkopf mit rotblonden welligen Haaren, heller Hornbrille und rundlicher Statur, saß in einem geschlossenen Abteil und las in einem Buch, wie er es auf Reisen immer zu tun pflegte. Als sich der Zug der Ägäisküste näherte, brach die Abenddämmerung herein. Das Abteil füllte sich, und Mellaart erhob sich, um weiter hinten im Zug nach einem ruhigeren Sitzplatz zu suchen. Er fand ein leeres Abteil, ließ sich erneut nieder und las weiter. Kurz darauf öffnete sich die Tür, eine junge Frau trat ein und setzte sich ihm gegenüber. Sie war um die zwanzig Jahre alt und ausgesprochen attraktiv, auf eine herbe Art, wie sie in den Ägäisländern verbreitet ist. Es war jedoch weniger die äußere Erscheinung der jungen Frau, die Mellaarts Aufmerksamkeit erregte – immerhin war er seit vier Jahren glücklich verheiratet und sollte es übrigens bis ans Ende seines

Lebens bleiben. Es war das Armband aus massivem Gold, das die Unbekannte an ihrem Handgelenk trug. Mellaart erkannte sofort die prähistorische Herkunft des Schmuckstücks: Ähnliches kannte man bisher nur aus der Frühbronzezeit von Troja. Er eröffnete das Gespräch, stellte sich als Archäologe vor und bat ohne Umschweife, das Armband näher ansehen zu dürfen. Die junge Frau gewährte ihm die Bitte bereitwillig und verriet, dass sie noch eine Menge ähnlicher Objekte zu Hause habe. Kurzerhand lud sie Mellaart ein, sie zu begleiten und sich die anderen Stücke ebenfalls anzuschauen. Mellaart erschien die Sache von großer Bedeutung, und so nahm er die Einladung gerne an.

Als der Zug in Izmir eintraf, war es natürlich dunkle Nacht. Die beiden fuhren mit dem Taxi zum Ufer und mit dem Fährschiff über die Bucht zum Stadtteil Karsiyaka auf der nördlichen Seite, wo sie erneut ein Taxi bestiegen. Nach kurzer Zeit erreichten sie ihr Ziel, und Mellaart folgte der jungen Frau in ihre Wohnung. Sie hatte sich inzwischen als Anna vorgestellt, war griechischer Abstammung und sprach Englisch mit einem amerikanischen Akzent.

Nach einer belanglosen Plauderei forderte Anna Mellaart auf, zum Abendessen zu bleiben. Während sie aßen, begann sie ihm die Sammlung zu zeigen. Sie nahm die Objekte aus einer Kommode, wo sie auf Watte gebettet waren und offenbar längere Zeit gelegen hatten, denn sie waren sehr staubig. Die Mehrzahl der Stücke war zerbrochen; die Metallteile hatten Rost angesetzt. Dabei handelte es sich hier zweifellos um einen großen Schatz! Mellaart sah ein Gefäß aus Silber und Gold in der Form eines Vogels, Teile eines Schwerts mit ägyptischer Verzierung, einige Silberstatuetten und sogar Stickereien. Ein uralter Kamm und ein Schmuckkästchen waren mit Delfinen verziert, der Goldfolienüberzug eines hölzernen ägyptischen Throns zeigte eine Hieroglypheninschrift. Da waren Schwertklingen mit eingelassenen Schiffen und eine Alabasterscherbe mit ägyptischen Hieroglyphen. Mellaart wünschte, er könnte die Gegenstände fotografieren, doch seine Kamera hatte er zu Hause gelassen, da sie repariert werden musste. Neben den Artefakten gab es auch verblichene, an den Rändern versengte Fotos von Skeletten in zwei Gräbern. Mellaart staunte über umfangreiche, wissenschaftlich anmutende Notizen, die von einem Archäologen verfasst worden sein mussten, einschließlich einer Skizze mit dem Lageplan des Fundorts.

Inzwischen war es sehr spät geworden, und weil Mellaart weiterhin fasziniert die Fundstücke betrachtete, bot ihm Anna an, über Nacht zu bleiben. Am Ende verbrachte er drei oder vier Nächte in ihrer Wohnung, fertigte Zeichnungen der Fundstücke an und übersetzte mit Annas Hilfe die Aufzeichnungen des mutmaßlichen Archäologen. Sie waren auf Neugriechisch verfasst, was darauf hindeuten mochte, dass sie aus der Zeit der griechischen Besatzung dieses Teils der Türkei gleich nach dem Ersten Weltkrieg stammten. Die Funde sollten demnach zu zwei königlichen Gräbern der westanatolischen Yortan-Kultur (3500–2600 v. Chr.) gehören und in der Nähe des Dorfes Dorak, am steilen Südufer des Uluabat-Sees etwa vierzig Kilometer westlich von Bursa, gemacht worden sein.

Erst beim Abschied bat Mellaart seine Gastgeberin um ihren vollständigen Namen und die Adresse: Anna Papastrati, Kazim-Dirik-Straße 217. Anna versprach, Fotos der Fundstücke zu schicken, und versicherte Mellaart, dass sie einer Publikation des Schatzes zustimmen werde.

In den nächsten Wochen und Monaten erzählte Mellaart niemandem von seiner Entdeckung. Zum einen wartete er auf die Fotos der Objekte, zum andern wollte er vermutlich auch nicht seinen Ehefrieden gefährden, indem er von einer attraktiven Frau berichtete, die ihn bei sich aufgenommen hatte. Im Sommer schrieb er zweimal nach Izmir und bat Anna um die versprochenen Fotos. Mitte Oktober traf endlich ein kurzer Brief im Britischen Archäologischen Institut in Ankara ein, in dem sie Mellaart die Genehmigung erteilte, seine Zeichnungen zu veröffentlichen. Mellaart, der inzwischen Zweiter Direktor des noch jungen, 1948 eingerichteten Britischen Archäologischen Instituts geworden war, hielt den Zeitpunkt für gekommen, seinen Vorgesetzten Seton Lloyd zu informieren. Dieser nahm Mellaarts Zeichnungen auf seine nächste Reise nach London mit, um sie anderen Archäologen und Kunsthistorikern zu zeigen. Die Fachleute hielten das Material für echt und empfahlen eine Veröffentlichung. Doch es gab nach wie vor keine Fotos, weshalb Lloyd eine wissenschaftliche Publikation ausschloss. Man entschied sich schließlich für einen ausführlichen Artikel in *The Illustrated London News*, einer angesehenen Zeitschrift, die

# CEREMONIAL AXES AND THE GREAT GOLD *DEPAS* FROM THE DORAK TOMBS

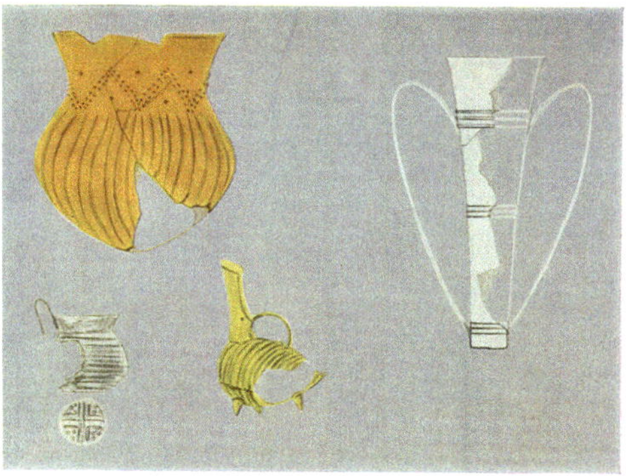

FIG. 9. ALL FROM THE DOUBLE TOMB. THE KING'S GOLD CUP; A FRAGMENTARY SILVER *DEPAS*, A SILVER JUGLET AND A BEAKER OF TROJAN TYPE, MADE OF ELECTRUM.

FIG. 10. BURIED WITH THE KING IN THE DOUBLE TOMB: A GOLD JUG WITH CUTAWAY SP AND EMBOSSED DECORATION; AND A BEAKED VASE OF FLUTED SILVER.

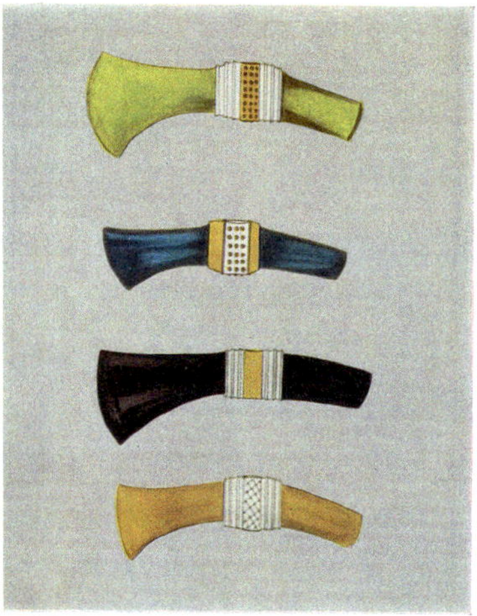

FIG. 11. FOUR SPLENDID CEREMONIAL AXES. (TOP TO BOTTOM) NEPHRITE; LAPIS LAZULI; OBSIDIAN; AND AMBER.

ALTHOUGH these detailed colour drawings are all that apparently can yet be released of this great third millennium Royal Treasure, it is to be hoped that in the future the objects themselves may come to light and that it will be possible to publish a full photographic record. One object, however, cannot appear, the *kilim* or woven rug shown in Fig. 13. This was lying under the skeleton of the king in the single tomb and it survived only long enough for its pattern and coloration to be sketched, before disintegrating in the light of day. Even so, a Turkish carpet over 4000 years old, however transitory, is something of a record. Fig. 12 shows the two sceptres which were found in the double tomb. The king in the single tomb was also provided with a sceptre. This had a pear-shaped head of fluted green stone, with a diagonally fluted ivory handle and capped with gold at both ends. Beside it lay the splendid two-handled golden cup of Fig. 14. This is of a shape already known in pottery from a number of sites in Anatolia; and it has always been identified with the *depas amphikupellon* mentioned in Homer. Another example, much corroded and fragmentary, in silver, is illustrated in Fig. 10. Fig. 11 shows the four singularly beautiful ceremonial axes which were found behind the king's head in the double tomb. These are like those [*Continued below.*

FIG. 12. SCEPTRES FROM THE DOUBLE TOMB: (LEFT) THE KING'S, PI VEINED MARBLE WITH GOLD STAFF; THE QUEEN'S, AMBER AND SILV

(Above.) FIG. 13. A WOVEN RUG (2 FT. 7½ INS. BY 5 FT. 8¾ INS.) ON WHICH LAY THE KING IN THE SINGLE TOMB. THIS RUG DID NOT SURVIVE THE OPENING OF THE TOMB.

(Right.) FIG. 14. AN ASTOUNDING DISCOVERY, A TWO-HANDLED DRINKING VESSEL OF FLUTED GOLD—HOMER'S *DEPAS AMPHIKUPELLON*—FROM THE SINGLE TOMB. ABOUT 9½ INS. HIGH.

*Continued.*] which were found at Troy, but they are a little smaller. They vary in length between 9¼ ins. (23.6 cm.) and 8¼ ins. (21 cm.). They are made in a variety of precious materials and combine a stone axe with a metal band surrounding the shaft hole. In this they are unlike the Trojan ceremonial axes in which the metal band is imitated in the stone, while a similar axe found at Alaca Huyuk is made entirely of metal (bronze or copper and silver). Of the four found at Dorak one is of nephrite with a silver and gold band, another of lapis lazuli with a gold band relieved with silver; a third of black obsidian with a gold band between two bands of silver; and the last, of amber, with a broad silver band.

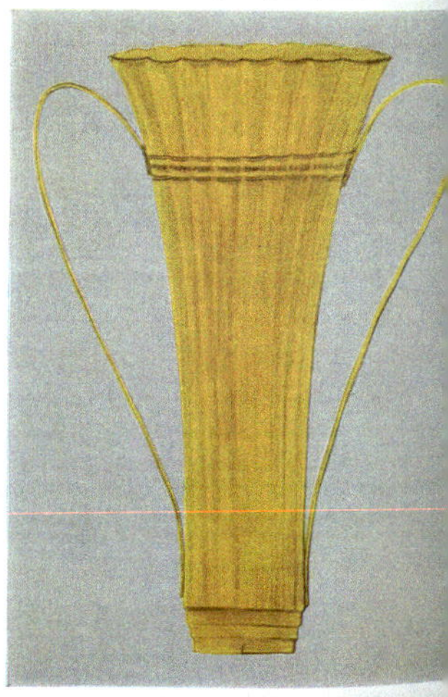

▲ Am 29. November 1959 erschien in *The Illustrated London News* auf zwei Doppelseiten ein von James Mellaart verfasster Bericht mit zahlreichen farbigen Zeichnungen, in dem er

# GOLD, SILVER, LAPIS AND OBSIDIAN IN THE SPLENDID SWORDS OF THE KINGS.

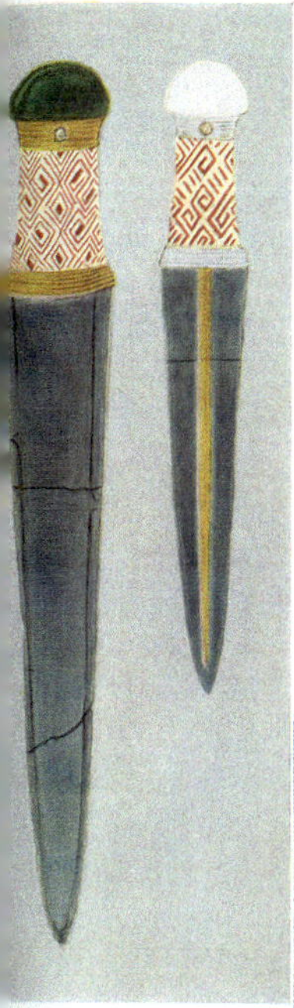

15. A SWORD (18 INS.) AND GER (12 INS.) IN BRONZE—A PAIR. hilts are ivory with red-filled nder patterns, the pommels respec-ely greenstone and rock crystal.

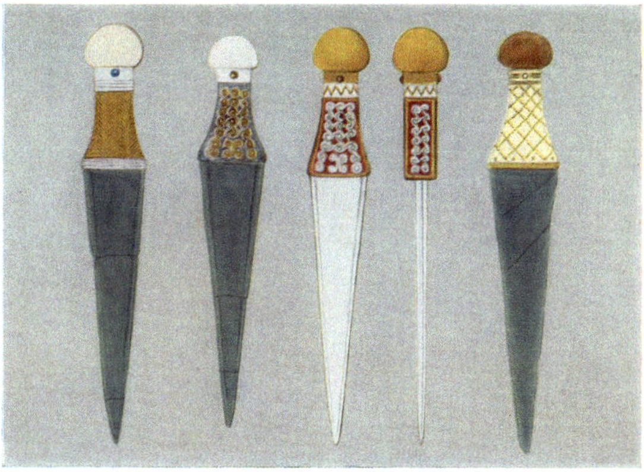

FIGS. 16A-E. A GROUP OF DAGGERS ALL FROM THE DOUBLE TOMB EXCEPT 16E (11 INS. LONG). 16B is bronze, with a blue-stained ivory hilt covered with gold sheet and rock crystal pommel. 16C-D gives two views of a silver dagger with silver spirals on a red-stained hilt and amber pommel. 16A, a bronze dagger with a limestone pommel, has a wooden hilt sheathed in gold between silver bands and a lapis rivet.

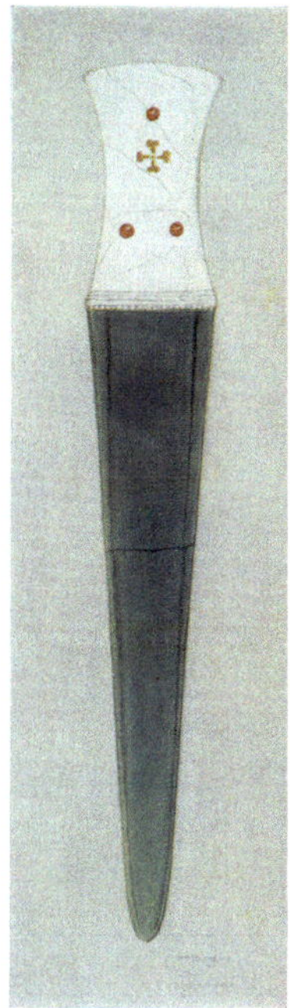

FIG. 17. A SPLENDID BRONZE DAGGER (NEARLY 14 INS. LONG). The hilt is ivory, with carnelian studs and four gold double-spirals in the form of a cross.

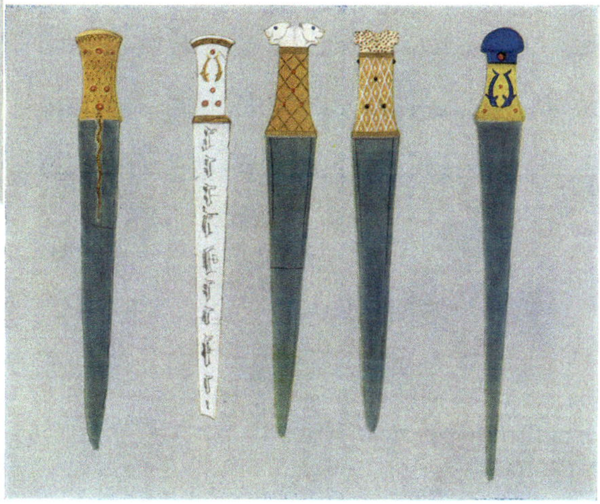

FIGS. 18A-E. A GROUP OF SWORDS FROM BOTH TOMBS. 18A, bronze with a gold snake on the midrib, hilt gold with carnelian rivets; 18B, silver engraved with ships (see Fig. 2), hilt silver with gold dolphins; 18C, bronze, rock crystal lions with lapis eyes; 18D (a reconstruction) bronze, ivory leopard heads with red inlay, obsidian rivets; 18E, bronze with lapis pommel, and lapis dolphins on a gold hilt.

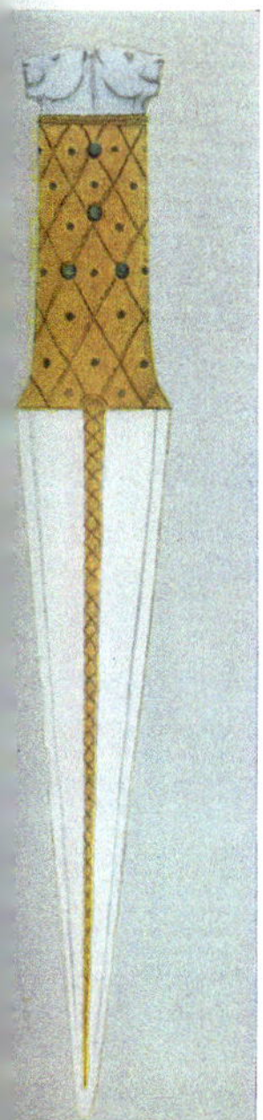

WE show here a selection of the splendid and, in some cases, obviously ceremonial, swords and daggers from the two Royal tombs of Dorak. No photographs whatever are available of this treasure, which was clandestinely excavated a number of years ago, but these are detailed scale drawings made by Mr. James Mellaart, an archæologist of the highest repute, who has seen the actual objects. It should be emphasised that the colouring is not representational but schematic, i.e., designed to show the material of which each part was made. The blades are of bronze or copper, silver and, in the [*Continued opposite.*

FIG. 19. A FINE SILVER DAGGER WITH A GOLD MIDRIB. THE LION'S-HEAD POMMEL IS OF A PALE BLUE STONE AND NEPHRITE RIVETS PICK OUT A GOLD SHEET AND GRANULATION HILT.

*Continued.*] case of the obsidian-hilted sword, of iron—which is fantastic when we bear in mind the third millennium B.C. date of the tombs. All of the weapons are of great beauty and richness; but outstanding among them are the silver sword with its frieze of ocean-going ships; the iron sword its hilt carved from, of all difficult materials, obsidian; and the magnificent bronze sword with the lapis pommel and the pair of lapis dolphins, sporting on a gold ground between carnelian studs. Fig. 17 is especially curious, with its arrangement of double spirals giving it a quite obviously fallacious Christian look.

(Left and right.) FIGS. 20 AND 21. THIS SPLENDID IRON SWORD (ABOUT 2½ FT. LONG) WAS IN A BAD STATE OF PRESERVATION, BUT ITS GLORY IS THE HILT, CARVED FROM A PIECE OF BLACK OBSIDIAN IN THE FORM OF TWO LEOPARDS AND INLAID WITH GOLD AND AMBER SPOTS.

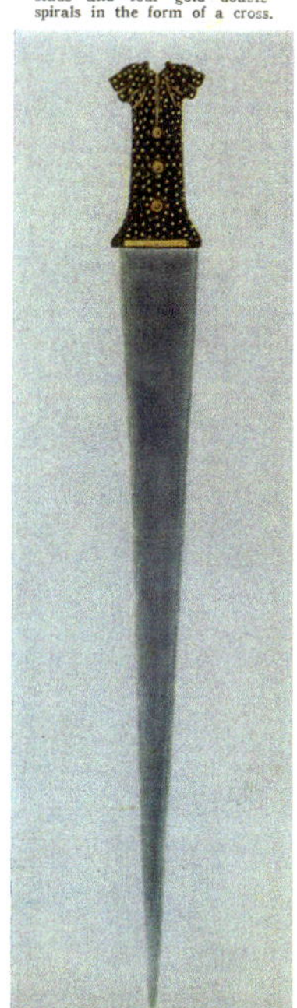

den sogenannten Dorak-Schatz als eine spektakulär-wichtige Entdeckung vorstellte (aus Mellaart 1959).

regelmäßig über archäologische Entdeckungen berichtete. Der vierseitige Beitrag erschien, reich illustriert, am 28. November 1959 unter dem Titel »Der Königsschatz aus Dorak – ein erster Exklusivbericht über eine heimliche Ausgrabung, die zu der wichtigsten Entdeckung seit den Königsgräbern von Ur führte«. Damit nahm die sogenannte Dorak-Affäre ihren Lauf.

## 2 James Mellaart (1925–2012)

James Mellaarts Familie stammte ursprünglich aus Schottland, wo sie zum Clan der MacDonalds gehörte, genauer genommen zur Sippe der MacLartys. Im 17. Jahrhundert musste die Familie nach Holland fliehen, wo sie den Namen MacLarty der Einfachheit halber in die latinisierte Form Mellaart übertrug. James kam 1925 in der Oxford Street in London als Sohn des Kunsthistorikers Jacob Mellaart und seiner Frau Apollonia zur Welt. Die Weltwirtschaftskrise veranlasste das Paar im Jahr 1932, mit James und seiner jüngeren Schwester Helen nach Amsterdam zu ziehen. Als Apollonia kurz darauf starb, heiratete Jacob ein zweites Mal. Die Kinder hassten ihre Stiefmutter regelrecht, was möglicherweise dazu beitrug, dass Mellaart später seine Jugend in den Niederlanden weitgehend ausblendete. Ohnehin fühlte er sich zeitlebens als Schotte. Seine engsten beruflichen Kontakte unterhielt er zu »fellow scots«, und wenn er Witze erzählte, ahmte er die dünne Stimme der Hochlandschotten nach. Seine Abstammung unterstrich er unter anderem, indem er Krawatten mit Schottenmuster zu seinem Markenzeichen machte.

Im Alter von elf Jahren bekam Mellaart von einem Onkel ein monumentales Werk über Ägypten geschenkt. Verfasser war James Henry Breasted vom Oriental Institute in Chicago – das Institut, an dem Emil Forrer etwa in dieser Zeit seine Stelle hätte antreten sollen. Der Junge war so begeistert von den großartigen Abbildungen in dem Buch, dass er sich ein oder zwei Jahre später eine Grammatik kaufte, um Altägyptisch zu lernen.

Mellaart war fünfzehn, als deutsche Soldaten in die Niederlande einmarschierten. Die Familie zog nach Maastricht. Je länger der Krieg dauerte, desto mehr fürchtete Mellaart, von den Deutschen einberufen zu werden, denn er besaß sowohl die britische als auch die niederländische Staatsbürgerschaft. Er wandte sich an den Schweizer Konsul, der damals die britischen Interessen vertrat. Dieser riet ihm, gar nicht erst nach Hause zurückzukehren, da ihn die Gestapo möglicherweise schon suchte. Der Konsul konnte Mellaart sogar einen Job im Nationalmuseum des Altertums in Leiden vermitteln. Dort tauchte Mellaart in der Abteilung für Ägyptologie unter und klebte zerbrochene Gefäße zusammen. Als der Krieg endlich überstanden war, blieb er noch eine Zeit lang in Leiden, wo er seine Interessen bei dem Ägyptologen Adriaan de Buck vertiefen konnte. Außerdem wartete er auf einen Studienplatz in England. Er war entschlossen, Archäologe zu werden und unter anderem der Frage der Seevölker auf den Grund zu gehen.

Nun bot das University College in London, wo sich Mellaart 1947 einschrieb, keinen Studiengang in Archäologie an. Ihm blieb nichts anderes übrig, als Ägyptologie zu studieren; Jaroslav Černý war sein wichtigster Lehrer. Mit der Archäologie beschäftigte sich Mellaart nebenbei, zum Beispiel indem er an Ausgrabungen der eisenzeitlichen Fundstätte von Sutton Walls bei Hereford teilnahm. Den Abschluss in Altgeschichte und Ägyptologie erwarb er 1951, und noch am Tag der letzten Prüfung brach er in Richtung Ankara auf. Ein Stipendium des Britischen Instituts in Ankara ermöglichte es ihm, zwei Jahre dort zu verbringen. Er plante eine Doktorarbeit über die Herkunft der Seevölker zu schreiben und dazu Untersuchungen im Gelände durchzuführen. Überzeugt, dass die Seevölker an den West- und Südufern der heutigen Türkei beheimatet waren, hoffte Mellaart darauf, dort auch Beweise für seine These zu finden.[243]

Mellaart hat nach eigenen Aussagen seine Doktorarbeit niemals vorgelegt.[244] Sein Sohn Alan sagte mir 2016, dass sein Vater niemanden für würdig erachtete, die Bedeutung seiner Arbeit richtig einzuschätzen. Wie er den Doktortitel erhielt, ohne formell eine Dissertation eingereicht zu haben, entzieht sich meiner Kenntnis.

Im Rahmen seiner Forschung führte Mellaart ab 1951 zwei Jahre lang einen extensiven Survey der archäologischen Fundstätten im Südwesten der Türkei durch. Da er keinen Führerschein besaß, musste er sich bei seinen ausgedehnten Erkundungen stets chauffieren lassen. Bei einer Ausgrabung begegnete er im Jahr 1952 Arlette Meryem Cenani, der Tochter von Kadri Cenani, einem Nachkommen einer Reihe von Wesiren des Sultans und Enkel von Subhī Pascha, dem osmanischen Gouverneur für die Region Nordsyrien, der 1872 den Transfer der ersten Steine mit luwischen Inschriften nach Konstantinopel veranlasst hatte. Es war auch ein Verwandter von Kadri Cenani gewesen, der Heinrich Schliemann seinerzeit die Erlaubnis erteilte, in Troja zu graben. James und Arlette heirateten 1954. Im Jahr darauf kam ihr einziges Kind, der Sohn Alan, zur Welt. Arlette begleitete ihren Mann fortan als Übersetzerin, Fotografin und Campmanagerin. Ihre Eltern besaßen am asiatischen Ufer des Bosporus im Istanbuler Stadtteil Kanlıca ein hochherrschaftliches Anwesen mit einem großen hölzernen Landhaus aus dem 18. Jahrhundert und einem großzügigen Garten. Dort verbrachten James, Arlette und Alan über zwanzig Jahre lang ihre Sommer.

Mellaarts Erkundungen im Süden der Türkei führten zu einer Reihe von bahnbrechenden Entdeckungen. Nur sein eigentliches Anliegen, Belege für die Herkunft der Seevölker zu finden, brachte er nicht voran. Seine größten Erfolge betrafen die Jungsteinzeit. Mitte des 20. Jahrhunderts war diese Zeitepoche in Kleinasien komplett inexistent, wie ein Blick in die *Propyläen Weltgeschichte* zeigt, für die der österreichische Prähistoriker Richard Pittione den damaligen Kenntnisstand in einem umfangreichen Beitrag zusammenfasste. Auf mehreren Dutzend Seiten schilderte er, wie sich der Wandel von paläolithischen Höhlenbewohnern zu den Gemeinschaften der Jungsteinzeit vollzogen hatte, die nun in dörflichen Siedlungen lebten und Ackerbau betrieben. Pittione begann mit Exkursen über Ausgrabungen in der Tschechoslowakei, in Österreich und der Ukraine und erweiterte seinen Beobachtungsraum dann auf den Vorderen Orient. Das Grundanliegen des Verfassers war offensichtlich, zu zeigen, dass die Entwicklungsströme von Westen nach Osten verliefen und nicht umgekehrt: »Von einem neolithischen Kulturgefälle oder sogar einer neolithischen Trift aus dem Nahen Osten nach Europa wird man daher wohl kaum mehr sprechen können.«[245] Das geografische Spektrum, das Pittione bewältigte, war beeindruckend. Er berücksichtigte Iran, Afghanistan, Vorder- und Hinterindien, China, die Mongolei, Nordosteuropa, Südosteuropa, Mitteleuropa, Westeuropa, die Britischen Inseln einschließlich Irland,

▲ James Mellaart im Arbeitszimmer seiner Privatwohnung in Nord-London. (© Paul Mellaart)

Norddeutschland und Skandinavien. – Ein ganzer Subkontinent inmitten all dieser Regionen wird hingegen mit keinem einzigen Wort erwähnt: Kleinasien.

Es ist das größte Verdienst von James Mellaart, mit diesem von europäischem Wunschdenken verzerrten Bild von der Entstehung der menschlichen Kultur ein für alle Mal aufgeräumt zu haben. Als Erster registrierte Mellaart in Kleinasien neolithische wie auch früh- und mittelbronzezeitliche Fundstätten in großer Zahl. 1954 entdeckte er in der Nähe von Çivril einen wichtigen Königssitz der Mittelbronzezeit: Beycesultan – mit rund einem Kilometer Durchmesser eine archäologische Fundstätte von gewaltigen Ausmaßen. In den Jahren 1954 bis 1959 konnte Mellaart dort zusammen mit dem Leiter des Britischen Instituts in Ankara, Seton Lloyd, Ausgrabungen durchführen. 1956 stieß er dreiundzwanzig Kilometer südlich vom heutigen Burdur auf ein jung- und kupfersteinzeitliches Dorf, dessen Besiedlung bis ins 8. Jahrtausend zurückreichte: Hacılar Höyük. Dort führte er von 1957 bis 1960 Ausgrabungen durch. Im November 1958 schließlich, während er mit seinen Kollegen David French und Alan Hall unterwegs war, erkannte er das neolithische Alter des großen Siedlungshügels Çatalhöyük in der Ebene von Konya. Dort, in einer der ersten landwirtschaftlichen Siedlungen Anatoliens, lebte eine gleichförmige Gesellschaft etwa tausendfünfhundert Jahre lang in eng aneinanderliegenden Räumen, die nur über das Dach zugänglich und innen sorgfältig mit Lehm verputzt waren. Grabungen fanden von 1961 bis 1963 statt; für 1964 erhielt Mellaart keine Genehmigung, 1965 kam er noch einmal zurück. Im Jahr 1967 erschien Mellaarts Buch *Çatal Hüyük: a Neolithic Town in Anatolia*, nachdem er in den beiden Jahren zuvor schon *The Chalcolithic and Early Bronze Ages in the Near East and Anatolia* und *Earliest Civilizations of the Near East* herausgebracht hatte. Mit diesen Werken zeigte er, dass die großen Errungenschaften der angeblichen Neolithischen Revolution, darunter Ackerbau und Viehzucht, Sesshaftigkeit und das Leben in dörflichen Gemeinschaften, wie auch die Metallverarbeitung ihre wesentlichen Impulse in Anatolien bekommen hatten. Jedoch war dies ein langer und »schmerzhafter« Prozess, der sich über Jahrtausende zutrug.[246]

Wenn Mellaart Vorträge hielt, waren die Säle zum Bersten gefüllt. Doch dann fiel der gefeierte Archäologe wie Ikarus vom Himmel. Schuld daran war seine Begegnung mit Anna Papastrati im Frühsommer 1958. Eigentlich war ja nichts Dramatisches passiert: Ein Archäologe hatte in einer Privatsammlung ein paar interessante Stücke gesehen, Zeichnungen davon angefertigt und bald darauf sowohl seinen Vorgesetzten wie auch den Archäologischen Dienst informiert. Anschließend hatte man die Funde in einer Zeitschrift publiziert – und allmählich war die Sache in Vergessenheit geraten. Bis dann am 29. Mai 1962, also über vier Jahre nach der Begegnung zwischen Mellaart und Papastrati, die zweitgrößte Zeitung der Türkei, *Milliyet* (die Nation), eine dreitägige Kampagne gegen Mellaart lancierte. Den Auftakt bildete eine achtspaltige Überschrift auf der Titelseite: »Ein historischer Königsschatz im Wert von einer Milliarde türkischen Pfund außer Landes geschmuggelt«.

Die Aufarbeitung der Ereignisse nahm derart bizarre Züge an, dass der *Sunday-Times*-Redakteur Kenneth Pearson zusammen mit der Archäologin und BBC-Mitarbeiterin Patricia Connor monatelange Recherchen durchführte, deren Ergebnisse schließlich 1967 als Buch unter dem Titel *Die Dorak-Affäre – Schätze, Schmuggler, Journalisten* erschienen. Im Jahr darauf setzte das Britische Archäologische Institut in Ankara eine Untersuchungskommission ein, die letztlich zum Ergebnis kam, dass Mellaarts Bericht über die Vorkommnisse den Tatsachen entsprach. Dessen ungeachtet entzog man ihm die Erlaubnis, in der Türkei Geländearbeiten durchzuführen – auf Lebenszeit.

Gerade noch rechtzeitig schaffte es Mellaart 1964, eine Stelle als Dozent für anatolische Archäologie am University College in London zu bekommen, die er bis zu seiner Pensionierung 1991 behielt. Obwohl er der am meisten geächtete von allen hier vorgestellten Entdeckern ist, hatte er somit neben Hrozný als einziger das Privileg, eine Dauerstelle zumindest im akademischen Mittelbau innezuhaben.

Mellaart schien äußerst naiv in eine Falle geraten zu sein; so sah es der Polizeichef von Izmir.[247] Welches Mädchen im Alter von zwanzig Jahren würde mit einer massiven Goldkette aus trojanischer Zeit unbegleitet nachts im Zug fahren? Und dann auch noch einen Archäologen zu sich nach Hause einladen, um ihm einen umfangreichen Schatz zu zeigen? Und ihn quasi auffordern, die Stücke zu publizieren, ohne sich zuvor mit jemand anderem abzusprechen?! Die Sache stank zum Himmel. Viele, die sich später mit dem Fall beschäftigten, kamen zum Schluss, dass die Begegnung von einem Händlerring inszeniert worden sei. »Diese Banden arbeiten immer mit solchen Mädchen«, wusste ein Auktionator eines der größten Auktionshäuser in London zu berichten.[248] Die Echtheitsbeurkundung durch einen berühmten Archäologen, gefolgt von einer spektakulären Veröffentlichung, würde die Verkaufspreise für die entsprechenden Stücke massiv in die Höhe treiben. Überdies war allgemein bekannt, dass der Militärflugplatz und das amerikanische Feldpostamt der Nato-Basis in Izmir berüchtigte Zentren illegaler Antiquitätenexporte waren.[249]

Auch aus anderem Grund hätten bei Mellaart die Alarmglocken läuten müssen. Die Dorak-Objekte passten überhaupt nicht zusammen: Sie sollten von der Yortan-Kultur aus der Mitte des 3. Jahrtausends stammen, die jedoch bis dato vor allem durch schwarze Tongefäße und wenige Marmoridole belegt war. In der Umgebung von Dorak waren noch nie frühbronzezeitliche Funde gemacht worden, erst recht keine Schätze oder Königsgräber. Dorak ist ein gottverlassenes Nest, das man auch heute noch erst nach langer Fahrt, am besten im Geländewagen, erreicht. Schon vor über viertausend Jahren hätte es keinen Grund gegeben, warum sich ein König ausgerechnet hier niederlassen sollte. Mellaart, der wie kein Zweiter einen Spürsinn für die Lage bronzezeitlicher Siedlungsplätze besaß, hätte all dies erkennen müssen.

Neben den Schmugglern hatte Mellaart an einer zweiten, möglicherweise noch gefährlicheren Front zu kämpfen, nämlich mit dem Neid seiner Kollegen. Das Buch *Die Dorak-Affäre* beginnt denn auch mit einem Zitat von Sir Mortimer Wheeler, dem Direktor des Museum of London und Erforscher der Indus-Kultur: »Archäologie ist keine Wissenschaft, sondern Blutrache.« Mellaarts ehemaliger Chef in Ankara, Seton Lloyd, sagte den Journalisten ganz offen: »Ich kenne keinen anderen Beruf, wie es die Archäologie ist. Er ist überlaufen. Auf dem Weg aufwärts zu den wichtigeren Posten muss man immer daran denken, den Nebenmann auf der Leiter hinunterzustoßen.«[250] So erfolgreich und berühmt Mellaart war, so überwältigend war auch die Missgunst seiner Fachkollegen. Kein Geringerer als der Polizeichef von Izmir, Hüseyin Taluy, äußerte gegenüber den Journalisten die Vermutung, dass es in der türkischen Hauptstadt eine Anti-Mellaart-Gruppe gegeben habe.[251] Die von Taluy in die Wege geleitete Untersuchung konnte jedenfalls keine Anhaltspunkte für ein Schuldverhalten Mellaarts finden. Es ist jedoch klar, dass in den Archäologischen Instituten im Ausland auch aktiv Politik gemacht wird. So erhielt Mellaart eine Anweisung von seinem Institut, nicht mit den Journalisten zu reden.[252] Auch heute gibt es immer wieder Hinweise, dass in den Archäologischen Instituten, immerhin Niederlassungen der jeweiligen Auswärtigen Ämter, die einen oder anderen Fäden gezogen werden. Der Tübinger Althistoriker Frank Kolb schreibt in seinem Buch *Tatort Troia*, dass er kurz nach dem Ausbruch des Troja-Streits einen Brief von der American School in Athen erhielt, die ihn zur Vorsicht mahnte, denn es sei viel Geld im Spiel.[253] Im Troja-Streit

▲ Alan Mellaart blättert in der ehemaligen Wohnung seiner Eltern durch das unveröffentlichte Buchmanuskript seines Vaters über den Schatzfund von Dorak.

ging es um Meinungsverschiedenheiten zwischen zwei deutschen Wissenschaftlern über die Befunde aus der Türkei. Was hat ein amerikanischer Forscher in Griechenland damit zu tun? Und von welchem Geld war da die Rede?

Einen weiteren Schicksalsschlag erlitt Mellaart 1976, als das Haus seiner Schwiegereltern am Bosporus vollständig abbrannte. Eine Hausangestellte hatte in einem Kanonenofen ein Feuer entfacht und nicht bemerkt, dass glühende Funken durch eine Fuge im Kaminrohr entwichen. Zahlreiche Aufzeichnungen von Mellaarts Grabungen gingen dabei verloren.

Ian Hodder, Professor für Sozialanthropologie an der Universität Stanford und Mellaarts Nachfolger als Ausgräber von Çatalhöyük, schrieb in seiner Biografie über Mellaart, dass dieser die Eigenheit hatte, sich »Beweise einzubilden«.[254] So erwähnte Mellaart in einem unveröffentlichten Artikel Tafeln mit Symbolen, die er am Fuß von Çatalhöyük gefunden haben wollte. Hodder führt außerdem einige Wandgemälde in Çatalhöyük auf, die Mellaart zwar zeichnen konnte, die aber anschließend zum Teil verschwunden sein sollen. Mellaart hatte dort 301 Räume ausgegraben, von denen 80 Wandgemälde aufwiesen, die natürlich wenigstens teilweise auch fotografisch dokumentiert sind[255] und dazu beigetragen haben, dass die Fundstätte so berühmt wurde.[256] Im Rahmen eines Seminars, das 1987 am Institut für Archäologie in London stattfand, zeigte Mellaart noch weitere Zeichnungen. Zwei Jahre später publizierte er sie auch in dem vierbändigen Werk *The Goddess from Anatolia*.[257] Hodder hielt fest, dass nur wenige Experten diese Malereien für authentisch hielten. – Im Rückblick scheint die zweifelhafte Glaubwürdigkeit mancher von Mellaarts Aussagen vor allem darauf zurückzuführen zu sein, dass man seine Arbeit gezielt diskreditieren wollte. Natürlich hätte Mellaart seine Funde besser fotografisch dokumentieren sollen. Aber damals waren Filme kostbar, und Mellaart, ein begabter Zeichner, dachte wohl, eine gute Skizze erfülle denselben Zweck.

Mellaart war der vielleicht größte Verfechter einer luwischen Kultur, den es je gab. Christoph Bachhuber, Dozent aus Oxford, schrieb 2013 in einem Aufsatz mit dem Titel »James Mellaart und die Luwier: eine kulturelle (Früh-)Geschichte«, dass Mellaart in den 1950er Jahren als Erster den Begriff »luwisch« in die Archäologie eingebracht habe.[258] Das stimmt zwar nicht ganz; der eigentliche Entdecker der Luwier (als Sprachgruppe) ist Friedrich Hrozný. Als Mellaart aber 1954 mit den Ausgrabungen in Beycesultan begann, betrachteten seine Kollegen Westkleinasien noch als rückständige Region, wo man des Lesens und Schreibens unkundig war. Bachhuber drehte den Spieß um und fragte, ob diese wenig schmeichelhafte Beschreibung nicht auch eine Karikatur der seinerzeitigen Archäologen sein könnte. Im Übrigen war in einem Beycesultan benachbarten Siedlungshügel ein Siegel mit den luwischen Hieroglyphen für »Schreiber« gefunden worden.[259]

Mellaart konzentrierte sich in seiner Forschung auf die Frühbronzezeit, also das 3. Jahrtausend v. Chr., eine Zeit, aus der in Kleinasien keine Schriftfunde bekannt sind. Er verknüpfte die archäologischen Befunde mit der unter Hethitologen weit verbreiteten Ansicht, dass die Luwier vor allem den Westen und Süden der anatolischen Halbinsel bewohnten. Viele Historiker, Philologen und Linguisten, die sich mit der Frühbronzezeit in Anatolien beschäftigen, sind der Meinung, dass sich in diesem Zeitraum in Kleinasien indoeuropäische Sprachen verbreiteten.[260] Belege für das Auftauchen dieser indoeuropäischen Kultur sah Mellaart in einer Reihe von technologischen Errungenschaften, darunter der Drehscheibenkeramik, insbesondere der sogenannten Polierten Roten Ware. Diese Keramik bestimmte das Material aus Troja II und III (ca. 2600–2200). Die Zerstörung von Troja II um etwa 2400 v. Chr. fällt mit der Einwanderung von Indoeuropäisch sprechenden Völkern zusammen, die über den östlichen Balkan nach Anatolien vordrangen. Die Einwanderer verschmolzen mit den gebildeten Vertretern der Kultur von Troja II und wanderten quer durch Anatolien weiter nach Osten, wobei sie die materielle Kultur der Troas über die Halbinsel verbreiteten und auf ihrem Weg indoeuropäische oder luwische Königreiche gründeten.[261] Bachhuber hielt fest, dass mit dem Begriff »luwisch« oft nicht nur die Sprache, sondern auch andere Dinge bezeichnet wurden. Eine luwische Ethnie wird vielleicht nie mit archäologischen Methoden erfassbar sein.[262]

Mellaart hatte eine klare »politische« Einstellung: Er war antimykenisch, antihethitisch und proluwisch. Emil Forrer propagierte aus seiner Sicht ein mykenisches Großreich, das Mellaart für ein Hirngespinst hielt; auch die Bedeutung der Hethiter erschien ihm vollkommen überbewertet. Die größte Macht im Kleinasien des 2. Jahrtausends v. Chr. war für Mellaart Arzawa – ein Königreich, das seiner Ansicht nach fast die ganze westliche Hälfte des Subkontinents einnahm und damit das Kerngebiet der luwischen Kultur ausmachte. Die Hethiter betrachtete Mellaart als ein Anhängsel der Luwier in Arzawa.

## 3 Der Beyköy-Text von 1170 v. Chr.

Neben der Dorak-Affäre und den Wandgemälden von Çatalhöyük ist der Name James Mellaart noch in einen dritten Fall von verschollenen Beweisstücken verwickelt, der für die Wissenschaft von einiger Bedeutung sein dürfte, von dem heute aber kaum jemand etwas weiß. In einer Besprechung eines 1991 erschienenen populärwissenschaftlichen Buchs über das dunkle Zeitalter[263] erwähnte Mellaart ganz nebenbei einen umfangreichen Schriftfund aus Arzawa.[264] Der Hethitologe Albrecht Goetze von der Universität Yale habe das Dokument übersetzt, seine Publikation befinde sich bereits im Druck. Der Text liefere entscheidende Informationen zur Chronologie der Bronzezeit und zur Abfolge der politischen Ereignisse. Die Autoren des Sachbuchs waren empört, dass Mellaart in seiner Besprechung unveröffentlichtes Material heranzog, mit dem er ihre Thesen widerlegen wollte. In der nächsten Ausgabe der Fachzeitschrift, die Mellaarts Beitrag publiziert hatte, wurden verschiedene Kommentare abgedruckt – von den Buchautoren, vom Althistoriker David Malcolm Lewis aus Oxford, von Mellaart und schließlich auch vom Herausgeber der Zeitschrift.[265] Mellaart erwähnte das bemerkenswerte Dokument aus Arzawa noch in einer zweiten, ebenfalls schwer zugänglichen Veröffentlichung, wiederum nur ganz nebenbei. Diesmal gab er noch einen kurzen Auszug aus dem sogenannten Beyköy-Text wieder.[266] Seither hat man nie wieder etwas über diese Schrifttafel gehört.

Die Gegend um das Dorf Beyköy, etwa vierunddreißig Kilometer nördlich von Afyon, ist ausgesprochen reich an architektonischen Resten aus der phrygischen und römischen Zeit, aber auch aus der späten Bronzezeit.[267] Der schottische Althistoriker William Mitchell Ramsay, der 1884 in die Gegend kam, erwähnte in seinen Reisenotizen einen schwarzen Stein mit vielen Schriftzeichen.[268] Das Objekt war zu dem Zeitpunkt allerdings längst verschwunden. Ramsay traf immerhin einen Dorfbewohner, der es seinerzeit noch mit eigenen Augen gesehen hatte. Der Althistoriker stellte daraufhin vier Arbeiter an und ließ sie an der Fundstätte graben. Tatsächlich fanden sie einen Stein mit einer kurzen luwischen Hieroglypheninschrift, die Ramsay abzeichnete und veröffentlichte.[269] Anschließend ging auch dieses Originaldokument verloren.[270]

Andere und bedeutend spektakulärere Schriftfunde aus der Region verschwanden sogar, bevor sie publiziert werden konnten. Rund zehn Jahre vor Ramsays Besuch stieß die Polizei im Rahmen einer Razzia auf drei große, mit Keilschriftzeichen beschriebene Bronzetafeln. Dieser sogenannte Beyköy-Text geriet in die Hände der osmanischen Regierung und verschwand in einem Archiv. Die Tafeln waren in hethitischer Sprache verfasst und deshalb bis etwa 1925 nicht lesbar. Nachdem Hrozný das Hethitische entziffert hatte, kam ein Chefarchäologe in den späten 1950er Jahren auf die Idee, den Beyköy-Text übersetzen und veröffentlichen zu lassen. Man beauftragte damit Albrecht Goetze in Yale, den führenden Hethitologen der damaligen Zeit. Offenbar arbeitete Goetze bis an sein Lebensende an diesem Projekt. Als Bahadır Alkım, der für die Publikation des Gesamtwerks zuständig war, Mitte der 1970er Jahre Mellaart um einen Beitrag zur politischen Geografie – auf dem Beyköy-Text basierend – bat, gab er ihm natürlich auch Goetzes Manuskript zum Lesen. Mellaart sah, dass die Schrifttafel aus Arzawa Listen mit den Namen anatolischer Staaten und Könige sowie deren Feldzügen wiedergab. Die Erinnerungen reichten in sehr vager Form bis in die Zeit um 3170 v. Chr. zurück und begannen ab 2500 v. Chr. konkreter zu werden. Verfasst wurde das Dokument um 1170 v. Chr. anlässlich der Thronbesteigung von König Muksus, nachdem dieser Siege über Hatti und Ägypten errungen hatte. Spätere Könige von Arzawa ergänzten das Dokument, und zwar bis zum ersten Regierungsjahr von König Midas im Jahr 720 v. Chr.

So weit die Geschichte, die Mellaart in seinen späten Veröffentlichungen mit wenigen Worten nur knapp andeutet. Ich hielt es zumindest für möglich, dass sich die Ereignisse so oder so ähnlich zugetragen hatten. Es überrascht aber kaum, dass die wenigen Experten, die jemals vom Beyköy-Text hörten, diesen in aller Regel als ein Hirngespinst von Mellaart abtaten.

Ich kam mit James Mellaart in Kontakt, nachdem ich 1994 mein Buch *Ein neuer Kampf um Troia* veröffentlicht hatte, das weitgehend an seine Arbeiten zur politischen Geografie in Westkleinasien anknüpfte. Im Mittelpunkt des Buchs stand die These, dass die Seevölker im Wesentlichen aus Westkleinasien stammten – eine Auffassung, die Mellaart während seiner gesamten beruflichen Laufbahn vertreten hatte. Er hörte von dem Buch, und so führten wir im Sommer 1995 einen Briefwechsel. Um meine Sichtweise zu stützen und mir gleichzeitig konkrete Hinweise für zukünftige Forschungen zu geben, fasste er in zwei handgeschriebenen Briefen mit insgesamt zweiundzwanzig Seiten Umfang den Inhalt des Beyköy-Texts zusammen. Ich war von der Fülle an Informationen überwältigt und rief Mellaart an, um ihn nach seinen Plänen zu fragen, wie er dieses Material verfügbar machen wolle. Mellaart sagte nur: »Warten Sie einfach noch fünf Jahre!« Er war offensichtlich davon überzeugt, dass der Beyköy-Text kurz vor der Veröffentlichung stand und dass es nicht nötig sei, in irgendeiner Weise einzugreifen. Seither sind zweiundzwanzig Jahre vergangen. James Mellaart ist 2012 gestorben. Die Publikation des Beyköy-Texts ist nie erschienen.

Im Rahmen der Recherchen für dieses Buch besuchte ich die Hauptperson des nächsten Kapitels, Frederik Woudhuizen, im März 2017 in seiner Wohnung in der Nähe von Amsterdam. Als Gastgeschenk brachte ich dem Linguisten und Luwier-Experten eine Kopie von James Mellaarts Briefen mit, natürlich auch in der Hoffnung, dass er die Glaubwürdigkeit des Materials beurteilen könne. Fred Woudhuizen entdeckte schon nach einer relativ flüchtigen Durchsicht, dass Mellaart Zusammenhänge erwähnte, die man erst durch neuere Schriftfunde in den letzten Jahren erkannt hatte. Das sprach eindeutig für die Authentizität von Mellaarts Quelle, dem Beyköy-Text.

Fred Woudhuizen und ich entschieden uns, der Sache gemeinsam nachzugehen. Als erfahrenem Linguisten fiel es ihm viel leichter, Mellaarts Handschrift zu entziffern. Außerdem war er als Historiker mit den Personen-, Orts- und Ländernamen weitgehend vertraut. Schritt für Schritt begannen wir anhand von Mellaarts Briefen die Informationen zu rekonstruieren, an denen er sich bedient haben musste. Zunächst fertigten wir eine elektronische Abschrift der Briefe an – alles in allem 8620 Wörter mit den Namen von 46 Städten, 49 Staaten und 129 Personen. Dann verfassten wir eine Art Glossar und einen Index für die vielen verschiedenen Eigennamen und erstellten Listen mit den Regierungszeiten der Herrscher in den einzelnen Königreichen. Mellaart hatte den Briefen drei handgezeichnete Karten beigelegt, die uns bei der Zuordnung der Namen und der Geschichte halfen. Diese Karten übertrugen wir in ein modernes elektronisches Format und legten zwei Versionen an: Die eine entspricht Mellaarts Vorstellung der politischen Geografie im 2. Jahrtausend v. Chr., die andere gibt die Sichtweise der meisten heutigen Hethitologen wieder. Schließlich ordneten wir alle Ereignisse chronologisch. Damit hatten wir den Schlüssel zur Rekonstruktion und auch zum Verständnis der Briefe.

Es gibt von vornherein eine ganze Reihe von Indizien, die auf eine authentische Quelle hindeuten. Dazu zählt zum Beispiel der Detailreichtum der Darstellung. Obwohl Mellaart zweihundertsechzig unterschiedliche, zum größten Teil westanatolische Namen verwendete, brachte er sie nie durcheinander, er schien also ganz offensichtlich ein Dokument als Referenz vor sich zu haben. Dreimal hatte er die Schrifttafel in einer öffentlichen Publikation erwähnt, jedes Mal ohne jedes Aufheben, obwohl es sich um eine der größten Entdeckungen in der Archäologie überhaupt handeln dürfte. Wenn er sich das alles ausgedacht hätte, müsste er das umfangreiche Material doch auch einmal richtig verwendet haben. Offenbar beschrieb er es nirgendwo so ausführlich wie in diesen beiden Briefen an mich. Als ich mit Mellaart telefonierte, schien ihm nicht daran zu liegen, der Sache weiter nachzugehen. Er war fest davon überzeugt, dass die Dinge ohnehin ihren Lauf nehmen würden. Nicht zuletzt ist die Zusammenfassung, die Mellaart in den Briefen liefert, in sich vollkommen logisch – auch wenn sie deutlich vom Wissensstand abweicht, der heute in den Lehrbüchern vermittelt wird.

Auch alle diese Argumente zusammengenommen reichen natürlich bei weitem nicht als Beweis dafür aus, dass es den Beyköy-Text tatsächlich gab bzw. gibt. Hinzu kommen aber nun die Inhalte, die Mellaart schildert. Ein Fälscher kann schließlich nur Informationen verwenden, die ihm zur Verfügung stehen. Seine Zusammenfassung des Beyköy-Texts enthält jedoch zahlreiche Angaben, die erst später bekannt wurden! Fred Woudhuizen konnte das am allerbesten beurteilen, denn er hatte, ohne je vom Beyköy-Text gehört zu haben, in den letzten Jahren ganz ähnliche Entdeckun-

Am 5. August 1995 schrieb James Mellaart einen zehnseitigen Brief an Eberhard Zangger, von dem hier die erste Seite abgebildet ist, zusammen mit der letzten seines vorangegangenen zwölfseitigen Briefes vom 17. Juli 1995. Mellaart gibt darin seine Sicht der Ereignisse am Ende der Bronzezeit preis: »Sie kennen ja selbst die Reaktion des akademischen Establishments: Geduld – nur keine schlafenden Hunde wecken. Der Beyköy-Text ist eine Büchse der Pandora!« Seinen Inhalt zu kennen, bedeutet, Unheil zu stiften, das sich nicht mehr gutmachen lässt. ▶

5 August 1995

Dear Dr. Zangger,

The books have just arrived and I have spent yesterday going through "Ein Neuer Kampf um Troja", rather quickly to get a first impression! Translated into English, the book should become a best seller ... as the first (serious attempt) to find a compromise between Greek legends and imperfectly know Anatolian history (Imperfect because the Hittite records are scanty and their date often disputed ... their geography circumscribed, their contents accepted as 'Gospel Truth' - etc. Whereas exaggeration was considered an Egyptian characteristic, Hittitologists were convinced they "held the truth" -, "Halb wahr, halb unwahr" - as usual - Near Eastern kings could not admit defeat in their protestations to their gods - they would have implied betrayal of their trust to guard their lands - so victories are mentioned, not subsequent defeats. As a friend of mine put it "text-buggers translate texts" - and nothing more: history doesn't come into it."; This is the Veni, vidi, vici approach, of Caesar and Napoleon (Conqueror of Russia?) It is high time Hittitologists grew up! In war it is not a question of how far you get, but what you manage to hold (as the result, usually little or nothing). The lack of 'Anatolian geography' - depicts a Hittite Emperor stretching to the Aegean ... on the basis of 4 texts: Tudhalija II, Mursili II, Hatusili III and Tudhalija IV .. is pathetic evidence. They reached the Aegean (Tudhalija IV did not even do this) - On the basis of this a "Hittite Empire" was created in good Victorian style .. matched to Forsters' Mycenaean Empire: or e.g. Bossert's "Asuwa Koalition" - again misinterpretation. von "Kleinstaten" of course, there being no room in Anatolia for more than one "Empire" - They are merely districts ("Land" KUR) - This prejudicial treatment of Anatolia continues to the present day like OR Gurney's "Arzawan chiefstains"! There are from the "beginning of kingship, c. 3170 BC. FOUR ARZAWA LANDS: ARZAWA (PROPER), HAPALA, ASUWA, ASAHA River-land = Hittite Seha

the first three each nearly as large as HATTI (proper) -

Each of these has its own 'districts' or provinces and dependencies (LUKKA) + perhaps semi-autonomous - a source of many disputes and Hittite claims. Kurunta, e.g. is made king of L. of TARHUNTASA - the frontiers of which, given on the Bronze Tablet, are those of the Sovereign Arzawan state of Hapala! The pretense of 'conquest' leads to many success – This is the so-called 'Sea people' war – not strangers, but Arzawan regular forces – The seaborne forces of the Mediterranean fleet – are enumerated in a long list – "from the mouth of the Kaystros river to the slopes of Mt. Amanos" (Amanos) + the Isle of Yarusa, as A. Goetze described it to me in a letter in 1955 – wanting to locate Arzawa (proper) within these confines!

It was the Arzawan 'Aegean fleet' – that with the help of Kaptaran and Yarusa and Theban fleet had had decimated Kuzi-Tesup attack on Karnasa, and Myc. Greece – not the Mediterranean one.

There is little doubt left about the cause of the end of LH III b (or early c) in the fall of both Masara and Mukana (barring some fortresses) – but the survival of the kingdom of Hiyapaya (Thebes) – released the 'Heracleidai' – protected by Thebes – to return to their Peloponnese Elis home from which Wawushiyas (Eurystheus) had expelled them – I do not believe in a "Dorian or NW Greek invasion" + and prefer J. Chadwick's alternative of a 'vulgar Linear B.' –

Enough for now – none of this is my work – but being asked in 1976 by the Editor of the Beyköy text – for a contribution on 'Hittite Geography' etc. (c 1971 … editor) I was given access to A. Goetze's text volume and translation. Alas, B. Alkım and his wife died in 1981 at 85 – after the text volume was sent to the printers – it has not yet appeared – In our field one needs immense patience! The BT is a Pandora's box – !! You know the reaction of the Academic establishment yourself – patience! – "let sleeping dogs lie"

Sitting on material one can't publish is a real Tantalos-Quälerei!

With best wishes,

Yours sincerely

James Mellaart

P.S. c 1200–700 BC.

Prof David Hawkins in CAH. elsewhere.

and his new book, a Corpus of HH inscriptions – in the Press – Berlin

events c 1200–630 BC.

E. I. Gordon "Assurbanipal's letter to Ardis" (Ardys of Lydia) – as yet unpublished – and A. Goetze – the later part of the Beyköy text – up to year 19 Mita (720 BC.) – unpublished.

gen gemacht. So soll es im Beyköy-Text zum Beispiel heißen, dass Troja während des 3. Jahrtausends v. Chr. durch Metallhandel mit der Insel Thasos und mit Ostmazedonien reich wurde. Diese Regionen lieferten Gold und Silber, aber auch Zinn. Woudhuizen hat selbst gerade eine Publikation verfasst, worin er die Bedeutung von Troja für den Zinnhandel betonte. Er schloss dies daraus, dass in Troja ein Zepter aus Lapislazuli gefunden wurde – dem Symbol für Zinnhandel mit Afghanistan. Auch Bernsteinperlen, ein bekanntes Tauschobjekt für Zinn aus Böhmen und Cornwall, traten in Troja auf.

Weiter erzählt offenbar der Beyköy-Text, wie Großkönig Hattušili II. eine zypriotische Flotte nutzte, um Kreta zu erobern. Anschließend befand sich Kreta für kurze Zeit unter hethitischer Kontrolle. Genau eine solche

▲ James Mellaarts Briefen vom Sommer 1995 lag unter anderem auch eine Karte bei, in der die »Arzawan Territories« hervorgehoben sind (rot). Diese Umrisse entsprechen der maximalen Ausdehnung der luwischen Königreiche in Westkleinasien zu Friedenszeiten. Es gehörte zu Mellaarts Eigenarten, dass er Millawanda im heutigen Çanakkale platzierte und Ahhijawa in Thrakien. Die meisten Forscher gehen heute davon aus, dass Millawanda der spätbronzezeitliche Name für Milet und Ahhijawa die Bezeichnung für das mykenische Südgriechenland ist (siehe auch Mellaart 1993a, 421).

Phase hethitischen Einflusses hat Woudhuizen vor kurzem in einer Publikation proklamiert: Er erkannte einen hethitischen Namen in der Linear-A-Inschrift des Goldringes von Mavro Spelio.

Auch die wichtige Rolle eines Königs Tarhundaradus von Arzawa, zu dessen Einflussbereich unter anderem Kreta gehörte, findet sich sowohl im Beyköy-Text wie auch bei Woudhuizen.[271] Tarhundaradus regierte in der ersten Hälfte des 14. Jahrhunderts v. Chr. Unter seiner Herrschaft erstarkte Arzawa. Einfälle der Kaškäer hatten das Reich der Hethiter geschwächt, so dass Truppen aus Arzawa bis in das Untere Land (Lykaonien) vordringen konnten. Tarhundaradus verhandelte mit dem ägyptischen Pharao Amenophis III. Dieser bat den König von Arzawa, eine seiner Töchter als Frau nehmen zu dürfen, um die Verbindung zwischen den beiden Ländern zu stärken.[272] »Ich habe gehört, dass alles vorbei ist, und dass das Land Hatti niedergestreckt ist«, schrieb der Pharao.[273] Offensichtlich betrachtete Amenophis III. den Herrscher von Arzawa als den neuen Großkönig in Kleinasien. Woudhuizen hatte bereits vor fünfundzwanzig Jahren erkannt, dass Teile von Kreta zum Einflussbereich von Tarhundaradus zählten. Mellaart kannte diese Publikation offenbar nicht, denn er bat mich seinerzeit um ein »photostatic« derselben.

Als Nächstes berichtet die Schrifttafel aus Beyköy, wie die Kaška im Norden von Hatti über das Schwarze Meer Verstärkung durch Kontingente aus dem Westen erhielten. Aus diesem Grund konnten die Hethiter den schmalen Küstenstreifen entlang des Schwarzen Meeres über Jahrhunderte hinweg nicht unter Kontrolle bringen. Genau diesen Sachverhalt hatte Woudhuizen 2012 erkannt, weil die Kaška zum Teil phrygische und thrakische Namen tragen.

Eine besonders verblüffende Übereinstimmung findet sich schließlich zwischen dem Beyköy-Text und der 1995 publizierten Südburg-Inschrift in Hattuša. In beiden Texten wird ein Feldzug des Großkönigs Šuppiluliuma II. gegen die Länder Maša und Tumana erwähnt. Laut der Südburg-Inschrift, die sich ganz in der Nähe des Königspalasts befindet, unterwarf der Herrscher die beiden Länder. Im Beyköy-Text, der die Perspektive Westkleinasiens reflektiert, wird Šuppiluliuma II. gezwungen, die Eroberung der beiden Länder rückgängig zu machen.

▲ In dieser vier Meter breiten und fast zwei Meter hohen luwischen Hieroglypheninschrift in der Kammer 2 der Südburg von Hattuša beschreibt der Großkönig Šuppiluliuma II. (Regierungszeit ca. 1205–1192 v. Chr.) sowohl seine eigenen Taten wie auch die seines Vater Tuthalija: »Das Land der Stadt Tarhuntašša habe ich unterworfen […] In diesem Jahr baute ich hier den göttlichen

unterirdischen Weg.« Die Inschrift bezeugt den Versuch einer nach Süden gerichteten Expansion in der letzten Phase des Großreichs. Im Text heißt es, dass der Großkönig auch die Länder Tumana und Maša im Nordwesten Hattis eroberte. Die gleiche Kampagne wird im Beyköy-Text erwähnt, doch laut dieser Quelle musste Hatti die eroberten Länder wieder abgeben.

Zum Schluss erwähnt der Beyköy-Text auch einen König Kuzitesup von Karkemisch. Dieser Name ist bis heute erst einmal aufgetaucht, nämlich in einem Siegel von Lidar Höyük, das 1986, also fünfzehn Jahre nach Albrecht Goetzes Tod, publiziert wurde. – Alles in allem kommt Fred Woudhuizen zu einem eindeutigen Urteil: keine Fälschung!

Was aber steht denn nun genau in dem Beyköy-Text? Mellaart wies allen Ereignissen Jahreszahlen zu, wobei natürlich vollkommen ausgeschlossen ist, dass das Dokument absolute Zeitangaben enthielt. Denkbar sind jedoch Regierungszeiten der jeweiligen Könige oder der Abstand in Jahren zwischen bestimmten Geschehnissen. Offensichtlich hat Mellaart aus solchen Angaben eine chronologische Tafel rekonstruiert. Auch hier lässt sich – ohne das Originaldokument – natürlich nicht beurteilen, ob seine Resultate nachvollziehbar sind.

Die Chronologie der Ereignisse beginnt demnach im Jahr 2510. Troja hatte sich mit einem Krieg gegen Arzawa übernommen und diesen verloren. Die Bevölkerung der Stadt wurde deportiert, und aus dem westlichen Nachbarland von Troja, Aššuwa – dem heutigen Bithynien –, wurden neue Siedler nach Troja gebracht. Sie bauten die Stadt wieder auf; dies markiert die Grenze zwischen Troja II und Troja III. Im Text sind weitere Zerstörungen von Troja erwähnt, darunter in den Jahren 2273 und 2120. Um 2000 wanderten Griechisch sprechende Völker in den Südbalkan ein. Ihre Kultur beruhte auf der Landwirtschaft; die Seefahrt überließen sie den einheimischen Pelasgern. Piraterie sorgte schließlich dafür, dass der König von Arzawa im Jahr 1960 Troja erneut befestigen ließ. Diese Phase kennen wir heute als Troja V. Um 1940 entstand in Mittelgriechenland die Stadt Theben, die dank der benachbarten Silberminen und des Handels mit Pferden aus Westkleinasien reich wurde. Troja VI wurde 1770 errichtet, immer noch auf Veranlassung eines Königs aus Arzawa. 1575 brach ein bedeutender militärischer Konflikt zwischen Kreta, Theben und Arzawa auf der einen und Mykene auf der anderen Seite aus. Mykene unterlag, und Beuteobjekte aus den mykenischen Palästen gelangten bis zu den Königen von Hatti und den ägyptischen Pharaonen. 1540 kam es zum Vulkanausbruch von Santorin. Der König von Arzawa siedelte die Überlebenden in fünf Städten auf der Insel Rhodos an. Kreta litt ebenfalls unter Naturereignissen, so dass große Teile der Bevölkerung nach Südgriechenland übersiedelten. Rund hundert Jahre später, um 1455, migrierten die Nachfahren der Kreter vom Festland zurück auf die Insel. Eines der einschneidendsten Ereignisse fiel in das Jahr 1380: Hattušili II., Großkönig von Hatti, befahl einen Angriff auf Kreta und spannte dafür eine Flotte aus Zypern ein. Diese »Plünderung von Kreta« ging in die Geschichte ein. Sie diente als Rache für verschiedene Überfälle, die Arzawa auf die Insel Zypern unternommen hatte. Dem König von Arzawa gelang es daraufhin, internationale Unterstützung aufzutreiben, Kreta zu befreien und Zypern zum Vasallen zu machen.

Ab 1322 herrschte der Großkönig Muršili II. in Hatti. Aus seinen Annalen ist uns heute bestens bekannt, dass er im Westen Kleinasiens umfangreiche Feldzüge durchführte. Der Beyköy-Text stellt diese Ereignisse nun aus westlicher Sicht dar. Demnach fand sich der hethitische Großkönig bei seinem Rückzug von den Truppen verschiedener luwischer Königreiche umzingelt. 1318 kam es zwar zu einer förmlichen Friedensvereinbarung zwischen den Königreichen im Westen und Hatti, doch bereits 1295 brachen unter Muwatalli II. erneut Feindseligkeiten aus. Als dieser von einem Feldzug zurückkehrte, musste er feststellen, dass sein Bruder Hattušili in Hattuša das Zepter übernommen hatte. Der König von Aššuwa nutzte die Schwäche des hethitischen Reichs und verbündete sich mit den nordöstlichen Nachbarn von Hatti. Die vereinten Truppen überfielen die Hethiter und zerstörten 1295 ihre Hauptstadt Hattuša. Ein Jahr nach der berühmten Schlacht von Kadesch zwischen Ägypten und den Hethitern, also im Jahr 1274, gelang es dem Großkönig Muwatalli II., auch mit den luwischen Königreichen im Westen Kleinasiens Frieden zu schließen. Wiederum ein Jahr später wurde der Großkönig allerdings von seinem Bruder Hattušili III. ermordet und sein rechtmäßiger Nachfolger Muršili III. verhaftet. Der Mord führte zu einem Bürgerkrieg, der hundert Jahre dauerte – bis zum endgültigen Untergang des hethitischen Reichs.

Im Jahr 1264 richtete Hattušili III., der mittlerweile als Großkönig amtierte, in Tarhuntašša einen Vasallenstaat ein. Die Region an der Südküste Kleinasiens hatte zuvor zu den westkleinasiatischen Königreichen gezählt. Der gleiche Großkönig überfiel 1254 Troja und richtete dabei ein Massaker an, dem auch König Priamos zum Opfer fiel. Im Jahr 1246 kam es zu einem Überfall vereinter mykenischer Königreiche, der manche Ähnlichkeiten mit dem Trojanischen Krieg aufwies, jedoch der Stadt Tyros im heutigen Libanon galt. Anführer der griechischen Truppen war der König von Mykene, dessen Frau nach Tyros entflohen war und damit den Anlass für den Überfall gegeben hatte. 1219 schickte der hethitische Großkönig Tuthalija IV. seinen Sohn Šuppiluliuma nach Zypern, um die Insel zu erobern. Dies gelang dem Prinzen beim zweiten Anlauf. 1210 brachen in Hatti eine Seuche und eine Hungersnot aus, der ägyptische Pharao entsandte Schiffe mit Getreide. In dieser Zeit war das vormalige hethitische Großreich nur noch ein Spielball der Könige von Arzawa – so jedenfalls sah es Mellaart.

Ein weiterer Krieg um Troja im Jahr 1190 wurde von den Königen von Thrakien und Šuppiluliuma II. sowie einer Flotte aus Zypern angeführt und erfolgreich zu Ende gebracht. Bald darauf gelang es jedoch zwei luwischen Aristokraten, Troja zurückzuerobern. Einer von ihnen war der Prinz Muksus. 1180 starb Šuppiluliuma II., und im Anschluss daran wurde Hattuša von den Kaška überrannt. Nur der nordsyrische Vasallenstaat Karkemisch bestand weiterhin, damals unter der Führung seines Königs Kuzitesup. Dieser setzte den Krieg sowohl auf dem Land wie auch übers Meer – gegen Kizzuwatna an der anatolischen Südküste – fort. 1178 überfiel die zypriotische Flotte unter dem Kommando von Kuzitesups Sohn, der ebenfalls Šuppiluliuma hieß, die luwischen Küstenstädte an der Ägäis. Die Angreifer überwinterten auf Kythera, einer Insel südlich des Peloponnes. Mit Unterstützung aus Ugarit und Amurru gelang es ihnen im nächsten Jahr, Mykene und Pylos in Messenien zu zerstören. Als sich die siegreichen Schiffe auf dem Rückzug nach Osten befanden, wurden sie von Streitkräften aus Theben eingeholt, die sich von Kontingenten aus Arzawa, Kreta und Rhodos unterstützen ließen. Die Zyprioten wurden umzingelt und besiegt. Auch der Kommandant Šuppiluliuma geriet in Haft. Seine Machtposition ausnutzend, entsandte der König von Arzawa unter dem Kommando von Muksus fünfhundert Schiffe und zehntausend Streitkräfte von der Südwest- und Südküste Kleinasiens Richtung Syrien. Kuzitesup und sein Verbündeter, der ägyptische Pharao Ramses III., unterlagen. Es kam zu einem Friedensschluss. Muksus stieg zum König der Länder von Arzawa auf – und zu seinem ehrenden Gedenken wurden die drei Bronzetafeln angefertigt.

So viel zum Inhalt dieses mysteriösen Beyköy-Textes – in einer Zusammenfassung der Zusammenfassung. Mellaart wies mich ausdrücklich darauf hin, dass mir seine Briefe nur einen flüchtigen Eindruck vermitteln würden. Das eigentliche Dokument soll noch viel umfangreicher gewesen sein. Die Existenz eines solchen arzawaischen Archivs wäre eine Riesensensation, denn der Beyköy-Text kommt aus einer Region, aus der umfangreiche Schriftstücke bisher komplett fehlen. Noch dazu stammt das Dokument aus der Zeit der Seevölker-Invasionen, für die wir dringend zusätzliche schriftliche Informationen benötigen. Die Freude über den Fund ist jedoch getrübt, denn was uns in der Form der beiden Briefe von James Mellaart vorliegt, gibt den Inhalt der Tafel mehrfach verzerrt wieder. Mellaart interpretierte den von Albrecht Goetze übersetzten Text naturgemäß seinen Vorstellungen der Geografie entsprechend. Wir wissen auch nicht, ob Goetzes Übersetzung einer Überprüfung standhalten würde – schließlich liegt sie ein halbes Jahrhundert zurück. Und vermutlich dürfte selbst der Originaltext Verzerrungen enthalten, denn erstens entstand er in einer Zeit, als alles drunter und drüber ging, und zweitens waren die Schreiber nicht gehalten, objektive Informationen zu überliefern. Aus diesen Gründen sind all diese Informationen kaum als eine nützliche historische Quelle anzusehen. Es bleibt zu wünschen, dass die verantwortlichen Kuratoren in den Hinterlassenschaften der beteiligten Wissenschaftler, bei der Türkischen Historischen Gesellschaft und in den Archiven der wissenschaftlichen Buchverlage nach den entsprechenden Manuskripten suchen werden. Vor allem aber ist es für die weitere archäologische Forschung von allergrößter Bedeutung, dass die Kuratoren der archäologischen Sammlungen in Istanbul den Zugang zum Originaldokument ermöglichen oder, noch besser, dieses gleich in die Ausstellung aufnehmen.

Je mehr Zeit ich damit verbrachte, die heute bekannten Siedlungsplätze des 2. Jahrtausends v. Chr. in Westkleinasien zu erfassen, desto stärker wurde das Bedürfnis, diese archäologischen Stätten aufzusuchen und ihre Einbettung in die Landschaft zu begutachten. Ich kannte in dieser Region bis dahin nur Troja und seine nähere Umgebung. In anderen Ländern rund um das östliche Mittelmeer hatte ich jedoch als Geoarchäologe rund zwanzig Jahre lang auf den verschiedensten archäologischen Projekten unter der Leitung von Professoren aus aller Welt geforscht – unter anderem auf dem griechischen Festland, Kreta, Zypern, in Tunesien und Ägypten. Meist konnte ich im Rahmen der Forschungsprojekte auch Handbohrungen durchführen, um die Schichtenfolge im Untergrund zu untersuchen. Außerdem war ich meistens dann vor Ort, wenn die archäologischen Ausgrabungen oder Surveys auf Hochtouren liefen, und hatte somit täglich die Gelegenheit, mich intensiv mit den involvierten Archäologen auszutauschen.

Bei diesen Landschaftsrekonstruktionen entwickelte ich unweigerlich ein Gespür für die parallele Entwicklung von Natur und Besiedlung. Ich versuchte stets, die natürliche Umgebung mit den Augen der damaligen bronzezeitlichen Bewohner zu sehen. Fast überall war der Wasserbau eines ihrer wichtigsten Anliegen. Wo es zu viel Wasser gab und die Sümpfe zur Brutstätte für Malaria wurden, hieß es, Dränagen und Abflusskanäle anzulegen. Wo hingegen zeitweise Wassermangel herrschte, mussten Reservoirs gebaut werden. So ist zum Beispiel die jährliche Niederschlagsmenge in Griechenland ganz ansehnlich, doch im Sommer fällt während fünf Monaten kaum Regen. Nur wenige Pflanzen überstehen diese lange Trockenzeit. Wer in einer abgelegenen Region lebt und daher auf lokale Landwirtschaft angewiesen ist, muss diese Trockenperiode auch heute noch mit künstlicher Bewässerung überbrücken. Wir wissen mit Sicherheit, dass schon die mykenischen Griechen Meister im Wasserbau waren: In der Umgebung fast jeder wichtigen Siedlungsstätte finden sich Spuren von Systemen zur Optimierung der Wasserwirtschaft, also Dränagekanäle, Dämme oder Flussumleitungen. Mit geübtem Blick lassen sich deren Relikte zum großen Teil heute noch erkennen.

Weniger offensichtlich lässt sich die damalige Vegetation rekonstruieren. Die heutige Pflanzendecke hat nichts mehr mit dem früheren Bewuchs gemeinsam, denn aus wirtschaftlichen Überlegungen hat der Mensch schon vor Jahrtausenden tiefgreifend in die natürliche Umwelt eingegriffen. Nur Bohrkerne aus Feuchtgebieten, in denen Pollen aus der Umgebung in feinstratifizierten Schichten über Jahrtausende hinweg erhalten blieben, liefern heute Aufschluss über die wechselhafte Vegetationsgeschichte. Aus solchen Pollenkernen wissen wir, dass die größte Umweltzerstörung in Griechenland bereits vor fünftausend Jahren stattfand, als die Landwirte Pflüge einzusetzen begannen und ausgedehnte Waldflächen rodeten, um sie landwirtschaftlich nutzen zu können.[274] In der Folge erodierten die Böden an topografisch höher gelegenen Punkten nahezu vollständig, während sich in den Talauen meterdicke Sedimentablagerungen bildeten. Das führte auch dazu, dass sich die Küstenlinie im Laufe der Zeit Richtung Meer verlagerte.

Meine Arbeit als Geoarchäologe glich der eines Forensikers. Wenn ich am Ort des Geschehens eintraf, lagen die fraglichen Ereignisse allerdings nicht wenige Stunden oder Tage, sondern bereits einige tausend Jahre zurück. Fast alles, was für eine Rekonstruktion wertvoll oder sonst wie von Interesse hätte sein können, war längst verschwunden. Wiederverwendbare Rohstoffe wie Metalle hatte man eingeschmolzen, und alle verderblichen Materialien, darunter Nahrungsmittel, Textilien, Holz und Leder, waren verrottet. Archäologen setzen in dieser Situation alles daran, im Rahmen ihrer Projekte das wenige, was noch übrig ist, zu dokumentieren und zu konservieren. Damit leisten sie ohne Zweifel einen wertvollen Beitrag zum Erhalt unserer Kulturgüter. Es steht auch außer Frage, dass sie sich nach Kräften bemühen, keinen Schaden anzurichten. Leider haben aber gerade diese Anstrengungen teilweise genau das Gegenteil bewirkt: Zumindest in Griechenland wurden in den letzten Jahrzehnten archäologische Fundplätze in unvorstellbarem Ausmaß zerstört. Den Grundstücksbesitzern droht nämlich Enteignung oder aber in jedem Fall eine Verzögerung ihrer Bauvorhaben, wenn sie auf archäologisch interessante Funde stoßen. Statt sich bei den zuständigen Behörden zu melden, warten sie deshalb lieber einen regnerischen Wintertag ab, wenn weder Touristen noch Archäologen in der Region sind, mieten sich für ein paar Stunden eine Planierraupe und machen die Fundstätte buchstäblich platt. Der Archäologieprofessor Curtis Runnels von der Universität Boston hat zu diesem Thema bereits 1981, damals noch als Student, einen Artikel publiziert.[275] Er beschrieb, wie Grundstücksbesitzer sogar bekannte und geschützte archäologische Fundstätten, zum Beispiel Lerna in der Argolis oder Lefkandi auf Euböa, mit gemieteten Bulldozern zumindest teilweise verwüsteten.

Im Rahmen des Pylos Regional Archaeological Project (PRAP) wurde ich selbst Augenzeuge einer solchen Zerstörungsaktion. Kurz vor der Ortschaft Romanou, in der Nähe des Palastes von Nestor, musste ich die Fahrt im Jeep verlangsamen, weil vor mir ein riesiger Caterpillar mit vier mannshohen Rädern und einem zentralen Schaufelblatt die Straße für sich einnahm. Ich konnte es kaum glauben, als sich herausstellte, dass wir das gleiche Ziel hatten: eine offene Fläche direkt neben der Dorfkirche. Dort war gerade unser Survey-Team mit sechs Leuten dabei, die archäologischen Oberflächenfunde systematisch zu erfassen. Ohne die Geschwindigkeit zu drosseln, fuhr der Lenker des Caterpillar unmittelbar an den Archäologen vorbei und senkte gleichzeitig das Schaufelblatt, so dass es ein Riesengetöse gab und so viel Staub aufgewirbelt wurde, dass man die Personen kaum noch sehen konnte. Plötzlich tauchte ein Grieche mittleren Alters auf und schimpfte laut – jedoch nicht mit dem Bulldozerfahrer, sondern mit den Mitgliedern unseres Teams: »Verschwindet von hier! Ihr habt hier nichts zu suchen. Das ist eine archäologische Fundstätte! Ich bin der Bürgermeister! Wenn ihr nicht sofort geht, rufe ich das Archäologische Landesamt!«

Eine junge Griechin aus unserem Team trat an den Bürgermeister heran und stellte sich vor: »Ich bin die offizielle Vertreterin des Archäologischen Landesamts.«

Auf die Zerstörung archäologischer Fundstätten drohen in Griechenland bis zu sechs Jahre Gefängnis. Es dürfte aber kaum jemals zu einer Verurteilung gekommen sein. Curtis Runnels wies in seinem Artikel darauf hin, dass der Landbesitzer, der seinerzeit in Lefkandi die Fundamente des ältesten griechischen Steintempels kurzerhand mit einem Bulldozer beseitigen ließ, eine Privatschule leitete, in der »zweifellos der Respekt vor der antiken griechischen Kultur zum Inhalt des Unterrichts gehörte«.[276]

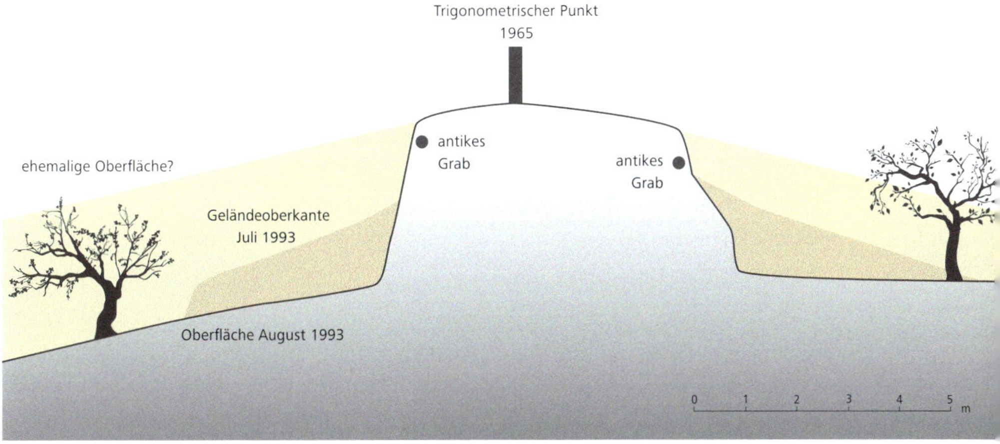


▲ In der Umgebung des Palasts von Nestor auf dem südwestlichen Peloponnes notierten Archäologen diesen trigonometrischen Punkt, der 1965 als Betonsäule auf der Kuppe Pyrgaki Tsouka angelegt worden war. Direkt daneben befanden sich Gräber aus der Spätbronzezeit. Intensives Pflügen hatte die Oberfläche bald nach der Errichtung der Säule deutlich abgesenkt. Archäologen registrierten und zeichneten die mutwillige Bodenzerstörung im Juli 1993. Einen Monat später fanden sie die Oberfläche noch einmal eine Stufe tiefer: Ein Bauer wusste offenbar von der archäologischen Fundstätte und pflügte an der Stelle besonders intensiv, um nicht Gefahr zu laufen, enteignet zu werden (nach Zangger et al. 1997, 571–572).

Statt Grundbesitzer zu verurteilen, die potenziell bedeutende Fundstätten zerstörten, sah man in Griechenland lieber über die Problematik hinweg. Ich erinnere mich, dass Archäologen im Staatsdienst teilweise so stark unter der Situation litten, dass sie einen Berufswechsel in Erwägung zogen. Die griechische Wirtschaftskrise wird mittlerweile viele von ihnen tatsächlich zu diesem Schritt gezwungen haben. Und einen Artikel, wie ihn Curtis Runnels verfasste, würde heute – nach dreißig Jahren *political correctness* – kaum noch jemand zu schreiben, geschweige denn zu veröffentlichen wagen. So wurde das Problem bewältigt, indem man es totschwieg. Ausgerechnet die übertriebene Furcht davor, archäologische Funde zu beschädigen, hat zu deren Zerstörung in großem Ausmaß beigetragen.

In welch kurzer Zeit menschliche Eingriffe die Umgebung verändern, konnten wir im Rahmen des Projekts in Pylos beobachten und sogar erfassen. In den 1960er Jahren waren nämlich verschiedene etwa einen Meter hohe Betonsäulen errichtet worden, um stabile trigonometrische Messpunkte festzulegen. Diese Pfeiler überragen heute, nur noch von einer schmalen Grasnarbe eingefasst, ihre Umgebung an manchen Orten um drei bis vier Meter.[277] Rundherum haben die Bauern mit ihren Pflügen den Boden kurzerhand abgetragen, der hier – wie übrigens auch in der Umgebung von Troja – aus wenig verfestigtem tertiärem Mergel besteht. Die heutige Oberfläche liegt also vielerorts mehrere Meter unter der Geländeoberkante der Bronzezeit. Das bedeutet, dass sich archäologische Ausgrabungen nur noch dort lohnen, wo die Topografie ausgesprochen flach ist und die Erosion (wie auch die Landwirtschaft) weniger Einfluss hatte.

Nun war ich gespannt darauf, den Zustand der archäologischen Fundstätten auf der anderen Seite der Ägäis, am türkischen Ufer, zu beurteilen. Eine erste Inspektionsreise unternahm ich 2012, mit dem Ziel, vor allem die bekannten Ausgrabungen an der Küste aufzusuchen.

Von Troja aus, im äußersten Nordwesten des kleinasiatischen Subkontinents, fuhr ich Richtung Süden und hielt ein erstes Mal in Antandros, einer großen römischen Hafenstadt am Nordufer des Golfs von Edremit. Schon Heinrich Schliemann hatte in dieser Region intensiv nach bronzezeitlichen Resten gesucht. Obwohl die Siedlungsstätte einen ganzen Kilometer breit ist, sind allerdings bis heute fast nur Relikte aus historischer Zeit bekannt. Interessanter war für mich das nächste Ziel, der markante Siedlungshügel Araplar ein paar Kilometer weiter im Landesinneren. Hier kam mir meine Erfahrung mit Landschaftsrekonstruktionen zugute: Ich konnte mir lebhaft vorstellen, wie Menschen jahrtausendelang an diesem Ort sesshaft waren, am Ufer eines breiten Flusses, der sie ein paar hundert Meter weiter an das Ufer der Ägäis führte. Auch Adramytteion, ein ausgedehnter Siedlungshügel am südlichen Ende des Golfs von Edremit, beeindruckte mich zutiefst. Hier wurden bereits einige archäologische Ausgrabungen durchgeführt, von denen jedoch keine tief genug reichte, um auf bronzezeitliche Schichten zu stoßen.

Richtiggehend die Sprache verschlagen hat mir jedoch die nächste Fundstätte meiner Reise: Çandarlı. In diesem kleinen Ort, fünfzig Kilometer nördlich von Izmir an einer Bucht gelegen, befand sich auf einer Landzunge die antike Stadt Pitane. Noch heute prägt ein genuesisches Kastell, das vermutlich aus dem 14. Jahrhundert stammt, mit seinen fünf

Türmen die Silhouette. Da es sich um eine bekannte archäologische Fundstätte handelt, haben die Behörden den zentralen Teil der Landzunge offensichtlich unter Schutz gestellt. Zwar haben bis heute keine großflächigen Ausgrabungen stattgefunden, aber die Fläche wurde auch nicht überbaut, und Landwirtschaft wird nur sehr zurückhaltend betrieben. Noch nie in meinem ganzen Leben habe ich so viele Artefakte aus so vielen verschiedenen Epochen über eine so ausgedehnte Fläche so dicht beieinander gesehen. Ein Ort der Superlative – und dies war immer noch der erste Tag meiner Reise!

Tatsächlich sollte der Eindruck, den ich an diesem Tag im Gelände gewonnen hatte, für den weiteren Verlauf des extensiven Surveys charakteristisch sein. Der Westen der Türkei entpuppte sich als ein wahrer Traum für archäologische Forschung und ein weitgehend unberührtes Feld. Die bekannten archäologischen Fundstätten sind oft von einem Zaun umgeben, somit von landwirtschaftlicher Nutzung ausgenommen und dementsprechend gut erhalten. Manche Siedlungsplätze haben einen Durchmesser von fünfhundert Metern, einige sind sogar noch größer. Allein aufgrund ihrer Ausmaße spektakulär sind zum Beispiel Midaion, rund dreißig Kilometer östlich von Eskişehir, und Kolossai, zwanzig Kilometer östlich von Denizli. Aber ich erkundete noch viele ähnlich beeindruckende Siedlungshügel, die alle gemein haben, dass sie archäologisch völlig unberührt sind.

Seit langem schon vermuten Archäologen Apaša, die Hauptstadt des spätbronzezeitlichen Königreichs Arzawa, in der Nähe des antiken Ephesos. Da die Bevölkerung entlang der Küste über die Jahrhunderte hinweg der Verlagerung der Uferlinie folgte, liegen die Siedlungen aus unterschiedlichen Epochen in diesen Gebieten nicht übereinander, sondern nebeneinander. Die bronzezeitliche Vorgängerstadt von Ephesos ist daher einige Kilometer weiter im Landesinneren zu suchen. Dort stießen Archäologen in der Umgebung der Kleinstadt Selçuk auch bereits auf Überreste, die darauf schließen lassen, dass sich Apaša in dieser Gegend befand. Ich nahm mir viel Zeit, die Umgebung zu beurteilen, und nutzte dabei meine Erfahrungen mit der Untersuchung von mykenischen Landschaften in Griechenland. Tatsächlich scheint mir ein bestimmter Punkt mitten in der modernen Stadt Selçuk besonders vielversprechend. Ich bin überzeugt, dass es sich lohnen würde, auf der Suche nach dem Zentrum von Apaša hier mit einer ersten Sondage zu beginnen.

Eine andere besonders bemerkenswerte Station meiner Reise waren die vier Burganlagen in der Region um den Gygischen See etwa zehn Kilometer nördlich von Sardes. Dort findet seit 2005 ein archäologischer Survey unter der Leitung der Archäologen Christopher H. Roosevelt und Christina Luke aus Boston statt. Die größte und komplexeste dieser Burganlagen ist Kaymakçı, eine Festung mit 8,6 Hektar Fläche, die den gesamten unteren Gipfel des Höhenrückens Gül-Dağ bedeckt. Die Burganlage ist so groß, dass ihre Umfassungsmauern mühelos auf den Satellitenbildern von Google Earth zu erkennen sind.[278] Die Festung besteht aus terrassenförmig angelegten, exzentrischen Ringen und enthält noch zahlreiche gut sichtbare Mauerreste. Allerdings unterscheiden sich die Anlagen grundlegend von den in Westkleinasien sonst üblichen Siedlungen. Diese befinden sich fast ausnahmslos an den Rändern von fruchtbaren Talauen und in der Nähe von Wasserläufen, während die Burganlage von Kaymakçı auf einem Berggipfel liegt und auch keine meterdicken stratifizierten Schichten aufweist. Wir wissen allerdings aus den Annalen des hethitischen Großkönigs Muršili II., dass dieser in seinem vierten Regierungsjahr insgesamt vier Forts ganz im Westen an der Grenze zum Königreich Mira errichtete bzw. ausbaute.[279] Ich halte es durchaus für möglich, dass es sich bei den vier Festungsanlagen am Gygischen See genau um diese hethitischen Forts handelt. Sollte dem tatsächlich so sein, erhielten wir wichtige Informationen zur politischen Geografie am Ende der Bronzezeit im Westen Kleinasiens.

Seit 2016 finden in Kaymakçı archäologische Ausgrabungen statt. Schon jetzt zeichnet sich ab, dass es sich nicht um eine normale Ansiedlung handelt. Die Gebäude sind funktional und nicht auf Status ausgerichtet, auffällig ist die große Zahl an Vorratskammern. Es gibt nur wenige klar unterscheidbare Bauphasen. Schließlich wurde die Anlage so systematisch (und besenrein) verlassen, wie sie errichtet worden war. All dies widerspricht einer militärischen Funktion nicht. Einfache Häuser scheinen sich vor den Toren der Festung befunden zu haben. Dabei könnte es sich um die Wohnhäuser lokaler Familien handeln, die die Garnison mit Nahrungsmitteln belieferten und versorgten.

Die regionale Hauptstadt dürfte Sardes gewesen sein, auch wenn dort bis heute keine bronzezeitlichen Siedlungsschichten gefunden werden konnten. Sardes ist die mit Abstand größte Fundstätte in Westkleinasien. Ein unterirdischer Tunnel verband die obere mit der unteren Akropolis. Die mit Keramikfragmenten durchsetzten Schichten sind an manchen Stellen zwanzig Meter mächtig. Lydische Festungs- und Terrassenmauern sind zum Teil noch zehn bis zwölf Meter hoch im Untergrund erhalten. Die Dimensionen von Sardes sind einfach so gewaltig, dass die Fundstätte mit herkömmlichen archäologischen Grabungsmethoden kaum zu bewältigen ist. Jedenfalls zeichnet sich immer mehr ab, dass der Charakter von Sardes eher einer Stadt im Nahen Osten entsprach als einer griechischen Polis. Dass die historischen Beschreibungen westlich geprägt sind, heißt nicht, dass auch die Stadt selbst westlich geprägt gewesen sein muss.

XI

# Konsequenz und Quarantäne

## 1 Michelangelostraat 50 HS, Amsterdam, Juli 1984

Der niederländische Archäologie- und Linguistik-Professor Jan Gijsbert Pieter Best hatte sich als Entzifferer frühgeschichtlicher Schriften einen Namen gemacht. Vor kurzem war ihm sogar die Entschlüsselung einer Formulierung in einem Linear-A-Text gelungen. Und er hatte sich einer der umstrittensten und anspruchsvollsten Fragen der Ägäischen Frühgeschichte angenommen: des Diskos von Phaistos.

Best hatte nämlich erkannt, dass einige Dutzend der eingestempelten Zeichen auf dieser Tonscheibe ihre Entsprechungen in luwischen Hieroglyphen haben. Von der Annahme ausgehend, dass die Sprache des Diskos von Phaistos demnach Luwisch sei, begann er den Text zu übertragen. Bald hatte er den ersten kompletten Satz erkannt: »In der Mesara ist Phaistos.« Damit war ihm der Einstieg in die vollständige Entzifferung geglückt. Die große Herausforderung – und Bests besondere wissenschaftliche Leistung – bestand darin, auch die Bedeutung der restlichen Zeichen, die keinen luwischen Symbolen entsprachen, bestimmen zu können. Best gelang auch dies, und zwar weitgehend aus dem Verständnis des Sprach- und Kulturzusammenhangs heraus. So war er in der Lage, sich an eine vollständige Übersetzung des Diskos von Phaistos zu wagen – auf die er später ein Patent anmeldete.

Da Jan Bests Spezialisierung eigentlich die früheisenzeitlichen Sprachen waren, zog er einen seiner Studenten hinzu, der sich bereits den luwischen Hieroglyphen verschrieben hatte. Und da Best seine Wohnung in der Amsterdamer Innenstadt den Sommer über nicht unbeaufsichtigt lassen wollte, bat er diesen Studenten auch gleich, die Hälfte der Ferienzeit dort zu verbringen; den Rest der Zeit würde ein anderer Student diese Aufgabe übernehmen. Und so ist es wieder ein junger Mann, den wir in tiefster Nachtstunde bei einer Entdeckung von großer Tragweite beobachten. Im Sommer 1984 saß der fünfundzwanzigjährige Frederik Christiaan Woudhuizen an Jan Bests Schreibtisch in dessen Gartenwohnung in der Amsterdamer Innenstadt und tippte den ersten Versuch einer Übersetzung des Diskos von Phaistos in eine Schreibmaschine. Der neue Tag war schon ein paar Stunden alt, als Fred Woudhuizen auffiel, dass sein Professor ein Zeichen falsch erkannt hatte. Mit der Zuordnung der übrigen Zeichen war er einverstanden, doch das Symbol eines Raubvogels mit ausgebreiteten Flügeln hatte Best seiner Ansicht nach nicht korrekt interpretiert. Es las sich »RA« und entsprang dem Wortstamm »ARA« für »Vogel«. Dank dieser Korrektur erkannte Woudhuizen nun einen Ortsnamen: »Rasuti«. Er vermutete dahinter das heutige Lasithi. Von dem Erfolg ermutigt, suchte Woudhuizen nach weiteren Ortsnamen und wurde schon bald fündig.

Und dann fiel es ihm wie Schuppen von den Augen: Der Text auf dem Diskos von Phaistos hatte eine absolut rationale Struktur – er war geografisch angeordnet! Auf der Vorderseite tauchten zunächst die Namen Knossos und Lasithi auf. Knossos ist natürlich der Name des wichtigsten minoischen Palastes auf Kreta, und Lasithi steht noch heute für eine Hochebene in Zentralkreta. Vor über dreitausend Jahren, als der Text entstand, bezog sich dieser Begriff offenbar auf eine größere Region, die Knossos mit einschloss. Der Text auf der Vorderseite des Diskos endet mit der Erwähnung der Messara-Ebene im Süden von Zentralkreta. Auf der Rückseite treten weitere Ortsnamen aus der Messara auf, darunter Phaistos selbst und Ortschaften in dessen Hinterland, unter anderem auch Rhytion.

Woudhuizens Enthusiasmus über diese nächtlichen Entdeckungen trug ihn flink von Teilerfolg zu Teilerfolg. Bald sah er Zweier- und Dreiergruppen von Wörtern, wie sie die amerikanische Sprachforscherin Alice Kober bereits bei ihren umfangreichen Forschungen in Linear B nachgewiesen hatte. Verschiedene Zeichen tauchten immer wieder in der gleichen Reihenfolge auf. Diese Zeichengruppen enthielten als vorletztes Zeichen den gleichen Konsonanten, als letztes dann aber unterschiedliche Vokale. Woudhuizen erkannte, dass die Zeichenabfolgen demnach dem Stamm eines Verbs oder Substantivs entsprachen, während die abschließenden Zeichen Fallendungen oder Beugungen ausdrückten. Auf dieser Erkenntnis aufbauend, konnte er bald den Inhalt der gesamten Scheibe lesen – als Erster seit über dreitausend Jahren.

Während Best davon ausgegangen war, dass die Vorderseite des Diskos einen eingehenden und die Rückseite einen abgehenden Brief zeigte, sah Woudhuizen, dass es sich bei dem Text um eine Regelung der Eigentumsrechte am Ort Rhytion in der Nähe von Pyrgos im Südwesten der Messara-Ebene handelte. Er interpretierte den Inhalt folgendermaßen: Der griechische König Nestor besaß ein Fürstentum auf Kreta, das Knossos und Teile der Ebene von Lasithi und der Messara umfasste. Im Auftrag Nestors herrschte ein gewisser Idomeneus von seinem Sitz in Knossos als Vizekönig über Lasithi und als Gouverneur über die Messara. Zu seinem Einflussbereich gehörten die lokalen Kleinkönige Kuneus für Phaistos und Uwas für das Hinterland von Phaistos. Nun stritt sich Uwas mit einem anderen Vasallenkönig über die Kontrolle von Rhytion und wollte, dass Nestor die Sache regelte. Dieser wandte sich an den Großkönig von Arzawa, dem wohl wichtigsten luwischen Staat. Der König von Arzawa forderte nun Kuneus auf, Uwas über die Herrschaftsrechte zu informieren. Der Diskos von Phaistos war demnach eine Kopie zum Verbleib bei Kuneus in Phaistos. Uwas dürfte ebenfalls ein Exemplar erhalten haben. Die Erstellung mehrerer Exemplare würde auch die Verwendung von Stempeln erklären.

Nach dieser Lesung gehörten im 14. Jahrhundert v. Chr. Teile Kretas dem Aššuwa-Bündnis an, einer Vereinigung westkleinasiatischer Staaten. Das würde bedeuten, dass die Luwier vor der Machtübernahme durch die Mykener auf Kreta viel zu sagen hatten.

## 2 Frederik Woudhuizen (*1959)

Die letzten großen Durchbrüche in der Ägäischen Frühgeschichte ereigneten sich in den 1950er Jahren: Helmuth Bossert brachte Karatepe ans Tageslicht und damit die Entschlüsselung der luwischen Hieroglyphen zum Abschluss. Michael Ventris entzifferte Linear B, und James Mellaart fand Çatalhöyük und Haçilar. Da diese Pioniertaten heute sechzig bis siebzig Jahre zurückliegen, sind alle in diesem Buch bisher porträtierten Entdecker inzwischen verstorben. Nun drängt sich natürlich die Frage auf, ob sich das Muster des genialen Entdeckers, der von seinen Zeitgenossen gemieden wird, auch heute noch beobachten lässt.

Im Nachhinein ist es immer einfacher zu erkennen, wer letztlich recht hatte. Heute besitzt wohl niemand die Autorität, abschließend zu beurteilen, welcher lebende Forscher mit seinen Ansichten richtig liegt und welcher nicht. Wir können lediglich eine Bilanz des früher Gesagten ziehen, übergreifende Muster erkennen und diese in die Gegenwart extrapolieren, um festzustellen, ob sich Übereinstimmungen mit heutigen Wissenschaftlern ergeben.

Unsere bisherigen Protagonisten waren per definitionem ihrer Zeit voraus – zum Teil um mehrere Generationen. Sie waren alle ungeheuer diszipliniert, fleißig und produktiv. Sie vertraten gewisse Standpunkte, denen sie ein Leben lang treu blieben, obwohl ihnen niemand oder kaum jemand zu folgen bereit war. Keiner unserer Helden war Mitglied eines Netzwerks, kaum einer hatte je eine feste Anstellung innerhalb des Universitätssystems; die meisten machten ihre größten Entdeckungen in jungen Jahren, sie wurden von ihren Kollegen gemieden, wenig oder gar nicht zitiert, viele sogar geächtet und aktiv bekämpft.

Wenn wir diese Beschreibung auf heute noch aktive Forscher auf dem Gebiet der altanatolischen Kulturen anwenden, so trifft sie wohl auf keinen Zweiten so sehr zu wie auf den niederländischen Linguisten Fred Woudhuizen. Und fast immer, wenn ich in den letzten siebenundzwanzig Jahren das Gefühl hatte, eine neue Einsicht in die Besiedlungsgeschichte Altanatoliens gewonnen zu haben, konnte ich bald feststellen, dass Fred Woudhuizen schon fünfzehn bis zwanzig Jahre zuvor zur gleichen Erkenntnis gekommen war.

Ich traf Fred Woudhuizen erstmals im November 2016 bei einem Kolloquium der Stiftung Luwian Studies. Verschiedene Linguisten hatten mir davon abgeraten, ihn einzuladen, weil seine Ansichten zu sehr von der Hauptströmung der Forschung abwichen. Für den Fortschritt der Forschung ist Meinungspluralismus meiner Ansicht nach jedoch unverzichtbar – also bat ich Fred Woudhuizen dennoch, nach Zürich zu kommen, und freute mich sehr, als er die Einladung annahm. Zu diesem Zeitpunkt hatte er bereits neunzehn Bücher und über hundert wissenschaftliche Publikationen verfasst. Spezialisten für luwische Hieroglyphen sagten mir, dass sie seinen Arbeiten nicht wirklich folgen könnten. Das allein rückte ihn schon ein bisschen in die Nähe von Hugo Winckler und Emil Forrer. Natürlich war ich neugierig auf diesen Mann, der zu ganz ähnlichen Schlussfolgerungen kam wie ich – obwohl er dabei komplett andere Wege beschritt. Als Linguist näherte sich Woudhuizen vergangenen Völkern naturgemäß über deren Sprachen, während ich pragmatische Überlegungen zu natürlichen Ressourcen, Handelswegen, ingenieurtechnischen Leistungen und wirtschaftlich-politischen Interessen anstellte.

Fred Woudhuizen wurde 1959 geboren und verbrachte sein ganzes Leben in der Region um Amsterdam. Nach dem Studium der griechischen und römischen Geschichte zog ihn die von Jan Best proklamierte interdisziplinäre Methode zum Verständnis früherer Kulturen in den Bann. Best erhielt 1980 die einzigartige Chance, an der Universität von Amsterdam eine Arbeitsgruppe für Ur- und Frühgeschichte des Mittelmeergebiets aufzubauen – und Woudhuizen schloss sich ihm an. Best verfolgte von Anfang an einen ausgesprochen interdisziplinären Ansatz. Er entwickelte eine Methode zur Entzifferung von Schriften, die darauf basierte, alle erdenklichen Aspekte der jeweiligen Kultur zu berücksichtigen. Er war überzeugt, dass man so viel wie möglich über vergangene Völker in Erfahrung bringen musste, bevor man ihre Schrift und Sprache richtig verstehen konnte. Den Erfolg, eine Schrift tatsächlich entziffert zu haben, darf laut Best derjenige für sich in Anspruch nehmen, der als Erster einen vollständigen Satz, bestehend aus Subjekt, Verb und Objekt, erkennt. Dieser Satz muss natürlich einen klaren Bezug zu einer bestimmten Sprache haben und in dieser auch grammatisch korrekt sein – das heißt, das Verb muss die richtige Endung haben. Nach dieser Definition hatte Jan Best Anfang der 1980er Jahre die minoische Linear-A-Schrift entziffert, denn er hatte einen kompletten Satz übertragen können und dabei erkannt, dass der Satz in einer semitischen Sprache abgefasst war. Best berichtete in seinen Vorlesungen über solche

▲ Der niederländische Linguist Frederik Christiaan Woudhuizen, hier in seiner Wohnung in Heiloo bei Amsterdam, setzt die Reihe der produktiven und ideenreichen Pioniere, die weitgehend von ihren Fachkollegen ignoriert werden, fort.

Fortschritte und ließ seine Studenten an seinen Entdeckungen teilhaben. Fred Woudhuizen erlebte also die Entzifferung von Linear A sozusagen live mit. Allerdings setzte sich Best mit seinen Ergebnissen nicht durch, und so gilt die Schrift bis heute als nicht entschlüsselt.

Wer eine wissenschaftliche Konferenz durchführt, wünscht sich als Gastgeber in der Regel eine möglichst harmonische und konstruktive Atmosphäre. Zum Kolloquium in Zürich hatte ich praktisch alle Spezialisten für luwische Hieroglyphen eingeladen, die nicht allzu weit entfernt lebten. Falls ich jemals irgendwelche Bedenken gehabt hatte, dass Fred Woudhuizen vielleicht nicht in die Gruppe passen könnte, zerstreuten sich diese sogleich, als wir uns begegneten. Woudhuizen war der Inbegriff von Bescheidenheit und Höflichkeit. Tatsächlich meldete er sich während des ganzen

Symposiums kein einziges Mal zu Wort, obwohl er sicher viel zu den Diskussionen hätte beitragen können.

Dass Woudhuizen von der weltweit nur etwa zwanzig Leute umfassenden Gruppe der Spezialisten für luwische Hieroglyphen weitgehend isoliert ist, liegt nicht in seinem Charakter begründet, sondern in seinen Instrumenten. Nach der erfolgreichen Entzifferung der luwischen Hieroglyphen erstellte der italienische Indogermanist Piero Meriggi, der auf diesem Gebiet schon seit den 1930er Jahren Pionierarbeit leistete, 1962 ein Glossar, in dem er für die luwischen Idiogramme bzw. Logogramme Bezeichnungen aus dem Akkadischen oder Sumerischen in Keilschrift verwendete.[280] So benutzte er zum Beispiel für das hieroglyphenluwische Zeichen für »Haus« die sumerische Transliteration »É«. Um die gleiche Zeit veröffentlichte der französische Sprachwissenschaftler Emmanuel Laroche eine neue Übertragung der luwischen Hieroglyphen, wobei er die französische Sprache heranzog.[281] Aus dem luwischen Symbol für »Haus« wurde somit »MAISON«. Schließlich bemühte sich der englische Hethitologe J. David Hawkins Ende der 1990er Jahre darum, einen einheitlichen Standard zu schaffen, und schlug Latein als neutrale Sprache für die Übertragung der Schriftzeichen vor. Das »Haus« wurde nun zu »DOMUS«. Hawkins' System wurde im Jahr 1998 im Rahmen einer Konferenz auf der italienischen Insel Procida im Golf von Neapel zum allgemeingültigen Standard erklärt.[282] Bald darauf erschien Hawkins' monumentales Werk *Corpus of Hieroglyphic Luwian Inscriptions, Vol. I, The Iron Age Inscriptions*[283] – ein umfassender Katalog aller bisher bekannten luwischen Hieroglypheninschriften nach 1200 v. Chr., für dessen Erstellung sich Helmuth Bossert bereits in den 1930er Jahren vehement eingesetzt hatte. Die Etablierung eines Standards für die Transliteration und die Publikation eines aktuellen *Corpus* markierten Meilensteine in der Erforschung der luwischen Kultur und verliehen dem Interesse an den Luwiern einen deutlichen Schub.

Nur Fred Woudhuizen hielt sich nicht an den Standard. Beherzt benutzte er ein eigenes System für die Transliteration – und er führte für diesen Alleingang plausible Gründe an. In den luwischen Texten folgt auf die Logogramme häufig eine Übertragung des gleichen Worts in Silbenschrift. So können nach der Hieroglyphe für »Haus« die Silbenzeichen »pa», »r[a]«

und »nà« stehen. Damit wissen wir, dass ein Haus auf Luwisch »pa-r-na« hieß, und es wird vergleichsweise leicht, luwische Hieroglyphen zu lesen. Woudhuizen war der Meinung, dass anstelle einer künstlichen Übertragung ins Lateinische der korrekte luwische Begriff vorzuziehen sei, wenn er bereits im Text angegeben ist. Diese Überzeugung entsprang letztlich der Schule von Jan Best, der stets darauf pochte, möglichst tief in das Verständnis einer Kultur einzutauchen und dabei so viele Aspekte des damaligen Lebens wie irgend möglich in sich aufzunehmen und zu assimilieren, um sich eine Sprache zu erschließen. Dies könnte durchaus auch das Geheimnis für Woudhuizens Erfolg und der Grund dafür sein, dass er während seiner gesamten wissenschaftlichen Laufbahn keine seiner grundsätzlichen Erkenntnisse revidieren musste. Anstatt die Sprache isoliert zu betrachten und mechanischen Prinzipien folgend zu übertragen, versteht er die anatolischen Kulturen der Bronzezeit aus ihrem Kontext heraus – so wie es Hugo Winckler und Emil Forrer schon vor hundert Jahren taten.

Ich fragte Fred Woudhuizen, wie er die Besiedlungsgeschichte Kleinasiens in der Bronzezeit sehe, und er gab mir folgenden Bericht. Aus seiner Sicht kam es um 3200 bis 3000 v. Chr. zu einer großen Völkerwanderung, in deren Rahmen Indoeuropäisch sprechende Völker aus der Steppenregion, die sich von Bulgarien nördlich des Schwarzen Meeres bis zum Kaspischen Meer erstreckt, nach Kleinasien, Griechenland und Kreta einwanderten. Diese Völker errichteten ihre Siedlungen in einer typischen Kreisform, wobei die einzelnen Häuser Ausschnitte wie Tortenstücke bildeten und der zentrale Bereich als gemeinsamer Hof unbebaut blieb. Dieser Siedlungstyp ist uns aus der Steppe nördlich des Schwarzen Meeres bestens bekannt, zum Beispiel durch die Ausgrabung von Sintashta. Er findet sich in gleicher Weise ab etwa 3200 v. Chr. in Kleinasien, so zum Beispiel in der Ausgrabung von Demircihöyük bei Eskişehir.

Die Einwanderer brachten nicht nur ihre Siedlungsform und die indoeuropäische Sprache in den ägäischen Kulturkreis, sondern auch das Pferd als Nutztier und die Bronze als wichtigstes Metall.[284] Achtzig Prozent der in Sintashta gefundenen Tierknochen stammen von Pferden – und praktisch alle Begriffe, die mit dem Pferd zu tun haben, angefangen beim Gattungsnamen *Equus*, sind indoeuropäischen Ursprungs. Wenn in späteren Texten von diesen Ur-Indoeuropäern die Rede war, wurden sie »Pelasger« genannt, sagt Fred Woudhuizen. Sie ersetzten weitgehend die einheimischen anatolischen Kulturen des Neolithikums, wie sie aus Çatalhöyük und Haçilar bekannt sind, und bildeten fortan das ethnische Substrat. Das Motiv für diese Völkerwanderung war möglicherweise ein leichterer Zugang zum Fernhandel, denn mit der Bronzezeit erreichten das Segelschiff und der Warenverkehr über große Strecken den östlichen Mittelmeerraum. Dies würde auch erklären, warum die neuen Siedler vor allem Küstenregionen besetzten. Unter anderem entstand Troja in dieser Zeit.

Die Bronze als neues Nutzmetall veränderte nicht zuletzt die Landwirtschaft. Die hölzernen Werkzeuge, die bisher im Ackerbau verwendet worden waren, wurden durch haltbarere Gerätschaften ersetzt. Mit den Bronzepflügen, die man vor Ochsen spannte, ließen sich viel größere Ackerbauflächen bestellen als je zuvor. Meine eigene Forschung in Griechenland hatte gezeigt, dass die neuen Siedler Anfang des 3. Jahrtausends nicht mehr wie bis anhin nur die fruchtbaren Talauen bewirtschafteten, sondern erstmals auch die Hügel in deren Umgebung mittels Brandrodung von der natürlichen Bewaldung befreiten und die neu gewonnenen Flächen sogleich für intensive Weidewirtschaft nutzten. Diese Maßnahme führte zu massiver Bodenerosion – und damit bereits vor fünftausend Jahren zu einer Umweltzerstörung, die in ihrem Ausmaß den menschlichen Einfluss unserer heutigen Zeit auf die natürliche Umgebung zumindest in dieser Region bei weitem überstieg.[285]

Um 2300 v. Chr. kam es nach der Ansicht von Fred Woudhuizen zu einer erneuten Einwanderung von Indoeuropäern, die auf zwei verschiedenen Wegen nach Kleinasien gelangten. Wiederum von der Steppenregion nördlich des Schwarzen Meeres her trug sich eine westliche Einwanderungswelle über die Balkanroute zu, in deren Rahmen nun erstmals Luwisch sprechende Völker nach Kleinasien, Griechenland und Kreta kamen. Mehr oder weniger gleichzeitig wanderten Hethitisch sprechende indoeuropäische Völker aus dem Nordkaukasus von Osten her in Anatolien ein. Sie brachten eine Kultur mit, die in Alaca Höyük bestens dokumentiert ist. Dazu gehören unter anderem große hausförmige Gräber und der Opferkult, Tieren den Kopf und die Beine abzuschneiden und zusammenzulegen. Sie führten in Anatolien ihre eigene Religion ein und betrachteten die Sonne als Zeichen für den Sonnengott, den Stier als Zeichen des Sturmgottes und den Hirsch als Schutzgottheit. Die zu diesem Zeitpunkt bereits weitgehend indoeuropäische einheimische Bevölkerung nannte die Zuwanderer *nuwa'um*, was nichts anderes heißt als »neu«.

In Griechenland markiert die Zuwanderung die Grenze zwischen Frühhelladisch II und III. Die sowohl in Kleinasien wie auch in Griechenland neu eingewanderten Luwier ließen sich an bereits bewohnten Plätzen nieder, gaben diesen aber eigene Ortsnamen, die nun auf *-ss-* oder *-nd-* bzw. *-nth-* endeten. In Westkleinasien und auf Kreta ging die Zuwanderung mit

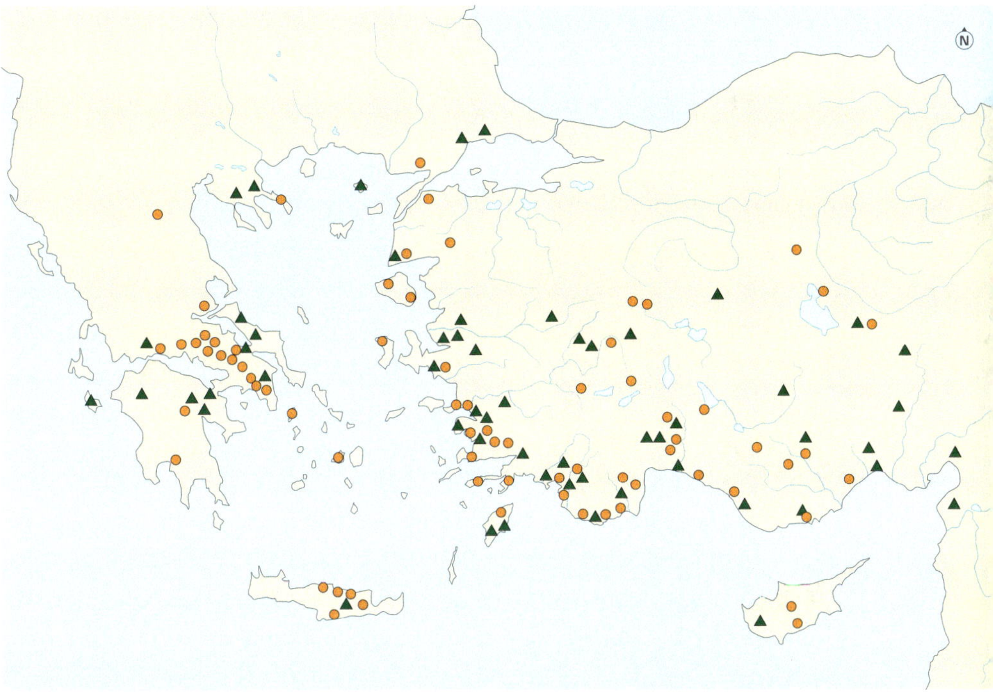


▲ Nachdem Luwisch sprechende Völker im 3. Jahrtausend v. Chr. in Griechenland und Kleinasien eingewandert waren, gaben sie den Orten, an denen sie siedelten, neue Namen, die typischerweise *-ss-* (Kreise in der Karte) oder *-nd-* bzw. *-nth-* (Dreiecke) in der letzten Silbe enthielten. Diese Namen haben sich zu einem großen Teil bis heute erhalten. Charakteristische Beispiele dafür sind Parnassos und Korinthos. Die Verteilung der Ortsnamen reflektiert im Prinzip die Verbreitung der Luwisch sprechenden Bevölkerung vor 2000 v. Chr. (nach Woudhuizen 1989, 194).

einer Welle der Zerstörung einher, die zum Beispiel die bereits ausgeprägte und reiche Kultur von Troja II, die den sogenannten Schatz des Priamos hervorgebracht hatte, auslöschte. Für die nächsten dreihundert Jahre versank Westkleinasien in der Bedeutungslosigkeit. Auf Kreta finden sich Zerstörungshorizonte zum Beispiel in Vasiliki und Myrtos. An letzterem Ort entstand auf den zerstörten Häusern das erste Bergheiligtum, offenbar ein Brauch, den die neuen Siedler ins Land mitgebracht hatten.

Um 2000 v. Chr. ereignete sich in der Ägäis erneut ein tiefgreifender Strukturwandel. Hatten sich die Bewohner Kleinasiens bisher in einzelnen Gehöften und Dörfern verstreut über das Land verteilt, zogen sie sich nun an zentralen Siedlungsorten zusammen. Zu dieser Zeit tritt in Griechenland auch die sogenannte graue minysche Ware auf, die vermutlich vom Balkan eingeführt wurde. Troja und Beycesultan, die beiden einzigen westkleinasiatischen Siedlungsplätze, die bisher großflächig ausgegraben und in einer westlichen Sprache veröffentlicht wurden, erfuhren regelrechte Entwicklungssprünge. Beycesultan erlebte zwischen 2000 und 1700 v. Chr. sogar seine größte Blüte. Hier findet sich auch bereits um 2000 v. Chr. das erste Dokument mit luwischen Hieroglyphen: ein Siegel, das die Inschrift »Mira« trägt.[286] Dass die Hieroglyphen in diesem Siegel ausgesprochen kursiv gehalten sind, ist ein Hinweis darauf, dass die Schrift zu diesem Zeitpunkt schon eine Zeit lang in Gebrauch gewesen sein könnte.

Auf Kreta entstanden die ersten Paläste, die nicht nur im Hinblick auf ihre allgemeine Architektur mit einem zentralen Hof, sondern auch in vielerlei Details Ähnlichkeit mit dem Palast von Beycesultan aufweisen.[287] In Malia fanden Archäologen ein mittelbronzezeitliches Siegel, das den typisch westanatolischen Namen Tarkuntimuwa trägt, der jedoch in kretischen Hieroglyphen wiedergegeben ist. All das deutet darauf hin, dass sich Teile von Kreta in dieser Zeit kulturell an Westkleinasien orientiert haben dürften.

Auch für die Entwicklung der einzelnen Schriftsysteme hat Fred Woudhuizen eine Erklärung. Als Erstes entstanden demnach die ägyptischen Hieroglyphen. Durch den Fernhandel lernten auch andere Völker diese Schrift kennen. Die luwischen Hieroglyphen lehnen sich an ihr Prinzip an, verwenden jedoch nahezu komplett andere Zeichen. Lediglich das Symbol der beflügelten Sonne übernahmen die Luwier von den Ägyptern. In Anlehnung an das luwische Hieroglyphensystem entstanden darauf die kretischen Hieroglyphen, sozusagen als insulare Entwicklung, wobei ein Viertel der Zeichen aus dem ägyptischen und drei Viertel aus dem luwischen System stammen. Ein ganz eigener Zeichensatz, der nur in zehn Dokumenten überliefert ist, entwickelte sich zwischen dem 18. und dem 15. Jahrhundert v. Chr. in Byblos: Durch die Fremdherrschaft der Hyksos war dieser ägyptische Vasallenstaat eine Zeit lang vom Mutterland abgeschnitten. Die Linear-A-Schrift auf Kreta wiederum enthält eine ganze Reihe von Zeichen aus dieser Byblos-Schrift. Im Übrigen lehnt sich Linear A an die kretischen Hieroglyphen an. Woudhuizen geht davon aus, dass die Linear-A-Schrift, genau wie unsere moderne lateinische Schrift, für mehrere Sprachen gleichzeitig verwendet wurde. Seiner Ansicht nach sind Linear-A-Texte in mindestens einer semitischen Sprache erhalten, aber wenigstens zwei Texte sind in Luwisch verfasst. Das dürfte ein weiterer Grund dafür sein, dass es so schwierig ist, Linear A komplett zu verstehen.

Aus Linear A entstand die kypro-minoische Schrift, deren Texte nun eindeutig in luwischer Sprache verfasst sind. Die kypro-minoische Schrift wiederum führte schließlich in der frühen Eisenzeit zur kyprischen Silbenschrift, die vom 11. bis zum 3. Jahrhundert v. Chr. auf Zypern für den kyprischen Dialekt und für die einheimische eteokyprische Sprache in Gebrauch war.

Die Erforschung des Diskos von Phaistos endete übrigens nicht mit Fred Woudhuizens erster Übersetzung. Jan Bests Institut an der Universität von Amsterdam fiel 1990 Sparmaßnahmen zum Opfer, so dass er in Frühpension geschickt wurde und Forscher mit einer Qualifikation wie derjenigen von Fred Woudhuizen nirgendwo mehr eine Anstellung fanden. Best forschte jedoch weiter und setzte seinen Unterricht nun an einer Volkshochschule fort. Auch dort konnte er manche Schüler begeistern. Da sich einige von ihnen aktiv engagieren wollten, scharte Jan Best ein kleines Team um sich, um Schrift und Sprache des Diskos von Phaistos noch einmal umfassend zu untersuchen. Best konnte auch Woudhuizen dafür gewinnen. Die Forschergruppe machte sich systematisch an die Arbeit: Ein Mitglied beschäftigte sich mit der Struktur des Textes, ein anderes mit den

Schwarzes Meer
Marmarameer
Ägäis
Mittelmeer
Imbros
Troja
IYALANDA
ŠEHA
MAŠA
Sahiriya
HAPALLA
LAZBA
AŠŠUWA
MIRA
Beyköy
Lalanda
Sardes
Warmala
Astarpa
KUWALIYA
Chios
Smyrna
Beycesultan
PITAS
WALMA
Theben
Mykene
Apaša
ARZAWA
Miletus
KARKIŠA
LUKKA
Parha
Kestros
Pylos
Tlawa
Awarna
Zumarri
Hinduwa
Patar
Rhodos
Karpathos
Knossos
Kreta

▲ Die hethitischen Großkönige berichteten ausführlich über ihre Eroberungszüge im Westen Kleinasiens – und überlieferten mit diesen Dokumenten wertvolle Hinweise zur politischen Organisation des Subkontinents im 14. und 13. Jahrhundert v. Chr. Wo die einzelnen Königreiche und Fürstentümer lagen, darüber streiten Experten seit einem Jahrhundert. Die Situation wird dadurch erschwert, dass offenbar manche Königreiche ihren Namen wechselten. Die Karte zeigt die politische Geografie um 1250 v. Chr. mit den Grenzen nach dem Altorientalisten Frank Starke (2002, 306–307).

Zeichen, ein drittes mit der Sprache. Sie nannten sich das »Alverna-Team«, nach der Gaststätte in der Nähe von Bests Wohnung, in der sie sich regelmäßig, über Jahre hinweg, trafen. Im Jahr 2004 erschien ihre abschließende Veröffentlichung.[288] Jan Best konzentrierte sich danach wieder auf die Untersuchung der Byblos-Schrift, die er 2010 in einem Buch auf Holländisch publizierte. Fred Woudhuizen verfolgte Bests Arbeit genau und war der Überzeugung, dass dieser die allermeisten Zeichen der Byblos-Schrift korrekt erkannt hatte – »einige wenige jedoch nicht!«. Diese fachliche Meinungsverschiedenheit hat das Erfolgsduo, das dreißig Jahre lang wirklich neuen Wegen Bahn gebrochen hatte, im Jahr 2008 für immer zerschlagen.

## 3 Die Pioniertaten im Überblick

In der folgenden Tabelle möchte ich versuchen, die Gesamtheit der in diesem Buch beschriebenen Entdeckungen in der Vor- und Frühgeschichte Kleinasiens noch einmal in chronologischer Reihenfolge Revue passieren zu lassen. Dabei fällt auf, dass zumindest anfänglich zahlreichen Nichtfachleuten wichtige Entdeckungen gelangen.

Außerdem erscheint in dieser Zusammenstellung kein Name eines in Staatsdiensten stehenden deutschen Altertumskundlers – obschon deutsche Archäologen stets über Macht und Einfluss verfügten und manchmal sogar der Eindruck herrscht, die Archäologie sei mehr oder weniger in Deutschland erfunden worden. Soweit es die Ägäische Frühgeschichte betrifft, kann wohl von einer solchen Führungsrolle nicht die Rede sein. Die Erstausgräber von Troja und Hattuša, Heinrich Schliemann und Hugo Winckler, hatten es schwer unter ihren deutschen Kollegen – auch wenn diese später bereitwillig die Leitung der Ausgrabungen übernahmen.

| | | | | |
|---|---|---|---|---|
| 1802 | Teilentzifferung der Keilschrift | Grotefend | Lehrer | D |
| 1812 | Erste Erwähnung der luwischen Hieroglyphen | Burckhardt | Ethnologe | CH |
| 1822 | Lokalisierung von Troja auf dem Hügel Hisarlık | Maclaren | Zeitungsverleger | GB |
| 1822 | Entzifferung der ägyptischen Hieroglyphen | Champollion | Sprachwissenschaftler | F |
| 1834 | Entdeckung von Hattuša | Texier | Architekt | F |
| 1850 | Vollständige Entzifferung der Keilschrift | Rawlinson | Archäologe | GB |
| 1865 | Erste systematische Ausgrabungen in Troja | Calvert | Diplomat | GB |
| 1876 | Hethitischer Ursprung der Hieroglyphen | Sayce | Priester | GB |
| 1882 | Hethiter als Gründer von Hattuša | Sayce | Priester | GB |
| 1884 | Hattuša als Hauptstadt der Hethiter | Ramsay | Althistoriker | GB |
| 1892 | Funde von Tontafeln in Hattuša | Chantre | Archäologe | F |
| 1892 | Hethitische Sprache der Keilschrift in Hattuša | Scheil | Assyriologe | F |
| 1894 | Erste Ausgrabungen in Hattuša | Chantre | Archäologe | F |
| 1901 | Archiv mit Keilschrifttexten in Hattuša | Belck | Elektrochemiker | D |
| 1901 | Grenzen des Stadtgebiets von Hattuša | Belck | Elektrochemiker | D |
| 1902 | Indogermanischer Charakter der hethitischen Sprache | Knudtzon | Historiker | N |
| 1905 | Akkadische Sprache einiger Dokumente aus Hattuša | Winckler | Assyriologe | D |
| 1906 | Erste umfassende Ausgrabungen in Hattuša | Winckler | Assyriologe | D |
| 1915 | Entschlüsselung der hethitischen Sprache | Hrozný | Altorientalist | CS |
| 1920 | Luwische Texte in Keilschriftdokumenten | Hrozný | Altorientalist | CS |
| 1920 | Luwische Sprache der Hieroglypheninschriften | Hrozný/Forrer | Altorientalist/ Assyriologe | CS/ CH |
| 1920 | Identifikation der Seevölker als Luwier; Vorrang vor Hethitern | Forrer | Assyriologe | CH |
| 1922 | Acht geschriebene Sprachen in Hattuša | Forrer | Assyriologe | CH |
| 1946 | Abschließende Entzifferung der luwischen Hieroglyphen | Bossert | Kunsthistoriker | TR |
| 1952 | Entzifferung von Linear B | Ventris | Architekt | GB |
| 1954 | Grabung einer bronzezeitlichen Fundstätte in Westkleinasien | Mellaart | Prähistoriker | GB |
| 1956 | Entdeckung des Neolithikums in Anatolien | Mellaart | Prähistoriker | GB |
| 1984 | Entzifferung des Diskos von Phaistos | Woudhuizen | Sprachwissenschaftler | NL |

## 4 Ein neuer Anlauf zur Untersuchung der Ebene von Troja

Wann immer ich im privaten Umfeld oder auch bei öffentlichen Vorträgen darüber spreche, wie viel es im Westen der Türkei noch zu entdecken gäbe, lautet die erste Frage oft: Was sagen denn die Leute in der Türkei und die türkische Regierung dazu? Nun, offen gesagt, hatte ich nur ein einziges Mal Kontakt zu offiziellen Stellen in der Türkei. Das war im Januar 2013.

Am 3. Dezember 2012 erschien im *Spiegel* ein Interview mit Hermann Parzinger, dem Präsidenten der Stiftung Preußischer Kulturbesitz und somit Chef der Staatlichen Museen zu Berlin. Parzinger kritisierte, in der Türkei gehe vieles verloren, »weil es dort keine klassische Denkmalpflege wie bei uns gibt«. Er warf der türkischen Regierung Chauvinismus vor und fuhr fort: »Die Türkei könnte ja auch mal anerkennen, was ausländische Archäologen in einem Jahrhundert für den Erhalt des kulturellen Erbes geleistet haben.«[289] Ein paar Tage später legte Parzinger in einem Artikel unter dem Titel »Piraten vor Pergamon« in der *Frankfurter Allgemeinen Zeitung* nach: »Mit Wissenschaft hat das alles nicht mehr viel zu tun [...] diese Art der intellektuellen Selbstverstümmelung [ist] ein Skandal.«[290]

Es dauerte keine vierundzwanzig Stunden, dann hatte Deutschland die Lizenz verloren, in Troja Grabungen durchzuführen. Der Kultusminister der Türkei tobte und war drauf und dran, weiteren europäischen Archäologen die Genehmigung zu entziehen. So entstand eine Art Interregnum. Weil gerade Weihnachten war und ich wenig zu tun hatte, rief ich kurzerhand bei der türkischen Botschaft in Bern an und fragte nach dem Kulturattaché. Man wies mich freundlich und flink darauf hin, dass es in Zürich ein Büro für Kultur und Tourismus gebe. Noch vor Neujahr traf ich die dortige Referentin Pınar Bilgen. Ich erzählte ihr von den vielen Siedlungsstätten, die wir inzwischen erfasst hatten, und zeigte ihr unsere ersten Karten. Sie war von den umfangreichen Informationen tief beeindruckt und wollte umgehend den zuständigen Staatssekretär im Kultusministerium kontaktieren. Weil die Leitung besetzt war, rief sie den Direktor der Antikenabteilung an; dieser war jedoch gerade in einer Besprechung. Frau Bilgen versprach mir, so schnell wie möglich einen Termin für ein persönliches Gespräch mit dem Staatssekretär in Ankara zu vereinbaren. Und sie hielt Wort: Ich bekam kurz darauf einen Termin für den 10. Januar 2013.

In Ankara begrüßte mich der Staatssekretär überaus freundlich und bat mich zum Gespräch unter vier Augen in sein Büro. Die Anordnung der Sitzgelegenheiten überraschte mich; heute weiß ich, dass sich in türkischen Büros gewisse Reminiszenzen aus der Paschazeit bewahrt haben: Der Gastgeber sitzt hinter einem mächtigen Schreibtisch, der häufig sogar auf einem Podest steht und deswegen den Raum dominiert. Auf der Vorderseite des Schreibtischs, im rechten Winkel zu diesem, steht ein sehr kleiner und niedriger Besuchertisch, so dass die Anordnung insgesamt T-förmig ist. Besucher setzen sich links oder rechts an den kleinen Tisch und schauen dann zum Gastgeber hinauf. Die Rangordnung könnte nicht deutlicher zum Ausdruck gebracht werden. In diesem speziellen Büro sprangen mir ein paar Dinge sofort ins Auge. Auf dem Schreibtisch lagen Unterschriftenmappen, wie auch ich in meiner Agentur eine benutze. Normalerweise bieten diese Mappen Platz für rund zwanzig schriftliche Korrespondenzen, die noch zu erledigen sind. Nun hatte der Staatssekretär allerdings drei Stapel mit je rund zehn solcher Unterschriftenmappen auf seinem Schreibtisch – insgesamt waren das sechshundert Dokumente, die darauf warteten, abgearbeitet zu werden. Aufgrund der Besucherfrequenz, die ich während meines kurzen Aufenthalts registrierte, schätzte ich, dass er täglich mindestens zwanzig Termine wahrnahm. Auf der einen Seite seines Schreibtisches standen zwei große Computerbildschirme, auf denen Online-Nachrichten zu sehen waren, auf der anderen Seite des Raumes liefen auf zwei Fernsehbildschirmen Nachrichtensender – beide mit Ton. Die Welt schien an diesem Tag wieder einmal kurz davor, aus den Fugen zu geraten. Wenige Stunden zuvor waren in Paris drei kurdische Aktivistinnen ermordet worden, und während ich im Büro des Staatssekretärs saß, konnte noch niemand abschätzen, in welche Richtung sich die Situation entwickeln würde. Alles in allem stand dieser Mann so unter Druck, wie ich es noch selten bei einem Menschen gesehen habe. Bei aller gefassten Freundlichkeit war er wirklich nicht darauf eingestellt, über Archäologie zu plaudern.

Ich hatte natürlich gehofft, dass wir in Ruhe einen Dialog führen könnten. Jetzt war klar, dass ich nicht mehr als zwanzig Sekunden Aufmerksamkeit erwarten durfte. Die Geschichte der luwischen Kultur, die von der Forschung übersehen worden war, konnte ich unmöglich in so kurzer Zeit vermitteln. Was tun? Es gab ja noch ein zweites Thema, das mir am Herzen lag, und zwar die meines Erachtens bis heute unbefriedigende Erforschung der archäologischen Landschaft von Troja. Seit vielen Jahren vertrete ich den Standpunkt, dass es in der Flussaue unterhalb der Burg viel mehr zu finden gäbe als auf dem Burghügel selbst. 1999 hatte ich zusammen mit der Bundesanstalt für Geowissenschaften und Rohstoffe in Hannover ein Projekt konzipiert, wie sich die Ebene von Troja flächendeckend sozusagen durchleuchten ließe. *Der Spiegel* hatte dieser Idee eine Titelgeschichte gewidmet. Ich griff in meinen Aktenkoffer, zog ein Exemplar des Heftes heraus und hielt es dem Staatssekretär hin.

»Daran erinnere ich mich!«, sagte er, nachdenklich und interessiert zugleich. Ich erklärte ihm in wenigen Worten, dass nach wie vor die Möglichkeit bestehe, dieses Projekt durchzuführen. Wir könnten zwar keinen Erfolg garantieren, es würde den türkischen Staat aber auch nichts kosten, und da solche Untersuchungen komplett aus der Luft durchgeführt werden, müssten wir nicht einmal ein Sandkorn bewegen. Der Staatssekretär fand offensichtlich Gefallen an der Idee. Er versicherte sich noch einmal, dass ich mich nur für den Westen der Türkei interessierte. Offensichtlich lagen alle seine Probleme im Osten.

Er könne allerdings nicht einfach so über Troja verfügen, warnte er mich. Zwar seien die Deutschen jetzt draußen, aber es gebe einen Professor, der als Grabungsleiter prädestiniert sei.

»Rüstem Aslan.«

»Ja, genau«, sagte der Staatssekretär. Aslan könne man unmöglich übergehen, und er würde mir empfehlen, noch heute mit dem Direktor der Antikenabteilung zu sprechen. Er griff sofort zum Telefonhörer und rief dort an. Man war bereit, mich zu empfangen, und der Staatssekretär bestellte einen Wagen mit Fahrer. Er betonte noch einmal, er werde sich sehr für dieses Projekt einsetzen. Man solle ihm noch heute Bericht erstatten, wie unsere Gespräche in der Antikenabteilung verlaufen seien. Anschließend verschwand er kurz in einem Nebenraum und tauchte mit einem Buch wieder auf, das er mir schenkte. Sehr passend hatte er einen reich bebilderten Band des berühmten türkischen Archäologen Ekrem Akurgal über die altanatolischen und hethitischen Zivilisationen Kleinasiens ausgewählt.

Dem Treffen in der Antikenabteilung sah ich erneut erwartungsvoll entgegen. Jetzt würde ich Archäologen gegenübersitzen, die ohne Zweifel auf Entdeckungen erpicht waren. Ich traf den Direktor in seinem Büro, einem großen hochherrschaftlichen Raum, in dem ebenfalls auf zwei Fernsehbildschirmen Nachrichten liefen. Der Direktor war von seinem Tagesgeschäft absorbiert und gerade im Gespräch mit dem Pressesekretär der Abteilung. Auch er hatte keinerlei Kapazität für ein Treffen mit mir.

»Worum geht es denn?«, fragte er.

Ich berichtete kurz von dem Vorhaben. Auch er kannte die Geschichte und informierte mich darüber, dass er ein Diplom in Fernerkundung und Archäometrie besaß. Aber Zeit und Interesse, über Forschung zu plaudern, hatte er an diesem Tag offensichtlich nicht. Er ließ seinen Stellvertreter kommen, der nur wenige Sekunden mit mir verbrachte und mich wiederum an die beiden für Ausgrabungen und Surveys zuständigen Referenten weiterreichte. Diese führten mich in einen ruhigen Nebenraum.

»Aber wir haben Sie doch gerade rausgeworfen!«, begann der eine auf Englisch.

»Ja, aber das waren meine Gegenspieler!«, erklärte ich.

»Das glaube ich Ihnen nicht!«

Die beiden Beamten wollten versuchen, eine Telefonverbindung zum designierten türkischen Troja-Ausgräber Rüstem Aslan herzustellen, damit wir die Angelegenheit gleich besprechen könnten. Nach wenigen Minuten hatten sie den Professor in Çanakkale erreicht und übergaben mir den Hörer. Aslan sprach Deutsch, denn er hatte in Tübingen bei Manfred Korfmann promoviert. Ich erklärte ihm, warum ich in Ankara war. Er meinte, ich solle ihm von Zürich aus in aller Ruhe eine E-Mail schreiben, um mein Vorhaben zu schildern. Es gebe keinen Grund zur Eile, da man sowieso abwarten müsse, bis er offiziell als Grabungsleiter ernannt sei.

Nach dem Gespräch mit Aslan hatte ich nicht den Eindruck, dass ich in Ankara noch mehr erreichen könnte, und begab mich auf den Rückweg. Per E-Mail bat mich Aslan kurz darauf um eine Projektskizze. Ich beschrieb ihm das Vorhaben, und er antwortete, dass er an der Umsetzung sehr interessiert sei. Sobald ihm die Grabungsleitung offiziell übertragen worden sei, könne er entscheiden. In den folgenden Wochen rief auch mein Mitarbeiter Serdal Mutlu mehrfach bei Rüstem Aslan an. Dieser versicherte ihm, dass er meine wissenschaftlichen Publikationen sehr gut kenne und schätze. Nachdem er jedoch bald darauf tatsächlich zum Leiter der Troja-Grabungen ernannt worden war, änderte sich sein Tonfall. Die Sache bereite ihm »Kopfschmerzen«, erklärte er Serdal. Er habe kein Interesse mehr.

Ich war enttäuscht, dass auch diesem neuen Versuch, die Ebene von Troja zu untersuchen, kein Erfolg beschieden war. Serdal und ich konzentrierten uns stattdessen auf die noch sichtbaren Reste von bronzezeitlichen Wasserbaumaßnahmen in der Region und reichten bei der archäologischen Fachzeitschrift *Olba* eine wissenschaftliche Publikation zu diesem Thema in türkischer Sprache ein.

Parallel dazu leitete ich alle erforderlichen Maßnahmen zur Gründung einer gemeinnützigen Stiftung ein, die in Zukunft als Trägerorganisation für alle wissenschaftlichen und kommunikativen Vorhaben fungieren würde. Am 9. April 2014 wurde die Stiftung Luwian Studies offiziell in Zürich gegründet. Ein Jahr später, im Mai 2015, erschien unser erster wissenschaftlicher Artikel bei *Olba*.[291] Wir nahmen die Publikation zum Anlass, die umfangreiche Website der Stiftung aufzuschalten, die wir viele Monate lang vorbereitet hatten.

Ich reiste nach Istanbul, um verschiedene Journalisten zu Interviews zu treffen. Die Tageszeitungen berichteten bald darauf in großen Artikeln über die These, dass es im Westen Kleinasiens eine luwische Kultur gab, die man bisher weitgehend übersehen hatte. Vier Interviews führte ich mit Journalisten von populärwissenschaftlichen Monatszeitschriften, die eine längere Vorlaufzeit hatten. Der erste Gesprächspartner stand der Idee einer luwischen Kultur besonders aufgeschlossen gegenüber. Er stammte aus Çanakkale, wo Rüstem Aslan an der Universität unterrichtet. Am Wochenende nach unserem Gespräch in Istanbul kehrte er dorthin zurück und holte Aslans Meinung über die Luwier ein. Im Artikel, der kurz darauf auf dem inzwischen eingestellten Online-Newsportal *radikal* erschien, wird

Aslan sinngemäß zitiert, dass ich ein bemitleidenswerter Irrer sei, der nichts von Wissenschaft verstehe.

Ob dieser Artikel allein ausgereicht hat, auch alle bereits im Layout befindlichen mehrseitigen Artikel für die populärwissenschaftlichen Zeitschriften zu stoppen, weiß ich nicht. Jedenfalls ist keiner dieser Artikel jemals erschienen.

XII

# In eigener Sache

## 1 Huntingdon Road 188, Cambridge, 15. April 1990

Die Biografien der Entdecker sind mit dem letzten Kapitel abgeschlossen. Hier folgen noch meine eigenen Erfahrungen in der Erforschung Westkleinasiens – nicht als Fortsetzung des Gesagten, sondern als Vertiefung. Im Rückblick wissen wir nicht im Detail, was sich tatsächlich zugetragen hat und wie es dazu kam, dass die vorgestellten Pioniere von ihren Kollegen abgelehnt wurden. Aus nächster Nähe kenne ich nur meinen eigenen Fall. Solange ich meine geoarchäologischen Arbeiten in Griechenland und auf Kreta durchführte, stieß ich nirgendwo auf Schwierigkeiten. Mit dem Augenblick jedoch, als ich mein Augenmerk dem Ostufer der Ägäis zuwandte, änderten sich die Verhältnisse – bis ich mich schließlich für fünfzehn Jahre ganz aus der Forschung zurückzog. Wie es zu diesem Ausstieg kam, diese Geschichte bin ich noch schuldig.

Einen Moment der Entdeckung, wie er uns in diesem Buch zu Beginn jedes Kapitels begegnet ist, durfte ich am Ostersonntag 1990 selbst erleben. Ob meine These zutrifft, sei dahingestellt. Jedenfalls sollte dieser Einfall den weiteren Verlauf meiner Karriere als Wissenschaftler entscheidend beeinflussen. Bis zu diesem Tag galt mein Interesse vor allem der Landschaftsentwicklung in Griechenland. Das Deutsche Archäologische Institut, das meine Arbeiten großzügig unterstützte, hatte mich gebeten, meine Bohruntersuchungen in der Umgebung von Tiryns mit meiner Doktorarbeit über die Landschaftsentwicklung der Argolis zu kombinieren, damit beides zusammen als Monografie erscheinen würde. Mir fehlten noch die Schlussfolgerungen, um das Manuskript abschließen zu können. In einer Art Brainstorming begann ich, alle möglichen Aspekte zum Ende der Bronzezeit zu notieren, unabhängig davon, ob sie mit der Burg von Tiryns in Verbindung standen oder nicht. Fünf Seiten waren bereits beschrieben, als mir bewusst wurde, dass Tiryns um 1200 v. Chr. nahezu zeitgleich mit dem Trojanischen Krieg und dem Beginn des Untergangs der mykenischen Kultur Zerstörungen durch Erdbeben erlitt – jedenfalls sah das der Ausgräber so.

Die Synchronizität dieser drei Ereignisse – Krieg, Erdbeben, Untergang – erinnerte mich an einen bestimmten Text des griechischen Philosophen Platon. Er beschreibt darin eine frühere griechische Kultur, die – wie sich bald herausstellte, als ich den Text nachschlug – sämtliche Eigenschaften der mykenischen Kultur aufwies und daher durchaus mit dieser gleichzusetzen sein dürfte. Die Kleinkönige dieser frühgeschichtlichen griechischen Kultur formten laut Platon eine Militärallianz, um gemeinsam gegen einen Gegner in Übersee auszuziehen. Nach langen, verlustreichen Auseinandersetzungen besiegten sie den feindlichen Stadtstaat, das berühmte Atlantis. Da ich in Platons Beschreibung der Feldzüge außerdem viele Gemeinsamkeiten mit den Überlieferungen des Trojanischen Kriegs entdeckte, kam ich zum Schluss, dass der Bericht von den militärischen Auseinandersetzungen handeln musste, die sich am Ende der Bronzezeit im östlichen Mittelmeerraum abgespielt hatten. Der Ort, wo sich die letzte große Schlacht zwischen der früheren griechischen Kultur und ihren Gegnern in Übersee ereignete, musste Troja gewesen sein. Mit anderen Worten: Platons Geschichte von Atlantis ist nur eine weitere Version der Geschichte von den Seevölker-Invasionen und vom Trojanischen Krieg.[292]

Platons Text basiert laut seinen eigenen Angaben auf einer Überlieferung aus Ägypten. Dort war einem berühmten Vorfahren des Philosophen die Geschichte von Tempelpriestern erzählt worden. Platon beschreibt die umkämpfte Stadt auf zwanzig Seiten bis ins Detail und erwähnt unter anderem künstliche Hafenanlagen und sogar schiffbare unterirdische Kanäle. Ich war begeistert: Von solchen Anlagen müssten heute noch Relikte in der Landschaft zu erkennen sein. Sobald die Bibliothek nach den Osterfeiertagen wieder geöffnet hatte, bestellte ich eine topografische Karte der Umgebung von Troja. Es handelte sich dabei um eine Version der Karte von Thomas Spratt und Peter Wilhelm Forchhammer aus dem Jahr 1850 – also genau die Karte, die bereits Charles Maclaren beste Dienste erwiesen hatte. Und siehe da: Die Reste von künstlichen Hafenanlagen waren tatsächlich deutlich in der Landschaft sichtbar und als solche sogar in der Karte angeschrieben. Ein Ort nahe dem Zentrum der Ebene von Troja trug den türkischen Namen Kalafat, ein Begriff aus dem Schiffsbau, der mit »kalfatern« verwandt ist, was einen Bezug zu einer früher an dieser Stelle befindlichen Werft darstellen konnte.

Wie meistens interessierten mich auch bei dieser Idee vor allem die Konsequenzen für die weitere Forschung. Aus dem neuen Zusammenhang und aus Platons Text ergaben sich meines Erachtens eine Reihe von Anregungen. Eine davon war, dass die mykenischen Griechen im sogenannten Trojanischen Krieg möglicherweise gar nicht die ursprünglichen Aggressoren gewesen waren. Vor allem jedoch hatte meine Idee zwei wesentliche Konsequenzen: Erstens muss Troja sehr viel größer gewesen sein, als man bis dato glaubte. Und zweitens muss es im Westen Kleinasiens neben Troja eine ganze Reihe wichtiger Städte und Staaten gegeben haben.

Vorerst konnte ich diesen Gedanken nicht weiter nachgehen, denn mir standen zunächst vier Wochen Kanutrecking in Alaska und anschließend acht Wochen ozeanografische Expeditionen im Nordatlantik bevor. Alles in allem verbrachte ich ein halbes Jahr damit, darüber nachzudenken, ob ich die Sache weiterverfolgen sollte. Ich hatte keine Bedenken wegen des Sachverhalts, denn wann immer ich mir die Zeit nahm, einen Teilaspekt genauer zu betrachten, der jetzt in einem neuen Licht erschien, stieß ich auf zusätzliche Hinweise, die meine bisherigen Erkenntnisse untermauerten. Das ist übrigens bis heute der Fall. Meine Sorgen galten vielmehr meiner persönlichen Situation – sie würde sich durch eine Veröffentlichung dieser Hypothesen kaum verbessern.

Nach dieser langen Bedenkzeit sprach ich endlich meinen früheren Doktorvater, Lehrer und Freund Tjeerd Hendrik van Andel an. Wir arbeiteten in Cambridge, wie zuvor in den USA, Tür an Tür. Ich werde nie vergessen, wie van Andel reagierte, als ich ihn unvermittelt mit dem radikal neuen Sachverhalt konfrontierte. »That makes perfect sense!«, rief er. Sofort schlug er Argumente vor, die meine Idee stützten. Van Andel war ein unglaublich schneller Denker. Er empfahl mir sogleich, einen wissenschaftlichen Artikel zu schreiben. Die Sache würde mich nicht berühmt machen, aber auch nicht meine wissenschaftliche Karriere gefährden, fasste er seine beiden Hauptanliegen zusammen. Mit dieser letzteren Einschätzung sollte er allerdings falsch liegen.

Letztlich entschloss ich mich dann aus einer einfachen Überlegung heraus, der Sache nachzugehen. Als Wissenschaftler befinden wir uns permanent auf der Suche, ohne jedoch zu erwarten, demnächst oder überhaupt auch fündig zu werden. Wenn ein Wissenschaftler dann tatsächlich etwas entdeckt, sei es, wie bei mir, durch Zufall oder auch durch systematische Versuchsreihen, so ist er meines Erachtens auch verpflichtet, darüber zu berichten. Wir können nicht suchen, Entdeckungen machen, diese dann totschweigen und einfach weitersuchen. Ich würde mich also mit Troja und dem Trojanischen Krieg sowie mit dem Untergang der Kulturen am Ende der Bronzezeit in der einen oder anderen Form befassen – hatte aber keine Vorstellung davon, wie ich das am besten bewerkstelligen könnte. Ein Problem des Universitätssystems ist nämlich, dass es kaum auf Entdeckungen ausgerichtet ist. Es gibt keine »Abteilung für Entdeckungen« oder einen »Chief Discovery Officer«. Jeder Wissenschaftler ist gehalten, Forschungsgelder zu beantragen und mit Hilfe dieser Mittel nach Wegen zu suchen, das Wissen zu erweitern. Niemand hat eine Vorstellung davon, wie man mit einer großen Entdeckung umgeht.

Als junger Postdoc bat ich natürlich erfahrene und hilfsbereite Kollegen um Rat, von denen es in Cambridge reichlich gab. Allerdings sind Ratschläge von Professoren in aller Regel taktischer und punktueller Natur, denn natürlich hat niemand im Hochschulbetrieb gelernt, eine umfassende Kommunikationsstrategie zu entwickeln und umzusetzen. Konsultiert man hingegen Leute außerhalb des Hochschulbetriebs, so erlebt man allzu häufig das Phänomen, dass dem Besitzer eines Hammers jedes Problem als Nagel erscheint. Ein Fernsehproduzent wird einen Fernsehfilm vorschlagen, eine Literaturagentin ein Buch. Kein Ratschlag brachte mich wirklich weiter.

Übrigens durfte ich, und das ist wirklich ein schönes Privileg, eine ähnliche Entdeckung über zwanzig Jahre später noch ein zweites Mal machen. Am 1. November 2013, einem Freitag, hielt ich mich abends als Letzter im

Büro meiner Kommunikationsagentur im Zürcher Quartier Hottingen auf. Im Laufe dieses Jahres hatte ich mir zwei Wochen Urlaub genommen, um meine handschriftlichen Notizen aus den 1990er Jahren in aller Ruhe zu durchforsten und nach Hinweisen zu suchen, denen ich nach meinem Ausstieg aus der Forschung nicht mehr hatte nachgehen können. In den Notizen tauchte an verschiedenen Orten der Name Guido de Columnis auf, ab und zu in Verbindung mit dem US-amerikanischen Autor Nathaniel Edward Griffin. Guido de Columnis war ein sizilianischer Richter des 13. Jahrhunderts, der sich sein Leben lang mit dem Trojanischen Krieg beschäftigte und kurz vor seinem Tod ein umfangreiches und überaus erfolgreiches Werk verfasste: *Historia Destructionis Troiae* – »Die Geschichte der Zerstörung von Troja«. Nathaniel Griffin wiederum befasste sich über viele Jahre hinweg mit den rund zweihundert bis heute erhaltenen Handschriften von Guidos Werk und gab dieses im Jahr 1936 neu editiert heraus – wie die ursprüngliche Fassung in Latein.[293]

An diesem ersten Novembertag hatte ich mir Griffins Ausgabe aus der Zentralbibliothek ausgeliehen und wollte mir am Ende einer arbeitsreichen Woche noch eine Stunde intellektuellen Vergnügens gönnen. Dass der Inhalt des Buches vielversprechend war, erkannte ich auch ohne Lateinkenntnisse, denn der Herausgeber hatte den einzelnen Absätzen zusammenfassende Randbemerkungen auf Englisch hinzugefügt. Die für mich interessanten Abschnitte begannen mit einer Bemerkung des Autors Guido de Columnis, er betrachte die Zerstörung von Troja als eine Lektion dafür, dass triviale Ursachen ernsthafte Konsequenzen haben können. Guido schildert eine erste Zerstörung von Troja in der Zeit, als Priamos noch ein Kind war. Seine Familie wurde bei dem Überfall ermordet. Priamos baute die Stadt neu auf und machte sie größer und schöner als zuvor. Sie verfügte nun über sechs von Türmen bewachte Tore und war so ausgedehnt, dass man drei Tagesreisen benötigte, um sie zu umrunden. Mitten durch die Stadt floss der Fluss Xanthos. Der Palast des Priamos, der Ilion genannt wurde, ragte mit seinen Türmen wie aus Stein gemeißelt scheinbar bis in den Himmel. So viel verrieten schon die wichtigsten Randbemerkungen. Dann legte ich das Buch auf einen Scanner, setzte ein elektronisches Texterkennungssystem ein und gab das Ergebnis in Google Translate ein, um wenigstens eine grobe Vorstellung des Inhalts zu bekommen. Mit einem Schlag hatte ich eine seitenlange Beschreibung von Troja vor mir, die in vielerlei Hinsicht der Überlieferung von Platon glich.

Übrigens hätte ich auch auf einfacherem Weg zu diesem Resultat kommen können. Die US-amerikanische Mediävistin Mary Elizabeth Meek – ein Name, der ebenfalls verschiedentlich in meinen Notizen auftauchte – hatte 1956 die Übersetzung von Guidos Werk ins Englische als Doktorarbeit vorgelegt.[294] Diese erschien 1974 als Buch.[295] Des Weiteren stellte sich bald heraus, dass Guidos Bericht bereits im späten Mittelalter in fast alle europäischen Sprachen übersetzt worden war, darunter allein neunmal ins Deutsche.[296]

## 2 Treffen mit Manfred Korfmann

Als Anfang der 1960er Jahre in Deutschland die *Propyläen Weltgeschichte* in elf edlen, in Leinen gebundenen Bänden erschien, leistete sich mein Vater eine Subskription. Oft, wenn ein neuer Band bei uns eintraf, nahm er mich zur Seite und zeigte mir die Bilder darin. Noch heute erinnere ich mich an viele Abbildungen, und wenn ich mit meinem Vater am Wochenende skype, sehe ich die Buchrücken in seinem Regal. Ein Foto im ersten Band zeigte die Reste eines Vorratskorbes aus dem 5. Jahrtausend v. Chr., den Ausgräber in Ägypten zwar freigelegt, aber in situ im Boden belassen hatten.[297] Das fand ich damals so aufregend, dass ich nicht mehr davon abzubringen war, Ausgräber werden zu wollen.

Mein Vater unterstützte dieses Vorhaben und sah sich nach Ausbildungsmöglichkeiten für mich um. Da ich aus einer reinen Handwerkerfamilie stammte, kam allerdings nur eine technische Laufbahn infrage. Das Berufsbild für Restauratoren war recht unklar. Bald hatte mein Vater ermittelt, dass es einfacher wäre, Geologischer Präparator zu werden. Auch dafür gab es zwar keine staatlich anerkannte Ausbildung, jedoch einen passenden Lehrgang am Senckenberg-Museum in Frankfurt am Main. Diese Institution genoss so hohes Ansehen, dass mir die Ausbildung höchstwahrscheinlich später eine Anstellung an einem Museum einbringen würde. Schon als

Fünfzehnjähriger hospitierte ich also für eine Woche in dem respekteinflößenden Bau aus triassischem Buntsandstein an der Senckenberg-Anlage nahe der Frankfurter Messe. Ein Jahr später begann ich dort meine Ausbildung zum Technischen Assistenten. Als diese nach zwei Jahren zu Ende ging, öffnete gerade die erste und einzige staatliche Schule für Präparatoren in Bochum ihre Tore. Ich wechselte an die Ruhr, durchlief eine weitere zweijährige Ausbildung zum Geologischen Präparator und holte anschließend das Abitur nach, während ich noch eineinhalb Jahre am Bergbaumuseum in Bochum arbeitete. Danach zog ich nach Kiel, um Geologie zu studieren.

Im zweiten Studiensemester nahm ich an der obligaten Helgoland-Exkursion teil. Die Insel ist einer der wenigen Orte in der Reichweite von Kiel, wo man Festgestein sehen kann. Wir zelteten auf der Düne neben den Felseninseln, und manche von uns sprachen in gehörigem Maße dem auf Helgoland erschreckend günstigen Alkohol zu. Das Zelt, in dem die Party lief, war hoffnungslos überfüllt, und so unterhielt ich mich im Nieselregen mit ein oder zwei anderen Studenten und einem Dozenten, der über seine laufenden Forschungsprojekte sprach. Er erzählte, dass er demnächst eine Untersuchung der Küstenlinienverlagerungen in der Umgebung einer archäologischen Fundstätte in Griechenland in Angriff nehmen werde und dafür noch zwei Diplomanden suche.

»Einen haben Sie gerade gefunden!«, rief ich, ohne weiter nachzudenken. Das Projekt schien mir die ideale Gelegenheit, doch noch einen Fuß in die Archäologie zu bekommen.

Im Spätsommer 1982 tuckerte ich also zusammen mit einem Kommilitonen in einem uralten Hanomag-Lkw, dessen Ladefläche wir durch einen alten Wohnwagen ersetzt hatten, Tausende Kilometer Richtung Süden zur Pefkakia Magoula in Volos in der Region Thessalien. Alle hundert Kilometer mussten wir einen Liter Motoröl nachgießen – alles in allem benötigten wir sechzig davon. So sah also mein Auftakt in der Geoarchäologie aus.

Knapp acht Jahre später, im Alter von Anfang dreißig, schrieb ich in Cambridge an meinem ersten allgemeinverständlichen Buch, denn mein damaliger Büronachbar, der Dozent Simon Conway Morris, hatte mich mit einer Literaturagentin zusammengebracht, und diese fand für meine

Geschichte über den Trojanischen Krieg und das Ende der Bronzezeit einen Verlag in London. Die Entscheidung, ein Buch zu schreiben, entpuppte sich als ausgesprochen hilfreich: Sie gab mir genügend Zeit und Gelegenheit, die Sache aus verschiedenen Perspektiven zu betrachten.

Genau ein Jahr nach meiner Entdeckung und sechs Monate nachdem ich mit den Recherchen für das Buch begonnen hatte, besuchte ich Tübingen. Auf Einladung des Troja-Ausgräbers Manfred Korfmann durfte ich dort einen Vortrag über meine Untersuchungen in der Argolis halten. Korfmann und ich hatten im Vorfeld brieflich die üblichen Höflichkeiten ausgetauscht, ohne dass ich ihm gesagt hatte, warum mir ein Treffen mit ihm wichtig war. Ich war der Überzeugung, dass Experten schnell zu Gegnern eines Vorhabens in ihrem Fachgebiet werden können, wenn sie nicht darin eingebunden sind. Da ich mich jetzt so intensiv mit Troja beschäftigte, hielt ich es für wichtig, den Ausgräber darüber zu informieren.

Der Vortrag in Tübingen sollte am 17. April 1991 um fünfzehn Uhr stattfinden, für dreizehn Uhr hatten Korfmann und ich uns zu einem Vorgespräch verabredet. Ich saß in seinem Büro und wartete. Erst eine halbe Stunde vor Vortragsbeginn erschien der Professor. Überschwänglich begrüßte er Doktoranden und Mitarbeitende, bevor er endlich die Tür zu seinem eigenen Büro erreichte. Seine Miene verdüsterte sich augenblicklich, als er mich sah. Er muss mich schon damals als potenziellen Herausforderer betrachtet haben. Die eineinhalbstündige Verspätung wurde mit keinem Wort erwähnt. Wir beschränkten unser Gespräch auf das Notwendigste und begaben uns zügig zu dem Raum, wo der Vortrag stattfinden sollte.

Danach war Korfmann allerdings wie ausgetauscht. Er entschuldigte sich beinahe dafür, dass er nicht das Hauptgebäude der Universität unten in der Stadt, sondern die Räume des Troja-Projekts als Lokalität für die Veranstaltung gewählt hatte. »Dort wären vielleicht ein paar Leute mehr gekommen, weil sie wissen, dass der Professor da ist«, sagte er. Die Größe des Publikums war für mich jedoch ohne Bedeutung – ich war nach Tübingen gekommen, um mit Korfmann unter vier Augen reden zu können.

In meinem Vortrag hatte ich davon gesprochen, dass die Unterstadt der mykenischen Burganlage von Tiryns in der Mitte des 13. Jahrhunderts, also zur Blütezeit der Kultur, durchaus größer gewesen sein könnte als nach dem Beginn des kulturellen Verfalls ab 1200 v. Chr. Die Reste dieser Unterstadt lägen womöglich unter bis zu fünf Meter tiefen Sedimentablagerungen verschüttet. Dies widersprach den Vorstellungen und Veröffentlichungen des Tiryns-Ausgräbers Klaus Kilian vom Deutschen Archäologischen Institut, der meine Untersuchung angeregt und für die Finanzierung gesorgt hatte. Korfmann stellte zu meinem Vortrag nur eine Frage, und diese auch erst, als wir allein waren: Er wollte wissen, wie Klaus Kilian auf die Ergebnisse meiner Forschung reagiert hatte. Es schien ihn ein bisschen zu überraschen, dass mir Kilian keine Steine in den Weg gelegt hatte, obwohl ich seinen öffentlich publizierten Erkenntnissen widersprach.

Als wir in Korfmanns Büro eintrafen, holte der Ausgräber sofort eine moderne topografische Karte der Ebene von Troja hervor. Er war jetzt warmherzig und vertrauensvoll, offenbarte sogar eine gewisse Hilflosigkeit. Während er die Karte auf seinem Schreibtisch ausbreitete, setzte er sich in seinen Bürodrehstuhl. Ich nahm vor dem Schreibtisch Platz – ganz die türkische Besprechungsordnung.

Korfmann fiel mit der Tür ins Haus: »Herr Zangger, wo wir auch in der Ebene bohren, überall finden wir Keramik! Und dies bis in zwanzig Meter Tiefe. Wie erklären Sie sich das?«

Mich überraschte das nicht. »Überall, wo Sie bohren, lag früher einmal Troja!«, antwortete ich.

Korfmann und ich unterhielten uns zweieinhalb Stunden lang in harmonischer Atmosphäre. Der Professor bereicherte mein Bild eines scheinbar übergroßen Troja, das sich einst in der Ebene erstreckte. Er lieferte zahlreiche zusätzliche Hinweise, die meine Rekonstruktionen stützten. Schließlich fand ich, Korfmann müsste sich doch auch dafür interessieren, woher ich dieses Detailwissen hatte. Ungefragt wies ich ihn darauf hin, dass in einem Text aus dem 4. Jahrhundert v. Chr. dieses bronzezeitliche Troja ausführlich beschrieben wird. Korfmann schien zunächst kein bisschen überrascht. Als ich ihm jedoch die Quelle nannte – Platons Atlantis-Bericht –, hob er bestürzt die Augenbrauen, lehnte sich in seinem Sessel weit zurück und streckte beschwörend die Arme aus. »Das würde ich fallen lassen wie eine heiße Kartoffel!«

Nachdem er seine Verblüffung überwunden hatte, entspannte sich die Atmosphäre allmählich wieder etwas. Später brachte er mich sogar in seinem weißen Geländewagen zum Tübinger Bahnhof und sinnierte während der Fahrt, dass man eine Publikation finden müsste, in der von diesem Zusammenhang bereits die Rede war. In jedem Fall würde er seinen Geoarchäologen Ilhan Kayan bitten, die noch heute sichtbaren künstlichen Kanäle in Troja gleich in diesem Sommer genauer zu untersuchen. Wir einigten uns darauf, dass ich die Grabung demnächst »als Tourist« besuchen würde. Eine offizielle Funktion konnte er mir nicht übertragen, da die Landschaftsrekonstruktion bereits in der Verantwortung von Ilhan Kayan lag. Als wir uns verabschiedeten, sagte Manfred Korfmann: »Dies war ein Tag, den ich niemals vergessen werde.«

Nur wenige Monate später begegneten wir uns erneut. Im Rahmen meiner Buchrecherchen wollte ich die Ebene von Troja unbedingt selbst besuchen und in Augenschein nehmen. Nach Geländearbeiten in Griechenland und einer Konferenz in Athen machte ich mich im Sommer 1991 per Fähre auf den Weg nach Lesbos und weiter auf das türkische Festland zur Ausgrabung in Troja. Als ich im Grabungshaus eintraf, herrschte dort eine merkwürdige Stimmung. Keine Menschenseele war zu sehen, aber ich hatte den deutlichen Eindruck, dass gerade irgendetwas Schreckliches passiert sein musste. Als Erster tauchte der Ausgräber höchstpersönlich auf, frisch geduscht, wie üblich mit weißem Hemd, Anglerweste und Schlapphut. Korfmann war kein bisschen überrascht, mich zu sehen. Die Leiterin des Britischen Archäologischen Instituts in Athen hatte mir Unterlagen für ihn mitgegeben und ihn offensichtlich telefonisch informiert, dass ich diese bald überbringen werde. Später am Abend erfuhr ich, was am Nachmittag passiert war: Korfmann hatte einen Wutausbruch gehabt und ausgerechnet einen seiner treusten Gefährten als Blitzableiter benutzt. Er entschuldigte sich später in meinem Beisein bei ihm.

Ein Vertreter des Türkischen Archäologischen Dienstes stieß zu uns, weil seine Kollegen in einer benachbarten Grabung kleine Bronzeobjekte gefunden hatten, die er Korfmann zeigen wollte. Korfmann stellte mich dem türkischen Kollegen ausführlich vor. Er lobte meine Arbeiten zu den bronzezeitlichen Wasserbauanlagen in Griechenland und meinte, dass es ja in der Ebene von Troja ebenfalls Spuren von Wasserbaumaßnahmen gab, die durchaus aus der Bronzezeit stammen könnten.

Ich wusste von Forchhammers Karte, dass man noch Mitte des 19. Jahrhunderts neben den Wasserläufen in der Ebene deutlich eine ganze Reihe von Hügeln erkennen konnte, bei denen es sich möglicherweise um Aushub vom Bau der Kanäle handelte. Korfmann kannte einen dieser Hügel und vertraute auf seinen Geoarchäologen Ilhan Kayan, der ihn für eine Düne hielt. Dennoch war er einverstanden, den Sandhügel zusammen mit mir zu inspizieren. In seinem Geländewagen fuhren wir in die Richtung des Ortes Kalafat. In dieser Umgebung hatte der englische Botaniker und Geologe Philip Barker Webb noch 1819 antike Fundamente einer Stadt gesehen. Lokale Arbeiter gruben die Mauerreste vor seinen Augen aus, um mit den großen Natursteinen eine Festung an den Dardanellen zu bauen.[298] Als wir aus dem Auto stiegen, sahen wir eine offene Schürfstelle im Hügel, wo die Bewohner des Orts bei Bedarf Sand entnommen hatten. Dünen bestehen aus windtransportiertem Sand, der deswegen extrem fein sortiert ist – alle Körner sind nahezu gleich groß, da schwerere schon früher herunterfallen und leichtere weitergetragen werden. Ein Griff in das exponierte Material in der Schürfung genügte, um festzustellen, dass dieses Material komplett unsortiert war und daher unmöglich vom Wind transportiert worden sein konnte. Gletscher sind die einzigen natürlichen Kräfte, die derart unsortierte Ablagerungen hervorrufen, aber Gletscher hatte es in dieser Gegend nie gegeben. Die Hügel mussten also von Menschenhand erschaffen worden sein.

Der Besuch in Troja hatte keine Erkenntnisse geliefert, die meinen bisherigen Interpretationen widersprachen – im Gegenteil. Ich sah die Spuren von Wasserbauwerken genau dort, wo ich sie anhand der topografischen Karten erwartet hatte. Flache Feuchtgebiete zeigten verlandete Becken an; unnatürlich steil ansteigende Hügelflanken mussten durch Steinbrucharbeiten entstanden sein; ein tief eingeschnittener Kanal leitete Wasser aus der Ebene ab; ein weiterer künstlicher Graben war so breit, dass er für den Transport sehr großer Gegenstände, nämlich Schiffe, von der Küste in die Ebene geeignet war. Die Spuren dieser Konstruktionen waren so eindeutig, dass eine ganze Reihe von Forschern sie schon früher erkannt und als prähistorische Hafeninstallationen interpretiert hatten.

Zurück in Cambridge, schritt meine Arbeit am Buch zügig voran. Mit der Interpretation eines Platon-Textes begab ich mich natürlich auf ein Terrain, wo ich als Naturwissenschaftler eigentlich nichts zu suchen hatte. Deswegen wandte ich mich weiterhin an Archäologen und Althistoriker und bat sie um eine kritische Durchsicht meines Manuskripts. Die Reaktionen waren ermutigend. Die Prähistoriker Christopher Mee von der Universität in Liverpool, Curtis Runnels aus Boston und Jeremy Rutter vom Dartmouth College in New Hampshire sowie Bernard Knapp, mein Kollege in Cambridge, lobten die Arbeit und erlaubten mir, sie auf der Umschlagrückseite der amerikanischen Ausgabe des Buchs zu zitieren. Anthony Snodgrass, einer der herausragenden Althistoriker des 20. Jahrhunderts, erklärte sich sogar bereit, dem Buch ein wohlwollendes Vorwort hinzuzufügen. Für mich lief alles nach Plan.

Wenige Wochen vor dem Erscheinungstermin erreichten die Gerüchte über eine bevorstehende Veröffentlichung auch Manfred Korfmann. Besorgt erkundigte er sich per Brief, was an den Gerüchten dran sei. Ich berichtete ihm von den bisher einhellig positiven Reaktionen und versuchte ihn damit zu beruhigen. Korfmann antwortete darauf, dass er die Sache selbst faszinierend finde, dass man jedoch auch die Altphilologen dafür gewinnen müsste.

Ab April 1992 erschien mein Buch fast zeitgleich in den USA, Großbritannien, Deutschland und Japan, begleitet von Zeitungsberichten vor allem in England im *Independent* und in der *Times*. Lord Colin Renfrew verfasste eine ermutigende Besprechung für *Nature*. Einen Monat später brachte der *Spiegel* einen siebenseitigen Bericht – und mit einem Schlag war wieder alles anders. Natürlich hatte der Redakteur Matthias Schulz den Troja-Ausgräber vorab um seine Meinung gebeten. Korfmann hätte also die Möglichkeit gehabt, wenigstens ansatzweise seine offensichtlich vorhandene Faszination zum Ausdruck zu bringen und sich den wohlwollenden Kollegen anzuschließen. Er hätte dabei, so wie er es bei unserem Zusammentreffen in Troja getan hatte, die Seriosität meiner bisherigen Forschungen anerkennen und ganz einfach sagen können, dass man die

Sache nun in Ruhe prüfen müsse. Eine solche Reaktion hätte vermutlich großes öffentliches Interesse und damit nicht zuletzt auch Forschungsgelder und zahllose Möglichkeiten für weitere Untersuchungen mit sich gebracht. Korfmann wählte jedoch einen anderen Weg. Vermutlich hatte er inzwischen Altphilologen in Tübingen kontaktiert, die meinen Thesen naturgemäß kritisch gegenüberstanden. Da es sich Korfmann mit einflussreichen Professoren nicht verderben wollte und auch nichts zu verlieren zu haben schien, entschied er sich für Konfrontation. Im Gespräch mit dem Redakteur bezeichnete er Troja wieder als ein »Piratennest« und deutete die künstlichen Gräben in der Ebene als »Teile eines Entwässerungssystems«.[299] Meiner neuen Theorie stehe er »äußerst reserviert« gegenüber. Der Redakteur wog die Argumente pro und kontra ab und bildete sich eine eigene Meinung: »Während er [Korfmann] verschwitzt in der Erde wühlt, kommt plötzlich ein Überflieger daher« und erkläre ihm, wo es zu graben gelte, schrieb er im damals bei der Zeitschrift üblichen schnoddrigen Stil. Eine Polarisierung war unvermeidlich, und sie dominiert heute, fünfundzwanzig Jahre später, die Diskussion noch immer.

Die deutsche Ausgabe meines Buchs war beim Droemer-Verlag in München erschienen. Während ich an archäologischen Projekten in Ostkreta teilnahm, lernte ich den Verleger Karl Blessing, der dort seine Ferien verbrachte, persönlich kennen. Blessing verstand es beispielhaft, seine Autoren zu Freunden zu machen. Schon bald bot er mir an, ein weiteres Buch zu publizieren, diesmal von vornherein auf Deutsch. Mir war es tatsächlich ein Anliegen, die Ereignisse am Ende der Bronzezeit zu einem umfassenden Geschichtspanorama zusammenzufügen. Ich schlug Blessing daher ein Buch vor, das erstmals die politische und wirtschaftliche Entwicklung im 13. Jahrhundert v. Chr. in Zeitscheiben von je zwanzig Jahren für den gesamten östlichen Mittelmeerraum darstellen würde. Der Verleger war einverstanden. So begann für mich die Arbeit an einem aufgrund der großen Zahl von involvierten Regionen, Disziplinen, Sprachen und Fachjargons ausgesprochen komplizierten Thema.

Im Sommer 1993 hatte ich bereits ein vorzeigbares Manuskript in den Händen, als ich im Rahmen des Pylos Regional Archaeological Project in der Umgebung des Palastes von Nestor in Pylos die Reste einer verlandeten bronzezeitlichen Hafenanlage untersuchte. Als Chefnaturwissenschaftler dieses Projekts stand es mir frei, nach Bedarf weitere Spezialisten meiner Wahl hinzuzuziehen. Als ich die Expertise eines Geophysikers benötigte, lud ich Hans Günter Jansen vom Troja-Projekt ein, in Pylos mitzuwirken. Dabei schwang meine Hoffnung mit, eine Brücke zu Korfmanns Team schlagen zu können, denn so ganz unüberwindbar schienen die Gräben zwischen uns nicht zu sein. Ich spielte sogar mit dem Gedanken, Manfred Korfmann zu fragen, ob er das Vorwort zu meinem zweiten Buch verfassen würde. Jansens Berichte über die Diskussionen im Troja-Team machten jedoch deutlich, dass ich damit keinen Erfolg haben würde. So bat ich schließlich den Leiter der Untersuchungen in Pylos, den US-amerikanischen Prähistoriker Jack Davis, das Vorwort zu schreiben, und dieser erwies mir den Freundschaftsdienst bereitwillig.

Bis zum Frühling 1994 war mein erstes Buch in verschiedenen Ländern überwiegend wohlwollend besprochen worden. Korfmann kritisierte meine Thesen weiterhin heftig, präsentierte auf einer Pressekonferenz jedoch überraschend ein neues Bild von Troja, das sich mit meiner Rekonstruktion praktisch deckte.[300] Ein Journalist, der mein Buch wenige Tage zuvor gelesen hatte, traute seinen Augen und Ohren kaum, als er die Parallelen in den Aussagen erkannte. Er wandte sich an den Droemer-Verlag und forderte diesen eindringlich auf, Korfmann in die Schranken zu weisen.

Zu dieser Zeit hielt ich mich öfters in Heidelberg auf, weil mir dort am Geografischen Institut der Universität die Möglichkeit einer Habilitation eingeräumt worden war. Bei einem dieser Besuche empfing mich der Geochemiker Ernst Pernicka für ein gut einstündiges Gespräch unter vier Augen. Wir unterhielten uns natürlich auch darüber, wie mein erstes Buch von der Fachwelt aufgenommen worden war – und was man innerhalb des Troja-Projekts davon hielt. Ich erzählte Pernicka, dass ich demnächst mein zweites Buch abschließen würde, und fragte ihn, wie ich mich seiner Ansicht nach gegenüber Manfred Korfmann und seinen Mitarbeitern verhalten sollte. Darauf geschah etwas wirklich Bemerkenswertes – nämlich gar nichts. Pernicka saß geschlagene zwei Minuten wort- und regungslos vor mir und dachte über seine Antwort nach. Mir schien, dass ein lange aufgestauter Druck entwich, als er schließlich sagte: »Ich würde erbarmungslos zurückschlagen!« Missmutig machte er seiner Frustration über das ungerechte Universitätssystem Luft. Nur weil er eine Familie ernähren müsse, sei er gezwungen, sich den menschenunwürdigen Prozessen dieses Systems zu unterwerfen. Wenn er an meiner Stelle wäre, rief er, gäbe es für ihn kein Halten mehr. Er legte mir ans Herz, meine Freiheiten in vollem Umfang auszuschöpfen und darauf zu bauen, dass die Öffentlichkeit schon erkenne, wessen Argumente letztlich überzeugender sind. – Ob dies Pernickas ehrliche Meinung war oder ob er einen potenziellen Rivalen dazu anstiften wollte, sich selbst ein Bein zu stellen, werden wir vermutlich nie erfahren.

Die Aufforderung von Seiten der Pressestelle des Droemer-Verlags und Pernickas Empfehlung führten letztlich dazu, dass ich meinem an und für sich in einem versöhnlichen Ton gehaltenen Buchmanuskript ein Nachwort anfügte, in dem ich erstmals persönlich Korfmanns Vorgehen als Forscher kritisierte. Karl Blessing las den Entwurf zu diesem Nachwort bei einem gemeinsamen Mittagessen in der Zürcher »Kronenhalle«.

»Starker Tobak!«, sagte er. »Aber ich druck das!«

Der Droemer-Verlag hatte die weltweiten Rechte für mein Buch erworben und war daher an Lizenzverkäufen ins Ausland interessiert. Blessing ließ das Manuskript bereits vor Drucklegung an einen befreundeten Verleger in England schicken. Dieser traute sich kein eigenes Urteil zu und kam stattdessen auf die vermeintlich glorreiche Idee, das noch unveröffentlichte Manuskript ausgerechnet an Manfred Korfmann zu senden und ihn um eine Stellungnahme zu bitten. Der eigentliche Buchteil barg zwar keinen Zündstoff, doch im Nachwort warf ich Korfmann methodische Fehler bei der Erforschung von Troja vor. Hinzu kam, dass das wohlwollende Vorwort aus der Feder eines Prähistorikers stammte, der genau an dem Institut lehrte, das sich die Grabungsrechte in Troja mit Tübingen teilte. Korfmann übte sofort massiven Druck auf Jack Davis aus und verlangte von ihm, sein Vorwort zurückzuziehen und dafür zu sorgen, dass das Buch ohne Nachwort erscheine. Außerdem solle er mich als Kodirektor und Chefnaturwissenschaftler des Projekts in Pylos entlassen. Jack Davis gab dem Druck teilweise nach und schickte Karl Blessing ein Fax, in dem er dem Verlag für den Fall, dass sein Vorwort publiziert werden sollte, mit rechtlichen Konsequenzen drohte. An mich sandte er eine Kopie mit der handschriftlichen Bemerkung: »Ich hoffe, du verstehst und vergibst mir.«

Nun war es an Karl Blessing, die Sache zu managen. Das Buchmanuskript befand sich bereits in der Druckerei. Da aber der erste Anruf von Jack Davis ausgerechnet an einem Freitagabend kam, konnten wir nicht in Erfahrung bringen, in welchem Produktionsstadium sich das Buch befand. Blessing legte sich einen Plan zurecht und entschied, am Montagmorgen gleich als Erstes in der Druckerei anzurufen und den Druck von mindestens zweihundert Exemplaren noch am selben Tag zu verlangen. Diese wollte er einzeln per Kurier an die Medien versenden. Außerdem würde er sich an einen Rechtsanwalt wenden und Schutzschriften gegen eine potenzielle einstweilige Verfügung bei verschiedenen Gerichten hinterlegen lassen. Wir verbrachten an diesem Wochenende viele Stunden miteinander am Telefon und machten nachts kein Auge zu. Erst am Montagabend erfuhr ich endlich, wie der Tag verlaufen war. Die Druckerei hatte am Morgen noch gar nicht mit der Produktion begonnen. Dennoch brachte sie es fertig, die gesamte Auflage an diesem Tag fix und fertig zu erstellen. Wie geplant waren zweihundert Exemplare an die Medien geschickt worden. Zweihundert weitere befanden sich beim Verlag, und die restliche Auflage hatte man sicherheitshalber ins Ausland gebracht. »Und ich werde dir nicht sagen, wohin«, fügte Blessing hinzu. Vom nächsten Tag an erschienen die ersten Buchbesprechungen.

Vor den rechtlichen Konsequenzen, die Jack Davis für den Fall einer Veröffentlichung seines Vorworts angedroht hatte, brauchte ich mich nicht zu fürchten. Juristisch relevant war das Ganze nicht, denn Davis hatte viele Wochen zuvor das gesamte Manuskript einschließlich seines auf Deutsch übersetzten Vorworts und meines Nachworts zur Freigabe erhalten und diese schriftlich erteilt. Nun war er vor allem verärgert, weil sein Pylos-Projekt keinen Geophysiker mehr hatte. Hans Günter Jansen hatte, als *Ein neuer Kampf um Troia* erschien – »in full glory«, wie er es nannte, also komplett mit Vorwort und Nachwort –, noch am selben Tag seine Mitwirkung am Projekt niedergelegt. Jack war reichlich aufgebracht und verlangte, dass ich so schnell wie möglich für mindestens gleichwertigen Ersatz sorge. Aber er entließ mich nicht als Kodirektor des Projekts, wie Korfmann es gefordert hatte. Am Telefon verriet mir Jack, dass Korfmann nun eine umfassende Kampagne vorbereite, um meine Reputation als Wissenschaftler für alle Zeiten zu zerstören.

»Niemand wird von diesem Konflikt profitieren«, sagte mir Jack am Telefon, »aber im Augenblick sieht es so aus, als wenn du der große Verlierer sein wirst.« Jack hatte erfahren, was Korfmann im Einzelnen plante. Um im Hinblick auf die naturwissenschaftlichen Komponenten des Troja-Projekts weniger angreifbar zu sein, würde Korfmann einen Chefnaturwissenschaftler einberufen, und zwar Ernst Pernicka. Außerdem würde Korfmann alles daransetzen, eine Übersetzung meines Buchs in andere Sprachen zu verhindern. Er würde meine Habilitation sabotieren, indem er sich selbst in die Position des Hauptgutachters manövrierte. Nicht zuletzt seien seine Gefährten bereits dabei, ein ganzes Spektrum von Verrissen meines Buches vorzubereiten. Die ersten würden demnächst in der *Studia Troica* und in der *Antiken Welt* veröffentlicht werden. Korfmann kam dabei zugute, dass er entweder selbst Herausgeber der jeweiligen Schriftenreihe war oder dass diese, wie im Fall von *Spektrum der Wissenschaft* und *Antike Welt*, in gewisser Weise vom Wohlwollen der staatlichen Institute abhängig waren. Als eine positive Besprechung meiner beiden Bücher im *Journal of Field Archaeology* erschien, statuierte Korfmann am Verfasser, dem US-amerikanischen Prähistoriker Daniel J. Pullen, ein Exempel: Pullens Studenten durften fortan nicht mehr am Troja-Projekt teilnehmen, bereits erteilte Zusagen wurden zurückgenommen.

»Nicht die wissenschaftliche Diskussion war Korfmanns bevorzugtes Metier, sondern die Herabsetzung von Kontrahenten«, schrieb später Frank Kolb.[301] *Der Spiegel* brachte auch über das neue Buch einen mehrseitigen Bericht, in dem es unter anderem hieß: »Doch der Demontageversuch wird kaum gelingen. In den angelsächsischen Ländern hat Zangger den Beistand fast der gesamten Archäologenelite.«[302] Dieser Beistand nützte mir jedoch leider wenig, und Korfmann erreichte letztlich sein Ziel.

Jack Davis' Projekt in Pylos profitierte indes vom Wechsel des Geophysikteams. Hans Günter Jansen war Autodidakt und brachte sich die Magnetometrie bei, nachdem er seine Stelle bei IBM als Frührentner verlassen hatte. Bei den Messungen im Gelände unterstützte ihn seine Frau als Assistentin. An die Stelle des Paars traten nun rund zwanzig hochqualifizierte Geophysiker und Studenten unter der Regie von Falko Kuhnke von der Technischen Universität Braunschweig. Mit großer Hingabe und Begeisterung verbrachten die Wissenschaftler Sommer für Sommer mehrere Wochen in der staubigen Hitze der frisch gepflügten Olivenhaine in der Umgebung des Palastes von Nestor. Die Ergebnisse ihrer Arbeiten sollten die regional-archäologische Untersuchung enorm bereichern. Unweit vom Palast entdeckte Falkos Team eine etwa eineinhalb Meter breite Anomalie, also eine Abweichung vom Erdmagnetfeld. Computersimulationen ergaben, dass es sich dabei um eine Mauer in etwa zwei Meter Tiefe handeln musste. Die Anomalie ließ sich bis zu einer natürlichen Abbruchkante verfolgen, wo man Mauerreste auch tatsächlich austreten sah. Der Palast von Nestor, der bis dato als der einzige unbefestigte mykenische Königssitz gegolten hatte, verfügte also doch über eine Festungsmauer.

Während die Geophysiker oben auf dem Höhenrücken Anos Englianos, wo sich der Palast befand, ihre wichtigsten Erfolge verzeichneten, konzentrierte ich mich auf die Untersuchung einer auffällig rechteckigen Ebene in der Nähe der Küste. Der Geoarchäologe John (Chris) Kraft hatte dort einige Jahre zuvor einen tiefen Einschnitt in das Festgestein als künstliche Flussumleitung interpretiert. Die Kombination aus von Menschenhand gemachtem Kanal und daran anschließendem verlandetem Becken erinnerte mich an das, was ich in Troja gesehen hatte. Meine Arbeitshypothese lautete, dass es sich in beiden Fällen um künstlich geschaffene Hafenanlagen aus der Spätbronzezeit handelte. In Pylos hatte ich die Möglichkeit, eine naturwissenschaftliche Untersuchung über Jahre hinweg ganz nach meinem Gusto durchzuführen. Jack Davis unterstützte dieses Vorhaben in jeder Hinsicht. Und so dauerte es nicht lange, bis wir die Schichten der Ebene bei Pylos mit großem Bohrgerät erforschten. Der fruchtbare Auelehm entpuppte sich als nur etwa zwei Meter mächtig. Darunter lagen meterdicke grobe Flussschotter, und noch tiefer gelangten wir in tonige Ablagerungen aus einem brackischen Milieu. Das Becken hatte also in Verbindung mit dem Meer gestanden, bis irgendwann der Fluss seinen Lauf komplett verlagerte und das offensichtlich künstlich angelegte Becken mit seinem Schotter auffüllte. Mit Radiokarbondatierungen bestimmten wir, dass das hydraulische System am Ende der Bronzezeit zusammengebrochen sein musste. Zusätzlich zum Palast des Nestor hatte es in mykenischer Zeit also auch einen Hafen des Nestor gegeben.

Falko Kuhnke machte mich darauf aufmerksam, dass es für geophysikalische Methoden in der Archäologie noch ganz andere Einsatzmöglichkeiten gab. Er war der Ansicht, dass man die etwa zehn auf zehn Kilometer große Ebene von Troja mit dem Hubschrauber abfliegen und aus der Luft bodendurchdringende elektromagnetische Messungen durchführen könnte. Ein Messgerät sendet dabei elektromagnetische Wellen in fünf verschiedenen Frequenzen in den Boden und misst anschließend deren Reflexionen. Der Hubschrauber fliegt die Ebene systematisch wie ein Schachbrett ab und generiert dadurch Daten, mit denen sich die Abfolge der Sedimente im Untergrund als dreidimensionales Blockbild rekonstruieren lässt. Über einen seiner ehemaligen Studenten besaß Falko einen Kontakt zur Bundesanstalt für Geowissenschaften und Rohstoffe (BGR) in Hannover, die ein Team für Hubschraubergeophysik beschäftigte. Der Leiter dieses Teams zeigte Interesse daran, ein solches Vorhaben in Troja durchzuführen – und so nahm das Unglück seinen weiteren Verlauf.

## 3 Der Ausstieg

Nachdem ich mit dem Droemer-Verlag einen dritten Buchvertrag abgeschlossen hatte, überwarf sich Karl Blessing mit seinem Konzernleiter Dieter von Holtzbrinck und wechselte zu Bertelsmann, um dort einen neuen Verlag unter eigenem Namen zu gründen. Der Droemer-Verlag war davon natürlich nicht erbaut, und so saß ich nun zwischen den Stühlen. Am Ende bot mir der damalige Weltbild-Chef Hans-Peter Übleis ein neues verlegerisches Zuhause an. Mehr noch, er vermittelte mich gleich auch an den amerikanischen Sachbuchagenten John Brockmann, der sich von New York aus um den Verkauf der internationalen Buchrechte bemühen würde. Unter diesen Rahmenbedingungen erschien zur Buchmesse 1998 mein drittes Buch, *Die Zukunft der Vergangenheit – Archäologie im 21. Jahrhundert.*

Am 28. Dezember 1998 dürfte Manfred Korfmann aus allen Wolken gefallen sein, als er in einer Titelgeschichte des *Spiegels* erfuhr, dass ich zusammen mit einem Forscherteam die Sedimentschichten der Ebene von Troja mit Hilfe von Hubschraubergeophysik zu erforschen gedachte. Es war der Startschuss für ein Tauziehen. Auf der einen Seite bemühten sich die BGR und ich, durch den Einsatz moderner Methodik mehr über die Umgebung von Troja zu erfahren. Auf der anderen Seite stand der vom Staat bezahlte Ausgrabungsleiter, der alles daransetzte, einen solchen Wissenszuwachs zu verhindern. Wen auch immer wir in den nächsten sieben Monaten kontaktierten, jedes Mal erfuhren wir, dass Korfmann schon lange vor uns dort gewesen war oder zumindest angerufen hatte. »Bitte helft mir«, soll er seine Gesprächspartner geradezu angefleht haben, »dieses Vorhaben müssen wir unter allen Umständen verhindern!« Korfmann war letztlich weniger Wissenschaftler als vielmehr Diplomat. Er hatte ein strategisches Netzwerk aufgebaut, das ihn auffing, wenn er in wissenschaftlichen Auseinandersetzungen vom Trapez fiel.[303] Doch jede Gefälligkeit erfordert irgendwann eine Gegenleistung, und Korfmann überzog in dieser Zeit sein Konto massiv.

Als sachliches Argument teilte Korfmann nach außen mit, dass es in der Ebene von Troja nichts Bemerkenswertes zu finden gebe. Wenn dem so wäre, hätte er das Projekt natürlich bedenkenlos zulassen können. Das einzige Resultat wäre dann gewesen, dass ich mich entsetzlich blamiert hätte und meine Argumente für immer entkräftet wären.

Trotz des Widerstands hielt ich an meinem Vorhaben fest. Die türkische Botschaft in Deutschland bot mir an, mich bei der Abfassung und Einreichung des offiziellen Projektantrags zu unterstützen. Am 1. April 1999 gingen die umfangreichen Unterlagen beim türkischen Außenministerium ein, wie mir schriftlich bestätigt wurde. Zwei Dutzend Fernsehproduktionsfirmen hatten bereits ihr Interesse angemeldet, unser Projekt in Troja zu begleiten.

Die jahrelangen Auseinandersetzungen mit Korfmann hatten mir jedoch nicht nur Schritt für Schritt die Möglichkeit geraubt, meinen Existenzunterhalt weiterhin mit der Forschung zu bestreiten, sie hatten auch tiefe Wunden in meinem Privatleben verursacht. Im Laufe des Jahres 1999 zeichnete sich daher ab, dass meine Frau und ich uns trennen würden, um jeder für sich einen Neuanfang zu wagen.

Auf Einladung der Société Turco-Suisse, eines Vereins zur Förderung der kulturellen Beziehungen zwischen der Schweiz und der Türkei, hielt ich Anfang 1999 einen Vortrag im Zunfthaus »Zum Rüden« am Zürcher Limmatquai. Anschließend saß ich in kleiner Runde mit den Veranstaltern zusammen. Der Unternehmer Necdet Dirilgen, im Jahr 1945 ein Gründungsmitglied der Société Turco-Suisse, schlug vor, mich Rahmi Koç vorzustellen, dem wichtigsten Konzernchef der Türkei. Dirilgen war offenbar ehrlich daran gelegen, dass sich die Familie Koç für unser Projekt in Troja interessiere und mithelfe, die Genehmigung für die Hubschraubergeophysik zu erlangen.

Die Koç Holding war von Rahmis Vater Vehbi Koç als Familienunternehmen gegründet worden und mittlerweile zu einem der größten Industriekonglomerate der Welt geworden. Noch immer wurden die einzelnen Sparten – Tourismus, Energie, Automobile, Banken und Versicherungen – von Rahmi selbst, seinen drei Schwestern und seinen drei Söhnen geleitet. Dass ich bei Rahmi Koç tatsächlich einen Termin erhielt, hatte ich seiner Schwester Semahat, die sich für Archäologie interessierte, und ihrem Mann Nusret Arsel zu verdanken.

Am 23. März 1999 saßen wir zu fünft in Semahats altem Fiat-Kombi und fuhren über die Brücke auf die anatolische Seite des Bosporus nach Nakkaştepe. Ich war zusammen mit Falko Kuhnke angereist, der als Chefgeophysiker des Projekts vorgesehen war. Neben Semahat begleiteten mich ihr Mann und Necdet Dirilgen zu dem Treffen. Erst später wurde mir bewusst, dass die drei nervöser waren als ich selbst.

Der Gebäudekomplex der Koç Holding war im 18. Jahrhundert als Residenz eines Paschas angelegt worden. Schon als unser Fahrzeug von weitem her sichtbar wurde, fuhr das elektrische Tor zur Seite. Der Hof war manikürt und mit antiken Säulen geschmückt. Der Ort wirkte trotz seiner großzügigen Anlage bescheiden, stilvoll und geschäftsmäßig. Wir wurden in ein behaglich eingerichtetes Büro gleich neben dem Eingang des Hauptgebäudes geführt. Nach einigen Minuten ließ Rahmi Nusret Arsel rufen, um sich noch einmal über die Besucher informieren zu lassen. Dann erst erhielten wir das Zeichen zu kommen. Ein Angestellter führte uns in den zentralen Lichthof des quadratischen Gebäudes und über die strahlend weiße Marmorwendeltreppe nach oben. Wir passierten ein Vorzimmer, bogen nach links ab, und plötzlich blieb mir die Luft weg: Das Arbeitszimmer von Rahmi Koç gab den Blick frei auf den Bosporus mit seinen Schiffen, die Brücke, die Metropole auf zwei Kontinenten. Ein atemberaubendes Panorama, wie ich es noch nie zuvor gesehen hatte und das bestimmt auch den Zweck hatte, den Besuchern die Sprache zu verschlagen. Und dort stand nun Rahmi Bey höchstpersönlich. Er trug einen Zweireiher aus dunkelblauem Nadelstreifenstoff mit Seidentuch und rahmengenähte Schuhe, denen man ansah, dass er sie oft und gerne trug. Sein Teint verriet den ambitionierten Segler. Ich hatte mir zuvor Aufzeichnungen seiner Fernsehinterviews besorgt, daher schien mir der unverwechselbare Charakterkopf nun geradezu vertraut – was man umgekehrt nicht sagen konnte. Der Präsident des Aufsichtsrats der Koç Holding gab sich keine Mühe zu verbergen, dass er dieses Gespräch nicht gesucht hatte.

Es gab keine Aufwärmphase. Ich hatte vielleicht zwanzig, mit Glück dreißig Sekunden Zeit, um sein Interesse zu wecken. Meine Taktik bestand darin, Argumente grafisch darzustellen. Außerdem wollte ich das Beste gleich am Anfang bringen. Ich übergab dem Gastgeber eine Karte mit den frühen Hochkulturen rund um das östliche Mittelmeer – mit einer leeren Fläche in Westkleinasien. Rahmi Bey nahm das Blatt desinteressiert in die Hand und gähnte. Er schaute mich an und fragte: »Sind Sie davon besessen?«

»Im Gegenteil«, erwiderte ich. »Ich möchte die Sache endlich loswerden. Und wenn Sie sich nicht dafür erwärmen können, dann wird das auch hier und heute der Fall sein.«

Etwas Falscheres hätte ich wohl kaum sagen können. Rahmi Koçs Blutdruck schoss in die Höhe, sein Kopf verfärbte sich rot. Offensichtlich durfte man den Patriarchen niemals persönlich ansprechen, erst recht nicht ultimativ!

»Ich!«, rief Rahmi Koç empört.

Wie konnte ich den Fauxpas wiedergutmachen? »Mit Sie [you] meinte ich natürlich das türkische Volk«, versuchte ich zu kitten. Der Aufsichtsratspräsident atmete etwas ruhiger. Dann verwickelten ihn Dirilgen und

Arsel in ein Gespräch auf Türkisch, das sich über eine Viertelstunde erstreckte. Im Anschluss schien Rahmi Koç besänftigt – und sogar interessiert.

»Dann zeigen Sie mir mal Ihre Abbildungen!«, forderte er mich auf.

Wir unterhielten uns zwanzig Minuten und spürten, dass wir doch eigentlich auf einer Wellenlänge lagen. Am Ende des Gesprächs öffnete Rahmi Koç eine kleine Schatulle, die vor ihm auf dem Beistelltisch stand. Dieser entnahm er eine seiner Visitenkarten, die er mir in beiden Händen haltend mit spitzen Fingern überreichte.

»Wie die Japaner!«, bemerkte er schmunzelnd. Wir erhoben uns und verabschiedeten uns voneinander.

»Machen Sie sich keine Sorgen!«, versicherte mir der Geschäftsmann. »Wir werden Ihnen helfen, die Genehmigung zu bekommen.«

Das Programm sah für uns nun ein Mittagessen in den Räumen der Holding vor. Rahmi musste einen anderen Termin wahrnehmen, doch seine Schwester Suna Kıraç leistete uns stattdessen Gesellschaft. Schon bald trat außerdem ein vornehmer Herr an unseren Tisch und stellte sich in akzentfreiem Deutsch als Direktor von Rahmi Koçs persönlichem Museum vor. Selçuk Kolay war etwa zehn Jahre älter als ich und entstammte offensichtlich der türkischen Oberschicht. Seine Eltern hatten ihn in den 1950er Jahren auf die deutsche Schule in Istanbul geschickt. Er war der perfekte Ansprechpartner für unser Vorhaben; wir sind noch heute miteinander befreundet. Kaum war der erste Gang serviert, stand unvermittelt Rahmi Koç neben mir. Keiner von uns hatte realisiert, dass er am einzigen anderen besetzten Tisch des intimen Konzernrestaurants mit einer Gruppe zusammensaß.

»Zeigen Sie mir noch einmal diese eine Abbildung, dieses Histogramm!«, forderte er mich auf. Ich blätterte meine Ausdrucke auf Zeichenkarton durch, als wären es übergroße Spielkarten. Rahmi Bey nahm sich, was er suchte.

»Das da drüben sind die Professoren unserer Universität«, erklärte er. »Das muss ich ihnen unbedingt zeigen!« Schon war er wieder verschwunden.

Als Nächstes gesellte sich sein Sohn Ömer zu uns. Mit seiner Eleganz und seinem saloppen Charme gewann er unsere kleine Gruppe im Nu für sich. Er war bereits bestens im Bilde.

Von diesem ersten Besuch in Istanbul an waren Ömer Koç und Selçuk Kolay meine Ansprechpartner. Gemeinsam entwickelten wir einen Plan. Ömer und Selçuk flogen im Privatjet des Konzerns nach Ankara, wo Ömer mit dem Außenminister verabredet war und die Gelegenheit nutzen wollte, die hubschraubergestützte Untersuchung in Troja zur Sprache zu bringen. Der Außenminister ließ sich von Ömers Argumenten überzeugen und sicherte ihm seine Unterstützung zu.

Währenddessen wurde Selçuk Kolay beim Kultusminister vorstellig. Dieser kannte das Projekt bereits und schien nicht viel davon zu halten.

»Allein die Idee, ein solches Projekt durchzuführen, war dem *Spiegel* eine Titelgeschichte wert«, argumentierte Selçuk. »Was ist, wenn es tatsächlich stattfindet? Und wenn dann auch noch etwas gefunden wird?«

»Können Sie garantieren, dass etwas gefunden wird?«, fragte der Kultusminister.

»Nein. Aber der Leiter des Projekts hat zwanzig Jahre Geländeerfahrung, und bisher hat er noch immer etwas gefunden.«

»Wenn das so ist, sollten wir es machen. Sie haben meine Unterstützung! Mehr als das, ich werde veranlassen, dass der Antrag innerhalb der nächsten vierundzwanzig Stunden zur Genehmigung auf meinen Schreibtisch kommt. Und außerdem werde ich mich dafür einsetzen, dass Ihr Forscher eingeladen wird, sein Vorhaben vor dem Kabinett zu präsentieren. Es ist an der Zeit, dass wir der Welt wieder einmal eine spektakuläre archäologische Entdeckung präsentieren!«

Sobald er wieder in sein Büro im Museum in Istanbul zurückgekehrt war, rief Selçuk Kolay bei mir in Zürich an. »Sowohl bei Ömer wie auch bei mir lief alles total glatt!«, sagte er. »Ich war ein bisschen überrascht, wie schnell sich der Kultusminister überzeugen ließ. Vor allem, weil er dem Projekt am Anfang gar nicht wohlgesinnt war. Aber egal, das Wichtigste ist, dass wir nun einen Schritt weiter sind. Ich habe inzwischen sogar schon einen Termin für dich bekommen. Am 29. Juli sollst du euer Projekt vor dem Regierungskabinett in Ankara vorstellen. – Eberhard, es wird ernst!«

Über acht Jahre lag meine erste Begegnung mit Manfred Korfmann zurück. Und nun sollte unser Vorhaben, Troja umfassender zu erforschen, endlich einen großen Sprung nach vorn machen. Doch die Freude darüber dauerte nur kurz. Bereits am Tag darauf stand ich in meinem Büro in Zürich am Stehpult und schrieb wie immer mit schwarzer Tinte in ein gebundenes Notizbuch, als das Telefon klingelte. Es war wieder Selçuk Kolay.

»Ich habe keine guten Nachrichten«, sagte er. »Vor wenigen Minuten habe ich einen Anruf vom Kultusminister erhalten. Du solltest dich setzen.«

Ich ging tatsächlich um den Schreibtisch herum und setzte mich in meinen Bürostuhl. Nach einer Pause fuhr Selçuk fort: »Korfmann hat erfahren, dass euer Antrag so schnell wie möglich genehmigt werden soll. Daraufhin hat er den Kultusminister angerufen und ihm gesagt, dass er die Ausgrabung in Troja niederlegt, wenn du auch nur nach Ankara eingeladen wirst, um deine Ideen und dein Projekt vor der Regierung vorzustellen.«

Wieder legte er eine Pause ein.

»Er hat damit gedroht, alle Aufzeichnungen über die bisherigen Grabungsergebnisse mitzunehmen und alles zu tun, was in seiner Macht steht, um den Namen der Familie Koç in den Schmutz zu ziehen. Wenn es zur Niederlegung der Grabungen in Troja komme, dann sei dies die Schuld dieser Industriellenfamilie.«

Mir fehlten die Worte. Schließlich fuhr Selçuk fort: »Die Türkei und Deutschland bereiten gerade gemeinsam eine große Troja-Ausstellung vor. Das sei ein Politikum. Der Minister sagt, die Regierung wolle die Ausstellung auf keinen Fall gefährden und könne sich daher keine Negativschlagzeilen leisten. Er bat um mein Verständnis, dass er unter den gegebenen Umständen die Genehmigung nicht erteilen kann.«

Selçuk schien sich zu fühlen, als müsste er mir den Tod eines nahen Verwandten mitteilen. Seine Fassungslosigkeit war deutlich zu spüren.

»Ich weiß jetzt nicht, wie es weitergehen soll«, sagte er.

Ich hatte endlich meine Sprache wiedergefunden: »Dass sich ein Staatsminister von einem Professor aus der schwäbischen Provinz erpressen lässt, ist für mich unfassbar. Ich möchte nach Istanbul kommen, so schnell wie möglich. Könntest du bitte Ömer fragen, ob er Zeit hätte? Gern würde ich auch Rahmi Bey sehen. Es wäre schön, wenn sich das einrichten ließe.«

»Ich werde sehen, was sich machen lässt«, sagte Selçuk. »Es wäre gut, wenn wir uns sehen würden. Ich habe wirklich keine Ahnung, wie es jetzt weitergeht.«

▲ Am 15. Juni 1999 hielt der Verfasser auf Einladung der Koç Holding einen Vortrag in den Räumen der Allianz-Versicherung im Istanbuler Stadtteil Ataşehir. Rahmi Koç befand sich zu diesem Zeitpunkt im Krankenhaus; an seine Stelle traten sein Sohn Ömer Koç (links) und sein Schwager Nusret Arsel (Mitte) als Gastgeber.

Nachdem ich den Hörer aufgelegt hatte, sank ich in meinem Stuhl zusammen. Jetzt schien mir endgültig alles verloren. Wie war es nur möglich, dass Korfmann einen so ungeheuren Einfluss hatte? Nicht einmal ein Minister oder der reichste Mann der Türkei konnten Korfmann die Stirn bieten. Von einem Moment auf den anderen spürte ich eine bleierne Erschöpfung.

Zwei Tage nach diesem Telefongespräch war ich zurück in Istanbul. Selçuk hatte mir ein Zimmer im Hotel Divan reserviert, wie immer als Gast der Besitzerfamilie Koç. Als wir uns am Samstagvormittag in der Hotellobby trafen, war Selçuk überrascht, dass ich Sakko und Krawatte trug.

»Aber es ist Samstag«, sagte Selçuk, der im Polohemd kam. Ich behielt für mich, dass mir feierlich zumute war.

Während wir im Geländewagen auf die asiatische Seite des Bosporus zu Ömers Haus fuhren, berichtete Selçuk noch einmal ausführlich von seinem Gespräch mit dem Minister. Dieser hatte ihn höchstpersönlich angerufen. Selçuk erinnerte sich daran, wie überrascht er damals gewesen war, als er den zögerlichen Kultusminister so schnell von der Bedeutung der Untersuchung in Troja hatte überzeugen können. Er erzählte außerdem, dass Ömer gerade dabei sei, dem Minister einen gepfefferten Brief zu schreiben.

Wir trafen vor Ömers Haus ein und wurden von Bediensteten zum Pool geführt. Ömer saß dort zusammen mit einem Mitarbeiter der Public-Relations-Abteilung und Nezih Başgelen, dem Leiter des größten türkischen Buchverlags für Archäologie. Die Wasseroberfläche des Pools, der mit seinen lindgrünen Wänden wie ein natürlicher Schwimmteich wirkte, funkelte in der Sonne. Die haushohen Bäume und Sträucher schienen wild gewachsen, waren aber sorgfältig geplant. Der junge Hausherr saß in Boxershorts, einem verschossenen Polohemd und Flipflops in einem breiten, niedrigen Korbsessel unter einer Pergola. Auch seine beiden Gäste trugen Freizeitkleidung. In dieser idyllischen sommerlichen Atmosphäre muss ich sehr fremd gewirkt haben.

Mit großem Engagement feilten Ömer und seine Gesprächspartner an ihrem Brief an den Minister. Als Selçuk und ich eintrafen, wechselten alle ins Englische.

»Der Türkei entgeht eine Chance, ins Rampenlicht der Weltöffentlichkeit zu treten«, notierte Ömers Mitarbeiter. »Ausländische Archäologen leugnen seit Jahrhunderten die Existenz einheimischer Kulturen in der Zeit vor der griechischen Kolonisation. Wer soll sich für die Erforschung dieser Zivilisationen einsetzen, wenn selbst der Kultusminister bei diesem Thema seine Unterstützung versagt?«

Manche Formulierungen gelangen tatsächlich besonders gut, aber ich blieb innerlich seltsam unberührt.

»Mein Vater lädt dich morgen zum Brunch auf seine Insel ein«, sagte Ömer beiläufig.

Am Abend hatten sowohl Ömer wie auch Selçuk Pläne, so dass ich allein im Hotel blieb. Ich war am Ende meiner Kräfte und wollte nur noch raus aus dieser Affäre. Plötzlich konnte es mir nicht schnell genug gehen.

Ich griff nach dem Mobiltelefon und wählte Selçuks Nummer. Der Anruf erreichte ihn gegen zweiundzwanzig Uhr, mitten in einem großen Anlass der Istanbuler Gesellschaft.

»Es ist vorbei, Selçuk. Ich kann nicht mehr!«

»Warte«, sagte Selçuk und unterdrückte seine Irritation über den späten Anruf. »Wie meinst du das?«, fragte er, nachdem er eine etwas ruhigere Ecke gefunden hatte.

»Ich bin nur hier in Istanbul, um mich von Rahmi Bey zu verabschieden. In dem Moment, als der Kultusminister die Genehmigung verweigerte, war mein Ausstieg besiegelt. Wenn nicht einmal die Regierung oder Rahmi Bey dem Druck standhalten können, dann kann ich es erst recht nicht. Ihr erlebt diesen Streit erst seit drei Monaten und auch nur am Rande, aber mein Leben und meine Arbeit überschattet er schon seit vielen Jahren. Und immer waren die Angriffe gegen meine persönliche Integrität und meine wirtschaftliche Existenz gerichtet. Jetzt ist meine Substanz erschöpft. Ich bin unterlegen.«

Kurze Zeit später surrte mein Mobiltelefon, und ich nahm ab. Am Apparat war Ömer. Selçuk hatte ihn bereits über meinen Anruf informiert.

»Was ist los?«, fragte Ömer.

»Ich kann nicht mehr. Das Ganze ist ein paar Nummern zu groß für mich. Ich hätte mich gern von deinem Vater verabschiedet, aber jetzt fehlt mir selbst dazu die Kraft. Es tut mir leid! Bitte richte Rahmi Bey morgen meine Grüße aus. Ich bin draußen.«

»Und was willst du jetzt machen?«

»Keine Ahnung. Gebrauchtwagen verkaufen?«

»Was für eine Verschwendung!«, sagte Ömer.

»Aber ich gewinne ein Leben zurück!«

Ömers Hubschrauber landete am nächsten Morgen neben der Residenz seines Vaters auf einer Insel im Marmarameer. Zu dessen Überraschung erschien er allein zum Sonntagsbrunch.

XIII

# Der Trojanische Krieg und seine Überlieferung

## 1 Die letzte Zerstörung einer einzigartigen Stadt

Alle antiken Autoren, die sich mit dem Ende des heroischen Zeitalters befassten, nannten die gleiche Ursache für dessen Untergang: den Trojanischen Krieg. Heute setzen wir den Trojanischen Krieg mit der Schilderung der Schlacht um Troja gleich, wie sie Homer in der *Ilias* überlieferte. Vieles spricht jedoch dafür, dass der Ausdruck »Trojanischer Krieg« in der griechischen Antike etwas anderes meinte und auch die Konflikte einbezog, die wir unter den Begriffen »Seevölker-Invasionen« und »Ende der Bronzezeit« subsumieren. Die griechische Bevölkerung interessierte sich natürlich nur für den Teil der Auseinandersetzungen, den ihre Vorfahren aktiv miterlebt hatten. Das war die zweite Hälfte der Konflikte, also deren Endphase, als das hethitische Reich bereits ausgelöscht war.

Was können wir beim heutigen Kenntnisstand über den Trojanischen Krieg sagen? Laut dem Beyköy-Text – bzw. James Mellaarts Zusammenfassung dieser verschollenen Bronzetafeln – war Troja häufig umkämpft. Königshäuser aus der Region, aus Thrakien, Griechenland, Arzawa und sogar hethitische Großkönige versuchten zu verschiedenen Zeiten, diesen wichtigen Schnittpunkt der Handelswege unter ihre Kontrolle zu bringen. Bei den Ausgrabungen auf dem Burghügel Hisarlık im Nordwesten der Türkei unterscheiden Wissenschaftler mittlerweile rund fünfzig Zerstörungshorizonte, was durchaus solche rivalisierenden Herrschaftsansprüche reflektieren könnte. Auf jeden Fall würde der Beyköy-Text zeigen, dass wir den tatsächlichen Ablauf der Ereignisse bisher nur schemenhaft kannten. Die politische Situation war vermutlich viel komplexer, als wir uns das vorstellen können.

Bis heute haben wir keine authentischen Quellen, wie Troja in der Bronzezeit wirklich aussah und funktionierte. Unser gesamtes Wissen stammt aus Dokumenten, die lange nach dem Untergang der Stadt verfasst wurden. Hinzu kommt, dass zu allen Zeiten jemand ein Interesse daran hatte, die Erinnerung an Troja und dessen Untergang in der einen oder anderen Form zu instrumentalisieren. Der oder die Verfasser der homerischen Epen bedienten sich an den verschiedensten über lange Zeit überlieferten Legenden, um aus Versatzstücken faszinierende Unterhaltungsliteratur zu formen. Deswegen finden sich in den Epen durchaus Perlen an Informationen, die uns helfen, die damaligen Gesellschaften und ihre Errungenschaften besser zu verstehen – auch wenn die Geschichten, die uns erzählt werden, romanhafte Erfindungen sind.

Homer, wie auch andere griechische Quellen, beschreiben eine militärische Allianz der Königreiche im Westen Kleinasiens. In der *Ilias* führt Homer nicht nur die griechischen Anführer mitsamt der Anzahl ihrer Schiffe einzeln auf, er nennt auch die Kontingente auf der gegnerischen Seite. Demnach hatten sich die Königreiche einer großen Region zusammengeschlossen: Von Mazedonien im Norden Griechenlands über Thrakien und die Troas, die ganze Westküste Kleinasiens bis nach Südwestkleinasien und Lykien kamen Könige mit ihren Kriegern. Zusätzliche Verstärkung erhielten sie aus Regionen im Süden des Schwarzen Meers. Rein flächenmäßig deckten die Truppen auf der trojanischen Seite ein viel größeres Herkunftsgebiet ab als die mykenischen Kontingente.

Wir wissen aus den inzwischen bekannten Dokumenten der Spätbronzezeit, dass solche militärischen Bündnisse gang und gäbe waren. Anders hätten die Kleinstaaten auch gar keine Chance gehabt, ihre Interessen durchzusetzen. Das muss natürlich nicht heißen, dass es das Bündnis der trojanischen Kontingente, wie es in der *Ilias* beschrieben wird, tatsächlich gab. Es bedeutet vielmehr, dass die Verfasser des Werks von der Existenz vergleichbarer Koalitionen wussten.

Allerdings liefert die politische Geografie, so wie sie sich auf der Basis der Angaben bei Homer rekonstruieren lässt, einen sehr plausiblen Anlass

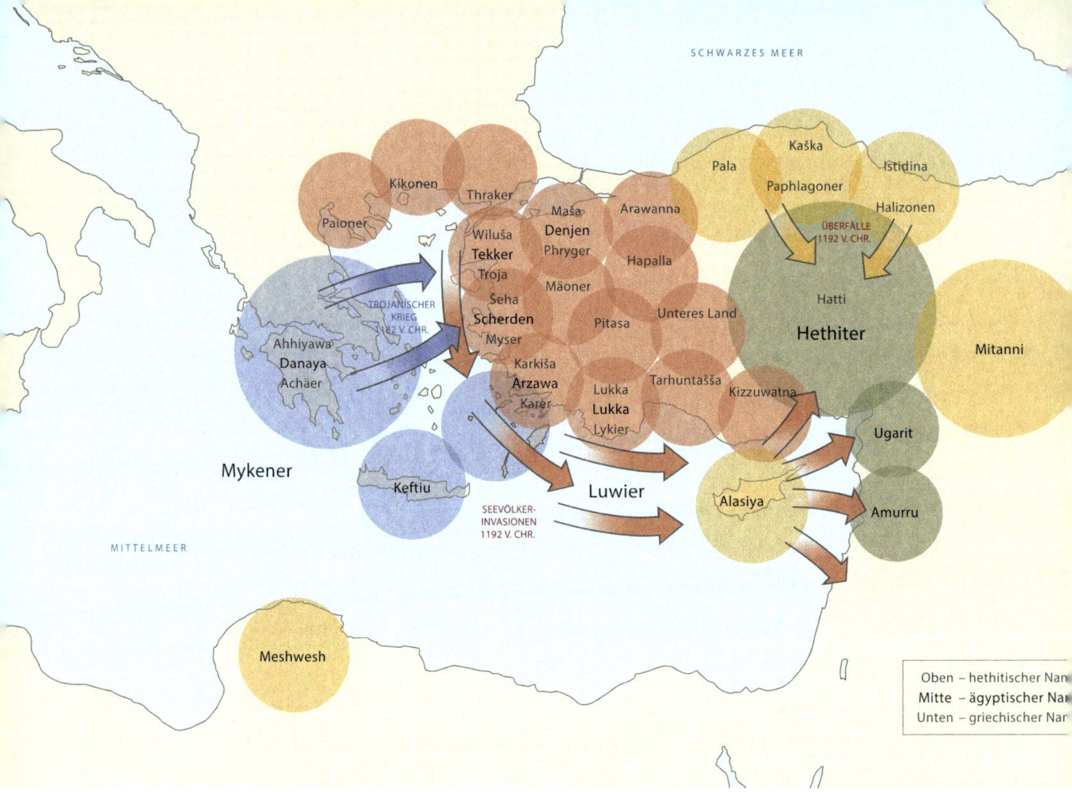


▲ Zwischen den Griechisch sprechenden Mykenern (blau) und den hethitisch kontrollierten Gebieten in Zentral- und Südostkleinasien (grün) gab es in Westkleinasien und Nordgriechenland ausgedehnte Regionen, in denen weitgehend unabhängige Königreiche bestanden (rot). In diesen Staaten wurde überwiegend Luwisch gesprochen. In hethitischen Dokumenten werden die Namen der Nachbarstaaten im Westen aufgezählt (oberster Name in den Kreisen). Auch die Ägypter nennen Namen dieser Volksgruppen, zum Beispiel als Söldner der Hethiter oder als Beteiligte der Seevölker-Invasionen (in der Mitte der Kreise, fett). Schließlich tauchen die in den roten Kreisen auf der Karte zuunterst genannten Namen bei Homer als Verbündete der Trojaner im Trojanischen Krieg auf. Heute werden die mit roten Kreisen markierten Staaten zwar in den Modellen der Linguistik berücksichtigt, jedoch nicht in denen der Archäologie (aus Zangger et al. 2016, 78).

für die geschilderten Konflikte. Mit einem Territorium, das sich vom Norden der Ägäis über ganz Westkleinasien erstreckte, kontrollierten die Luwier einerseits die wichtigsten Rohstoffquellen im ganzen östlichen Mittelmeerraum und andererseits auch die Handelswege in die Schwarzmeerregion und nach Mesopotamien – und zwar sowohl auf dem See- wie auch auf dem Landweg. Diese ungleichmäßige Verteilung der wirtschaftlichen Macht könnte einen Hinweis auf die Ursache der Auseinandersetzung zwischen den Bewohnern der beiden Ägäis-Ufer liefern. Die Königreiche in Südgriechenland sahen sich einer vermeintlich übermächtigen Wirtschaftsmacht gegenüber, von der sie auf lange Zeit abhängig sein würden. Diese Einsicht könnte sie veranlasst haben, selbst ein Bündnis einzugehen und eine Flotte zu bauen, um sich zu wehren oder Westkleinasien anzugreifen. Insofern decken sich der heutige Kenntnisstand und der Inhalt des Beyköy-Textes.

Homer und andere Autoren nennen Dutzende westkleinasiatische Küstenstädte, die den griechischen Angreifern zum Opfer fielen. Verschiedene Quellen sagen, dass die griechischen Krieger bei ihren Brandschatzungen und Plünderungen leichtes Spiel hatten. Sie zerstörten viele einst prosperierende Städte, bevor schließlich beide Seiten ihre Kontingente in der Umgebung von Troja zusammenzogen. Tatsächlich finden Archäologen bei ihren Ausgrabungen, wenn sie denn tief genug reichen, häufig einen Zerstörungshorizont, der genau in diesen Zeitraum fällt.

Am Ende sollen sich die zusammengewürfelten Heere der beiden Kriegsparteien vor Troja gegenübergestanden haben. Manche Quellen schildern sogar im Detail, an welchen Stellen in der Ebene die einzelnen Heerführer ihre Lager errichten ließen. Obwohl die mykenischen Könige offenbar als Außenseiter in diese Auseinandersetzung gezogen waren, unterlag am Ende Troja. Die Angreifer stürmten die Stadt, ermordeten zahllose Einwohner, entführten viele Frauen als Sklavinnen und Arbeiterinnen und brannten die Stadt nieder.

Verschiedene Autoren beschreiben, dass die eigentliche Stadt Troja tief in der Schwemmlandebene lag, während die Königsburg auf einer Erhebung am Rand der Ebene die Stadt überblickte. Staudämme und Kanäle sorgten für die Wasserversorgung und -ableitung. Mit der Stadt fielen auch diese Wasserbauanlagen der Zerstörung anheim. Die Flüsse eroberten sich die Ebene zurück und verschütteten die Ruinen der Stadt unter meterdickem Auelehm. Dort liegen sie vermutlich noch heute begraben.

Ob es tatsächlich mykenische Griechen waren, die Troja VIIa um 1190 v. Chr. zerstörten, bleibt zurzeit noch offen. Vieles deutet jedoch darauf hin, dass sich der Untergang der Stadt so ähnlich zugetragen hat. Und wenn ich an dieser Stelle den Begriff »Stadt« benutze, dann nicht, weil die archäologischen Ausgrabungen Beweise für die Existenz einer solchen geliefert hätten. Denn das haben sie nachweislich nicht. Vielmehr stütze ich mich dabei auf die Aussagen der zahlreichen antiken Quellen, die Troja als eine bemerkenswerte Stadt bezeichnen. So schreibt zum Beispiel der Redner und Politiker Lykurg von Athen (ca. 390–324), dass Troja »die größte der damaligen Städte war und über ganz Asien herrschte«[304] – wobei der Begriff »Asien« damals natürlich »nur« das heutige Kleinasien bezeichnete.

## 2 Die Rezeptionsgeschichte des Trojanischen Kriegs

Unabhängig davon, ob es einen Trojanischen Krieg gab, der mit Homers Schilderung in der *Ilias* vergleichbar ist, fiel der Ort, den wir heute als Troja VIIa bezeichnen, Anfang des 12. Jahrhunderts v. Chr. feindlichen Angriffen zum Opfer und wurde dabei zerstört. Seit den ersten Tagen der Geschichtsschreibung bemühen sich die Historiografen, das Datum dieses Tags bzw. dieser Nacht des Überfalls zu bestimmen. Der spätantike Geschichtsschreiber Eusebius von Caesarea (ca. 260–340) nennt in seiner *Weltchronik* das Jahr 1182 v. Chr. als Zeitpunkt des Untergangs.[305] Der britische Schriftsteller Robert von Ranke-Graves kommt in seiner Zusammenstellung der griechischen Mythen zum Schluss, dass Troja in der Nacht des siebten Vollmonds fiel.[306] Schenkt man diesen Angaben Glauben, so lässt sich mit Hilfe von Computerprogrammen für Astronomie leicht ermitteln, dass Troja (möglicherweise) am 13. Juli 1182 v. Chr. endgültig zerstört wurde. Umfassende und kluge Behandlungen dieses Themas kommen allerdings zum Ergebnis, dass man das Datum des Untergangs von Troja heute noch nicht bestimmen könne.[307] Ohne dieser Einschätzung widersprechen zu wollen, erleichtert es meiner Meinung nach die Kommunikation, wenn wir von einem – vorläufigen – konkreten Datum ausgehen. Denn dieser Tag markiert, zumindest symbolisch, das Ende des heroischen Zeitalters und den Beginn der Eisenzeit, der manche Regionen im östlichen Mittelmeerraum in ein sogenanntes dunkles Zeitalter stürzte. Kaum war Troja vernichtet, begann man es zu verherrlichen. Diese Verherrlichung sollte über

2600 Jahre andauern! Der Zeitpunkt, an dem sie schließlich ihr Ende fand, lässt sich zweifelsfrei auf den Tag genau bestimmen: Es war der 29. Mai 1453. – Lassen wir einmal Revue passieren, wie sich die Rezeptionsgeschichte des Trojanischen Kriegs in der Zwischenzeit abspielte.

Der Untergang von Troja markiert nur ein Ereignis innerhalb der Turbulenzen an der Schnittstelle zwischen den Zeitaltern, die wir heute als »Seevölker-Invasionen« oder »Krisenjahre« bezeichnen. Das hethitische Reich war zerschlagen und sollte für die nächsten dreitausend Jahre vergessen bleiben. Mit dem Untergang der Führungskaste verschwand in Kleinasien auch der Gebrauch der Keilschrift für alle Zeiten. »In wenigen Jahrzehnten wurden die Menschen von der Stufe der hethitischen Hochkultur auf ein kulturelles und technisches Niveau zurückgeworfen, das dem des Chalkolithikums entsprach«[308] – also um mindestens zweitausend Jahre zurück –, sagt der Ausgräber von Hattuša. In Griechenland ging die Kenntnis der Linear-B-Schrift verloren. Während vieler Generationen lebte die Bevölkerung auf einem rein bäuerlichen Niveau. Erst allmählich begannen neue Königsdynastien das Machtvakuum zu füllen. Zum Zentrum des neuen Reichtums stieg Westkleinasien auf; dort befanden sich reichhaltige Goldminen, und dort liefen die Handelswege zusammen. Noch heute kennen wir die Sage vom König Midas, in dessen Händen alles zu Gold wurde. In der frühen Eisenzeit herrschte er über das riesige phrygische Reich. Später folgte der legendäre König Krösus als letzter Herrscher des großen lydischen Reiches. Sein Reichtum steht noch heute sprichwörtlich für ein Übermaß.

Es überrascht daher kaum, dass fast alle wichtigen Denker vor Sokrates in Westkleinasien beheimatet waren: Mathematiker, Physiker, Astronomen, Ärzte, Philosophen, Dichter, Geschichtsschreiber – sie schrieben zwar Griechisch, lebten aber in Westanatolien. Der angeblich erste Geschichtsschreiber, Herodot, hatte einen Luwier als Onkel.[309] Schon im 5. Jahrhundert v. Chr. galt das untergegangene Troja als Inbegriff einer kultivierten Stadt. Erst waren es einige, dann immer mehr und schließlich alle Europäer[310] – und nicht nur sie –, die sich von Troja herleiten wollten. Xerxes opferte in Troja tausend Rinder. Auch Alexander der Große besuchte die Ruinenstätte, die damals eine Art Freilichtmuseum gewesen zu sein scheint, und zollte den Helden von Troja Tribut. Bemerkenswert ist dabei, dass nie die Sieger des Trojanischen Kriegs – die Griechen – gewürdigt wurden, sondern stets die unterlegenen Trojaner.

Schon die Etrusker leiteten sich von den Trojanern ab, und lange vor Cäsar hielten sich die Aristokraten in Rom für Abkömmlinge des trojanischen Königshauses. Ilios, der andere Name für Troja, galt als der Ursprung der Julier, des Hauses, dem Julius Cäsar entstammte. Es folgte das Epos *Aeneis* von Vergil, das für alle Zeiten einen trojanischen Prinzen zum Stammvater Roms festschreiben sollte. Bald darauf tauchten eine Reihe von Beschreibungen des Trojanischen Kriegs auf, die nichts mit Homer zu tun hatten.[311] Ihre Schöpfer waren der Meinung, dass Homers Schilderung nicht den tatsächlichen Ereignissen entsprach, und stellten die bis anhin überlieferten Geschehnisse in den Vordergrund. Diese Berichte sind aus heutiger Sicht eine echte Goldgrube, weil noch nie jemand ihren sachlichen Inhalt mit dem Grabungsbefund verglichen hat.

Konstantin der Große (274–337) plante seine Residenzstadt auf den Ruinen von Troja zu errichten, bis er erkannte, dass die Gegend nicht mehr als Hafen taugte. Also wählte er stattdessen Byzanz am Bosporus und nannte den Ort »Konstantins Polis«, die Stadt des Konstantin. Konstantinopel, das heutige Istanbul, setzt also gewissermaßen die zweitausendjährige Erfolgsgeschichte von Troja an einem etwas anderen Standort fort.

Während das Byzantinische Reich im 7. Jahrhundert aufstieg, sammelte ganz im Westen Europas Isidor von Sevilla das noch verfügbare Wissen aus der Antike und ordnete es in einer umfassenden Chronologie. Dabei kam er zum Schluss, dass ein selbsternannter Augenzeuge des Trojanischen Kriegs, Dares von Phrygien, neben Moses der erste Geschichtsschreiber überhaupt war. Bald darauf nahmen die Franken für sich in Anspruch, von Troja abzustammen. Es folgten die Briten und darauf die Deutschen. Im Hochmittelalter schließlich war Troja das mit Abstand wichtigste Thema der Literatur und quer durch Europa allgegenwärtig. Überall entstanden Gedichte und Romane mit der Geschichte vom Untergang der Stadt.[312]

# 3 Forschungslücke Westkleinasien

Letztlich stellt sich natürlich die Frage, weshalb wir heute so wenig über die Kulturen in Westkleinasien in der Mittel- und Spätbronzezeit wissen, wenn die Region zum einen dicht besiedelt und recht bedeutend war und zum andern eines ihrer Königshäuser, das trojanische, über zweitausend Jahre lang in Europa geradezu verehrt wurde. Handelt es sich um das Ergebnis einer Reihe von Zufällen, oder steckt dahinter eine regelrechte Verschwörung? Nun, es gäbe auf jeden Fall gute Gründe, die Forschungslücke Westkleinasien der Voreingenommenheit europäischer Gelehrter in die Schuhe zu schieben.

Am Ende des Mittelalters war Europa politisch in zahllose Fürstentümer zersplittert, während das Osmanische Reich zunehmend erstarkte, bis Mehmed II. im Jahr 1453 sogar Konstantinopel eroberte. Die Stadt war bis zu diesem Zeitpunkt das Zentrum europäischer Bildung gewesen. Die Gelehrten flüchteten rechtzeitig nach Italien und nahmen dabei so viele Handschriften wie möglich mit. Naturgemäß entstand in Italien bald eine antiosmanische Bewegung, die letztlich die Renaissance und den Humanismus hervorbrachte. Als Mehmed II. zehn Jahre nach dem Fall von Konstantinopel das Ruinenfeld in Troja besuchte, verkündete er, mit der Eroberung Konstantinopels habe er die Trojaner gerächt. Damit heizte er die antiosmanische Stimmung in Europa noch weiter an. In einem Brief an den Papst schrieb Mehmed II., dass er diese Ressentiments nicht nachvollziehen könne, schließlich würden sich doch die Europäer, genau wie er selbst, von den Trojanern ableiten. Die Eroberung von Konstantinopel und die Emigration der dort zuvor ansässigen Gelehrten leiteten jedenfalls in Europa einen tiefgreifenden Stimmungsumschwung ein. Der humanistisch gebildete Schriftsteller und Historiker Enea Silvio Piccolomini, der spätere Papst Pius II., rief öffentlich zur Gegenwehr auf. Gleichzeitig führte der Vormarsch der Türkei zu einer Debatte über die europäische Identität. Der deutsche Historiker Johannes Helmrath formulierte dies 2005 in einem Essay folgendermaßen:

*Die gegenwärtig erlebten Türken können [angeblich] nicht von den Trojanern (Teucri) abstammen, auf die sich ja zahlreiche westliche Völker, allen voran die Römer selbst, später die Franken, Briten etc. zurückführten; die Plünderer Konstantinopels seien vielmehr Turci, die, wie andere Völker unklarer östlicher Herkunft auch, Asiaten = Barbaren sind. Für sie stand ein aus der Antike stammender Passepartout angeblicher Inferiorität bereit: das Skythentum. Dass man den Türken die adelnde Herkunft von Troja ab- und die niedere skythische zusprach, schien nur eine wissenschaftlich-philologische Korrektur zu sein; doch manifestierte sie zugleich, hochpolitisch, nicht weniger als die kulturelle Exklusion der Türken aus der alten mythologischen Gemeinschaft, aus Europa. Sie werden buchstäblich barbarisiert! Mit »dem Türken« haben wir das Musterbeispiel einer Feindbildkonstruktion vor uns.*[313]

1683 standen die Osmanen dann zum zweiten Mal vor Wien und drohten zwei Monate lang damit, die Stadt einzunehmen. Um ein Haar wäre Europa islamisch geworden. Der Hass auf die Türken, den zuvor auch Luther geschürt hatte, war fortan allgegenwärtig, und mit der Verehrung des anatolischen Troja sollte nun ein für alle Mal Schluss sein. Europa brauchte ein neues Rollenmodell. Mehr als das, es brauchte eine Ideologie, um die politische Zersplitterung zu überwinden. Die Gelehrten suchten nach einer Epoche, die man als Ideal und Vorbild für das zukünftige Europa heranziehen könnte. Fündig wurden sie beim antiken Griechenland und Rom. Diese Kulturen hatten rund zweitausend Jahre zuvor das Mittelmeergebiet dominiert – so wie es im 17. Jahrhundert das Osmanische Reich tat.

Zwar hatte die Antike als Rollenmodell auch erhebliche Nachteile. Europa einte ja auch das Christentum, in der Antike aber hatten Heiden gelebt. Und natürlich konnte im 18. Jahrhundert nur eine Minderheit die altgriechische Schrift lesen. Eine Alternative ließ sich jedoch nicht finden, und so vollzog sich quer durch Europa ein phänomenaler Paradigmenwechsel. Das Spätmittelalter, die nahe Vergangenheit, galt als veraltet. Modern war nun, was vor zweitausend Jahren angesagt gewesen war. Die größten Stärken der Antike, allen voran die Kunst, sollten für das moderne Europa sinnstiftend sein.

| | |
|---|---|
| Einführung | |
| Urgeschichte | 1.5 Mio – 2500 |
| Ägypten/Mesopotamien | 3500 – 0 |
| Griechenland | 1600 – 650 |
| Griechenland | 650 – 350 |
| Hellenismus | 350 – 0 |
| Römische Republik | 800 – 0 |
| Römische Kaiserzeit | 0 – 600 |
| Islam | 550 – 1000 |

▲ Der relative Umfang der einzelnen Kapitel dieses Geschichtslehrbuchs, das heute an Zürcher Gymnasien verwendet wird, ist aus den Zeilenhöhen der Tabelle ersichtlich. Die blau hervorgehobenen Kapitel befassen sich mit dem antiken Griechenland und Rom. Sie machen drei Viertel des Buches aus. Auf das alte Ägypten folgt unmittelbar das klassische Griechenland. Wissen über Kleinasien in der Jungsteinzeit und Bronzezeit wird nicht vermittelt.

Die europäischen Gelehrten gingen dabei geschickt vor. Sie schufen eine Reihe von Instrumenten, um die neuen Paradigmen zu verankern. Im Zentrum standen die Altertumskunde und die Geschichtsschreibung als neue wissenschaftliche Disziplinen. Die Archäologie würde sich vorwiegend der Baugeschichte, der Kunstgeschichte und der Philologie widmen. Dass sich damit kaum ganze Gesellschaften verstehen oder historische Ereignisse rekonstruieren lassen, war nebensächlich. Die Forschung diente eher einem ideologischen Zweck: Sie sollte den Führungsanspruch Europas mit sachlichen Argumenten untermauern. Die Archäologie galt zwar als Wissenschaft, blieb dafür aber überraschend theoriefrei. Sie legte viel Gewicht auf Beschreibung und Konservierung – und zwar bis heute. Noch im 19. Jahrhundert gingen Biologen ganz ähnlich vor: Sie sammelten Käfer, notierten die Fundorte, gaben ihnen Namen und zeichneten sie ab. Die Archäologen vermaßen die Breite und Länge von Mauern, sammelten Tonscherben und zeichneten sie. Lehrgebäude und Methoden in der Biologie haben allerdings inzwischen ein paar Revolutionen erlebt, während in der Archäologie vieles so blieb, wie es immer war.

Anfang des 19. Jahrhunderts reformierte Wilhelm von Humboldt das preußische Bildungssystem und setzte dabei durch, dass Griechisch und Latein fortan über die Hälfte des Unterrichts ausmachten. Die Architektur aller neu errichteten Bildungsstätten – Opern, Theater, Universitäten, Museen, Schulen – folgte dem Neoklassizismus. Im Hinblick auf die Literatur galt Homer zunehmend als das Maß aller Dinge. Schon kurz nach der zweiten Belagerung von Wien erklärten Gelehrte die nichthomerischen Beschreibungen des Kriegs um Troja für Fälschungen. Homers Werk galt nicht als Geschichtsschreibung, was ja die anatolischen Kulturen aufgewertet hätte, sondern als reine Dichtung. Wenn Homer ein heroisches Zeitalter in vorklassischer Zeit schilderte, dann war dies der Ausdruck dichterischer Phantasie. Hinweise auf vorantike Kulturen in Europa galten ganz allgemein als Fiktion.

Vor Darwin war der Kreationismus die einzig denkbare Erklärung für die Entstehung der Menschheit. Ähnlich wie Gott die Welt erschaffen hatte, mag auch die europäische Kultur im 8. Jahrhundert v. Chr. plötzlich in Erscheinung getreten sein. Natürlich wusste man, dass die Kulturen in Babylon und Ägypten viel älter waren. Aber als Champollion die ägyptischen Hieroglyphen entzifferte, lehnte man seine Erkenntnisse schlicht ab – und zwar mit der expliziten Aussage, dass die Kenntnis dieser Schrift die Aufmerksamkeit der Gelehrten auf eine barbarische Kultur lenken würde. Die Lehrmeinungen wurden weiter zementiert, indem die Archäologie ihre Protagonisten während des ganzen 19. Jahrhunderts und bis weit ins 20. Jahrhundert hinein aus den Seminaren jesuitischer Priester rekrutierte. Deren Ziel war natürlich selten die Suche nach neuen Wegen, sondern vor allem die Untermauerung der bestehenden Dogmen.

Parallel zu diesem ideologischen Umdenken gab es Umbrüche in der Politik. Griechenland war im Begriff, die vierhundertjährige Herrschaft der

Osmanen abzuschütteln. 1827 ankerte in der Bucht von Navarino die türkische Flotte zusammen mit den alliierten Briten, Franzosen und Russen. Dann löste ein Versehen eine militärische Kettenreaktion aus, und ehe man sich's versah, war die osmanische Marine vernichtet. Nur zwei Jahre später wurde das Deutsche Archäologische Institut mit Hauptniederlassungen in

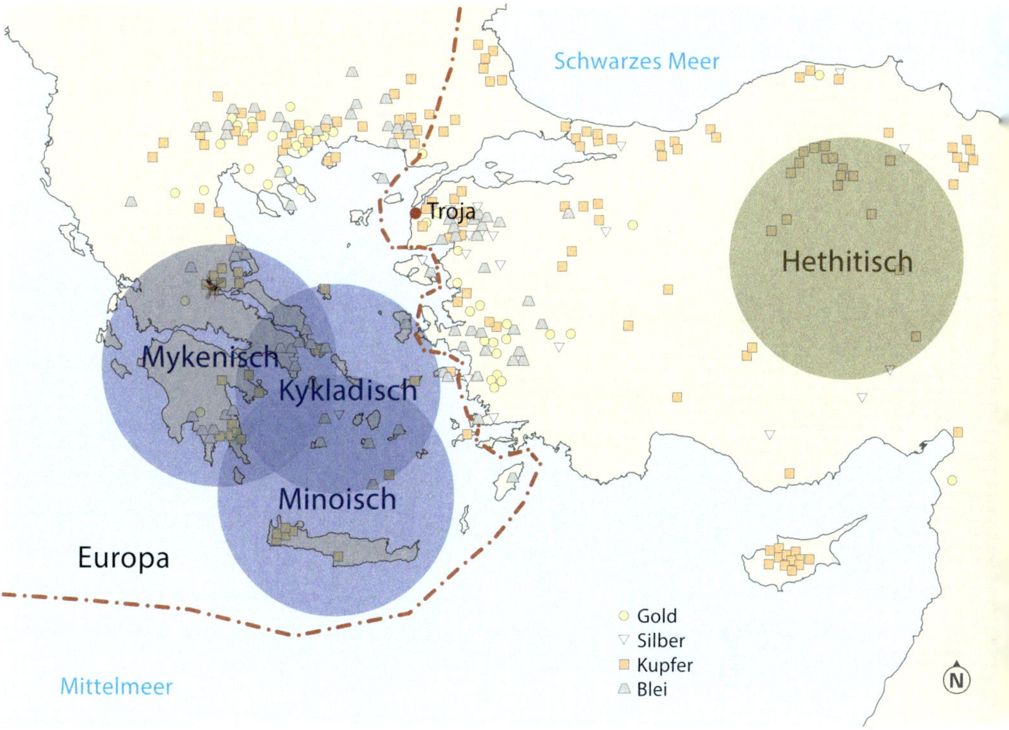


▲ Als der Knossos-Ausgräber Arthur Evans um 1920 die Grundlagen für die neue Forschungsrichtung Ägäische Frühgeschichte legte, herrschte zwischen Griechenland und der Türkei Krieg. Evans war nicht daran gelegen, die Aufmerksamkeit auf anatolische Kulturen zu lenken, und definierte deswegen nur Kulturkreise auf europäischem Boden. Selbst das Großreich der Hethiter blieb zunächst außen vor. Angesichts der mehreren zehntausend Textfragmente, die Archäologen aus der hethitischen Hauptstadt bargen, musste letztlich auch Zentralkleinasien ein Kulturkreis zugewiesen werden. Der Westen Kleinasiens, die an Bodenschätzen mit Abstand reichste Region des ganzen östlichen Mittelmeerraums, blieb jedoch bis zum heutigen Tag weitgehend unerforscht – was die Bronzezeit (ca. 3000–1200) angeht. Die griechischen und römischen Kolonialstädte in dieser Region, darunter Pergamon, Milet und Ephesos, sind hingegen seit über hundert Jahren Schwerpunkte archäologischer Untersuchungen (aus Zangger et al. 2016, 54).

Rom und Athen gegründet. Die Satzung des DAI verpflichtete seine Mitarbeiter, sich ausschließlich mit den antiken Kulturen in Griechenland und Italien zu befassen.

Im ausgehenden 19. Jahrhundert erweckte Ernst Curtius, der frühere Privatlehrer des deutschen Kaisers Friedrich III., den Philhellenismus des 18. Jahrhunderts zu neuem Leben. Nun erhielt diese zuvor relativ harmlose Begeisterung der Deutschen für die griechische Antike eine gefährliche Komponente: Mit dem Herrenrassendenken der intellektuellen europäischen Führungsschicht wurden in der Zeit des Kolonialismus territoriale Ansprüche gerechtfertigt.[314] Noch um 1900 erklärte Ulrich von Wilamowitz-Moellendorff, der damals maßgebliche deutsche Philologe, das Erlernen der griechischen Sprache zur vordringlichsten Aufgabe im Schulunterricht. Aus diesem Denken heraus und auf dem Höhepunkt des verheerenden Kriegs zwischen Griechenland und der Türkei definierte schließlich Arthur Evans, der Ausgräber von Knossos, die Grundlagen der Ägäischen Frühgeschichte. Erneut beschränkte er sich auf die Kulturen auf europäischem Territorium – Troja und seine Nachbarn in Kleinasien blieben ausgeklammert. Daran hat sich bis heute nichts geändert. Es gab keine umfassende Reform, und wer anregte, das System zu überdenken, hatte einen schweren Stand.[315] Europäische Gelehrte haben also die Bedeutung der altanatolischen Kulturen systematisch heruntergespielt – aber letztlich war es ein türkischer Staatsmann, der die Forschungslücke Westkleinasien hauptsächlich zu verantworten hat, wie sich gleich zeigen wird.

XIV

# Die Texte aus Beyköy tauchen wieder auf

Wie könnte man ein Buch über Entdecker besser abschließen als mit einer Entdeckung? Einer Entdeckung zumal, die die luwische Kultur – und den Trojanischen Krieg – in ein neues Licht rückt? Gerade noch rechtzeitig zur Fertigstellung meines Buchmanuskripts tauchte der Inhalt des Beyköy-Texts wieder auf, und zwar in Form der Übersetzung von Albrecht Goetze. Die kostbare Abschrift ist obendrein Teil einer umfangreichen Sammlung von bisher nicht publizierten frühhistorischen Texten mit unermesslicher Bedeutung für die Archäologie.

Als sich die Arbeit an diesem Buch dem Ende zuneigte, bat ich James Mellaarts Sohn Alan, das Kapitel über seinen Vater gegenzulesen und auf sachliche Fehler zu prüfen. Wir waren uns eineinhalb Jahre zuvor in Istanbul begegnet, wo ich ihm von meinem Briefwechsel mit seinem Vater aus dem Jahr 1995 erzählt und ihn gebeten hatte, in dessen Nachlass nach einer Schachtel oder etwas Ähnlichem mit der Aufschrift »Beyköy-Text« oder »B.T.« Ausschau zu halten. Nun erhielt ich von Alan Mellaart eine E-Mail, in der er nicht nur den Text über seinen Vater freigab, sondern auch verkündete, dass er genau dieses Material inzwischen gefunden habe.

Angesichts meiner Begeisterung bot mir Alan an, mich in der Wohnung seiner Eltern in London zu empfangen und mir die Dokumente zu zeigen. Es seien ziemlich viele, darunter unveröffentlichte Manuskripte, handschriftliche Notizen, Tabellen mit Königslisten, chronologische Tafeln und handskizzierte Karten. Für mich war entscheidend, ob James Mellaart im Besitz einer kompletten Abschrift oder Übersetzung der Beyköy-Tafeln war. Nur damit ließe sich ihre Bedeutung für die Forschung beurteilen.

So reiste ich am 18. Juni 2017 nach London. Um einer Enttäuschung entgegenzuwirken, gab ich mir alle Mühe, meine Erwartungen möglichst niedrig zu halten, als ich am folgenden Tag Alan und seine Frau Leyla traf. Sie waren extra aus Istanbul angereist und hatten in der früheren elterlichen Wohnung in Nord-London Quartier bezogen. Die beiden begrüßten mich herzlich. Alan hatte die Dokumente schon aus dem Arbeitszimmer seines Vaters geholt und auf dem Esstisch bereitgelegt. Gemeinsam gingen wir den Stapel von farbigen Pappmappen Stück für Stück durch. Das Wichtigste lag gleich zuoberst: ein Fotoalbum, dem James Mellaart mit rotem Kugelschreiber den Titel »History and Geography of Arzawa and its Neighbours« (Geschichte und Geografie von Arzawa und seinen Nachbarn) gegeben hatte. Auf dem Rücken des Albums konnte ich eine weitere Aufschrift noch schwach erkennen: »U. B. ALKIM (Ed.)«. Schon in seinen Briefen an mich wie auch in seinen Publikationen von 1993 hatte James Mellaart betont, dass es sich bei dem Material nicht um seine eigenen Leistungen handle, sondern um die Arbeit von anderen.

Zwischen den Kartonseiten des Albums befanden sich die Manuskriptblätter. Als Erstes stieß ich auf einen recht förmlichen Aufkleber, auf dem Mellaart das Manuskript einer Reihe von Personen widmet: den Übersetzern des Textes, den Altorientalisten Albrecht Goetze und Edmund I. Gordon aus Yale bzw. Harvard, ebenso wie den Herausgebern Hamit Zübeyir Koşay, einem Ethnologen im Bildungsministerium in Ankara, Uluğ Bahadır Alkım und dessen Frau Handam Alkım. Darunter war ein zweiter Aufkleber mit der für Mellaart ganz typischen Bemerkung: »And to all detractors: ›May your names be as gloriously remembered as the dung of your sheep‹ (Gaelic curse)« (Und an alle Gegner: »Mögen eure Namen so glorreich in Erinnerung bleiben wie der Mist eurer Schafe« – gälischer Fluch).

Auf der inneren Umschlagseite hatte Mellaart eine Reihe weiterer Hinweise handschriftlich auf großen Post-it-Zetteln festgehalten. So habe der Herausgeber Bahadır Alkım gewünscht, dass die Texte bis spätestens im Jahr 2000 publiziert würden. Sollte sich die Veröffentlichung aus irgendeinem Grund verzögern, müsse die Übersetzung weit verbreitet werden, um Widerstand, von welcher Seite auch immer, zu unterbinden. Die Wörter »weit«, »Widerstand« und »unterbinden« hatte Mellaart unterstrichen.

Als ich umblätterte, lag vor mir die erste Seite von Albrecht Goetzes Übersetzung des Beyköy-Textes. Sie beginnt mit den Worten: »Und also sprach der Großkönig Kupanta-Kurunta ...« Der Text umfasst 67 Seiten und 278 durch horizontale Linien fein säuberlich voneinander getrennte und nummerierte Absätze. Zweiundzwanzig Jahre nachdem ich erstmals davon gehört hatte, hielt ich dieses Juwel der frühgeschichtlichen anatolischen Archäologie in den Händen. Damit waren meine Erwartungen bereits übertroffen – aber es sollte noch besser kommen. Der Papierstapel enthielt eine ganze Reihe bisher unveröffentlichter und daher unbekannter frühhistorischer Texte aus verschiedenen Epochen. Dazu gehört eine ausgesprochen umfangreiche hieroglyphenluwische Inschrift, die ebenfalls aus Beyköy stammt, wie ein knapper Hinweis verrät. Ich hatte noch nie von der Existenz einer solchen Inschrift gehört.

Das ganze Material ist für die archäologische Forschung zweifellos von allergrößter Bedeutung. Warum hat Mellaart es nicht veröffentlicht? Ich sehe dafür drei Gründe: Erstens verstand sich Mellaart ausdrücklich als Spezialist für Archäologie und historische Geografie, nicht aber für Inschriften und Texte. Zweitens waren die Übersetzungen von anderen Personen in mühsamer Arbeit angefertigt worden. Und drittens – dies schrieb er mir seinerzeit deutlich – wollte er nicht ein weiteres Mal in einen wissenschaftlichen Disput verwickelt werden. Der Inhalt des Beyköy-Texts steht in einem so krassen Widerspruch zum etablierten Wissen der Archäologie, dass eine Veröffentlichung fast zwangsläufig neue Fälschungsvorwürfe hervorgebracht hätte. Auch wenn solche meiner Ansicht nach absurd wären, denn diese Texte können unmöglich gefälscht sein. James Mellaart war ein Mann mit vielen herausragenden Talenten, aber er konnte weder Keilschrift noch luwische Hieroglyphen lesen. Ganz abgesehen davon ist es

Die erste und die letzte Seite der Abschrift von Albrecht Goetzes Übersetzung des Beyköy-Texts, die sich in James Mellaarts Nachlass befand. Mellaart hat die Seiten- und Absatznummerierung mehrfach handschriftlich geändert. Die letzte Seite trägt die Nummer 67, der letzte Absatz die Nummer 278 – so umfangreich ist die Darstellung der Ereignisse in der Zeit zwischen 2500 und 1170 v. Chr., wie sie Kupanta-Kurunta, der Großkönig von Mira, erstellen ließ. ▶

0 Thus (speaks) the Great King, Kupanta-Kuruntas, the hero, king of the land of Mira , the son of Asuwantis, king of the land of Arzawa, son of Manapa-Kuruntas, king of the land of Arzawa, the son of Piyama-Kuruntas, king of the land of Arzawa, the son of Uhazitis, king of the land of Arzawa, the son of Anza-pahadus, king of the land of Arzawa, the son of Tarhundaradus, king of the land of Arzawa, the son of Kupanta-Kuruntas, king of the of the land of Arzawa, my forebear.

---

1 When ,long ago, the Gods created kingship , they gave Kupanta-radus the lands of Arzawa and made him great king. For fifty years he ruled Arzawa with his three sons ; Tarhundaradus,Piya-maradus and Ura-Tarhundas.And at first he ruled alone ,but as his sons came of age , he made Targundaradus, his eldest son , lord of the Asaha Riverland and Iyalanda ½ Piyamaradus he made lord of the land of Asuwa with Mira and Ura-Tarhundas he made lord of the land of Ahupaliya and the Walwara riverland. Himself he administered the land of the two rivers, Arzawa and the Green Isles.

With his neighbours he was at peace and gave them his daughters and bound them with treaties of brother hood. Kupantaradus made just laws and encouraged merchants to trade by land and sea, and the merchants he protected. And the lands of Arzawa grew rich and powerful and his neighbours also (grew)rich. They greatly respected the Gods and they granted them prosperity.

When Kupantaradus became God they buried him on Mount Timulasa and Piyamaradus they buried in the Asaha riverland and monuments still exist to my day.

Twenty generations og kings reigned after them from father to son. The poets recorded their names , but there was (as yet) no writing and their deeds are lost.

---

2 Then the Gods in their anger destroyed the land of Luwiya . It had also grown rich and boasted many cities , but its people had neglected the Gods , neglected their temples and out of greed omitted the offerings.

First they (i.e. the Gods) sent them a warning (in the form) of diseses among their cattle and sheep ,which died in multitudes and then they sent disease among the people . And still they did not mend their ways .

Then the Mountain of Heaven broke ,the Sun God departed and ashes rained from the sky. The Hulaya river burst forth and drowned the fertile land in salt and many people perished. Fot twenty years no grain would grow and the wells were choked .

To Tarhundaradus, a descendant of Kupantaradus, king of
2555– Arzawa, the Gods gave the land of Luwiya and he made it part
2505 of the land of Arzawa, and he made the river Marasantiya his border.

---

3 Now the land of Luwiya had been rich in grain,cattle and sheep and in metals of the mountains. As it lay in ruins,its poorer neighbours coveted the land and became aggressive. The people of the northern forests , the kings of the lands of Hatti,Kanis and Ataniya each wanted a share of the land of Luwiya. But all of them Tarhundaradus and his sons repulsed.

And the old people of the land of Luwiya who had fled he brought back to their land and fed them ,and when he saw how few they were he brought in thousands upon thousands of people from the Arzawa lands with their cattle and sheep to repopulate the land of Luwiya. They gladly came from the mountain parts of the land of Arzawa and with the old people made the land fertile again . And traders and miners he paliya ; Asuwanasi, king of Kizwatni, Tukari, king of Alasiya ; Arisarma, king of Sarazzi, Mariya, king of Azzi, kali-Tesup, king of Isuwa , the emissaries of aśurdani the king of Assur, Amuru, Amatu, Kubla and Askaluna , and of Riamasasa, king of Mizri. And Supiluliama, the son of Kuzi-Tesup and the princes who had been taken as hostages were released .

---

198 274 Muksu was generous to his northern allies : Urazalma, king of Masa, Pihazalma, king of Arawana, Taharamuwa, king of Timana and Piha-Tapara(?), king of all the Kaska , and he did not covet their lands or what they had conquered from the former land of Hatti; and he made treaties of friendship with them. But the rulers of the lands he had conquered, those remained his vassals . And in the Sea of the Isles, Aruniya was his vassal in the White Isles, and an equal of Warpatuna of the lands of Iyalusa and of Tukarj, king of Alasiya.

---

199 275 Muksu renewed the treaties of friendship with the independent kings : Tukaliuna of Kaptara; Warasti, king of Mukana and his son Atisamuna, king of Lakatamma; and the land of Masana; Adrastiya king of Tipai and Apaseni, his son, lord of Wapuita. all in the land of Danaya. And with Maliya , king of Tattaliya and with Pitusa, king of Ahiyuwa, and Puzali, king of Pigaya. And all these send emissaries to congratulate Muksu, the hero, upon his accession .

---

276 They made offerings to all the previous kings of the land of Arzawa: from Kupantaradus and his son Tarhundaradus the first two kings, to the twenty successors : Huwasnalis, Walwimuwas, Arazistas, Malazitas, Uhumuwas, Ura-Tarhundas, Manapa-Tarhundas, Urazalmas, Aniyatas, Tapalazitas, Piriyazalmas, Uhazitas, Huwatnalis, Urazunaulis, Piyamataruwas, Maduwatas, Pihuris Talawatas Huwamanis Aluwantas, and to the seven kings that followed Tarhundaradus , and to Tapara-Zunamalis , to Walwazitis and to Huwatnalis and his son Kwalanazitis, ancestors of Kuparunis and Kupanta-Kuruntas.

INSERT 200

---

201 278 To commemorate the occasion of Muksu's accession and the establishment of peace , I, Kupanta-Kurunta , was ordered to record the wars of Arzawa against the land of Hatti and I composed this document from the tablets (kept) in the tablet-houses of all the Arzawan lands , from palaces or temples and from those we found in the lands we conquered. And we talked (?) to our former enemies to establish the truth and discard the lies, and Kuzi-Tesup was shown it , and admitted that "it was a fair" account. And Prince Uparamuwa, my son, Chief Scribe of the land of Mira had it engraved on gold large tablets and duplicates were sent to all the other countries. And these gold (tablets ) I set up in the temple of the Weather God of Arzawa in the god-city of Parkiya on the Siyanta river in the land of Mira. May the Weather-God destroy the seed of anyone who alters them, steals them or melts them down.

---

völlig ausgeschlossen, dass jemand schon vor Jahrzehnten Material fabriziert hätte, das sich so passgenau in die Funde aus jüngster Zeit einfügt. Die Unterlagen in Mellaarts Wohnung weisen vielmehr darauf hin, dass er sich viele Jahre lang mit der Analyse dieser Texte befasste, Manuskriptpassagen und Seitenzahlen neu arrangierte und Königslisten und Karten erstellte. Sie lassen erkennen, wie er sich Stück für Stück an die korrekte Interpretation der Texte herantastete.

Unter den Dokumenten befinden sich an verschiedenen Stellen einzelne Seiten mit Notizen zur haarsträubenden Forschungsgeschichte des Materials. Sie beginnt im Jahr 1878, als in der Antikenabteilung in Konstantinopel die Nachricht eintraf, Kleinbauern in Beyköy hätten auf der Suche nach Baumaterial eine große Zahl von Steinblöcken mit hieroglyphischen Inschriften gefunden. Die Steine würden den sogenannten Hama-Steinen ähneln, die William Wright, W. Kirby Green und Subhī Pascha im November 1872 in Syrien geborgen hatten. Subhī Pascha war ja übrigens der Urgroßvater von James Mellaarts Frau.

Der französische Archäologe Georges Perrot, der 1862 die Ruinen in Boğazköy besucht und sorgfältig dokumentiert hatte, hielt sich zu diesem Zeitpunkt erneut in der Türkei auf. Die Regierung beauftragte ihn kurzerhand damit, nach Beyköy zu reisen, um dort Kopien der Steininschriften anzufertigen und diese nach Möglichkeit auch zu fotografieren. Man stattete ihn mit einer entsprechenden Eskorte aus. Perrot war erfolgreich und kehrte mit Kopien der Inschriften zurück, deren Qualität auch seinen eigenen hohen Ansprüchen genügte. Die türkische Regierung ordnete daraufhin an, die Steinblöcke sicherzustellen. Als jedoch nichts geschah, brach der Direktor der Antikenabteilung höchstpersönlich nach Beyköy auf und musste feststellen, dass die Steine mit den Inschriften inzwischen bereits in den Fundamenten einer neuen Moschee verbaut worden waren. Erzürnt befahl er, das ganze Dorf durchsuchen zu lassen. Dabei stießen seine Leute auf drei große Bronzetafeln mit Keilschrifttexten, welche die Bauern bei der »Villa von Beyköy« geborgen hatten. Der Direktor beschlagnahmte die Tafeln, die wir heute als Beyköy-Text bezeichnen, auf der Stelle. Sie kamen nach Konstantinopel, wo sie dem damals neu gegründeten Archäologischen Museum gestiftet oder von diesem erworben wurden. In den 1880er

Jahren war eine der Tafeln für kurze Zeit in der Ausstellung zu sehen. Eines Tages stellte man fest, dass eine fehlte. Sultan Abdülhamid II. entschied daraufhin, die noch verbleibenden zwei Tafeln in seine Residenz, den Dolmabahçe-Palast, bringen zu lassen und dort hinter Schloss und Riegel aufzubewahren.

In der Zeit der Revolution von 1918 häuften sich weitere Nachlässigkeiten. Die Tafeln wurden gestohlen, verschoben, sie verschwanden und tauchten wieder auf. Das Osmanische Reich zerfiel, Friedrich Hrozný entschlüsselte die hethitische Sprache, und irgendjemand erinnerte sich schließlich an die mittlerweile vergessenen Tafeln aus Beyköy. Da in den 1920er Jahren noch kein türkischer Gelehrter Hethitisch lesen konnte, zeigte man Emil Forrer eine der Tafeln, um zum ersten Mal in Erfahrung zu bringen, worum es in dem Text überhaupt ging. Es stellte sich heraus, dass die Beyköy-Tafel unter anderem mit bemerkenswerter Detailfülle beschreibt, wie die Könige von Arzawa/Mira und ihre Verbündeten den Untergang des hethitischen Großreichs herbeiführten. Der Bericht stand vollkommen im Gegensatz zu der damals – und bis heute – anerkannten Version der Ereignisse am Ende der Bronzezeit. Mustafa Kemal Atatürk höchstpersönlich soll daraufhin die Veröffentlichung des Textes unterbunden haben, denn sie sei »nicht im öffentlichen Interesse«. Schließlich hatte er gerade erst die Hethiter zum historischen Modell für den neuen türkischen Staat erkoren – und die Beyköy-Tafeln beschrieben nun im Detail, wie eine offensichtlich stärkere Macht, nämlich Arzawa/Mira, das hethitische Reich besiegte und so dafür sorgte, dass es für über dreitausend Jahre in Vergessenheit geriet. Forrer hingegen schrieb 1932, dass sich die Luwier hinter den Seevölkern verbargen, dass diese gezielt das Hatti-Reich zerstörten und sich selbst zu den Herrschern über Kleinasien machten. Diese Informationen decken sich mit dem Inhalt des Beyköy-Texts.

Ende der 1930er Jahre tauchte in Istanbul die jahrzehntelang verschollene erste Tafel wieder auf, wo sie auf Atatürks Befehl hin konfisziert wurde. Mellaart schreibt in seinen Notizen, dass zwei Hethitologen, beide deutscher Herkunft und vor den Nazis in die Türkei geflüchtet, gebeten wurden, die Tafeln zu entziffern. Offensichtlich kannte Mellaart die Namen der beiden Wissenschaftler nicht, denn wo sie in seinen Manuskripten hätten erscheinen müssen, machte er Aussparungen für spätere Ergänzungen. Zu den Experten, auf die die Beschreibung zutreffen würde – also Hethitologen, die sich Ende der 1930er Jahre in Istanbul aufhielten und mit dem Regime in Deutschland auf Kriegsfuß standen –, könnte Helmuth Bossert gezählt haben. Dies würde erklären, warum Bossert in seinem Buch *Asia* von 1946 plötzlich von einer Großmacht in Westkleinasien sprach. Offensichtlich kamen die beiden Experten zu sehr unterschiedlichen Ergebnissen, zwar nicht im Hinblick auf die eigentliche Übersetzung, jedoch bei der geografischen Einordnung der vielen Feinde von Arzawa.

Atatürk starb 1938, und bald darauf brach der Zweite Weltkrieg aus. Mehrere Jahre nach dem Ende des Kriegs erhielt der damalige Direktor der Antikenabteilung in Ankara, Dr. Hamit Zübeyir Koşay, die Genehmigung, die Texte endlich übersetzen zu lassen. Man konnte den damals angesehensten Hethitologen der Welt, Albrecht Goetze in Yale, für die Aufgabe gewinnen. Die Publikation sollte allerdings einen türkischen Ko-Autor haben und durch die türkische Obrigkeit erfolgen. So entstand offenbar um 1956 ein umfassendes internationales Projekt, in dessen Rahmen nicht nur der Beyköy-Text, sondern auch verschiedene andere prominente Inschriften bearbeitet wurden, die während des 19. Jahrhunderts in die Magazine des Osmanischen Reichs gelangt waren. Zu den Initiatoren dieses Projekts zählten Hamit Zübeyir Koşay (Ankara), Uluğ Bahadır Alkım (Istanbul), Albrecht Goetze (Yale), Edmund Irwin Gordon (Harvard) und Richard David Barnett, Kurator am Britischen Museum in London.

Die Türkische Historische Gesellschaft übertrug die Verantwortung für die Herausgabe der Schriften an Bahadır Alkım sowie dessen Frau, Handam Alkım. Der erste Band des Werks sollte die Übersetzung der drei Tafeln von Goetze und Gordon enthalten. Diese wollte Alkım im zweiten Band durch einen historischen Kommentar ergänzen. Außerdem war es ihm gelungen, die vorübergehend ebenfalls verschollenen Zeichnungen der umfangreichen hieroglyphenluwischen Steininschrift aus Beyköy, die Perrot seinerzeit angefertigt hatte, wieder aufzuspüren. Diese Inschrift sollte nun endlich – mehr als achtzig Jahre nach ihrer Entdeckung – ebenfalls im zweiten Band publiziert werden.

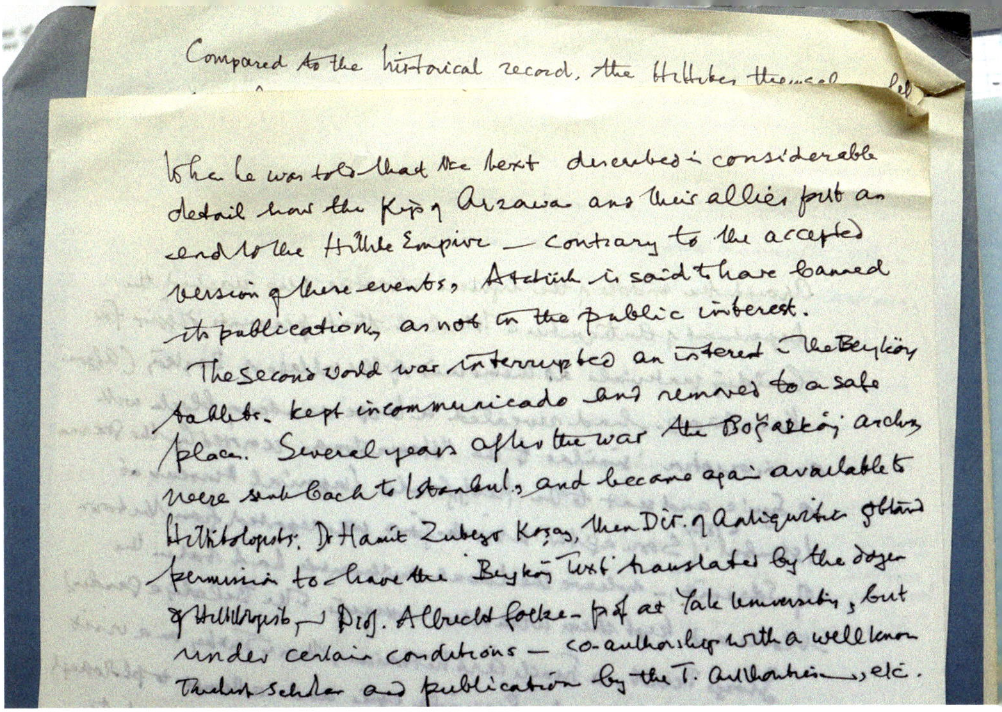
Compared to the historical record, the Hittites themsel…

When he was told that the text described in considerable
detail how the King of Arzawa and their allies put an
end to the Hittite Empire — contrary to the accepted
version of these events, Atatürk is said to have banned
its publication, as not in the public interest.
The Second World War interrupted an interest in the Beyköy
tablets, kept incommunicado and removed to a safe
place. Several years after the war ~~the~~ Boğazköy archives
were sent back to Istanbul, and became again available to
Hittitologists. Dr Hamit Zubeyr Koşay, then Dir. of Antiquities obtained
permission to have the 'Beyköy Text' translated by the doyen
of Hittitologists, Prof. Albrecht Goetze – prof at Yale University, but
under certain conditions — co-authorship with a well known
Turkish scholar and publication by the T. Authorities, etc.

▲ In einer Notiz, die sich in seinem Nachlass befand, hielt James Mellaart die Reaktionen auf Emil Forrers Zusammenfassung des Beyköy-Texts fest: »Als er [Atatürk] erfuhr, dass der Text mit bemerkenswerter Genauigkeit beschreibt, wie die Könige von Arzawa und ihre Verbündeten dem hethitischen Großreich ein Ende setzten – im Gegensatz zu den akzeptierten Versionen dieser Ereignisse –, soll Atatürk die Publikation untersagt haben, da sie nicht im öffentlichen Interesse sei.«

Anfang der 1960er Jahre muss die Übersetzung der Beyköy-Tafeln bereits abgeschlossen gewesen sein. Auf dem Weg zu Ausgrabungsstätten im Irak kam Goetze beim Britischen Institut für Archäologie in Ankara vorbei und hinterlegte dort eine Kopie der Übersetzung in der Bibliothek. Als Mellaart das Institut 1965 als Zweiter Direktor verließ, wies er seinen damaligen Chef, den Hethitologen Oliver Robert Gurney, auf dieses Manuskript hin und beobachtete, wie dieser mit großem Interesse darin las.

Goetze verstarb 1971, Gordon 1976; Bahadır Alkım, Anfang sechzig, war zu diesem Zeitpunkt gesundheitlich angeschlagen. Während eines zweimonatigen Forschungsaufenthalts in England im Jahr 1976 traten Alkım und seine Frau an James Mellaart heran und baten ihn, für den zweiten Band der Beyköy-Publikation einen Beitrag über die historische Geografie außerhalb des hethitischen Herrschaftsbereichs zu verfassen. Alkım selbst wollte sich als Experte für die Regionen im Osten mit Hatti, Kizzuwatna und Ostanatolien beschäftigen.

Goetze hatte Mellaart bereits 1955 darüber informiert, dass er eine Liste mit den Namen von rund vierzig Orten bearbeite, die sich von der Mündung des Mäander entlang der ganzen Südküste der Türkei bis nach Syrien erstreckten und unter denen alle Namen der Seevölker aus den Texten von Medinet Habu zu finden seien. Diese Liste sei Teil eines umfangreicheren Texts, der sich mit der Geschichte der Arzawa-Länder befasse und in Arzawa selbst verfasst worden sei, nicht etwa in Hatti. Goetze sprach offensichtlich vom Beyköy-Text, ohne diesen beim Namen zu nennen. Auch Alkım setzte Mellaart bereits 1961 ins Bild, als dieser einen zweijährigen Lehraufenthalt an Alkıms Fakultät der Universität Istanbul verbrachte. Alkım berichtete ihm von einem türkisch-amerikanischen Forschungsprojekt, das sich mit der Publikation berühmter Texte beschäftige, die in osmanischer Zeit in die staatlichen Museen gelangt waren. Im gleichen Jahr, 1961, reichten eine Reihe führender Altorientalisten ihre Beiträge für die *Revised Cambridge Ancient History* ein.[316] Goetze sandte eine Zusammenfassung des Beyköy-Texts, welche die Herausgeber jedoch ablehnten. Stattdessen veröffentlichten sie eine schon damals veraltete Version der hethitischen Geschichte.

Mellaart wusste also um die Bedeutung der Schriften und versprach Alkım, den gewünschten Beitrag zu liefern. Er erhielt daraufhin eine Kopie der Übersetzung des Beyköy-Texts, allerdings etappenweise über fünf Jahre verteilt, zwischen 1976 und 1981. Im Jahr 1979 trafen sich Mellaart und Alkım in Istanbul. Bei dieser Gelegenheit sah Mellaart das Material für die geplante Veröffentlichung: Fotografien, Kopien in Umschrift, Übersetzungen und philologische Kommentare. Als ranghohe Archäologen des Landes hatten Alkım und Koşay natürlich uneingeschränkten Zugang zu den Tafeln. Für das Buch fehlten nur noch Anhänge, Bibliografie und Register. Außerdem stand die türkische Übersetzung des Texts aus, eine der Bedingungen für die Publikation.

Bevor Mellaart seinen Beitrag abgeschlossen hatte, starb 1981 der designierte Herausgeber Bahadır Alkım im Alter von sechsundsechzig Jahren.

Mellaart sandte das Manuskript schließlich an Alkıms Witwe Handam, die ihn 1984 informierte, dass der erste Band endlich in Druck gegangen sei. Sein Titel lautete *Geschichte und Geographie von Arzawa* – oder ähnlich, denn er ist nie erschienen. Im Jahr darauf, 1985, verstarb auch Handam Alkım, und ihr folgte noch im gleichen Jahr Hamit Zübeyir Koşay sowie im Jahr darauf Richard David Barnett. Damit waren sämtliche Forscher dieses internationalen Projekts tot, ohne dass eine einzige Veröffentlichung zustande gekommen war. Mellaart notierte, dass zu diesem Zeitpunkt mindestens noch vier Personen von dem sagenhaften Text wussten: Edmond Sollberger, Kurator am Britischen Museum in London, Emmanuel Laroche, Linguist am Collège de France in Paris, Pierre Demargne, ein Klassischer Archäologe an der Sorbonne in Paris und Ausgräber der antiken Stadt Xanthos in Lykien, sowie natürlich er selbst.

James Mellaart war der Einzige, der über einen Teil des Materials verfügte und aktiv damit arbeitete. Er bemühte sich, Gesprächspartner zu finden, und schrieb mir im Jahr 1995, eine Diskussion über diese Texte sei unabdingbar. Zweiundzwanzig Jahre später stand ich nun also in diesem Arbeitszimmer, in dem Mellaart vierzig Jahre lang gewirkt hatte, und war überwältigt von dem Material. Alan Mellaart und ich besprachen die Manuskripte Seite um Seite, aber natürlich konnte ich in dem Moment bei weitem nicht vollständig erfassen, welchen Schatz ich vor mir hatte. Schließlich übergab er das Material zur weiteren Auswertung und Veröffentlichung vollständig in meinen Besitz. Es befindet sich seither in Zürich bei der Stiftung Luwian Studies.

Nach London aufgebrochen war ich in der vagen Hoffnung, Albrecht Goetzes Übersetzung der Bronzetafeln von Beyköy zu finden. Zurück kam ich nicht nur damit, sondern mit Abschriften von mehreren weiteren wertvollen Texten. So erfuhr ich erst durch James Mellaarts Nachlass von der fast dreißig Meter langen Steininschrift mit luwischen Hieroglyphen, deren Fragmente 1878 in Beyköy gefunden und von Georges Perrot sorgfältig kopiert worden waren. Dreißig Jahre vor der Entdeckung der hethitischen Hauptstadt Hattuša wusste man also bereits von eindrucksvollen Dokumenten aus Westkleinasien – einer Gegend, von der es heute heißt, dass ihre Bewohner keine nennenswerten Texte hervorgebracht hätten.

Als Perrot die hieroglyphischen Zeichen übertrug, kannte man ihre Bedeutung noch nicht, und seine Abschrift entspricht klar dem vor 1900 gebräuchlichen Stil. James Mellaart kopierte Perrots Zeichnungen, zunächst mit Bleistift und dann auf einem neuen Blatt mit Tusche. Weil niemand den Text lesen konnte, hatte Perrot die Fragmente allerdings zum Teil noch in der falschen Reihenfolge angeordnet. Ein handschriftlicher Hinweis von Mellaart besagt, dass Bahadır Alkım die Zeichnungen der einzelnen Steinblöcke über hundert Jahre später neu und korrekt arrangierte. Mellaart besaß von dieser späteren Version eine Fotokopie.

Heute sehen wir, dass es sich um eine Inschrift des Großkönigs Kupanta-Kurunta von Mira, eines Zeitgenossen von Muksus, aus der Zeit um 1190 v. Chr. handelt. Der Text enthält eine Genealogie bis zurück zu seinem Urgroßvater und Namensvetter, der im späten 14. Jahrhundert v. Chr. vom hethitischen Großkönig Muršili II. eingesetzt worden war. Trotz leichter Beschädigungen ist die Inschrift im Großen und Ganzen offenbar gut erhalten. Sie handelt von den Ereignissen in der Zeit der Seevölker-Invasionen und umfasst zahlreiche Aufzählungen von Orten und Ländern sowie von den Gottheiten, die dort verehrt wurden.

Diese luwische Hieroglypheninschrift ist aus verschiedenen Gründen einzigartig. Erstens stammt sie aus Westkleinasien, einer Region, aus der bis heute nur wenige und sehr kurze Dokumente aus der Bronzezeit bekannt sind. Zweitens entstand die Inschrift am Ende der Bronzezeit und somit in einer Phase, die bisher nicht gut dokumentiert war. Und drittens ist der Text mit seinen fünfzig Zeilen die längste luwische Inschrift aus dem heroischen Zeitalter überhaupt. Allein schon diese Eigenschaften machen ihn zu einer besonderen Entdeckung; entscheidend ist aber letztlich sein Inhalt.

Der Text enthält über hundertfünfzig Orts- und Ländernamen, von denen zwei Drittel zurzeit noch nicht zugeordnet werden können. Vier der im Text verwendeten Symbole waren bisher nicht bekannt: ein Schiff, ein Webstuhl, ein Zeichen in der Form eines Metallgewichts und eine Person, die Geschenke bringt. An drei Stellen sind jeweils zwei Zeichen in der falschen Reihenfolge wiedergegeben, und einmal wird vom Schreibstil in Spalten abgewichen und der Text horizontal von links nach rechts geschrieben. Diese Ungereimtheiten darf man wohl als Hinweise auf die Echtheit der Inschrift interpretieren. Ohnehin konnte keine der Personen, die in den letzten Jahrzehnten an der Überlieferung beteiligt waren, luwische Hieroglyphen lesen oder gar schreiben. Mellaart besaß jedoch nicht nur die Zeichnung der Inschrift, sondern auch eine grobe Übersetzung oder Interpretation des Textes von Bahadır Alkım. Alkım war bereits an den ersten Ausgrabungen in Karatepe beteiligt gewesen und kannte sich als Schüler von Helmuth Bossert mit luwischen Hieroglyphen aus. Anscheinend bemerkte er jedoch erst kurz vor seinem Tod, dass die Steine in der falschen Reihenfolge gezeichnet worden waren. Mellaart zerschnitt schließlich auch den übersetzten Text und klebte die Abschnitte neu – und dann korrekt – zusammen.

Aus dem Text erfahren wir, dass Kupanta-Kurunta zu Beginn des 12. Jahrhunderts v. Chr. ein großes Reich in Westkleinasien beherrschte. Die Inschrift sollte seine Leistungen daheim und in Übersee für die Nachwelt festhalten. Kupanta-Kuruntas Königreich scheint ursprünglich aus den Staaten Mira und Hapalla bestanden zu haben. Im Text wird jedoch ausgeführt, wie das Territorium wuchs und schließlich sechs Königreiche umfasste: (1) Mira und (2) Arzawa, die vom Großkönig persönlich regiert wurden, (3) Hapalla, (4) Wiluša und (5) Aššuwa, womit offenbar ein Landstrich von Mira gemeint war, und schließlich das Territorium des Königs Urawalwas, das vermutlich dem (6) Šeha-Flussland entsprach.

Wir erfahren eine ganze Menge über diese Königreiche und ihre Herrscher. So soll der König von Hapalla sechs Städte zerstört haben, während der König von Atapali, der westlichen Provinz von Hapalla, fünf Städte befestigte. Vier von diesen sind namentlich genannt; von der fünften Stadt

Die 1878 von Georges Perrot in Beyköy abgezeichnete luwische Hieroglypheninschrift ist hier erstmals abgebildet. Die Inschrift entstand um 1180 v. Chr. im Auftrag des Großkönigs Kupanta-Kurunta von Mira. Diese Steine befinden sich wohl noch heute in den Fundamenten der Moschee von Beyköy. James Mellaart kopierte die Zeichnung des 29 Meter langen Frieses offenbar kurz vor 1980. Erst danach hat Bahadır Alkım die korrekte Reihenfolge der Steinsegmente festgelegt, wie sie hier gezeigt wird. ▶

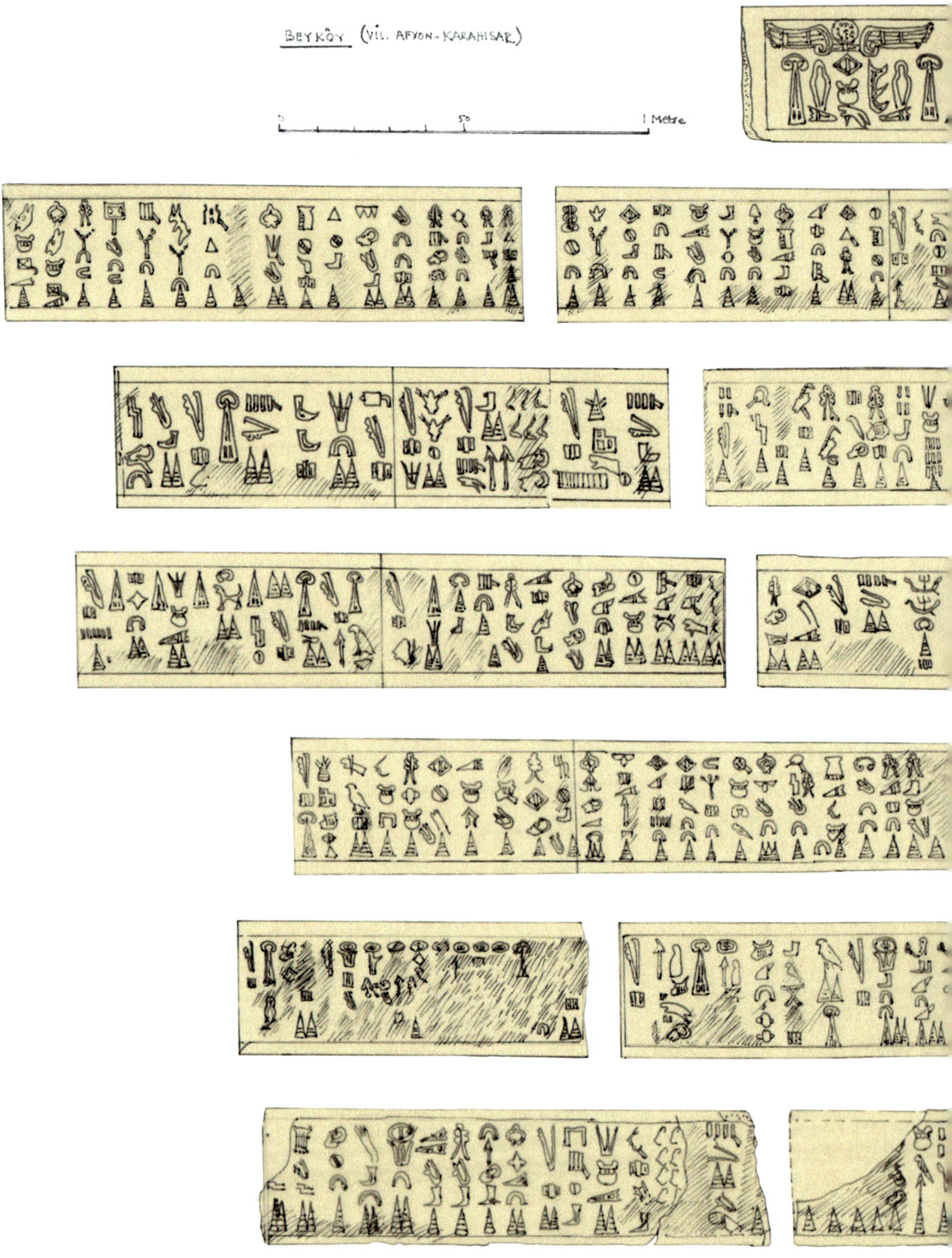
BEYKÖY (VIL. AFYON-KARAHISAR)
0
50
1 Metre

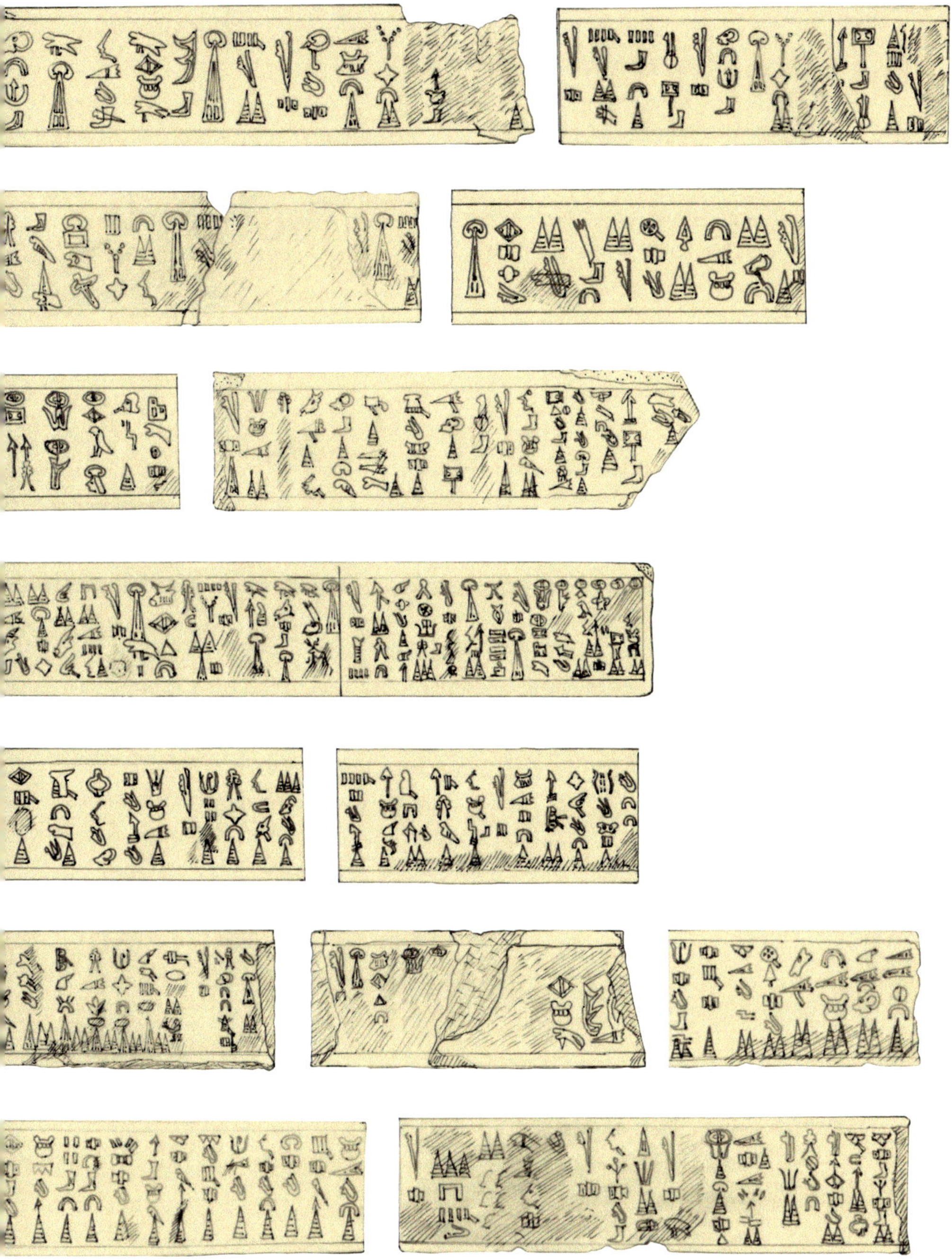

sagt der Text nur, es sei »dieser Ort«, also der, den wir heute Beyköy nennen. Beyköy gehörte demnach zum Königreich Hapalla.

Das traditionsreichste Land der Region ist offensichtlich Arzawa. Kupanta-Kurunta, der dem Königshaus von Mira entstammte, war stolz darauf, auch über Arzawa zu herrschen. Arzawa erstreckte sich entlang der Ägäisküste, und manche der im Text genannten Orte können problemlos auf einer modernen Karte wiedergefunden werden: zum Beispiel Smyrna (Izmir), Kurupiya (die Halbinsel südlich von Izmir) und Apaša (Ephesos). Wie weit sich Arzawa von der Küste ins Landesinnere erstreckte, ist nicht ersichtlich. Kupanta-Kurunta soll allerdings allein in Arzawa fünfundzwanzig Zitadellen errichtet haben.

Der Sitz des Großkönigs dürfte wohl in Mira gelegen haben. Eine mögliche Kandidatin für die Hauptstadt des Landes ist Sardes, das für seine Goldressourcen berühmt und in der frühen Eisenzeit die Heimat sagenhaft reicher Könige war.

Neben der Beschreibung der politischen Geografie und der Herrschaftsverhältnisse in Westkleinasien liefert die Inschrift auch Details über die Ereignisse zur Zeit der Seevölker-Invasionen – die entscheidende Phase an der Grenze zwischen der späten Bronzezeit und der frühen Eisenzeit, für die wir bisher keine Dokumente besaßen. Kupanta-Kurunta lobt zunächst den hethitischen Großkönig Arnuwanda III., dem er sich verpflichtet fühlte und zu dessen Zeiten Frieden herrschte. Arnuwanda starb, ohne einen Nachkommen zu hinterlassen, worauf sein jüngerer Bruder Šuppiluliuma II. die Regierungsgeschäfte übernahm. Diesen letzten hethitischen König erwähnt Kupanta-Kurunta mit keinem Wort. Entweder anerkannte er dessen Legitimität nicht, oder Šuppiluliuma II. war bereits verstorben und das Zentrum des hethitischen Reichs von den Kaškäern verwüstet worden, als die Inschrift entstand. Jedenfalls scheint es, als ob die südlichen und südöstlichen Teile des hethitischen Reichs nun führungslos waren – was natürlich Kupanta-Kurunta das Recht gab, dort einzumarschieren, wie es der Text impliziert. Seine Streitkräfte überfielen das Land der Kaška, das Königreich Maša sowie Tarhuntašša. Dann stellte er eine Flotte auf, die eine Reihe von Küstenstädten eroberte: (1) Parha, offenbar die spätere Stadt Perge am Kestros in Pamphylien;

(2) Ura, eine Stadt, die oft mit Silifke an der kilikischen Küste gleichgesetzt wird; (3) Lamiya, ebenfalls an der kilikischen Küste, vermutlich am Fluss Lamos; und (4) »Philistia«, womit möglicherweise die Südküste der Levante (Palästina) gemeint ist. Wir wissen allerdings, dass dieser Name weiter nördlich ebenfalls gebräuchlich war und daher auch die Region um Ugarit bezeichnen könnte. Auf jeden Fall drangen die Streitkräfte des Großkönigs von Mira weit nach Süden vor, denn sie errichteten sogar eine Festung in Aschkelon, »an der Grenze zu Ägypten«, wie der Text ausdrücklich hervorhebt.

Kupanta-Kurunta sagt klipp und klar, dass er die Invasionen in Südostanatolien und in der Levante nicht selbst leitete. Vier Fürsten hätten die Verantwortung getragen: Muksus, Kulanamuwa, Tuwata und Piyakurunta. Unter diesen ist Muksus die herausragende Person, ihm wird auch am meisten Raum gewidmet. Er bestieg schon bald darauf als König von Arzawa den Thron, wurde Nachfolger von Kupanta-Kurunta und damit der neue starke Mann in Westkleinasien. Muksus, dessen Name phrygischer Herkunft ist, stammte aus Apassawa bzw. Apaisos, einem Ort an den Dardanellen etwas östlich von Troja. Die Erinnerung an Muksus' Eroberung von Aschkelon hat sich auch in den griechischen Legenden bewahrt, wo von einem Mopsus die Rede ist. Der lydische Geschichtsschreiber Xanthos notierte im 5. Jahrhundert v. Chr., dass ein mächtiger westanatolischer Herrscher mit diesem Namen im Rahmen eines Feldzugs bis nach Aschkelon vorstieß.[317]

Die Inschrift aus Beyköy liefert also zusätzliche Hinweise darauf, dass die Staaten in Westkleinasien unter der Federführung des Großkönigs von Mira aktiv an den Überfällen auf die Küstenstädte im östlichen Mittelmeerraum beteiligten waren, die den Übergang von der Bronze- zur Eisenzeit markieren – und die uns in den sogenannten Seevölkerinschriften überliefert sind. Dass ein Fürst aus der Troas dabei das Zepter führte, könnte die vielen Parallelen zwischen dem Volk der Tekker, das in den Seevölkerinschriften von Medinet Habu beschrieben wird, und den Teukern, die aus dem Troja der frühen Eisenzeit bekannt sind, erklären. Darüber hinaus zeigt der Text, dass die Geschichtsschreibung in Westkleinasien schon knapp achthundert Jahre vor Herodot existierte.

Natürlich müssen diese Inschrift wie auch die anderen Texte aus James Mellaarts Nachlass sorgfältig bearbeitet und wissenschaftlich publiziert werden. Über hundertvierzig Jahre nach ihrer Entdeckung bin ich allerdings der Meinung, dass wir nicht noch einmal jahre- oder jahrzehntelang auf eine endgültige, über jeden Zweifel erhabene Publikation warten sollten. Deswegen zeige ich die Inschrift schon hier. Ich werde mein Möglichstes tun, dafür zu sorgen, dass sämtliche Texte aus dem Nachlass – allen voran der komplette Beyköy-Text – rasch veröffentlicht werden. Eines steht jetzt schon fest: Die Wiederentdeckung der Luwier und damit eine Zeit großer Durchbrüche in der Archäologie hat gerade erst begonnen.

XV

# Anhang

## Anmerkungen

1 Wright 1884
2 Forrer 1921, 23: »Das Gebiet eines Volkes fällt aber nicht notwendigerweise mit seinem Sprachgebiet zusammen.«
3 Forrer 1921, 24: »Demnach scheinen die Luvier bereits in frühen Zeiten als verhältnismäßig einheitliches Volk das ganze Gebiet vom Adriatischen Meer über Griechenland und Kleinasien bis nach Westpersien besetzt zu haben unter Verdrängung der Urbevölkerung in die Gebirge.«
4 Hrozný 1940, 117; Barnett 1953, 94
5 Popko 2008, 77
6 Payne 2008, 119
7 Payne 2008, 118
8 Barnett 1953, 94
9 Popko 2008, 10
10 Popko 2008, 59
11 Popko 2008, 61
12 Houwink ten Cate 1961, XII; Popko 2008, 14
13 Diodoros, *Griechische Weltgeschichte* 3.56.3
14 Schachner 2011, 262
15 Schachner 2011, 72
16 Cline 2015, 195
17 Popko 2008, 33
18 Popko 2008, 33; Klinger 2012, 34; Mouton et al. 2013, 19
19 Schachner 2011, 39
20 Klinger 2012, 17
21 Schachner 2011, 345
22 Wright 1884, 7
23 Wright 1884, 11
24 Lohwasser 1996, 50
25 Henze 1978, 399; Wollmann 1984, 8
26 Burckhardt 1822, 146–147
27 Texier 1835, 239
28 Grotefend 1805
29 Meyer 1908, 159–160
30 Ceram 1955, 28
31 Gamer 1992, 45
32 Tagebuch vom 16. August 1868, zitiert nach Gamer 1992, 47
33 Allen 1999, 116
34 Im ehemaligen Pfarrhaus befindet sich heute das Heinrich-Schliemann-Museum.
35 Ludwig 1932, 58
36 Ludwig 1932, 62
37 Allen 1999, 198
38 Tagebuch vom 6. November 1936, zitiert nach Richter 2001, 240–241
39 Calder 1990, 370
40 Ludwig 1932, 157
41 Evans 1932, 20; Ludwig 1932, 219
42 Evans 1932, 21
43 Ludwig 1932, 196
44 Ludwig 1932, 230
45 Ludwig 1932, 240
46 Ludwig 1932, 235
47 Ludwig 1932, 237
48 Winckler 1913, 23–25
49 Crüsemann 2001, 72

50 Erman 1929, 224 (den Ägyptologen Georg Ebers zitierend)
51 Jeremias 1916, 4
52 Jeremias 1916, 5
53 Winckler 1901, 7
54 Winckler 1901, 7; 1902, 4
55 Jeremias 1916, 8
56 Lehmann 1994, 43
57 Delitzsch 1902, 26
58 Delitzsch 1902, 29
59 Winckler 1902, 21
60 Winckler 1902, 20
61 Niebuhr 1913, 200
62 Budde 1903
63 Kugler 1910, 136
64 Wilke 1907, 46
65 Jeremias 1909, 7
66 Peiser 1913, 198
67 Brief von W. M. Ramsay an A. H. Sayce vom 11. Juni 1881, zitiert nach Alaura 2006, 36
68 Alaura 2006, 22
69 Sayce 1923, 219–220
70 Alaura 2006, 46
71 Alaura 2006, 50
72 Brief von W. Belck vom 27. August 1901, zitiert nach Belck 1901, 459; siehe auch Alaura 2006, 71; Crüsemann 2001, 222
73 Belck 1901, 480–481
74 Belck 1901, 469
75 Belck 1901, 478
76 Belck 1901, 480
77 Alaura 2006, 75
78 Schachner 2011, 26
79 Brief von Th. Wiegand an A. Marschall von Bieberstein vom 18. August 1902, zitiert nach Alaura 2006, 81
80 Brief von R. Schöne an den Kultusminister vom 30. September 1902, zitiert nach Alaura 2006, 84
81 Alaura 2006, 72
82 Alaura 2006, 92
83 Winckler 1913, 28
84 Jeremias 1909, 32–33 und 90; Beckman 2007, 69
85 van der Toorn 1985, 124–133
86 Zimmern 1909, 735, Fußnote 1
87 Crüsemann 2001, 74–75
88 Alaura 2006, 194
89 Bittel 1998, 221
90 Alaura 2006, 248, Fußnote 308
91 Alaura 2006, 107–108
92 Alaura 2006, 110
93 Brief von O. Puchstein an B. Büterbock vom 28. Januar 1907, zitiert nach Alaura 2006, 113
94 Briefe von O. Puchstein vom Juli/August 1907, zitiert nach Alaura 2006, 136–140
95 Alaura 2006, 194
96 Alaura 2006, 119–120
97 Lichtenberg 1913, 229–230
98 Lehmann 1994, 38
99 Parpola 2004, 241
100 Rochberg 2004, 15
101 González-García & Belmonte 2011, 479, Abb. 11
102 Parpola 2004, 241
103 *Sonntagszeitung*, 22. April 2001, 97/99
104 *Bild der Wissenschaft* 2001, Heft 6, 114
105 WDR III, »Mosaic« vom 6. April 2001
106 Knauss 2001
107 Zangger 2003, 321
108 Zangger 2003, 324
109 Zangger 2003. Der Vortrag erschien ein Jahr später im Tagungsband. Alle Publikationen von Eberhard Zangger sind abrufbar unter https://luwianstudies.academia.edu/EZangger
110 Korfmann 2001, 73; Kolb 2010, Tafel 5
111 Kolb 2010, 212
112 Delitzsch 1914
113 Hrozný 1913
114 Hrozný 1940, 107
115 Hrozný 1915, 44–45
116 Matous 1949, 10
117 Matous 1949, 14
118 Fox 2013, 92

119 Fox 2013, 114
120 Bittel 1998, 181
121 Oberheid 2007, 41
122 Matous 1949, 22
123 Hadler 2016, 153
124 Fuscagni 2007, VII
125 Bartholomae 1916, 70
126 Matous 1949, 27
127 Hrozný 1917, 30
128 Knudtzon 1902, 2
129 Bugge 1902, 99
130 Bugge 1902, 107
131 z. B. Bloomfield 1904, 14: »We shall hardly feel justified in counting the Arzawian among the treasured minor I. E. languages.«
132 z. B. Collins 2015, 5
133 Weber 1915, 1074
134 Hrozný 1920, 46; Matous 1949, 29
135 Hrozný 1940, 117
136 *Berliner Morgenpost* vom 13. Juli 2001
137 *Schwäbisches Tagblatt* vom 24. Juli 2001
138 *Stuttgarter Nachrichten* vom 26. Juli 2001
139 *Schwäbisches Tagblatt* vom 18. Februar 2002. Der Artikel verschwand bald aus dem Online-Archiv, wurde aber von Wikipedia archiviert (als »Interview« unter dem Eintrag über Eberhard Zangger).
140 Ralph Bollmann: »Der Diaprojektor als Waffe«, *taz* vom 18. Februar 2002
141 Kolb 2010, 198
142 Kolb 2010, 235
143 Zangger 1991, 2–7
144 Prof. Uwe Walter: »Die wichtigsten Behauptungen der Ausgräber selbst sind mittlerweile allesamt widerlegt.« *Frankfurter Allgemeine Zeitung* vom 4. November 2010, 36
145 Brief von Emil Forrer an Eduard Meyer vom 12. April 1920, zitiert nach Oberheid 2007, 102
146 Brief von Emil Forrer an Eduard Meyer vom 12. April 1920, zitiert nach Oberheid 2007, 103
147 Groddek 2004, 13
148 Groddek 2004, 14
149 Groddek 2004, 15
150 Oberheid 2007, 14
151 Szemerényi 1988, 274
152 Oberheid 2007, 20
153 Oberheid 2007, 31
154 Güterbock 1987, 116
155 Oberheid 2007, 44
156 Forrer 1919
157 Forrer 1921, 36
158 Forrer 1919, 1034
159 Forrer 1919, 1039
160 Güterbock 1987, 116
161 Oberheid 2007, 52
162 Auszug aus der Denkschrift Emil Forrers vom 19. Mai 1921, zitiert nach Oberheid 2007, 57
163 Oberheid 2007, 76
164 Oberheid 2007, 86
165 Oberheid 2007, 78–79
166 Oberheid 2007, 88
167 Oberheid 2007, 89
168 Jensen 1894, 249; 1903, 48
169 Forrer 1921, 23
170 Brief vom 20. August 1920 an Eduard Meyer, zitiert nach Oberheid 2007, 93
171 Forrer 1921; 1922; 1932a
172 Forrer 1921, 24
173 Brief vom 20. August 1920 an Eduard Meyer, zitiert nach Oberheid 2007, 94
174 Forrer 1932a, 31
175 Plöchl 2004, 509
176 Forrer 1932a, 60–61
177 Forrer 1932a, 61
178 Forrer 1932a, 58
179 Forrer 1932a, 57
180 Meriggi 1934, 1
181 Barnett 1953, 70
182 Zitiert bei Szemerényi 1988, 271
183 Forrer 1924a; 1924b
184 Oberheid 2007, 109, Abb. 5
185 Friedrich 1925, 68
186 Oettinger 2004, 487

187 Oettinger 2004, 487
188 Zitiert bei Szemerényi 1988, 272
189 Götze 1927, 568
190 Brief vom 18. Oktober 1921 an Thea Brauckmann, zitiert nach Oberheid 2007, 73
191 Brief vom 18. Oktober 1921 an Thea Brauckmann, zitiert nach Oberheid 2007, 73
192 Sommer 1924, 22
193 Kammenhuber 1969a, 143
194 Szemerényi 1988
195 Kammenhuber 1969b, 439
196 Szemerényi 1988, 264
197 Oberheid 2007, 133
198 Brief vom 4. Mai 1929 an Thea Brauckmann, zitiert nach Oberheid 2007, 140
199 Bittel 1998, 205
200 Brief von Emil Forrer an Charles Henry Breasted vom 7. Mai 1929, zitiert nach Oberheid 2007, 188
201 Robinson 2012, 12; Fox 2013, 74
202 Forrer 1975, 55
203 Forrer 1975, 56
204 Oberheid 2007, 337
205 Rose 2006, 73
206 Schaich 2006, 62
207 Leserbrief von Eberhard Zangger in *Der Spiegel* 17/1996, 10: »Den Schriftfund [das Siegel aus Troja] fachlich richtig als luwische Hieroglyphen zu bezeichnen, hieße für die Troja-Forschung jedoch, die Existenz eines eigenständigen Kulturkreises zwischen dem mykenischen Griechenland und dem zentralkleinasiatischen Hatti einzugestehen, den die Frühgeschichtler 200 Jahre lang geflissentlich übersehen haben.« – Bis zu diesem Zeitpunkt hatte die Leitung des Troja-Projekts die Schrift als »Hieroglyphenhethitisch« bezeichnet. Noch heute wird sie zum Beispiel im Yazılıkaya-Raum des Vorderasiatischen Museums in Berlin so genannt.
208 Siehe auch Kolb 2010, 196
209 Kolb 2010, 131
210 Pernicka et al. 2016, 68
211 Bittel 1998, 380
212 Bittel 1998, 381
213 Hawkins 2000
214 Bittel 1998, 386
215 Bittel 1998, 382
216 Ceram 1955, 190
217 Bittel 1998, 381–83
218 Bittel 1998, 180
219 Bittel 1998, 417
220 Lipiński 1985, 258
221 Ceram 1955, 212
222 Bossert 1942, 10
223 Bossert 1942, 25
224 Bossert 1942, Abb. 11
225 Bossert 1946, IV
226 Bossert 1946, IV
227 Stier 1950, 220
228 Stier 1950, 225–266
229 Stier 1950, 226–227
230 Götze 1924, 3
231 Bryce 2005, 197
232 Götze 1924, 26
233 Goetze 1957, 60
234 Goetze 1957, 69–70
235 Maier-Metz 2015, 148
236 Maier-Metz 2015, 161
237 Robinson 2012, 21
238 Robinson 2012, 75
239 Robinson 2012, 12 und 62
240 Palmer 1958
241 Zangger et al. 2016
242 Hamblin 1975, 165. David Stronach: »You have to remember that Jimmie was the most famous archaeologist in the world at the time! And I believed him.« (www.scoop.co.nz)
243 Pearson & Connor 1968, 39–40
244 Mellaart 1993b, 81
245 Pittioni 1961, 233
246 Mellaart 1989, 4
247 Pearson & Connor 1968, 135

248 Pearson & Connor 1968, 241
249 Hamblin 1975, 163
250 Pearson & Connor 1968, 83
251 Pearson & Connor 1968, 57
252 Pearson & Connor 1968, 57–58
253 Kolb 2010, 203
254 Hodder 2015
255 Mellaart 1989
256 Hodder 2006, 9
257 Mellaart 1989
258 Bachhuber 2013, 280
259 Oreshko 2013, 371, Abb. 11
260 Bachhuber 2013, 282
261 Bachhuber 2013, 283
262 Bachhuber 2013, 285
263 James et al. 1991
264 Mellaart 1992, 37–38
265 James & Kokkinos 1993; Lewis 1993; Mellaart 1993b
266 Mellaart 1993a, 420
267 Gonnet 1981, 181–183
268 Ramsay 1888, 372
269 Ramsay 1889, 181, Abb. 3; Masson 1980, 118–120
270 Steinherr 1965, 23
271 Woudhuizen 1992, 35
272 Bryce 2003, 56
273 Armana-Archiv EA 31, 26–27, zitiert nach Moran 1992, 101
274 Zangger 1992, 16
275 Runnels 1981
276 Runnels 1981, 92
277 Zangger et al. 1997, 572
278 Zangger 2016, 34
279 Garstang & Gurney 1959, 91; Zangger 2016, 191
280 Meriggi 1962
281 Laroche 1960
282 Marazzi 1998
283 Hawkins 2000
284 Cunliffe 2015, 138
285 Zangger 1992, 17–18
286 Woudhuizen 2012, 7
287 Lloyd & Mellaart 1956, 118–119 und 120–123; Woudhuizen 2016, 359
288 Achterberg et al. 2004
289 *Der Spiegel* 49/2012 vom 3. Dezember
290 *Frankfurter Allgemeine Zeitung* vom 14. Dezember 2012
291 Zangger & Mutlu 2015
292 Zangger 1993, 77
293 Griffin 1936
294 Meek 1956
295 Meek 1974
296 z. B. Förter 1598
297 Pittioni 1961, 241
298 Barker Webb 1822, 58
299 *Der Spiegel* 20/1992 vom 11. Mai, 250
300 Siehe auch Kolb 2010, 131; Prof. Norbert Gabriel im Radio-Interview mit WDR III, »Mosaic« vom 6. April 2001: »Korfmann formulierte genau das, was Zangger ein Jahr vorher in seinem Buch gesagt hat.«
301 Kolb 2010, 212
302 *Der Spiegel* 6/1995 vom 6. Februar
303 Kolb 2010, 204
304 Lykurg, *Rede gegen Leokrates* 62, zitiert nach Engels 2008, 61
305 Cancik 2001, 177; Jung 2001, 14; Wolf 2009, 138
306 von Ranke-Graves 1984, 654–655, Fußnote 13
307 Burkert 1995
308 Schachner 2011, 313
309 Popko 2008, 93
310 u. a. Borgolte 2001, 192
311 Siehe Zangger 2016, 210–228
312 Borgolte 2001; Lienert 2001; Brunner 2001
313 Helmrath 2005, 364
314 Sommer 2005, 1
315 Ein Beispiel ist Bernal 1987 und die Diskussion darüber (u. a. Bernal & Moore 2001)
316 Edwards 1975
317 Houwink ten Cate 1961, 45

# Bibliografie

Achterberg, Winfried et al. (2004): *The Phaistos Disc: A Luwian letter to Nestor*. Dutch Archaeological and Historical Society, Amsterdam, 1–153.

Alaura, Silvia (2006): »*Nach Boghasköi!*«: *Zur Vorgeschichte der Ausgrabungen in Boğazköy-Hattuša und zu den archäologischen Forschungen bis zum Ersten Weltkrieg*. Sendschrift der Deutschen Orient-Gesellschaft 13, Abtei Münsterschwarzach, 1–267.

Allen, Susan Heuck (1999): *Finding the walls of Troy: Frank Calvert and Heinrich Schliemann at Hisarlık*. University of California Press, Berkeley, 1–409.

Bachhuber, Christoph (2013): »James Mellaart and the Luwians«. In: *Luwian Identities: Culture, Language and Religion Between Anatolia and the Aegean*. Alice Mouton, Ian Rutherford & Ilya S. Yakubovich (Hg.), Culture and History of the Ancient Near East 64, Brill, Boston, 279–304.

Barker Webb, Philip (1822): *Untersuchungen über den ehemaligen und jetzigen Zustand der Ebene von Troia*. Verlag des Geographischen Instituts, Weimar, 1–132.

Barnett, Richard David (1953): »Karatepe, the Key to the Hittite Hieroglyphs«. *Anatolian Studies* 3, 53–95.

Bartholomae, Christian (1916): »Die Sprache der Hethiter«. *Wochenschrift für klassische Philologie* 33 (3), 67–70.

Beckman, Gary (2007): »A Hittite Ritual for Depression (CTH 432)«. In: *Tabularia Hethaeorum: Hethitologische Beiträge: Silvin Košak zum 65. Geburtstag*. Detlev Groddek & Marina Zorman (Hg.), Harrassowitz, Wiesbaden, 69–81.

Belck, Waldemar (1901): »Forschungsreise in Kleinasien«. *Zeitschrift für Ethnologie* 33, 452–522.

Bernal, Martin (1987): *Black Athena*. Rutgers University Press, New Brunswick, 1–575.

Bernal, Martin & David Chioni Moore (Hg.) (2001): *Black Athena writes back: Martin Bernal responds to his critics*. Duke University Press, Durham, 1–550.

Bittel, Kurt (1998): *Reisen und Ausgrabungen in Ägypten, Kleinasien, Bulgarien und Griechenland 1930–1934*. Abhandlungen der Geistes- und Sozialwissenschaftlichen Klasse 5, Franz Steiner, Stuttgart, 1–510.

Bloomfield, Maurice (1904): »On Some Alleged Indo-European Languages in Cuneiform Character«. *The American Journal of Philology* 25 (1), 1–14.

Borgolte, Michael (2001): »Europas Geschichten und Troia – Der Mythos im Mittelalter«. In: *Troia – Traum und Wirklichkeit*. Barbara Theune-Großkopf et al. (Red.), Theiss, Stuttgart, 190–203.

Bossert, Helmuth Theodor (1942): *Altanatolien – Kunst und Handwerk in Kleinasien von den Anfängen bis zum völligen Aufgehen in der griechischen Kultur.* Die ältesten Kulturen des Mittelmeerkreises 2, Wasmuth, Berlin, 1–320.

Bossert, Helmuth Theodor (1946): *Asia.* Literarische Fakultät der Universität Istanbul 323, Forschungsinstitut für altvorderasiatische Kulturen, Istanbul, 1–184.

Brunner, Horst (2001): »Die in jeder Hinsicht schönste und beste Stadt – Deutsche Troialiteratur des Spätmittelalters und der Frühen Neuzeit«. In: *Troia – Traum und Wirklichkeit.* Barbara Theune-Großkopf et al. (Red.), Theiss, Stuttgart, 212–225.

Bryce, Trevor R. (2003): »Chapter Three: History«. In: *The Luwians.* H. Craig Melchert (Hg.), Brill, Leiden, 27–127.

Bryce, Trevor R. (2005): *The Kingdom of the Hittites.* Oxford University Press, Oxford, 1–554.

Budde, Karl (1903): *Was soll die Gemeinde aus dem Streit um Bibel und Babel lernen?* Mohr, Tübingen, 1–38.

Bugge, Sophus (1902): »Bemerkungen zu ›Die zwei Arzawa-Briefe – die ältesten Urkunden in indogermanischer Sprache‹ von J. A. Knudtzon«. In: *Die zwei Arzawa-Briefe – die ältesten Urkunden in indogermanischer Sprache.* Jørgen Alexander Knudtzon (Hg.), Hinrichs'sche Buchhandlung, Leipzig, 57–107.

Burckhardt, John Lewis (1822): *Travels in Syria and the Holy Land.* John Murray, London, 1–668.

Burkert, Walter (1995): »Lydia between East and West or How to Date the Trojan War: A Study in Herodotus«. In: *The Ages of Homer: A Tribute to Emily Townsend Vermeule.* Jane B. Carter & Sarah P. Morris (Hg.), University of Texas Press, Austin, 139–148.

Calder, William M. (1990): »Apocolocyntosis – The Biographers and the Archaeologists«. In: *Heinrich Schliemann nach hundert Jahren.* William M. Calder III & Justus Cobet (Hg.), Vittorio Klostermann, Frankfurt, 360–378.

Calvert, Frank (1880): »Thymbra, Hanai Tepeh«. In: *Ilios – The City and Country of the Trojans.* Heinrich Schliemann (Hg.), Harper, New York, 706–720.

Cancik, Hubert (2001): »Der Troianische Krieg – Seine Bedeutung für das Geschichtsbild der Griechen und Römer«. In: *Troia – Traum und Wirklichkeit.* Barbara Theune-Großkopf et al. (Red.), Theiss, Stuttgart, 174–179.

Ceram, C. W. (1955): *Enge Schlucht und schwarzer Berg – Entdeckung des Hethiter-Reiches.* Rowohlt, Hamburg, 1–248.

Cline, Eric H. (2015): *1177 v. Chr. – Der erste Untergang der Zivilisation.* Theiss, Darmstadt, 1–336.

Collins, Billie Jean (2015): *The Hittites and their World.* Society of Biblical Literature, Atlanta, 1–254.

Crüsemann, Nicola (2001): *Vom Zweistromland zum Kupfergraben. Vorgeschichte und Entstehungsjahre (1899–1918) der Vorderasiatischen Abteilung der Berliner Museen vor fach- und kulturpolitischen Hintergründen.* Jahrbuch der Berliner Museen 42, Beiheft, Gebrüder Mann Verlag, Berlin, 1–294.

Cunliffe, Barry (2015): *By Steppe, Desert, and Ocean – The Birth of Eurasia.* Oxford University Press, Oxford, 1–530.

Delitzsch, Friedrich (1902): *Babel und Bibel – Ein Vortrag.* Hinrichs'sche Buchhandlung, Leipzig, 1–52.

Delitzsch, Friedrich (1914): *Sumerisches Glossar.* Hinrichs'sche Buchhandlung, Leipzig.

Edwards, Iorwerth Eiddon Stephen et al. (Hg.) (1975): *The Cambridge Ancient History Vol. II, Part 2A. History of the Middle East and the Aegean Region c. 1380–1000 B.C.* Cambridge University Press, Cambridge, 1–536.

Ehelolf, Hans (1942): *Kultische Texte vorwiegend hethitischer, churritischer und luvischer Sprache aus den Grabungen 1931 und 1932.* Keilschriftenurkunden aus Boghazköi 32, Staatliche Museen zu Berlin, Vorderasiatische Abteilung, Berlin, 1–50.

Engels, Johannes (2006): *Lykurg – Rede gegen Leokrates.* Texte zur Forschung 93, Wissenschaftliche Buchgesellschaft, Darmstadt, 1–208.

Erman, Adolf (1929): *Mein Werden und Wirken.* Quelle & Meyer, Leipzig, 1–295.

Evans, Arthur (1932): »Einleitung«. In: *Schliemann – Geschichte eines Goldsuchers.* Emil Ludwig (Hg.), Paul Zsolnay, Berlin, 11–21.

Forrer, Emil (1919): »Die acht Sprachen der Boghazköi-Inschriften«. *Sitzungsberichte der preußischen Akademie der Wissenschaften* 63. Sitzung der philosophisch-historischen Klasse vom 18. Dezember 1919, 1029–1041.

Forrer, Emil (1921): »Ausbeute aus den Boghazköy-Inschriften«. *Mitteilungen der Deutschen Orient-Gesellschaft* 61, 20–38.

Forrer, Emil (1922): »Die Inschriften und Sprachen des Hatti-Reiches«. *Zeitschrift der Deutschen Morgenländischen Gesellschaft* 76, 174–269.

Forrer, Emil (1924a): »Die Griechen in den Boghazköi-Texten«. *Orientalistische Literaturzeitung* 27, 113–118.

Forrer, Emil (1924b): »Vorhomerische Griechen in den Keilschrifttexten von Boghazkoi«. *Mitteilungen der Deutschen Orient-Gesellschaft* 63, 1–22.

Forrer, Emil (1932a): *Die hethitische Bilderschrift.* Studies in Ancient Oriental Civilizations 3, The University of Chicago Press, Chicago, 1–62.

Forrer, Emil (1932b): »Entschleierte Urgeschichte – Die Entzifferung der hethitischen Keilschrift«. *Gießener Anzeiger, Illustrierte Beilage* 16, Gießen.

Forrer, Emil (1975): *Homerisch und silenisch Amerika.* Selbstverlag, San Savador, 1–205.

Förter, David (1598): *Historische warhaffte und eigentliche Beschreibung von der alten und in aller Welt berühmpten Statt Troja, irer ersten Zerstörung, Widererbauung und endtlichen Untergangs aus des Daretis Phrygii und Dictis Cretensis Schriften zusammengezogen erstlich vor drey hundert Jahren in latein beschrieben durch den hochgelehrten fürtrefflichen Herren Guidonem de Columna; und hernach verteutscht im tausend fünffhundert acht und neunzigsten Jahr.* Johann Schröter, Basel.

Fox, Margalit (2013): *The Riddle of the Labyrinth – The Quest to Crack an Ancient Code and the Uncovering of a Lost Civilisation.* Profile Books, London, 1–363.

Friedrich, Johannes (1925): »Die Hethiter und das klassische Altertum«. *Das humanistische Gymnasium* 36, 57–68.

Fuscagni, Francesco (2007): *Hethitische unveröffentlichte Texte aus den Jahren 1906–1912 in der Sekundärliteratur.* Hethitologie-Portal Mainz, Materialien 6, Harrassowitz, Wiesbaden, 1–202.

Gamer, Gustav (1992): »Frank Calvert, ein Vorläufer Schliemanns«. In: *Troia – Brücke zwischen Orient und Okzident.* Ingrid Gamer-Wallert (Hg.), Attempto Verlag, Tübingen, 34–50.

Garstang, John & Oliver Robert Gurney (1959): *The Geography of the Hittite Empire.* The British Institute of Archaeology at Ankara, London, 1–133.

Gonnet, Hatice (1981): »Beyköy (Ihsaniye-Afyon) 1979«. *Anatolian Studies* 31, 181–183.

González-García, A. César & Juan Antonio Belmonte (2011): »Thinking Hattusha: astronomy and landscape in the Hittite lands«. *Journal for the History of Astronomy* 42 (4), 461–494.

Götze, Albrecht (1924): »Kleinasien zur Hethiterzeit: Eine geographische Untersuchung«. *Orient und Antike* 1, 1–32.

Götze, Albrecht (1927): »Buchbesprechung: Emil Forrer, ›Forschungen‹«. *Orientalistische Literaturzeitung* 30, 568–570.

Goetze, Albrecht (1957): *Kleinasien*. Kulturgeschichte des Alten Orients, Abschnitt 3, Unterabschnitt 1. Handbuch der Altertumswissenschaft, Abteilung 3, Teil 1, Band 3, C. H. Beck, München, 1–228.

Griffin, Nathaniel Edward (1936): *Guido de Columnis: Historia destructionis Troiae.* The Medieval Academy of America, Cambridge, 1–392.

Groddek, Detlev (2004): »Emil O. Forrer – Ein bewegtes Leben im Dienste der Forschung«. In: *Šarnikzel – Hethitologische Studien zum Gedenken an Emil Orgetorix Forrer*. Detlev Groddek & Sylvester Rößle (Hg.), Verlag der Technischen Universität Dresden, Dresden, 13–42.

Grotefend, Georg Friedrich (1805): »Über die Erklärung der Keilschriften, und besonders der Inschriften von Persepolis«. In: *Ideen über die Politik den Verkehr und den Handel der vornehmsten Völker der alten Welt, Erster Theil, Beylagen*. Arnold Hermann Ludwig Heeren (Hg.), Vandenhoek & Ruprecht, Göttingen, 931–960.

Güterbock, Hans Gustav (1987): »Hans Ehelolf und das Berliner Bogazköy-Archiv«. *Das Altertum* 33 (2), 114–120.

Hadler, Frank (2016): »Bedřich Hrozný (1879–1952): Pionier der Hethitologie mit transnationaler Karriere zwischen spätem Habsburgerreich und früher sozialistischer Tschechoslowakei«. *Acta Historica Leopoldina* 65, 149–169.

Hamblin, Dora Jane (1975): *Türkei – Land der lebenden Legenden*. Bastei Lübbe, Bergisch Gladbach, 1–264.

Hawkins, John David (2000): *Corpus of hieroglyphic Luwian inscriptions, Volume 1: Inscriptions of the Iron Age, Part 1*. De Gruyter, Berlin, 1–360.

Helmrath, Johannes (2005): »Enea Silvio Piccolomini (Pius II.) – Ein Humanist als Vater des Europagedankens?« In: *Europa und die Europäer.* Rüdiger Hohls, Iris Schröder & Hannes Siegrist (Hg.), Quellen und Essays zur modernen europäischen Geschichte, Franz Steiner Verlag, Stuttgart, 361–366.

Henze, Dietmar (1978): »Burckhardt, Johann Ludwig«. In: *Enzyklopädie der Entdecker und Erforscher der Erde*, Band 1. Akademische Druck- und Verlagsanstalt, Graz, 399–407.

Hodder, Ian (2006): *The Leopard's Tale – Revealing the Mysteries of Çatalhöyük*. Thames & Hudson, London, 1–288.

Hodder Ian (2015): »Mellaart, James«. In: *Oxford Dictionary of National Biography*. Oxford University Press, Oxford.

Houwink ten Cate, Philo Hendrik Jan (1961): *The Luwian Population Groups of Lycia and Cilicia Aspera During the Hellenistic Period.* Documenta et Monumenta Orientis Antiqui 10, Brill, Leiden, 1–236.

Hrozný, Bedřich (1913): *Das Getreide im alten Babylonien: ein Beitrag zur Kultur- und Wirtschaftsgeschichte des alten Orients.* Sitzungsberichte der Akademie Wien, Philosophisch-Historische Klasse 173.1, Wien.

Hrozný, Bedřich (1915): »Die Lösung des hethischen Problems«. *Mitteilungen der Deutschen Orient-Gesellschaft* 56, 17–50.
Hrozný, Bedřich (1917): *Die Sprache der Hethiter, ihr Bau und ihre Zugehörigkeit zum indogermanischen Sprachstamm.* Hinrichs'sche Buchhandlung, Leipzig, 1–245.
Hrozný, Bedřich (1920): *Über die Völker und Sprachen des alten Chatti-Landes.* Boghazkoi-Studien 5, Leipzig, Hinrichs'sche Buchhandlung, 26–56.
Hrozný, Bedřich (1940): *Die älteste Geschichte Vorderasiens.* Verlag von Melantrich, Prag, 1–169.
James, Peter et al. (1991): *Centuries of Darkness – A challenge to the conventional chronology of Old World archaeology.* Jonathan Cape, London, 1–434.
James, Peter & Nikos Kokkinos (1993): »Letters to the Editor«. *Bulletin of the Anglo-Israel Society* 3, 80.
Jensen, Peter (1894): »Grundlagen für eine Entzifferung der (hatischen oder) cilicischen (?) Inschriften«. *Zeitschrift der Deutschen Morgenländischen Gesellschaft* 48 (2), 235–352.
Jensen, Peter (1903): »Hittitisch und Armenisch«. *Indogermanische Forschungen* 14, 47–62.
Jeremias, Alfred (1909): *Das Alter der babylonischen Astronomie.* Hinrichs'sche Buchhandlung, Leipzig, 1–92.
Jeremias, Alfred (1916): »Hugo Winckler«. *Mitteilungen der Vorderasiatisch-Ägyptischen Gesellschaft* 20 (1), 3–12.
Jung, Marc-René (2001): *Die Vermittlung historischen Wissens zum Trojanerkrieg im Mittelalter.* Universitätsverlag, Freiburg (Schweiz), 1–43.
Kammenhuber, Annelies (1969a): »Hethitisch, Palaisch, Luwisch und Hieroglyphenluwisch«. In: *Altkleinasiatische Sprachen.* Johannes Friedrich et al. (Hg.), Brill, Leiden, 119–357.
Kammenhuber, Annelies (1969b): »Hattisch«. In: *Altkleinasiatische Sprachen.* Johannes Friedrich et al. (Hg.), Brill, Leiden, 428–546.
Klinger, Jörg (2012): *Die Hethiter.* C. H. Beck, München, 1–128.
Knauss, Jost (2001): *Späthelladische Wasserbauten – Erkundungen zu wasserwirtschaftlichen Infrastrukturen der mykenischen Welt.* Technische Universität München, Lehrstuhl für Wasserbau und Wasserwirtschaft im Institut für Wasserwesen 90, München, 1–144.
Knudtzon, Jørgen Alexander (1902): *Die zwei Arzawa-Briefe – die ältesten Urkunden in indogermanischer Sprache.* Hinrichs'sche Buchhandlung, Leipzig, 1–139.
Kolb, Frank (2010): *Tatort »Troia«.* Ferdinand Schöningh, Paderborn, 1–310.
Korfmann, Manfred (2001): »Wilusa/(W)Ilios ca. 1200 v. Chr. – Ilion ca. 700 v. Chr.«. In: *Troia – Traum und Wirklichkeit.* Barbara Theune-Großkopf et al. (Red.), Theiss, Stuttgart, 64–76.
Kugler, Franz Xaver (1910): *Im Bannkreis Babels: Panbabylonistische Konstruktionen und religionsgeschichtliche Tatsachen.* Aschendorff, Münster, 1–165.
Laroche, Emmanuel (1960): *Les hiéroglyphes hittites, Première partie: L'écriture.* Éditions du Centre National de la Recherche Scientifique, Paris, 1–294.
Lehmann, Reinhard G. (1994): *Friedrich Delitzsch und der Babel-Bibel-Streit.* Orbis Biblicus et Orientalis 133, Universitätsverlag, Freiburg (Schweiz), 1–444.
Lewis, David Malcom (1993): »Letters to the Editors«. *Bulletin of the Anglo-Israel Society* 3, 80–81.
Lichtenberg, Reinhold von (1913): »Nachruf auf Hugo Winckler«. *Memnon* 6, 229–230.

Lienert, Elisabeth (2001): »Ein mittelalterlicher Mythos – deutsche Trojadichtungen des 12. bis 14. Jahrhunderts«. In: *Troia – Traum und Wirklichkeit.* Barbara Theune-Großkopf et al. (Red.), Theiss, Stuttgart, 204–211.
Lipiński, Edward (1985): »Nordsemitische Texte«. In: *Religionsgeschichtliches Textbuch zum Alten Testament.* Walter Beyerlin (Hg.), Vandenhoeck & Ruprecht, Göttingen, 245–284.
Lloyd, Seton & James Mellaart (1956): »Beycesultan Excavations, Second Preliminary Report, 1955«. *Anatolian Studies* 6, 101–135.
Lohwasser, Angelika (1996): »Johann Ludwig Burckhardt – ›Scheich Ibrahim‹«. *Mitteilungen der Sudanarchäologischen Gesellschaft zu Berlin* 4, 50–52.
Ludwig, Emil (1932): *Schliemann – Geschichte eines Goldsuchers.* Paul Zsolnay, Berlin, 1–352.
Maier-Metz, Harald (2015): *Entlassungsgrund Pazifismus: Albrecht Götze, der Fall Gumbel und die Marburger Universität 1930–1946.* Academia Marburgensis 13, Waxmann, Münster, 1–248.
Marazzi, Massimiliano (1998): *Il Geroglifico Anatolico. Sviluppi della ricerca a venti anni dalla sua »ridecifrazione«, Atti del Colloquio e della tavola rotonda, Napoli-Procida, 5–9 giugno 1995.* Istituto Universitario Orientale, Dipartimento di Studi Asiatici, Serie Minor 54, Neapel.
Masson, Emilia (1980): »Les inscriptions louvites hiéroglyphiques de Köylütolu et Beyköy«. *Kadmos* 19, 106–122.
Matouš, Lubor (1949): *Bedřich Hrozný: Leben und Forschungswerk eines tschechischen Orientalisten.* Orbis, Prag, 1–43.
Meek, Mary Elizabeth (1956): *A Translation of Guido delle Colonne's Historia Destructionis Troiae.* Unpublished doctoral dissertation, Radcliffe College.
Meek, Mary Elizabeth (1974): *Historia Destructionis Troiae, Guido delle Colonne.* Indiana University Press, Bloomington, 1–324.
Mellaart, James (1959): »First and Exclusive Report of a Clandestine Excavation which led to the Most Important Discovery since the Royal Tombs of Ur«. *The Illustrated London News,* 29. November 1959, London.
Mellaart, James (1989): *The Goddess from Anatolia, Volume II: Catal Hüyük and Anatolian kilims.* Eskenazi, Mailand.
Mellaart, James (1992): »Book Review: ›Centuries of Darkness‹ by Peter James et al.«. *Bulletin of the Anglo-Israel Society* 2, 35–38.
Mellaart, James (1993a): »The present state of ›Hittite Geography‹«. In: *Aspects of Art and Iconography: Anatolia and its Neighbours – Studies in Honor of Nimet Özgüç.* Machteld Johanna Mellink, Edith Porada & Tahsin Özgüç (Hg.), Turk Tarih Kurumu Basimevi, Ankara, 415–422.
Mellaart, James (1993b): »Letters to the Editors«. *Bulletin of the Anglo-Israel Society* 3, 81–82.
Meriggi, Piero (1934): »Die hethitischen Hieroglypheninschriften II«. *Wiener Zeitschrift für die Kunde des Morgenlandes* 41, 1–42.
Meriggi, Piero (1962): *Hieroglypisch-hethitisches Glossar.* Harassowitz, Wiesbaden, 1–243.
Meyer, Eduard (1908): »Eberhard Schrader«. In: *Biographisches Jahrbuch und Deutscher Nekrolog,* Band 13. Anton Bettelheim (Hg.), Georg Reimer, Berlin, 156–163.
Moran, William L. (1992): *The Amarna Letters.* Johns Hopkins University Press, Baltimore, 1–393.

Mouton, Alice et al. (Hg.) (2013): *Luwian Identities: Culture, Language and Religion Between Anatolia and the Aegean*. Culture and History of the Ancient Near East 64, Brill, Boston, 1–604.

Niebuhr, Carl (1913): »Nachruf Hugo Winckler«. *Orientalistische Literaturzeitung* 16, 198–200.

Oberheid, Robert (2007): *Emil O. Forrer und die Anfänge der Hethitologie. Eine wissenschaftshistorische Biografie*. De Gruyter, Berlin, 1–457.

Oettinger, Norbert (2004): »In den Fußspuren Emil Forrers: Die Diathese von indogermanisch **h1ēs-, h1es-* ›sitzen‹ und anderes«. In: *Šarnikzel – Hethitologische Studien zum Gedenken an Emil Orgetorix Forrer*. Detlev Groddek & Sylvester Rößle (Hg.), Verlag der Technischen Universität Dresden, Dresden, 487–494.

Oreshko, Rostislav (2013): »Hieroglyphic Inscriptions of Western Anatolia: Long Arm of the Empire or Vernacular Tradition(s)?« In: *Luwian Identities: Culture, Language and Religion Between Anatolia and the Aegean*. Alice Mouton, Ian Rutherford & Ilya S. Yakubovich (Hg.), Culture and History of the Ancient Near East 64, Brill, Boston, 345–420.

Palmer, Leonard R. (1958): »Luvian and Linear A«. Unveröffentlichte Zusammenfassung eines Vortrags im Rahmen der »Conference on Problems of Hieroglyphic Hittite«, 2. Mai 1958. Philological Society, London (Unikat: Universität Bern, Br.2. 1364), 1–2.

Parpola, Simo (2004): »Back to Delitzsch and Jeremias. The Relevance of the Pan-Babylonian School to the Melammu Project«. In: *Schools of Oriental Studies and the Development of Modern Historiography. Proceedings of the Fourth Annual Symposium of the Assyrian and Babylonian Intellectual Heritage Project. Held in Ravenna, Italy, October 13–17, 2001*. Antonio Panaino & A. Piras (Hg.), Melammu Symposia 4, Università di Bologna & IsIao, Mailand, 237–247.

Payne, Annick (2008): »Writing Systems and Identity«. In: *Anatolian Interfaces: Hittites, Greeks and Their Neighbours: Proceedings of an International Conference on Cross-Cultural Interaction, September 17–19, 2004, Emory University, Atlanta, GA*. Billie Jean Collins, Mary R. Bachvarova & Ian C. Rutherford (Hg.), Oxbow Books, Oxford, 118–122.

Pearson, Kenneth & Patricia Connor (1968): *Die Dorak Affäre – Schätze, Schmuggler, Journalisten*. Paul Zsolnay, Wien, 1–266.

Peiser, Felix E. (1913): »Nachruf Hugo Winckler«. *Orientalistische Literaturzeitung* 16, 194–198.

Pernicka, Ernst et al. (2016): »Die Erforschung Trojas – ein Fazit«. *Spektrum der Wissenschaft*, Dezember, 66–75.

Pittioni, Richard (1961): »Der urgeschichtliche Horizont der historischen Zeit«. In: *Propyläen Weltgeschichte, 1. Band: Vorgeschichte – Frühe Hochkulturen*. Golo Mann & Alfred Heuß (Hg.), Ullstein, Frankfurt, 227–261.

Plöchl, Reinhold (2004): »Emil O. Forrer und das Hieroglyphenluwische«. In: *Šarnikzel – Hethitologische Studien zum Gedenken an Emil Orgetorix Forrer*. Detlev Groddek & Sylvester Rößle (Hg.), Verlag der Technischen Universität Dresden, Dresden, 507–512.

Popko, Maciej (2008): *Völker und Sprachen Altanatoliens*. Harrasowitz, Wiesbaden, 1–167.

Puchstein, Otto, Heinrich Kohl & Daniel Krencker (1912): *Boghazköi, Die Bauwerke*. Wissenschaftliche Veröffentlichungen der Deutschen Orient-Gesellschaft 19, Hinrichs'sche Buchhandlung, Leipzig, 1–180.

Ramsay, William M. (1888): »A Study of Phrygian Art«. *The Journal of Hellenic Studies* 9, 350–382.

Ramsay, William M. (1889): »Syro-Cappadocian Monuments in Asia Minor«. *Mittheilungen des kaiserlich deutschen Archaeologischen Instituts, Athenische Abteilung* 14, 170–191.
Richter, Jana (Hg.) (2001): *Die Tagebücher von Joseph Goebbels. Teil 1: Aufzeichnungen 1923–1941*. Saur, München, 1–428.
Riemschneider, Margarete (1954): *Die Welt der Hethiter*. Fretz & Wasmuth, Zürich, 1–259.
Robinson, Andrew (2012): *The Man who Deciphered Linear B – The Story of Michael Ventris*. Thames & Hudson, London, 1–168.
Rochberg, Francesca (2004): *The Heavenly Writing – Divination, Horoscopy, and Astronomy in Mesopotamian Culture*. Cambridge University Press, Cambridge, 1–331.
Rose, Charles Brian (2006): »Tribute to my Friend Manfred Korfmann«. In: *Der letzte Ring – Epilog zur ›Mauerschau‹ – Erinnerung an Manfred Osman Korfmann*. Hans Günter Jansen (Hg.), Greiner, Remshalden, 72–73.
Runnels, Curtis N. (1981): »On the destruction of archaeological sites«. *Journal of Field Archaeology* 8, 91–93.
Sayce, Archibald Henry (1923): *Reminiscences*. Macmillan, London, 1–485.
Schachner, Andreas (2011): *Hattuscha – Auf der Suche nach dem sagenhaften Großreich der Hethiter*. C. H. Beck, München, 1–364.
Schaich, Eberhard (2006): »Grußwort anlässlich der Gedenkfeier für Manfred Korfmann«. In: *Der letzte Ring – Epilog zur ›Mauerschau‹ – Erinnerung an Manfred Osman Korfmann*. Hans Günter Jansen (Hg.), Greiner, Remshalden, 61–63.
Schliemann, Henry (1880): *Ilios: The City and Country of the Trojans*. John Murray, London, 1–800.
Sommer, Ferdinand (1924): »Buchbesprechung von Emil Forrer, ›Die Boghazköi-Texte in Umschrift‹«. *Orientalistische Literaturzeitung* 27, 22–30.
Sommer, Michael (2005): *Die Phönizier*. Alfred Kröner Verlag, Stuttgart, 1–285.
Steinherr, Franz (1965): »Die hieroglyphenhethitische Inschrift des Reliefs Karabel«. *Istanbuler Mitteilungen* 15, 17–23.
Stier, Hans Erich (1950): »Probleme der frühgriechischen Geschichte und Kultur«. *Historia* 1, 195–230.
Szemerényi, Oswald (1988): »Hounded out of Academe…: The sad fate of a genius«. In: *Studi di Storia e di Filologia Anatolica dedicati a Giovanni Pugliese Carratelli*. Fiorella Imparati (Hg.), Elite, Florenz, 257–294.
Texier, Charles (1839): *Description de l'Asie Mineure, faite par ordre du Gouvernement Francais de 1831–1837, et publi e par le ministre de l'Instruction Publique*, Band 1. Paris, Didot.
Texier, Karl (1835): »Reisen zu näherer Kenntnis von Kleinasien«. *Das Ausland. Ein Tagblatt für Kunde des geistigen und sittlichen Lebens der Völker*, 1. März 1835, 239–240.
van der Toorn, Karel (1985): *Sin and sanction in Israel and Mesopotamia: a comparative study*. Studia semitica Neerlandica 22, Van Gorcum, Assen, 1–252.
von der Osten, Hans Henning (1937): *The Alishar Hüyük, seasons of 1930–1932*. The University of Chicago Oriental Institute publications 28–30, University Press, Chicago.
von Ranke-Graves, Robert (1992): *Griechische Mythologie*. Rowohlt, Hamburg, 1–759.
Weber, Otto (Hg.) (1915): *Die El-Amarna-Tafeln mit Einleitungen und Erläuterungen – Anmerkungen und Register*. 2 Bände. Hinrichs'sche Buchhandlung, Leipzig.

Wilke, Fritz (1907): *Die astralmythologische Weltanschauung und das Alte Testament.* Edwin Runge, Berlin, 1–52.
Winckler, Hugo (1901): »Himmels- und Weltenbild der Babylonier als Grundlage der Weltanschauung und Mythologie aller Völker«. *Der alte Orient* 3 (2–3), 1–62.
Winckler, Hugo (1902): *Die babylonische Kultur in ihren Beziehungen zur unsrigen.* Hinrichs'sche Buchhandlung, Leipzig, 1–53.
Winckler, Hugo (1913): »Nach Boghasköi!« *Der alte Orient* 14 (3), 1–32.
Wolf, Kordula (2009): *Troja – Metamorphosen eines Mythos: französische, englische und italienische Überlieferungen des 12. Jahrhunderts im Vergleich.* Europa im Mittelalter – Abhandlungen und Beiträge zur historischen Komparistik 13, Akademie Verlag, Berlin, 1–347.
Wollmann, Therese (1984): *Scheich Ibrahim: die Reisen des Johann Ludwig Burckhardt 1784–1817.* Historisches Museum, Basel, 1–46.
Woudhuizen, Frederik Christiaan (1989): »Thracians, Luwians and Greeks in Bronze Age Central Greece«. In: *Thracians and Mycenaeans.* Jan Gijsbert Pieter Best & Nanny M. V. de Vries (Hg.), Publications of the Henri Frankfort Foundation 11, Brill, Leiden, 191–204.
Woudhuizen, Frederik Christiaan (1992): *The Language of the Sea Peoples.* Publications of the Henri Frankfort Foundation 12, Najade Press, Amsterdam, 1–236.
Woudhuizen, Frederik Christiaan (2011): *Selected Luwian Hieroglyphic Texts – The Extended Version.* Innsbrucker Beiträge zur Sprachwissenschaft 141, Innsbruck, 1–467.
Woudhuizen, Frederik Christiaan (2012): »Stamp Seal from Beycesultan«. *The Journal of Indo-European Studies* 40 (1/2), 1–10.
Woudhuizen, Frederik Christiaan (2016): *Documents in Minoan Luwian, Semitic, and Pelasgian.* Publications of the Henri Frankfort Foundation 14, Dutch Archaeological and Historic Society, Amsterdam, 1–448.
Wright, William (1886): *The Empire of the Hittites.* Nisbet, London, 1–246.
Zangger, Eberhard (1991): »Prehistoric Coastal Environments in Greece: The Vanished Landscapes of Dimini Bay and Lake Lerna«. *Journal of Field Archaeology* 18 (1), 1–15.
Zangger, Eberhard (1992): »Prehistoric and Historic Soils in Greece: Assessing the Natural Resources for Agriculture«. In: *Agriculture in Ancient Greece.* Berit Wells (Hg.), Skrifter Utgivna av Svenska Institutet i Athen 4, XLII, Paul Aström, Göteborg, 13–19.
Zangger, Eberhard (1993): »Plato's Atlantis Account: a distorted recollection of the Trojan War«. *Oxford Journal of Archaeology* 18 (1), 77–87.
Zangger, Eberhard (1995): »Who were the Sea People?« *Aramco World* Mai/Juni, 21–31.
Zangger, Eberhard (2003): »Some Open Questions About the Plain of Troia«. In: *Troia and the Troad: Scientific Approaches.* Günther A. Wagner, Ernst Pernicka & Hans-Peter Uerpmann (Hg.), Springer, Berlin, 317–324.
Zangger, Eberhard (2016): *Die luwische Kultur – Das fehlende Element in der Ägäischen Bronzezeit.* Yayınları, Istanbul, 1–330.
Zangger, Eberhard et al. (1997): »The Pylos Regional Archaeological Project, Part 2: Landscape Evolution and Site Preservation«. *Hesperia* 66 (4), 549–641.
Zangger, Eberhard & Serdal Mutlu (2015): »Troia'daki Yapay Limanlar ve su Mühendisliği: Bir Jeo-Arkeolojik Çalışma Hipotezi«. *Olba – Mersin Üniversitesi Kilikia Arkeolojisini Araştırma Merkezi yayınları* 23, 553–589.

Zangger, Eberhard, Serdal Mutlu & Fabian Müller (2016): »Die Luwier: Bindeglied zwischen Mykenern und Hethitern«. *Mitteilungen aus dem Heinrich-Schliemann-Museum Ankershagen* 10/11, 53–89.

Zimmern, Heinrich (1909): »Der babylonische Gott Tamuz«. *Abhandlungen der Philologisch-Historischen Klasse der Königlich Sächsischen Gesellschaft der Wissenschaften* 27 (20), 701–738.

# Index

## F

## G

## I

## L

## M

## N



## O



## P

## Q



## R



## S

## U



## V

## W

## X



## Z